W0098378

GARTEN
Wissen

PFLANZEN
SCHNITT

Andrew Mikolajski

DORLING KINDERSLEY

DORLING KINDERSLEY
London, New York, Melbourne,
München und Delhi

DK LONDON
Projektbetreuung Becky Shackleton
Cheflektorat Penny Warren, Mary Ling
Lektorat Helen Fewster
Bildredaktion Alison Donovan, Joanne
Doran, Rebecca Tennant, Claire Bowers,
Lucy Claxton, Claire Cordier
Illustrationen Debbie Maizels, Peter Bull
Art Studio, Martine Collings
Herstellung Jennifer Murray,
Jen Lockwood
Umschlaggestaltung Mark Cavanagh
Datenbankbetreuung David Roberts
Art Director Peter Luff

RHS-Lektorat Simon Maughan,
James Armitage
RHS-Cheflektorat Rae Spencer-Jones

DK INDIEN
Redaktion Janashree Singha,
Manasvi Vohra
Lektorat Nidhilekha Mathur
Bildredaktion Navidita Thapa,
Pooja Verma
DTP-Design Tarun Sharma
DTP Support Sunil Sharma
Bildrecherche Nivisha Sinha
Cheflektorat Glenda Fernandes

Für die deutsche Ausgabe:
Programmleitung Monika Schlitzer
Projektbetreuung Manuela Stern
Herstellungsleitung Dorothee Whittaker
Herstellung Anna Ponton

Titel der englischen Originalausgabe:
RHS Pruning Plant by Plant

© Dorling Kindersley Limited, London, 2012
Ein Unternehmen der Penguin-Gruppe
Text © 2012 Royal Horticultural Society

© der deutschsprachigen Ausgabe by
Dorling Kindersley Verlag GmbH,
München, 2013
Alle deutschsprachigen Rechte vorbehalten

Übersetzung Reinhard Ferstl
Redaktion Sabine Drobik

ISBN 978-3-8310-2345-5

Printed and bound in China

Besuchen Sie uns im Internet
www.dorlingkindersley.de

Bibliografische Information Der Deutschen Bibliothek
Die Deutsche Bibliothek verzeichnet diese Publika-
tion in der Deutschen Nationalbibliografie; detail-
lierte bibliografische Daten sind im Internet über
http://dnb.ddb.de abrufbar.

Inhalt

Zur Benutzung dieses Buchs

Sie finden in diesem Buch exakte, anschaulich illustrierte Schnittan-
leitungen zu mehr als 200 der beliebtesten Gartenpflanzen. Zierpflanzen sind nach ihrem botanischen Gattungsnamen alphabetisch aufge-
listet, Obstgehölze werden in einem separaten Kapitel beschrieben.

Botanischer Name, Wuchsformen der Gattung
und Schnittzeitpunkt für die häufigsten Arten
sind allen Beschreibungen vorangestellt.

Für den Schnitt hoher
Bäume braucht man oftmals
einen Fachmann.

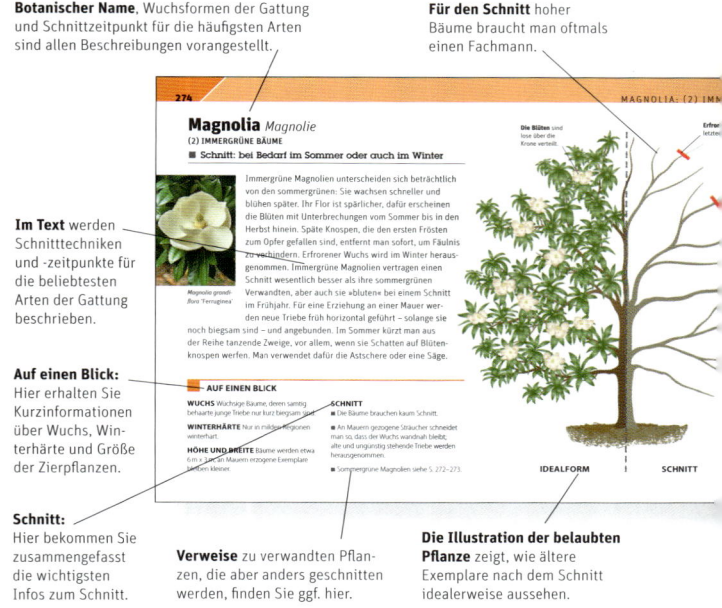

Im Text werden
Schnitttechniken
und -zeitpunkte für
die beliebtesten
Arten der Gattung
beschrieben.

Auf einen Blick:
Hier erhalten Sie
Kurzinformationen
über Wuchs, Win-
terhärte und Größe
der Zierpflanzen.

Schnitt:
Hier bekommen Sie
zusammengefasst
die wichtigsten
Infos zum Schnitt.

Verweise zu verwandten Pflanzen, die aber anders geschnitten
werden, finden Sie ggf. hier.

**Die Illustration der belaubten
Pflanze** zeigt, wie ältere
Exemplare nach dem Schnitt
idealerweise aussehen.

274

MAGNOLIA: (2) IMM

Magnolia *Magnolie*

(2) IMMERGRÜNE BÄUME

■ **Schnitt: bei Bedarf im Sommer oder auch im Winter**

Immergrüne Magnolien unterscheiden sich beträchtlich
von den sommergrünen: Sie wachsen schneller und
blühen später. Ihr Flor ist spärlicher, dafür erscheinen
die Blüten mit Unterbrechungen vom Sommer bis in den
Herbst hinein. Späte Knospen, die den ersten Frösten
zum Opfer gefallen sind, entfernt man sofort, um Fäulnis
zu verhindern. Erfrorener Wuchs wird im Winter herausgenommen. Immergrüne Magnolien vertragen einen
Schnitt wesentlich besser als ihre sommergrünen
Verwandten, aber auch sie »bluten« bei einem Schnitt
im Frühjahr. Für eine Erziehung an einer Mauer werden neue Triebe früh horizontal geführt – solange sie
noch biegsam sind – und angebunden. Im Sommer kürzt man aus
der Reihe tanzende Zweige, vor allem, wenn sie Schatten auf Blütenknospen werfen. Man verwendet dafür die Astschere oder eine Säge.

*Magnolia grandi-
flora 'Ferruginea'*

AUF EINEN BLICK

WUCHS: Wuchsige Bäume, deren samtig
behaarte junge Triebe nur kurz biegsam sind.

WINTERHÄRTE: Nur in milden Regionen
winterhart.

HÖHE UND BREITE: Bäume werden etwa
6 m x 3 m, an Mauern erzogene Exemplar
bleiben kleiner.

SCHNITT
■ Die Bäume brauchen kaum Schnitt.
■ An Mauern gezogene Sträucher schneidet
man so, dass der Wuchs wandnah bleibt;
alte und ungünstig stehende Triebe werden
herausgenommen.

■ Sommergrüne Magnolien siehe S. 272–273.

Die Blüten sind
lose über die
Krone verteilt.

Erfror
letzte

IDEALFORM

SCHNITT

Die Illustrationen veranschauli-
chen, mit welchem Schnitt man
einen möglichst hohen Ertrag erzielt.
Mitunter wird auch gezeigt, wie man
die Triebe an Drähten zieht.

Bei den Obstpflanzen
wird zuerst der deut-
sche Name angegeben.

Schwarze Johannisbeeren
Ribes nigrum
■ Schnitt: in der zweiten Winterhälfte

Schwarze Johannisbeeren sind eine gute Vitamin-C-Quelle.
Die runden, schwarzen Früchte haben einen säuerlichen
Geschmack und reifen an sommergrünen Sträuchern mit
dünnen Zweigen, die von einem jährlichen Schnitt profitieren. Die Pflanzen bevorzugen nährstoffreiche Böden, sind
aber zäh und kommen mit allerlei Bedingungen zurecht.

Pflanzen Sie die Gehölze etwas tiefer als im ursprünglichen Topf, um sie zu mehrstämmigem Wuchs
anzuregen. Danach werden alle Triebe bis 10 cm
über dem Boden zurückgeschnitten. Sie fruchten
im ersten Jahr nicht. Im darauffolgenden Winter
entfernt man dünnen, unproduktiven Wuchs und lichtet die Mitte
des Buschs aus – was nicht geschnitten wird, blüht und fruchtet
im kommenden Jahr. Ab dem wird in der zweiten Winterhälfte
immer ein Drittel der fruchtenden Triebe herausgenommen.

AUF EINEN BLICK

BLÜTEZEIT Frühjahrsmitte

ERNTE Im Sommer

WINTERHÄRTE Völlig winterhart

HÖHE UND BREITE Etwa 1,2 m ×1,5 m.

ERZIEHUNGSSCHNITT
Schneiden Sie alle Triebe nach dem
Pflanzen auf ein niedriges Gerüst zurück
und lichten Sie die Mitte des Buschs aus.

LAUFENDE PFLEGE Jährlich werden
einige der ältesten Zweige entfernt.

Offener, lockerer Busch

Reife Früchte in langen Trauben

Einen Teil der älteren Zweige, die Früchte getragen haben, herausnehmen

Dünnen Wuchs, der nicht fruchtet, herausnehmen

Überlange Triebe kürzen

IDEALFORM

SCHNITT

Auf einen Blick: Wie bei den
Zierpflanzen erhalten Sie auch für
die Obstpflanzen Kurzinformationen – über Blüte- und Erntezeit,
Winterhärte, Größe und mehr.

**Anhand des blattlosen
Gerüsts** sieht man
genau, wo geschnitten
werden muss.

Pflanzenschnitt – was ist das?

Viele Gartenbesitzer schrecken davor zurück, ihre Pflanzen zu schneiden, sie also regelmäßig zu verkleinern oder in Form zu bringen. Dabei ist diese Behandlung im Grunde nur eine Maßnahme, um die Gesundheit und Schönheit oder den Ertrag von Bäumen, Sträuchern und Kletterpflanzen langfristig zu bewahren.

VORTEILE

Ein Schnitt sollte immer etwas verbessern. Im Wesentlichen wird er durchgeführt, um bei Gewächsen eine bestimmte Reaktion hervorzurufen. Jungpflanzen bekommen durch einen Schnitt eine schöne Wuchsform, ältere Gehölze dagegen will man verjüngen, auslichten oder zu kräftigem Neuaustrieb anregen. Natürlich kann man eine Pflanze auch verkleinern, doch ist das selten der Hauptgrund für einen Schnitt.

Gewächse werden aus den unterschiedlichsten Gründen kultiviert, meist wegen ihrer Blüten oder Früchte. Manchmal steht aber auch eine andere Eigenschaft im Vordergrund, etwa farbenfrohe Triebe oder Blätter. Ein korrekter Schnitt gewährleistet, dass die Pflanze ihre Energie in die Ausbildung der gewünschten Organe steckt.

GESUNDHEIT UND ERTRAG

Pflanzen befinden sich in einem Zustand ewiger Jugend: Sie hören zeit ihres Lebens nicht auf, zu wachsen. Mit einem Schnitt macht man sich diese Besonderheit zunutze, denn man regt sie zur Bildung neuer Triebe an, die stets produktiver als ältere sind. Das regelmäßige Herausnehmen von abgestorbenem oder verletztem und daher krankheitsanfälligem Material hält Gehölze gesund. Man kann sogar alte, vernachlässigte Pflanzen durch einen Schnitt wieder in Schuss bringen.

ZEITPUNKT

Beim Schneiden geht es im Wesentlichen um das richtige Maß und den passenden Zeitpunkt. Manchen Pflanzen tut ein jährlicher Schnitt gut, andere dagegen kann man ungehindert wachsen lassen. Denken Sie daran: Mit einem korrekten Schnitt schadet man einer Pflanze in der Regel nicht, sondern man tut ihr etwas Gutes.

Forsythien sind sommergrüne Sträucher, die unschön werden, wenn man sie vernachlässigt. Ein regelmäßiger Schnitt regt sie zum verlässlichen Austrieb gelber Blüten im Frühjahr an (siehe S. 192–193).

Warum schneiden?

In freier Natur wachsen Pflanzen meist ohne menschliches Zutun, im Garten dagegen muss man oft korrigierend eingreifen. Denn überlässt man sie dort sich selbst, können sie unförmig werden oder Krankheiten zum Opfer fallen, vor allem, wenn sie verletzt sind. Zum Glück reagieren die meisten Gewächse gut auf einen sachgemäßen Schnitt.

VIELERLEI WUCHSFORMEN
Mit Wuchsform ist die äußere Gestalt einer Pflanze gemeint, z. B. Baum, Strauch oder Kletterpflanze. Ein Schnitt fördert und bewahrt ihr natürliches Aussehen,

kann gelegentlich aber auch eingesetzt werden, um sie zu verändern. Die meisten **Bäume** wachsen aufrecht und haben einen einzigen Haupttrieb, der sich zu einem Stamm mit Stammverlängerung verdickt

Pflanzen mit aufrechtem Wuchs bilden Zweige, die schräg bis senkrecht nach oben zeigen. Entfernen Sie aus der Reihe tanzende Triebe, die die Silhouette beeinträchtigen.

Pflanzen mit hängendem Wuchs haben biegsame Zweige, die nach unten hängen. Schneiden Sie aufrecht wachsende Triebe bis zu einer nach unten zeigenden Knospe zurück.

und ein Gerüst aus Seitenästen trägt. Ihre Krone kann aufrecht, kegelförmig, rundlich, ausladend oder hängend sein. Man kann den Stamm kürzen, um ihn zur Bildung von Ästen weiter unten anzuregen, oder ihn natürlich wachsen lassen und einzig darauf achten, dass die Silhouette erhalten bleibt.

Sträucher sind wesentlich kleiner. Manche bleiben sehr kompakt, wachsen langsam und bilden dichte Büsche, andere werden offener und langgliedriger oder entwickeln nach und nach sogar einen baumähnlichen Habitus. Häufig werden aber auch jährlich aus der Basis übergeneigte, elastische frische Triebe gebildet. Bei Sträuchern setzt man die Schere meist an, um alte Triebe zu entfernen und Platz für neue zu schaffen.

Kletterpflanzen sind im Allgemeinen ausgesprochen wüchsig. Überlässt man sie sich selbst, bilden sie ein Dickicht nackter Triebe und setzen Blätter und Blüten nur weit oben an, wo man sie kaum sieht. Ein Schnitt und eine entsprechende Erziehung sorgen dafür, dass man ihren Flor auf Augenhöhe genießen kann.

REGELMÄSSIGE PFLEGE

Der Hauptschnitt zur Bewahrung von Vitalität und Form muss zu einer bestimmten Zeit im Jahr durchgeführt werden (siehe S. 14), manche Arbeiten zur generellen Pflanzenpflege sollten dagegen häufiger zwischendurch erfolgen. Zwicken Sie welke Blütenblätter bei Blütensträuchern

Das Entfernen welker Blüten regt zu einem Neuaustrieb mit neuerlicher Blüte an.

Nehmen Sie untypischen Wuchs heraus, etwa einfarbige Triebe an panaschierten Pflanzen.

Entfernen Sie Wildtriebe am Ansatz, denn sie stören die Silhouette und kosten unnötig Kraft.

Abgestorbene Zweige sehen unschön aus und sind anfällig für Krankheiten.

Abgebrochene oder verletzte Zweige werden unterhalb der Bruchstelle sauber abgesägt.

Gummifluss kann auf eine Krankheit hindeuten. Schneiden Sie befallenen Wuchs ab.

möglichst ab, denn sie sind Krankheitsherde. Zudem wird durch das Ausputzen die Energie der Pflanze nicht für die Entwicklung von Früchten verwendet, sondern für die Ausbildung von frischem Wuchs und von Knospen für die Blüte im nächsten Jahr. Mehrmals in einer Saison blühende Pflanzen, wie z. B. manche Rosen, werden durch das Entfernen von Verblühtem zu erneuter Blüte angeregt.

Panaschierte Pflanzen treiben mitunter rein grüne Triebe aus. Diese sind stets wüchsiger als die mehrfarbigen und müssen bis zum Ansatz zurückgeschnitten werden, da sie sonst überhandnehmen. Bei Stechpalmen (*Ilex*) wiederum können sich – vermutlich als Reaktion auf plötzliche Temperaturänderungen – rein cremefarbene Triebe bilden. Ihnen fehlt Chlorophyll, sodass sie nicht überlebensfähig sind. Man entfernt sie, bevor sie von selbst welken und unschöne Lücken hinterlassen.

Viele Gehölze und auch einige Kletterpflanzen sind veredelt, d. h., der obere Teil der Pflanze wächst auf einer Unterlage, also einem Wurzelsystem und einem Teil des Stamms einer verwandten Art. Diese Unterlage kann selbst Triebe bilden, die Wildtriebe genannt werden, und die »edleren« Triebe weiter oben verdrängen. Sie müssen deshalb entfernt werden.

Bei wohlgeformten Pflanzen fallen aus der Reihe tanzende Triebe besonders auf: Ein horizontaler Ast bei ansonsten straff aufrechtem Wuchs kann das ganze Aussehen verderben. Er muss direkt am Hauptstamm auf Astring abgesägt werden, sonst treibt er neu aus.

GESUND UND WÜCHSIG

Damit Pflanzen gesund und vital bleiben, entfernt man regelmäßig abgestorbene, kranke und verletzte Triebe, sobald man sie bemerkt. Totes Holz ist im Sommer, wenn alles grünt, leicht zu erkennen. Schwache Triebe blühen nicht gut und müssen ebenfalls herausgenommen werden. Das gilt auch für infizierten Wuchs mit fleckigen, verkrüppelten Blättern, denn die Erreger breiten sich innerhalb der Pflanze oder sogar im ganzen Garten aus. Man schneidet ihn bis auf gesundes Holz zurück.

Pflanzen werden gelegentlich im Herbst und Winter von strengem Frost, starkem Wind oder Schneelasten beschädigt. Außerdem können Insekten, Vögel und kleine Säugetiere Schäden verursachen. Schließlich verletzen sogar Gartenbesitzer selbst durch unsachgemäßen Gebrauch von Unkrautvernichter, durch offenes Feuer oder beim Rasenmähen versehentlich Pflanzen. Wunden sind Eintrittspforten für Krankheitserreger, schneiden Sie daher verletztes Holz so zurück, dass möglichst kleine Wundflächen entstehen.

Überkreuzte Zweige können aneinanderreiben. Wo sie sich berühren, ist die Rinde verletzt oder bleibt dünn. Das schwächt die Zweige und macht sie anfällig für Krankheiten. In verdichtetem Wuchs, wie

Reiben zwei Zweige aneinander, leiden beide. Die Wunden sind zudem anfällig für Infektionen. Entfernen Sie den schwächeren Zweig.

Das Auslichten von verdichtetem Wuchs lässt Licht und Luft ins Innere der Pflanze, was den verbliebenen Trieben ausgesprochen guttut.

er oft bei Kletterpflanzen vorkommt, kann Luft nicht ausreichend zirkulieren, was die Entstehung von Pilzkrankheiten begünstigt. *Clematis* etwa leiden oft im Spätsommer unter Mehltau. Ein Ausdünnen senkt das Befallsrisiko beträchtlich.

VERJÜNGUNGSKUR

Mit einem Schnitt kann man Pflanzen zu einem zweiten Frühling verhelfen, etwa wenn sie vernachlässigt wurden, den ihnen zugewiesenen Platz mehr als ausfüllen oder sehr »langbeinig« geworden sind (lang- und dünntriebig). Kletterpflanzen mit einem dichten Gewirr aus dicken, holzigen Trieben am Ansatz bekommen durch einen starken Rückschnitt eine Verjüngungskur.

Schneiden Sie zu groß gewordene Sträucher am Ende der Ruhephase auf ein Gerüst zurück. In der Regel erholen sie sich schnell wieder.

Auch von Schädlingen oder Krankheiten befallene Pflanzen oder verletzte Exemplare profitieren, wenn sie die Chance auf einen Neuanfang bekommen. Man schneidet sie bis auf ein niedriges Gerüst zurück. Befinden sich am unteren Ende von Trieben noch Knospen, setzt man die Schere knapp darüber an. Oft allerdings muss man bis in das nackte Holz zurückschneiden, um schlafende Augen zum Austrieb anzuregen. Eine solche Radikalbehandlung erfolgt am besten im Spätwinter oder zeitigen Frühjahr kurz vor dem Austrieb.

Es dauert mitunter Jahre, bis sich langsam wachsende Gehölze von einer solchen Rosskur erholen. Nach einem Verjüngungsschnitt werden die Pflanzen im ersten Jahr gut gedüngt und gewässert. Verteilen Sie auf ihrem Wurzelraum außerdem eine Schicht organischen Mulchs (z. B. Komposterde), um den Boden zu verbessern.

Leider vertragen nicht alle Pflanzen einen derart starken Rückschnitt. Heidekrautgewächse wie *Calluna* und *Erica*, treiben nicht neu aus, wenn man bis ins alte Holz zurückschneidet. Salbei (*Salvia*) und Lavendel (*Lavandula*) kann man von einzelnen älteren Zweigen befreien, die ganze Pflanze aber verträgt radikales Stutzen nicht, weshalb man alte Exemplare mit langen, dünnen, verkahlten Zweigen am besten ersetzt. Abgesehen von Eiben (*Taxus*) und Sicheltannen (*Cryptomeria*) vertragen Koniferen nur wenig Schnitt. Entfernen Sie abgestorbene Zweige, ziehen Sie Nachbarzweige über die Lücke und binden Sie sie so fest, dass sie das Loch kaschieren. Unten verkahlte Exemplare oder solche mit vielen vertrockneten Teilen ersetzt man besser.

Alte Bäume lassen sich schwer und oft auch nur etappenweise verjüngen. Engagieren Sie dafür einen Baumpfleger.

Manche Bäume und Sträucher haben von Natur aus eine schöne Form und behalten sie auch ohne größere Schnittmaßnahmen.

DIE GRÖSSE BEGRENZEN

Viele große Pflanzen können durch jährliches Kürzen einiger oder aller Triebe klein gehalten werden. Manche Gehölze reagieren gut darauf und lassen sich passgenau formen, sie kommen vor allem als Formschnittgehölze und Hecken zum Einsatz. Doch das häufige Schneiden fordert seinen Tribut: Je nach Schnittzeitpunkt muss man auf Blüten und Früchte womöglich verzichten.

Einige Gewächse – vor allem solche, die langsam wachsen und erst nach Jahren blühen – lässt man ungehindert wachsen.

KEINEN REGELMÄSSIGEN UND STARKEN SCHNITT VERTRAGEN

- *Abeliophyllum*
- *Acer* (Fächer-Ahorne)
- *Cistus*
- *Cytisus*

- *Daphne*
- *Hamamelis*
- *Juglans*
- *Lapageria*

- *Liquidambar*
- *Magnolia* (sommergrün)
- *Prunus* (sommergrün)
- *Rhodochiton*

Wann schneiden?

Den optimalen Schnittzeitpunkt zu kennen, ist entscheidend. Einmal den falschen Monat zu erwischen, ist langfristig nicht schlimm, beeinträchtigt aber Blüte und Ertrag im folgenden Jahr – oder sogar im übernächsten.

WIE PFLANZEN WACHSEN

Pflanzen haben einen jährlichen Wachstumszyklus. Im Winter befinden sie sich in der Ruhephase, obwohl einige sogar in dieser Zeit blühen. Wenn im Frühjahr die Tage länger werden und die Temperaturen steigen, treiben sie neu aus. In der warmen Jahreszeit werden die Triebe dicker, härter und frostunempfindlicher, können aber bei großer Hitze und Trockenheit im Sommer sogar in eine zweite Ruhephase treten.

Frische Triebe haben oft eine leuchtendere Farbe und sind biegsamer als altes Holz.

Herbstwinde holen schließlich das Laub von den sommergrünen Bäumen, und obwohl in dieser Zeit oberirdisch wenig passiert, wachsen die Wurzeln sehr stark.

DAS RICHTIGE TIMING

Einige unserer winterharten Gehölze blühen im Frühjahr an Trieben, die im Vorjahr gewachsen sind. Man schneidet sie gleich nach der Blüte, damit sie Zeit haben, neuen Wuchs für den Flor im nächsten Jahr zu bilden. Sommer- und Herbstblüher öffnen ihre Blüten an Holz, das seit dem Frühjahr gewachsen ist. Man schneidet sie im Spätwinter und zeitigen Frühjahr. Einige wenige Pflanzen, etwa Zierquitten und bestimmte Rosen, blühen an altem *und* neuem Holz.

Manche Arten verlieren bei einem Schnitt im Frühjahr über die Wunde viel Pflanzensaft. Sie werden in der Ruhephase im Spätwinter oder in der zweiten Sommerhälfte geschnitten, damit sie nicht »bluten«. Im Herbst setzt man die Schere nur an, wenn es unbedingt nötig ist, denn ein Schnitt kann zum Neuaustrieb führen, der später Frösten zum Opfer fällt.

WAS WANN ZU TUN IST

Hier ein Überblick, welche Schnittarbeiten zu welcher Jahreszeit notwendig sind.

FRÜHJAHR
- Im Winter blühende Sträucher schneiden
- Im Sommer blühende Sträucher schneiden
- Erfrorene Triebe entfernen
- Hecken stutzen

SOMMER
- Im Frühjahr blühende Sträucher schneiden
- Verdichtete *Clematis montana* schneiden
- Zu lange und dünne Triebe von Kletterpflanzen schneiden
- Pflanzen schneiden, die bei einem Schnitt im Frühjahr »bluten« würden
- Welken Fcr remontierender Rosen entfernen
- An panaschierten Pflanzen rein grüne Triebe entfernen
- *Prunus*-Arten schneiden (Sommerschnitt)
- Laubreichen Wuchs von Pflanzen entfernen, die wegen ihrer Herbstbeeren kultiviert werden
- Hecken stutzen

HERBST
- Nur schneiden, um Pflanzen standfester gegen Stürme zu machen
- Kletterpflanzen an Mauern zurückschneiden

WINTER
- Pflanzen schneiden, die in der Wachstumsphase »bluten« würden
- Kahle, schwache oder verdichtete Sträucher und Kletterpflanzen verjüngen
- Bei radikal zurückgeschnittenen Gehölzen (siehe S. 28–29) den vorjährigen Wuchs entfernen (im Spätwinter oder zeitigen Frühjahr)
- Seitentriebe von *Wisteria* kürzen

Werkzeug und seine Pflege

Geeignetes Gerät macht das Schneiden zur unkomplizierten, angenehmen Beschäftigung und senkt das Risiko, die Pflanzen unnötig zu verletzen. Schnittwunden heilen am schnellsten, wenn man sauberes, scharfes Werkzeug verwendet. Stumpfe, rostige Klingen zerfasern oder quetschen Triebe und machen Gehölze anfälliger für Pilzbefall.

SCHNITTWERKZEUG

Wählen Sie für jede Arbeit das geeignete Werkzeug. Triebe bis 1,5 cm Dicke kann man mit der Gartenschere kürzen: Bypass-Scheren haben sichelförmige Klingen, die wie bei Haushaltsscheren aneinander vorbeigleiten, während bei Amboss-Scheren eine gerade Klinge auf einen flachen Amboss drückt, was beim

Beim Schneiden von hohen Pflanzen, wie Bäumen und Hecken, muss die Leiter stabil und gerade stehen, damit sie nicht umfallen kann.

Schnitt von hartem Material von Vorteil ist. Für Äste bis etwa 4 cm Stärke verwendet man Astscheren. Durch die langen Griffe ist die Hebelwirkung verbessert und das Schneiden geht leichter. Für dickere Äste und Stämme braucht man eine Astsäge. Je nach Anordnung der Zähne arbeiten sie auf Schub oder Zug; mitunter bekommt man sogar Modelle mit klappbarem Sägeblatt. Um Hecken, Kletterpflanzen und Bodendecker leicht zu stutzen, braucht man eine Heckenschere – mit geraden Klingen für dünne Triebe und feines Blattwerk oder mit Wellenschliff für dickere Triebe. Säubern Sie Ihr Werkzeug nach Gebrauch sorgfältig.

GESUNDHEIT UND SICHERHEIT

Schneiden ist eine gefährliche Sache. Man hantiert mit scharfem Werkzeug und die spitzen Enden geschnittener Triebe oder stachlige Äste können Verletzungen hervorrufen. Zudem verursacht der Saft mancher Pflanzen Hautausschläge. Tragen Sie daher immer Schutzbrille und Handschuhe.

Gartenscheren sind das wichtigste Schnitt-
werkzeug. Man verwendet sie zum Schneiden
von Trieben, Zweigen und Ästen bis 1,5 cm.

Astsägen werden eingesetzt, wenn ältere
Äste entfernt werden müssen, die zu dick für
Garten- und Astscheren sind.

Astscheren eignen sich mit ihren kräftigen
Klingen und langen Griffen zum Kürzen von
Ästen bis etwa 4 cm Dicke.

Heckenscheren werden beim Schneiden von
Hecken, Kletterpflanzen und Bodendeckern
eingesetzt.

Feste Handschuhe sind unverzichtbar. Sie
schützen nicht nur vor Verletzungen, sondern
auch vor hautreizendem Pflanzensaft.

Ölgetränkte Tücher werden zum Abwischen
von Klingen verwendet. Sie halten Werkzeug
sauber und verlängern seine Lebensdauer.

Grundlagen

Beim Schneiden ist nicht so sehr das sofortige Ergebnis, als vielmehr die Auswirkung auf den zukünftigen Wuchs der Pflanze wichtig. An welcher Stelle geschnitten wird, hängt sowohl von der bestehenden als auch der angestrebten Struktur ab. Der Schnittwinkel wiederum wird von den Knospen vorgegeben. Schauen Sie zunächst genau hin.

WAS MAN WISSEN SOLLTE

Ein Schnitt regt Pflanzen zum Neuaustrieb aus einer Knospe oder einem Knospenpaar unterhalb der Schnittstelle an. Um also einen Austrieb knapp über der Basis einer Pflanze zu erreichen, muss man Triebe radikal zurückschneiden. Das Schneiden verletzt Pflanzen. Schnitte mit scharfen, sterilen Klingen heilen rasch, vor allem, wenn sie bei ruhigem, trockenem Wetter durchgeführt werden. Halten Sie Ihr Werkzeug sauber und rostfrei. Bei Nässe oder drohendem Regen verschiebt man das Schneiden am besten, denn Regenwasser kann Pilzsporen enthalten, die über die Schnittwunden in die Pflanze eindringen.

Frische Triebknospen – hier an einer Rose – sind im Frühjahr deutlich zu sehen. Sie bilden sich oft an kahlen Ästen.

Gegenständige Knospen stehen sich zu beiden Seiten des Triebs auf gleicher Höhe gegenüber.

Wechselständige Knospen erscheinen einzeln und auf unterschiedlicher Höhe entlang der Triebe.

KNOSPEN BEACHTEN

Jedes Frühjahr entsteht neuer Wuchs aus Knospen, die einzeln an den Triebspitzen, aber auch wechsel- und gegenständig (siehe links) entlang der Triebe stehen. Knospen an Triebspitzen sind immer die kräftigsten. Ein Rückschnitt auf andere kräftige Knospen garantiert guten Wuchs.

SINNVOLL GESTALTEN

Bevor Sie die Schere ansetzen, sollten Sie sich die Pflanze gut ansehen. Was ist ihre natürliche Wuchsform und wie soll sie aussehen? Entfernen Sie alles abgestorbene, kranke und verletzte Material. Sehr wüchsige Sprosse werden nur leicht oder gar nicht gekürzt, während man schwächere stärker schneidet, um sie zu kräftigem Wuchs anzuregen. Entfernen Sie überkreuzte und zu dicht stehende Triebe im Inneren der Pflanze. Nicht ratsam ist das Schneiden aller Triebe auf die gleiche Höhe – das sieht nur bei bestimmten Spezialschnitten (siehe S. 28) gut aus. Anfangs wirkt die Pflanze vielleicht unausgewogen, doch ändert sich das bald nach dem Austrieb.

SCHNITTE ANSETZEN

Setzen Sie die Schere immer knapp über einer Knospe bzw. einem Knospenpaar an. Schneidet man zu weit über der Knospe, bleibt ein Stummel, der vertrocknet und den ganzen Trieb zum Absterben bringen kann. Schneidet man zu nah an der Knospe,

Das Entspitzen erfolgt durch Auskneifen der Triebspitze, solange der Wuchs noch weich ist.

Schneiden Sie Zweige oberhalb eines Seitentriebs, der in die gewünschte Richtung zeigt.

Manche Pflanzen werden jährlich auf ein niedriges Gerüst zurückgeschnitten (siehe S. 28–29).

kann man sie verletzen. Über gegenständigen Knospen setzt man den Schnitt quer an. Dadurch bilden sich neue Triebe, die v-förmig nach außen wachsen. Der Schnitt fördert also einen buschigen, dichten, kompakten Wuchs.

Bei wechselständigen Knospen setzt man den Schnitt schräg an, sodass die Schnittfläche von der Knospe weg zeigt. Dadurch läuft Regenwasser von ihr weg, was das Fäulnisrisiko reduziert. Der Schnitt erfolgt über einer gesunden Knospe, die in die gewünschte Richtung zeigt. Setzt man ihn über einer nach außen gerichteten Knospe an, wächst die Pflanze mit offener Mitte.

ENTSPITZEN

Für einen buschigen Wuchs kneift man bei Jungpflanzen einige Male die Triebspitzen aus, um sie zu einem verzweigten Wuchs statt zu einem Längenwachstum anzuregen. Da die Triebspitzen noch weich sind, kann man sie mit Daumen und Zeigefinger abzwicken (siehe S. 19). Das Entspitzen verhindert auch die Blütenbildung an Pflanzen, die vor allem wegen ihres Laubs gezogen werden.

WILD- UND WASSERTRIEBE

Bei veredelten Bäumen oder Sträuchern kommt es vor, dass neue Sprosse aus dem Gewebe der Unterlage austreiben. Diese unerwünschten Wildtriebe sind meist sehr vital und unterscheiden sich vom Wuchs darüber. Entstehen sie direkt an der Basis des Stamms, zwickt man sie einfach ab. Erscheinen sie hingegen in einiger Entfernung vom Stamm aus dem Wurzelraum als Wurzelsprosse, gräbt man sie am besten aus und trennt sie dort ab, wo sie an der Wurzel entspringen. In Rasenflächen reicht oft schon ein regelmäßiges Mähen, um ihre Ausbreitung in Schach zu halten.

Wassertriebe sind sehr wüchsige Sprosse, die an den Ästen oder am Stamm älterer Bäume erscheinen, oftmals zu mehreren. Besonders häufig findet man sie an gekappten Gehölzen (siehe S. 29). Sie verderben die klare Linie des Stamms oder die Form der Krone und locken Schädlinge an. Man kann sie im frühen Stadium einfach

Unerwünschte Wassertriebe erscheinen auch um Schnittwunden am Stamm älterer Bäume. Man entfernt sie sofort, denn sie sehen unschön aus und locken Schädlinge an.

auskneifen, längere Triebe hingegen entfernt man mit der Gartenschere.

ÄSTE MIT DER SÄGE ENTFERNEN

Manchmal müssen ältere Äste an Bäumen entfernt werden, z. B. weil sie krank oder verletzt sind. Es mag verlockend sein, einen Ast im Hauruckverfahren einfach von oben nach unten durchzusägen, doch besteht dann das Risiko, dass der Ast durch sein Eigengewicht abbricht, wenn die Hälfte durchtrennt ist. Dabei reißt meist ein Stück Rinde oder Borke mit ab und es entsteht eine unsaubere Wunde, die schlecht heilt. Um dies zu vermeiden, setzt man zunächst an der Unterseite des Asts einen leicht zum Stamm hin führenden Schnitt von unten nach oben und anschließend darüber einen zweiten Schnitt von oben nach unten, der den Ast vollständig durchtrennt. Faserige oder rissige Rinde um die Wunde glättet man mit einem scharfen Messer oder einer Gartenhippe (ein Messer mit gekrümmter Klinge). Die Schnittstelle lässt man auf natürliche Art heilen – ein Verschließen mit Baumwachs wird heute nicht mehr empfohlen. Oft erscheinen um die Wunde neue, senkrechte Triebe, die die Silhouette des Baums beeinträchtigen; man kann sie im Knospenstadium wegreiben oder später abschneiden. Sehr lange oder schwere Äste kürzt man am besten Stück für Stück. Große Äste weit oben im Baum überlässt man einem Fachmann.

Äste entfernt man durch einen Unterschnitt bis zur Hälfte des Asts und einen anschließenden Oberschnitt, der mit dem Unterschnitt sauber zusammenläuft.

Pflanz- und Erziehungsschnitt

Fast alle Gehölze müssen als Jungpflanze geschnitten werden. Der Pflanzschnitt erfolgt beim Setzen, der Erziehungsschnitt danach. Ziel des Erziehungsschnitts ist eine optimale Form: Sträucher sollten eine ausgewogene Silhouette, Bäume einen einzelnen kräftigen oder mehrere dünnere Stämme bilden, Kletterpflanzen ihre Stütze bedecken.

EIN GUTER START

Pflanzen werden meistens als Container-ware angeboten. Da sie einen Ballen haben, können sie das ganze Jahr gesetzt werden. Einige sommergrüne Gehölze, darunter Rosen oder Heckenpflanzen, kommen aber auch »wurzelnackt« während der Vegetationsruhe in den Handel; sie wurden erst kurz vor dem Verkauf aus der Erde geholt.

Kürzen Sie bei neu erworbenen Pflanzen verletzte Triebe auf sichtbare Knospen ein und entfernen Sie abgestorbene Wurzeln. Ein leichter Rückschnitt der restlichen Wurzeln regt diese zum Austrieb von Feinwurzeln an, die Feuchtigkeit und Nährstoffe aus der Erde aufnehmen und das Einwachsen des Gehölzes beschleunigen.

Junge Sträucher müssen kurz vor oder direkt nach dem Pflanzen geschnitten werden, damit sie wie gewünscht wachsen. Kürzen Sie die Triebe so ein, dass ein ausgewogenes Gerüst entsteht (links Pflanzung, rechts Pflanzschnitt).

PFLANZUNG

Bereiten Sie den Boden vor dem Bepflanzen vor, indem Sie ihn umgraben, jäten und Komposterde einarbeiten. Das Pflanzloch muss größer als der Wurzelballen sein. Lösen Sie das Gehölz aus dem Topf und stellen Sie es ins Loch. Die Oberfläche des Topfballens muss mit der Erdoberfläche abschließen. Wurzeln wurzelnackter Gewächse werden vor dem Pflanzen eine Stunde in Wasser gestellt. Beim Setzen von Exemplaren ohne Ballen orientiert man sich an der Verfärbung am Stamm oder an Trieben. Sie zeigt an, wie tief die Pflanze vorher gestanden hat – genauso tief muss sie auch jetzt wieder gepflanzt werden. Danach wässert man gründlich.

STRÄUCHER

Suchen Sie den Strauch nach abgestorbenem, kranken oder verletztem Holz ab und entfernen Sie es. Pflanzen aus Gartencentern

Reichen die Triebe frisch gepflanzter Kletterer nicht bis zur Stütze, drückt man Stäbe in die Erde, die ihnen als »Brücke« dienen. Nach dem Pflanzen werden die Gehölze gut gewässert.

sind je nach Pflege manchmal langtriebig oder unausgewogen. Kürzen Sie überlange Triebe. Ein Stutzen des restlichen Gerüsts führt meist zu buschigerem Wuchs. Manchmal werden Sträucher aber auch in voller Blüte verkauft, sodass man mit dem Schnitt etwas warten muss.

KLETTERPFLANZEN

Normalerweise werden Kletterpflanzen, evtl. mithilfe von Drähten, an Stützen wie Mauern, Zäunen, Pergolen, Obelisken, Stangenzelten oder Säulen gezogen. Beim Einpflanzen breitet man ihre Triebe fächerförmig aus und führt sie an die Stütze. Schwacher, verletzter Wuchs wird entfernt. Hat das Wachstum eingesetzt, erzieht man die Triebe so, dass sie ihre Stütze dicht

Entfernen Sie aufrechte Triebe, die mit dem Leittrieb konkurrieren und das natürliche Aussehen beeinträchtigen.

Einen astlosen Stamm erhalten Sie durch Entfernen der unteren Seitentriebe am Leit- oder Mitteltrieb ab dem dritten Standjahr.

bedecken. Setzen Sie sie in 30–50 cm Abstand zu Mauern oder Zäunen, damit sie nicht zu sehr im Regenschatten stehen.

BÄUME

Bäume werden oft als Ballenware verkauft und können in diesem Zustand ganzjährig gesetzt werden. Eine gute Alternative bei sommergrünen Arten sind im Herbst und Winter angebotene wurzelnackte Jungbäume – entweder bis 2 m hohe Heister mit noch biegsamem Leittrieb und kurzen Seitentrieben entlang des Leittriebs oder Bäumchen mit bereits gut entwickelter Krone. Seitentriebe sollten nach dem Pflanzen nur geschnitten werden, wenn sie Verletzungen aufweisen. Trägt das Bäumchen eine Krone, entfernt man aneinanderreibende Triebe und kürzt überlangen Wuchs ein, sodass ein ausgewogenes Gerüst entsteht. Bäume müssen nach dem Pflanzen gestützt werden. Der Pfosten sollte ein Drittel der Stammhöhe haben oder bis knapp unter die untersten kräftigen Seitenast reichen. Verletzen Sie beim Einschlagen möglichst keine Wurzeln.

LEITTRIEB ERHALTEN

Die meisten Bäume bilden eine Krone mit einer (einzigen) Stammverlängerung und Seitenverzweigungen. Gelegentlich erscheint aber in Konkurrenz zum Mittel- oder Leittrieb ein zweiter Trieb. Diesen sollte man so früh wie möglich entfernen, denn zwei Leittriebe sind instabiler und anfällig für Windschäden.

Bricht ein Leittrieb in den ersten Jahren ab, wird ein Ersatz gezogen. Suchen Sie einen wüchsigen, aber biegsamen Seitentrieb etwas unterhalb der Bruchstelle und entfernen Sie den Rest des alten Leittriebs knapp über dem Ansatz des Seitentriebs. Nun wird ein langer Stab an den Stamm gebunden, an dem man den hingebogenen Seitentrieb befestigt.

MEHRSTÄMMIGE BÄUME

Ein Baum mit mehreren Stämmen ist sehr dekorativ und außerdem stabil – ein Vorteil vor allem an windexponierten Standorten.

Zu mehrstämmigem Wuchs kann es auf natürliche Weise kommen, wenn der Stamm durch Windbruch oder Fraßschäden verloren geht. Künstlich erzeugt man einen solchen strauchigen Wuchs durch Entfernen des Leittriebs nach dem Pflanzen.

Birken (*Betula*) und einige andere Bäume entwickeln am Ansatz oftmals mehrere kräftige Triebe. Sind es zu viele, lichtet man sie bis auf 3–5 Triebe aus. Wer einen einstämmigen Wuchs bevorzugt, lässt nur den kräftigsten Trieb stehen.

Mehrstämmige Bäume sind oft niedriger und standfester als einstämmige. Hält man sie klein, können sie sogar einem Sturm trotzen.

Verjüngungsschnitt

Manche Pflanzen bleiben selbst im fortgeschrittenen Alter wüchsig und gesund, während andere allmählich immer mehr nachlassen. Alte Triebe können z. B. am Ansatz verkahlen. Mit einem Verjüngungsschnitt kürzt man einige oder alle Triebe bis fast zum Boden zurück, um das Gehölz zu neuem Wachstum anzuregen.

RETTUNGSMASSNAHMEN

Wenn Gehölze an manchen Stellen kahl werden oder nur noch schwach wachsen, an anderen aber neue Triebe ansetzen, hat man gute Chancen, sie mit einem radikalen Verjüngungsschnitt wieder auf Vordermann zu bringen. Auch unförmige Exemplare, die

Im Winter blühende Mahonien werden mit der Zeit oft kahl und langtriebig. Kürzen Sie im März zuerst den äußeren Wuchs, dann das Hauptgerüst bis fast zum Boden, um einen gesunden neuen Wuchs anzuregen.

von einer anderen, inzwischen entfernten Pflanze bedrängt wurden und schief gewachsen sind, bekommen dadurch wieder einen ausgewogenen Habitus. Viele graulaubige Gewächse, wie Lavendel und Salbei, vertragen keinen starken Rückschnitt, sie werden komplett ersetzt.

Weil man bei einem solchen Schnitt in altes, dickes Holz schneiden muss, braucht man Astscheren und -sägen. Beginnen Sie mit dem äußeren Wuchs, ehe Sie sich dem Hauptgerüst widmen.

SCHNITTZEITPUNKT

Verjüngungsschnitte werden im Spätwinter oder zeitigen Frühjahr kurz vor dem Laubaustrieb durchgeführt. Bei sommergrünen Gehölzen ist das besonders praktisch, denn man gelangt in dieser Zeit am leichtesten zu den Ästen. Ein harter Rückschnitt im Sommer und Herbst ist nicht ratsam.

Nicht alle Pflanzen vertragen eine solch drastische Behandlung wie den gleichzeitigen Rückschnitt aller Triebe bis fast zum Boden – oft ist es besser, die Verjüngung auf mehrere Jahre zu verteilen und im ersten Jahr nur die Hälfte der Triebe zu entfernen. Bildet sich im Frühjahr wieder reichlich frischer Wuchs, kommt in den nächsten ein, zwei Jahren der Rest dran.

DIE PFLEGE NACH DEM SCHNITT

Die Pflanzen erholen sich schneller, wenn man um ihre Basis herum gut wässert und etwas Langzeitdünger einarbeitet. Das Mulchen mit organischer Substanz, wie Komposterde oder gut verrottetem Stallmist, verbessert die Bodenstruktur, erhöht den Nährstoffgehalt der Erde, hält

Tragen Kletterpflanzen wie dieses Geißblatt ein Gewirr aus abgestorbenen Trieben, können sie mit der Heckenschere stark geschnitten werden. Das regt sie zur Bildung neuer Blütentriebe an.

den Wurzelraum kühl und reduziert den Wasserverbrauch. Nasser Mulch darf jedoch den Stamm nicht berühren, sonst fault das Holz. Es dauert eine Weile, bis sich Pflanzen nach einem Verjüngungsschnitt erholen. In den ersten zwei, drei Jahren kann es sein, dass sie nicht oder nur spärlich blühen

GUT AUF EINEN STARKEN RÜCKSCHNITT REAGIEREN

- Berberis
- Buxus
- Camellia
- Cryptomeria

- Deutzia
- Forsythia
- Lonicera
- Philadelphus

- Ribes
- Rosa
- Spiraea
- Taxus

Spezielle Effekte

Ein Schnitt kann bestimmte dekorative Merkmale einer Pflanze, wie z. B. schön gefärbte Triebe oder Blätter, hervorheben oder eine reiche Blüte fördern. Aber auch Formschnittgehölze spielen in manchen Gartenstilen eine wichtige Rolle. Hecken sind zwar oft reine Begrenzungen, doch auch sie lassen sich durch Schnitte wunderbar gestalten.

AUF DEN STOCK SETZEN

Diese traditionelle Schnittmethode wurde und wird bei Wildhecken angewandt, um durch den frischen Austrieb einen dichten Wuchs zu erhalten. Im Grunde handelt es sich dabei um einen regelmäßig alle paar Jahre durchgeführten Verjüngungsschnitt. In Gärten werden Hartriegel, Weiden und ähnliche Gehölze auf diese Art und Weise geschnitten – allerdings jährlich –, damit große Blätter austreiben oder farbenfrohe Jungtriebe winterliches Grau beleben.

Bei diesem radikalen Rückschnitt kürzt man im März den gesamten vorjährigen Wuchs bis knapp über dem Boden zurück, sodass nur ein Stumpf bleibt. Mit der Zeit bildet die Pflanze dadurch einen »Stock«. Um größere Pflanzen mit zweijährigen

Ein regelmäßiger radikaler Rückschnitt der gesamten Pflanze erzeugt eine Vielzahl biegsamer neuer Triebe. Manche haben eine farbenfrohe frische Rinde und sehen damit sehr dekorativ aus.

Ruten zu erhalten, entfernt man abwechselnd jedes Jahr nur die Hälfte der Triebe.

FÜR EINE REICHLICHE BLÜTE

Bei vielen Gehölzen geht der radikale Rückschnitt auf Kosten der Blüte, einige spät blühende Sträucher entwickeln sich aber umso besser. Der Sommerflieder (*Buddleja davidii*) wird sogar unansehnlich, wenn man ihn nicht stark schneidet, und die Rispen-Hortensie (*Hydrangea paniculata*) reagiert auf ein radikales Zurückschneiden mit größeren Blütenständen.

KAPPEN & KOPFBAUMSCHNITT

Durch das Kappen wird, zusätzlich zum dekorativen Nutzen, das Wachstum von Bäumen begrenzt, die ansonsten viel zu groß würden. Schneidet man danach jedes Jahr – bei älteren Exemplaren auch in größeren Abständen – sämtliche Äste der Krone im Spätwinter bis auf ihren Ansatz am oberen Stammende zurück, entsteht ein Kopfbaum. Diese Methode wurde traditionell zur Gewinnung von Weidentrieben für das Flechten von Körben angewandt.

Ein gekappter Baum entwickelt normalerweise eine runde Krone aus dicht belaubten, dünner Trieben, die entweder direkt am oberen Ende des Stamms oder aus einem rudimentären Astgerüst entspringen.

FÜR WIEDERHOLTEN RADIKALEN RÜCKSCHNITT GEEIGNETE GEHÖLZE

■ **Auf den Stock setzen bzw. Rückschnitt bis zum Boden:**
Ailanthus, Berberis, Catalpa, Cercis, Cornus, Corylus, Cotinus, Eucalyptus, Paulownia, Rubus, Salix, Sambucus

■ **Kappen und Kopfbaumschnitt:**
Catalpa, Eucalyptus, Paulownia, Platanus, Populus, Quercus, Robinia, Salix , Tilia, Ulmus

KLETTERPFLANZEN ERZIEHEN

Kletterpflanzen werden oft an Mauern oder anderen Begrenzungen, Bögen und Pergolen gezogen (siehe unten). In freier Natur dienen ihnen Bäume als Stütze, was durchaus auch im Garten möglich ist, etwa mit einem älteren sommergrünen Baum. An Wänden oder Zäunen erzieht man die Triebe horizontal oder in lockerer Fächerform. Binden Sie sie lose an, damit ihr Dickenwachstum nicht beeinträchtigt wird. Am einfachsten ist es, an Stellen, zu denen die Triebe hin wachsen, Ösenschrauben in die Wand zu drehen oder Nägel einzuschlagen und die Triebe daran zu befestigen.

Wüchsige Kletterpflanzen wie diese *Clematis* kann man an Stützen wie Bögen und Pergolen ziehen. Sie bringen Farbe und Textur in Gärten.

Überlange Sprosse und solche, die von der Mauer weg wachsen, können im Sommer gekürzt werden; andere bindet man an, um eine gleichmäßige Verteilung zu erreichen. Ältere, unproduktive Triebe werden ganz herausgenommen und durch wüchsige jüngere Sprosse ersetzt.

Kletterpflanzen sind wüchsig und können ihre Stütze im Nu erobern, wobei sie mitunter Unmengen langer, dünner Triebe produzieren, deren gesamte Blütenpracht sich aber nur an der Spitze befindet. Damit die ganze Pflanze gleichmäßig mit Flor bedeckt ist, kann man die biegsamen Sprosse spiralig um aufrechte Pfosten wickeln. Das fördert die Bildung von Seitentrieben auch im unteren Teil der Pflanze.

WARME MAUERN NUTZEN

Manche Sträucher, etwa Winter-Jasmin, eignen sich besonders gut für die Erziehung an warmen Mauern, meist mithilfe von Drähten. Vor allem Pflanzen, die nicht ganz winterhart sind, profitieren von einem solchen Standort, doch auch aus rein dekorativen Zwecken kann man Pflanzen dort kultivieren. Manchmal lassen sie sich zu auffälligen Spalieren und Fächern formen, ähnlich wie Obstgehölze (siehe S. 429).

HOCHSTÄMME ERZIEHEN

Hochstämme tragen ihre Laubkrone und ihre Blüten über einem nackten Stamm und sehen damit gekappten Bäumen

An veredelten Hochstämmen bilden sich oft Wildtriebe. Man reibt sie schon im Knospenstadium weg oder entfernt sie mit der Gartenschere.

Krone fördert man, indem man die Äste auf günstig platzierte Knospen zurückschneidet. Sobald sie austreiben, zwickt man ihre Spitzen ab, damit sie sich verzweigen. Die Krone wird dann in den folgenden Jahren endgültig in Form gebracht.

Auch aus kleineren Pflanzen, wie Fuchsien oder Lavendel, kann man Hochstämme durch reines Entspitzen von Trieben (siehe S. 20) gewinnen. Ziehen Sie zunächst eine wüchsige Jungpflanze an einem aufrechten Stab. Dann werden alle Seitentriebe, die sich an ihm bilden, entfernt – lediglich an der Spitze belässt man zwei bis drei Triebe. Die unteren Blätter verliert der Haupttrieb meist von selbst, wenn er länger wird.

Sobald der Haupttrieb die gewünschte Höhe hat, entspitzt man ihn. Das regt die Seitentriebe knapp darunter zu stärkerem Wuchs an. Auch deren Spitze zwickt man ab, sobald sie 2–3 Blätter tragen, damit eine dichte Krone entsteht. Sie wird jährlich im zeitigen Frühjahr und noch einmal nach der Blüte leicht in Form gebracht.

ähnlich (siehe S. 29), sind aber wesentlich kleiner. Man kann sie künstlich durch Veredlung erzeugen, mit einer Unterlage, die einen hohen, als Stamm dienenden Trieb hat. Die üblichen Unterlagen werden allerdings nicht an Hobbygärtner verkauft, weshalb man improvisieren muss. Hochstämme mit hängendem Wuchs tragen auf ihrer Unterlage in der Regel kriechende Pflanzen.

Ein Hochstamm lässt sich aber auch durch Erziehung gewinnen. Am einfachsten gelingt das mit einem Jungbäumchen, das einen kräftigen Leittrieb mit der gewünschten Höhe hat. Der Trieb wird von allen Seitentrieben befreit, nur ein Bündel am oberen Ende bleibt übrig. Eine buschige

FORMSCHNITT

Geometrisch geschnittene Gehölze können sehr dekorativ sein und auch von Laien gestaltet werden. Wählen Sie ein Exemplar aus und kürzen Sie im ersten Frühjahr nach dem Pflanzen alle seine Triebe – eventuell auch etwas kräftiger –, um es zu einem dichten, buschigen Wuchs anzuregen. Hat die Pflanze erst ihre Form, braucht man sie nur noch leicht zu stutzen.

Kuppeln und Kugeln lassen sich nach Augenmaß schneiden. Man stutzt sie drei- bis viermal jährlich, das letzte Mal im Spätsommer. Für einen Würfel braucht man vier gerade Stäbe, die man um die Pflanze in die Erde steckt – an ihnen werden die Kanten ausgerichtet. An ihrem oberen Ende

Spiralen schneidet man, indem man zuerst einen Kegel formt, in den dann mit der Formschnittschere die Spirale geschnitten wird. Eine Schnur markiert dabei die Richtung.

bindet man Stäbe mit Draht oder einer Schnur waagerecht fest. Ein zwischen die Stäbe gespannter Maschendraht markiert die Würfelflächen. Nun schneidet man alle Triebe ab, die über diesen Rahmen hinausragen. Nach dem Schnitt entfernt man Stäbe und Maschendraht und bringt den Würfel mehrmals im Jahr in Form. Für eine Pyramide werden drei bis vier, für einen Kegel mindestens fünf Stäbe an ihrem oberen Ende zusammengebunden.

HECKEN

Hecken können geometrisch oder naturalistisch angelegt werden; entsprechend muss geschnitten werden. Geometrische Hecken sollen einen glatten, mauerartigen Wall bilden, während naturalistische Hecken etwas wilder aussehen und meist auch Zierelemente wie Blüten oder Früchte tragen dürfen. Hecken, die man speziell als

Buchsbaumhecken in formalen Gärten sollten mehrmals im Jahr präzise geschnitten werden, damit sie gut zur Geltung kommen.

Naturnahe Hecken blühen und fruchten wie frei stehende Pflanzen, denn sie müssen nicht so oft gestutzt werden wie formale Hecken.

Lebensraum für Tiere anlegt, setzen sich aus unterschiedlichen Pflanzen zusammen, die Vögeln, Kleinsäugern und Wirbellosen Nahrung und Unterschlupf bieten.

Alle Heckenpflanzen müssen kurz nach dem Pflanzen geschnitten werden, damit sie dicht austreiben. Ältere Exemplare sollten zweimal im Jahr – in der Frühjahrsmitte und im Spätsommer – gestutzt werden. Geometrische Hecken kann man auch häufiger in Form bringen: Wüchsige Pflanzen, wie die Leyland-Zypresse, muss man bis zu viermal im Jahr schneiden. Meist genügt als Werkzeug eine Heckenschere. Hecken mit Blütenschmuck werden gleich nach dem Flor geschnitten. Sollen sie im Herbst Früchte ansetzen, wie etwa bei *Rosa rugosa* oder Feuerdorn, lässt man einfach einige Blütentriebe stehen. Nach dem Schnitt werden die Pflanzen gedüngt und mit Mulch versorgt, um optimale Bodenbedingungen zu schaffen.

FÜR HECKEN UND FORMSCHNITT GEEIGNETE PFLANZEN

■ **Hecken:**
Berberis, Carpinus, Crataegus, Cupressocyparis leylandii, Fagus, Lavandula, Pyracantha, Rosa, Thuja

■ **Hecken und Formschnitt:**
Buxus, Ilex, Lavandula, Ligustrum, Lonicera nitida, Prunus, Taxus

PFLANZEN A–Z

Zierpflanzen

Abelia *Abelie*

SOMMER- ODER IMMERGRÜNE STRÄUCHER

■ **Schnitt: im zeitigen Frühjahr**

Abelia x grandiflora

Diese Gattung umfasst sommer- und immergrüne Sträucher. Ihre zarten, weißen oder rosafarbenen, trompetenförmigen Blüten öffnen sich überwiegend im Sommer und Herbst. Die ersten Blüten erscheinen an älterem Holz, während jüngere Triebe später blühen. Die Pflanzen sind nicht winterhart und müssen mit wenigen Ausnahmen in Töpfen gezogen und im Haus überwintert werden.

Im zeitigen Frühjahr werden alle abgestorbenen und verletzten Triebe entfernt. Gegebenenfalls ist ein weiterer Schnitt im Sommer nötig, etwa um überlange, verblühte oder ungünstig stehende Zweige zu kürzen und so Platz für neuen, kräftigen Wuchs zu machen, der später blüht. In der Regel reagieren die Gehölze zwar gut auf einen starken Rückschnitt im zeitigen Frühjahr, doch muss damit gerechnet werden, dass sie in diesem Jahr kaum blühen.

AUF EINEN BLICK

WUCHS Kompakte, regelmäßig geformte Sträucher.

WINTERHÄRTE Meist nicht winterhart und daher im Haus zu überwintern.

HÖHE UND BREITE Nach dem Schnitt höchstens 1,5 m x 1,5 m.

SCHNITT
■ Verjüngen Sie die Pflanze, indem Sie ältere Zweige entfernen und so den Austrieb frischer Blütentriebe für das nächste Jahr fördern.

■ Bei einem leichten Zurückstutzen im Sommer nach der Blüte kann die Blüte im nächsten Jahr ausbleiben.

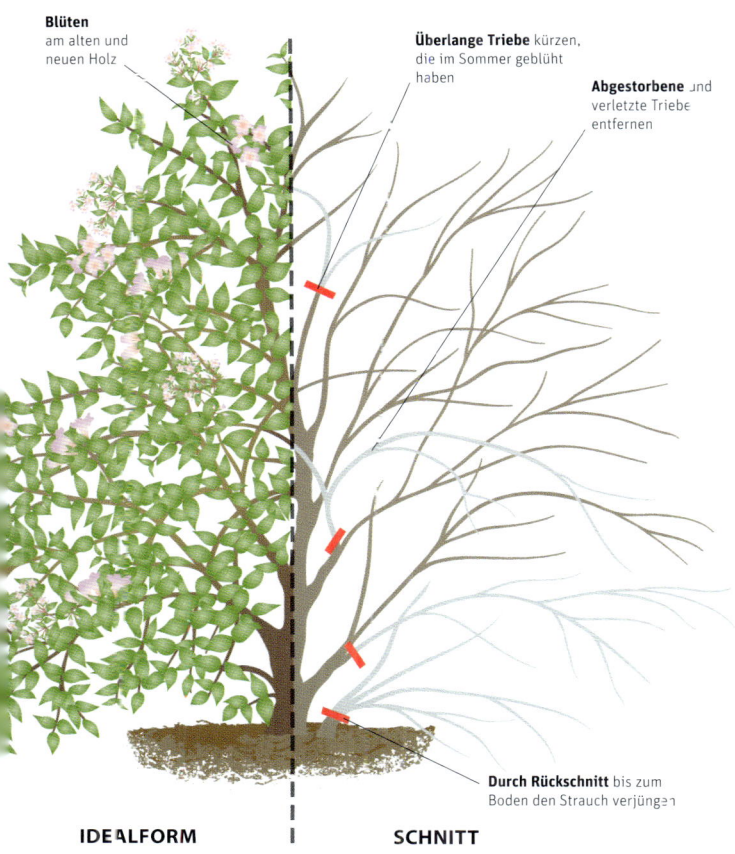

Blüten
am alten und
neuen Holz

Überlange Triebe kürzen,
die im Sommer geblüht
haben

Abgestorbene und
verletzte Triebe
entfernen

Durch Rückschnitt bis zum
Boden den Strauch verjüngen

IDEALFORM

SCHNITT

Abeliophyllum *Schneeforsythie*

SOMMERGRÜNE STRÄUCHER

■ **Schnitt: im Frühjahr nach der Blüte**

Abeliophyllum distichum

A. distichum ist die einzige Art der Gattung und öffnet ihre zarten, weißen Blüten schon im März oder April. Sie ist bis etwa –17 °C winterhart, braucht also in rauen Lagen guten Schutz oder einen Standort an einer warmen Mauer. Außerdem blüht sie nur in warmen Sommern reichlich. Eine Erziehung an einer Wand ist nicht möglich, doch kann man die Triebe locker anbinden.

Schneeforsythien wachsen langsam und sollten daher kaum geschnitten werden. Nach der Blüte entfernt man dünne, nicht-blühende Triebe ebenso wie überkreuzte, abgestorbene oder verletzte und solche, die die Form des Buschs beeinträchtigen. Leider neigen Schneeforsythien dazu, lange, dünne Zweige zu entwickeln und ungleichmäßig zu wachsen. Mit einem Schnitt verhilft man ihnen zu einem ausgewogeneren Gerüst.

AUF EINEN BLICK

WUCHS Etwas wirr und struppig aussehender und recht langsam wachsender Strauch.

WINTERHÄRTE Braucht in kalten Gegenden einen geschützten Platz, um verlässlich zu blühen.

HÖHE UND BREITE Etwa 1,2 m x 1,2 m, an Mauern gezogen etwas breiter.

SCHNITT

■ Schneiden Sie so wenig wie möglich.

■ Entfernen Sie nur abgestorbenes, verletztes und überkreuz wachsendes Holz bzw. Konkurrenztriebe.

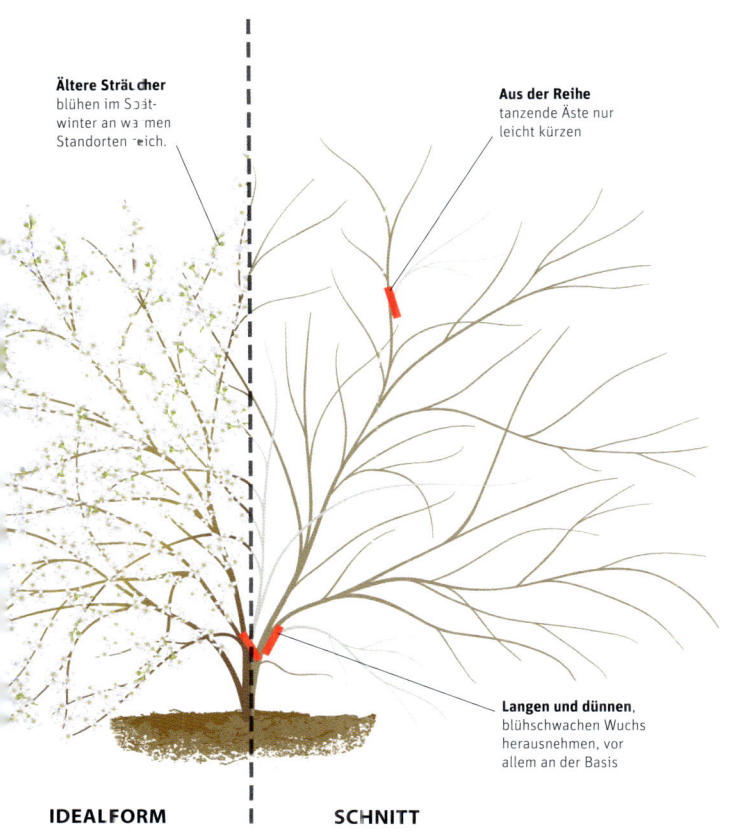

Ältere Sträucher
blühen im Spät-
winter an warmen
Standorten reich.

Aus der Reihe
tanzende Äste nur
leicht kürzen

Langen und dünnen,
blühschwachen Wuchs
herausnehmen, vor
allem an der Basis

IDEALFORM

SCHNITT

Abies *Tanne*

IMMERGRÜNE KONIFEREN

■ **Schnitt: im Frühjahr, notfalls auch zu anderen Zeiten**

Abies koreana

Tannen sind meist aufrechte Koniferen mit strenger, kegelförmiger Silhouette, wenngleich ältere Solitäre oft einen säulenförmigen Wuchs entwickeln. Zwergformen bleiben kompakter; einige werden sogar breiter als hoch. Besonders beliebt sind Sorten mit blaugrauen oder silbrig grünen Nadeln. Die Korea-Tanne (*A. koreana*) wiederum schätzt man wegen ihrer blauvioletten Zapfen.

Ein Schnitt ist selten unbedingt notwendig, allerdings sollte man darauf achten, dass aufrechte Formen nur einen einzigen Leittrieb entwickeln. Dafür entfernt man Konkurrenztriebe direkt am Ansatz, solange die Pflanze noch jung ist. Zeigt der verbliebene Trieb nicht direkt nach oben, führt man ihn an einem an den Stamm gebundenen Stab senkrecht nach oben (siehe S. 25). Bei niederliegenden Arten und Sorten der Tanne entfernt man dagegen die aufrecht wachsenden Triebe.

AUF EINEN BLICK

WUCHS Vorwiegend aufrechte Koniferen mit deutlicher Kegelform.

WINTERHÄRTE Mit wenigen Ausnahmen völlig winterhart.

HÖHE UND BREITE Je nach Art und Sorte etwa 16 m x 6 m; Zwergformen wachsen kompakter und dichter.

SCHNITT
■ Schneiden Sie möglichst wenig.

■ Entfernen Sie konkurrierende Leittriebe, solange das Gehölz noch jung ist.

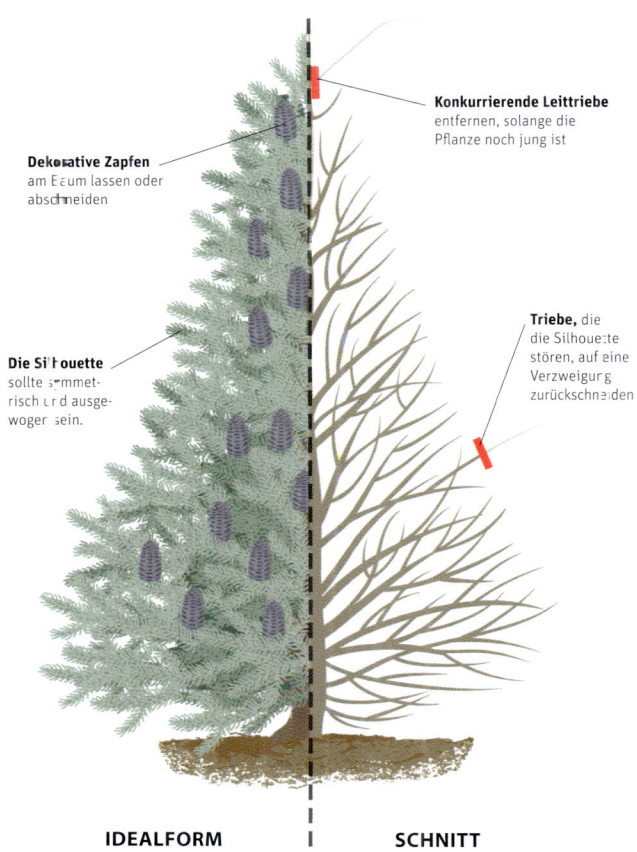

Dekorative Zapfen
am Baum lassen oder
abschneiden

Konkurrierende Leittriebe
entfernen, solange die
Pflanze noch jung ist

Die Silhouette
sollte symmet-
risch und ausge-
wogen sein.

Triebe, die
die Silhouette
stören, auf eine
Verzweigung
zurückschneiden

IDEALFORM | **SCHNITT**

Abutilon *Schönmalve*

IMMER- ODER SOMMERGRÜNE STRÄUCHER ODER KLEINE BÄUME

■ **Schnitt: im März oder April mit Beginn des Austriebs**

Abutilon vitifolium 'Veronica Tennant'

Schönmalven sind selten winterhart genug für mitteleuropäische Verhältnisse und werden daher meist im Topf gezogen. Die härteste unter den als Zierpflanzen genutzten Arten ist die Kurzlebige Samtpappel (*A. vitifolium*), die in sehr milden Gegenden mit gutem Schutz den Winter draußen überlebt. Schneiden Sie diese Art nur wenig: Entfernen Sie lediglich im Frühjahr totes Holz. Andere Arten reagieren dagegen gut auf einen jährlichen Rückschnitt im März oder April. Das vorjährige Holz wird um ein Drittel gekürzt und kahle Äste bis zum Ansatz zurückgeschnitten. Panaschierte Formen sollten jedes Jahr stark geschnitten werden, um sie zur Bildung größerer Blätter anzuregen.

Sorten mit übergeneigten Trieben lassen sich in milden Gegenden an warmen Wänden fächerförmig erziehen. Seitentriebe werden jährlich gekürzt, ältere Äste ganz herausgenommen.

AUF EINEN BLICK

WUCHS Meist immergrüne Sträucher mit aufrechtem oder überhängendem Wuchs.

WINTERHÄRTE Nicht winterhart; daher bei uns nur als Kübelpflanze zu ziehen.

HÖHE UND BREITE 3 m x 2 m; manche können durch Schnitt kleiner gehalten werden.

SCHNITT
■ Legt man Wert auf besonders große Blätter, schneidet man die Triebe jährlich stark zurück.

■ Manche Arten reagieren gut auf einen Verjüngungsschnitt, doch keine ist allzu langlebig. Überalterte Exemplare ersetzt man am besten.

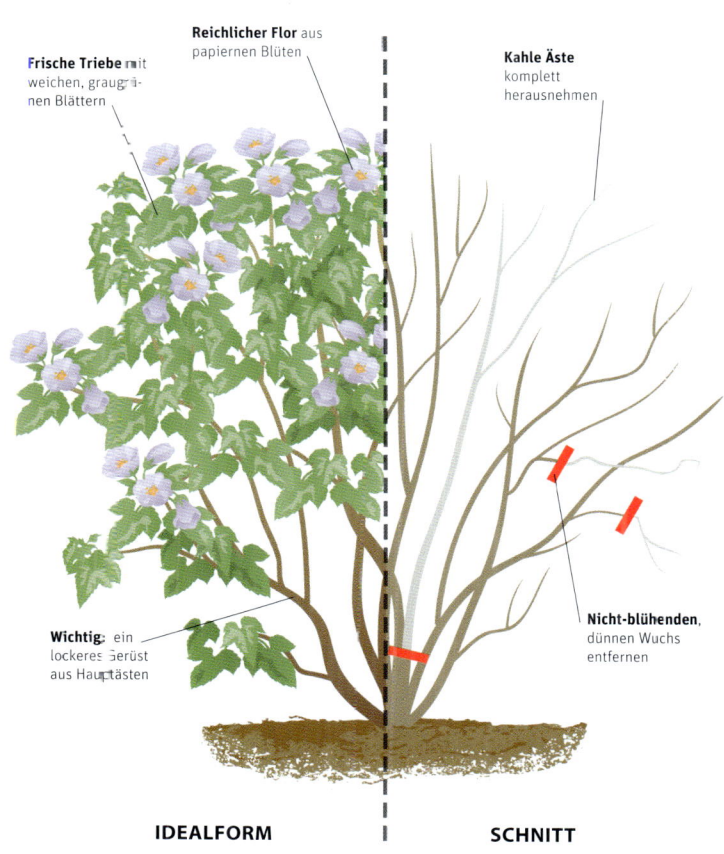

Reichlicher Flor aus papiernen Blüten

Frische Triebe mit weichen, graugrünen Blättern

Kahle Äste komplett herausnehmen

Wichtig: ein lockeres Gerüst aus Hauptästen

Nicht-blühenden, dünnen Wuchs entfernen

IDEALFORM

SCHNITT

Acacia *Akazie*

SOMMER- ODER IMMERGRÜNE BÄUME ODER STRÄUCHER

■ **Schnitt: im späten Frühjahr nach der Blüte**

Acacia pravissima

Akazien tragen im Frühjahr viele, duftende, bauschige, gelbe Blüten. Ihr zartes, luftiges Aussehen täuscht mitunter darüber hinweg, dass es sich um wüchsige Gehölze handelt: *A. dealbata* beispielsweise wächst zu einem stattlichen Baum heran. Die meisten Akazien vertragen nur wenige Minusgrade, einige aber überstehen in milden Regionen den Winter mit viel Schutz. Sie müssen kaum geschnitten werden; zieht man sie an einer warmen Mauer, kann man die Triebe nach Belieben anbinden.

Falls doch geschnitten werden soll, wartet man am besten bis Ende Mai, damit der Neuaustrieb nicht unter Spätfrösten leidet. Verblühte Triebe werden nur leicht zurückgeschnitten, da Akazien einen radikalen Rückschnitt in der Regel nicht vertragen. An der Wand gezogene Exemplare kann man von ungünstig stehenden und überlangen Trieben befreien.

AUF EINEN BLICK

WUCHS Wüchsig, mit offener Kronenform.

WINTERHÄRTE Nicht winterhart; manche Arten vertragen geringe Minustemperaturen.

HÖHE UND BREITE 3 m in beiden Richtungen; frei stehende Pflanzen werden in ihrer Heimat höher; durch Schnitt kann man die Pflanzen begrenzen.

SCHNITT
■ Entfernen Sie verblühte Triebe.

■ Bei Gehölzen, die an einer Wand gezogen werden, kürzen Sie ungünstig stehende Triebe ein oder nehmen sie ganz heraus.

■ Schneiden Sie nicht zu stark.

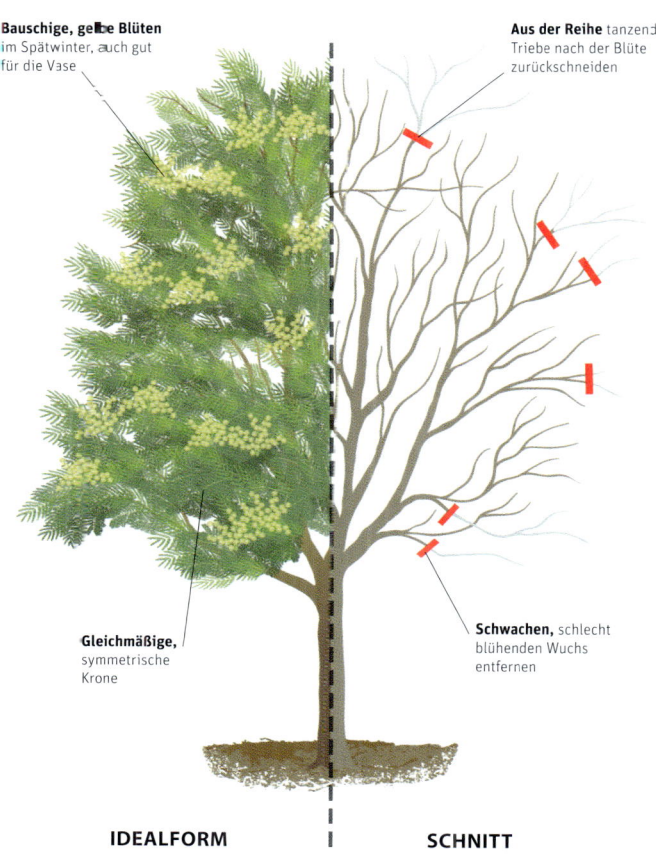

Bauschige, gelbe Blüten
im Spätwinter, auch gut
für die Vase

Aus der Reihe tanzende
Triebe nach der Blüte
zurückschneiden

Gleichmäßige, symmetrische
Krone

Schwachen, schlecht
blühenden Wuchs
entfernen

IDEALFORM

SCHNITT

Acer *Ahorn*

SOMMER- ODER IMMERGRÜNE BÄUME ODER STRÄUCHER

■ **Schnitt: im Spätsommer**

Acer japonicum
'Aconitifolium'

Ahorn wird wegen seiner handförmigen Blätter mit gelber, orangefarbener oder roter Herbstfärbung geschätzt. Viele Arten wachsen zwar mit der Zeit zu stattlichen Bäumen heran, doch sollte trotzdem so wenig wie möglich geschnitten werden. Wegen des »Blutens« und weil Ahorne zuweilen anfällig für die Rotpustelkrankheit sind, sollten die Pflanzen im Spätsommer geschnitten werden, wenn die Wunden schneller heilen und die Bäume nicht mehr so viel Pflanzensaft verlieren.

Die gängigsten Arten, der Japanische Ahorn (*A. japonicum*) und der Fächer-Ahorn (*A. palmatum*), sind zartgliedrige, offene Bäume, die sich für Kleingärten und Töpfe an geschützten, halbschattigen Plätzen eignen. Ihre Blätter sind beim Austrieb und kurz vor dem Laubfall besonders dekorativ. Hier werden lediglich überlange, ungünstig stehende Triebe zurückgeschnitten.

AUF EINEN BLICK

WUCHS Elegante Bäume, ausladend und breitwüchsig oder eher aufrecht.

WINTERHÄRTE Überwiegend völlig winterhart.

HÖHE UND BREITE Die gängigsten Arten etwa 2 m in beide Richtungen; Kübelpflanzen und panaschierte Formen bleiben kleiner.

SCHNITT
■ Sorten mit panaschierten Blättern neigen immer wieder dazu, rein grüne Triebe zu bilden. Diese werden herausgenommen, sobald man sie entdeckt.

■ Schnittwunden heilen bei trockenem, ruhigem Wetter am schnellsten.

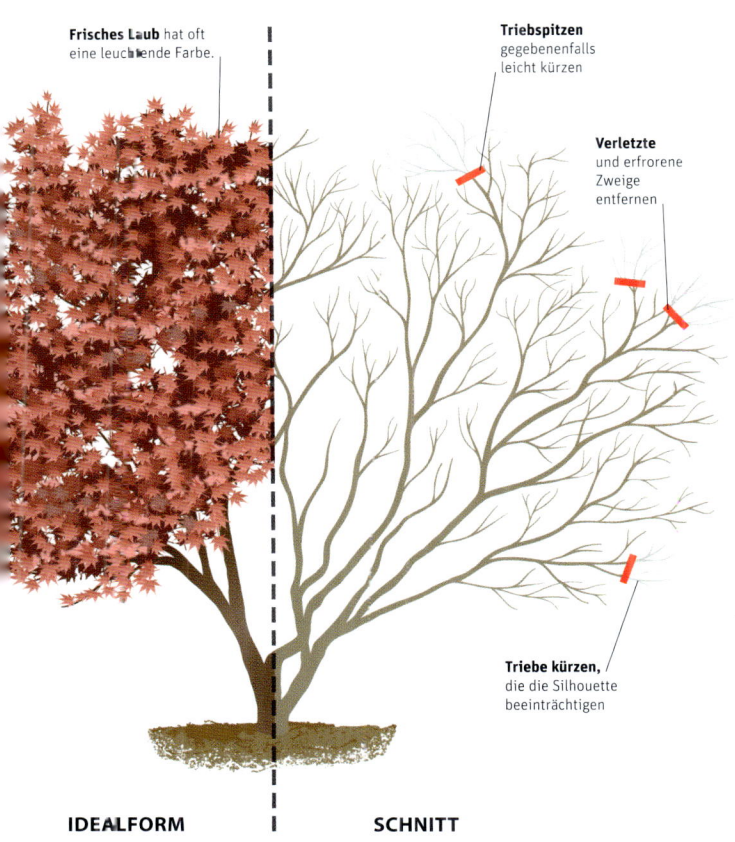

Frisches Laub hat oft
eine leuchtende Farbe.

Triebspitzen
gegebenenfalls
leicht kürzen

Verletzte
und erfrorene
Zweige
entfernen

Triebe kürzen,
die die Silhouette
beeinträchtigen

IDEALFORM

SCHNITT

Actinidia *Strahlengriffel, Kiwifrucht*
SOMMERGRÜNE KLETTERPFLANZEN
■ **Schnitt: im Winter, ggf. noch einmal im Sommer**

Actinidia kolomikta

Diese sommergrünen Kletterpflanzen werden wegen ihrer Blätter und in einigen Fällen auch ihrer Früchte gezogen. Die einzelnen Arten der Gattung sind nicht immer gleich wüchsig und brauchen daher auch einen unterschiedlichen Schnitt.

Am häufigsten findet man in Kultur den Kolomikta-Strahlengriffel (*A. kolomikta*) mit spitz zulaufenden, rosa- und cremefarben gezeichneten oder rein grünen Blättern. Da er nicht sehr wüchsig ist, bereitet das Schneiden keine Probleme. Im Winter nimmt man älteren Wuchs heraus und dünnt den Rest aus. Im Sommer können aus der Reihe tanzende Triebe entfernt werden, wenn man neue Triebe festbindet. Auch die Kiwifrucht (*A. deliciosa*) wird oft als Zierpflanze kultiviert. Sie ist wüchsiger und muss regelmäßig geschnitten werden.

AUF EINEN BLICK

WUCHS Kletterpflanzen mit dünnen, windenden Trieben.

WINTERHÄRTE Völlig winterhart.

HÖHE UND BREITE 3 m in beide Richtungen; Kiwipflanzen lassen sich so erziehen, dass sie breiter als hoch werden.

SCHNITT
■ Nehmen Sie älteren, schwach gewordenen Wuchs regelmäßig heraus, damit die Stütze dicht bewachsen bleibt.

■ Binden Sie kräftige neue Triebe an, um ein ausgewogenes Gerüst zu erreichen.

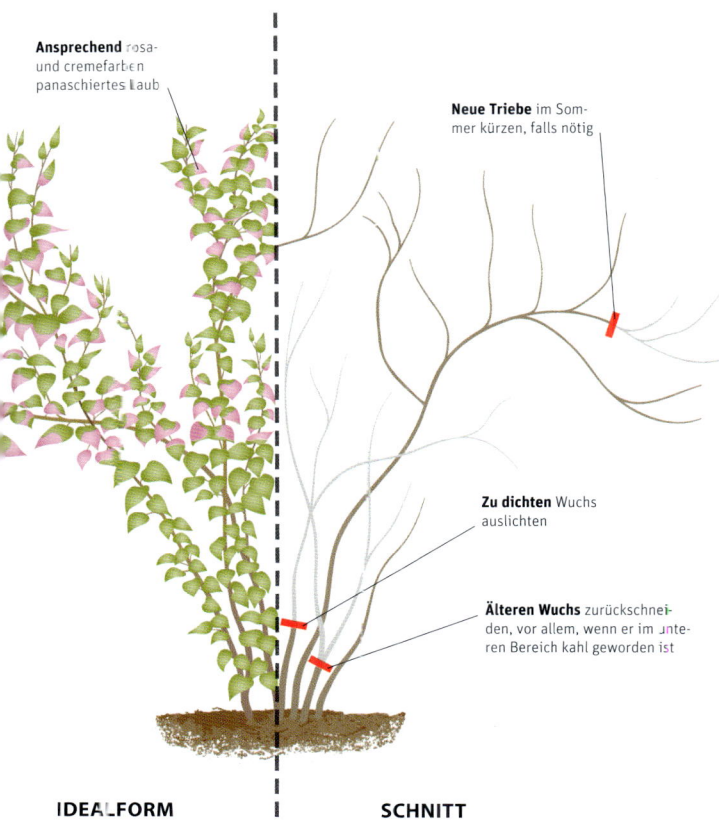

Ansprechend rosa- und cremefarben panaschiertes Laub

Neue Triebe im Sommer kürzen, falls nötig

Zu dichten Wuchs auslichten

Älteren Wuchs zurückschneiden, vor allem, wenn er im unteren Bereich kahl geworden ist

IDEALFORM

SCHNITT

Aesculus *Rosskastanie*
SOMMERGRÜNE BÄUME ODER STRÄUCHER
■ **Schnitt: im Frühjahr bis Hochsommer**

Aesculus hippocastanum

Die stattlichen Gehölze stehen wegen ihrer auffallenden, im Sommer erscheinenden Blütenkerzen in hohem Ansehen. In kleineren Gärten sind sie anfangs dank ihrer Kegelform schöne Solitäre, mit der Zeit aber werden sie zu groß und müssen ersetzt werden.

Wie bei vielen sommergrünen Gehölzen sollte man so wenig wie möglich schneiden, vor allem in den ersten Jahren, wenn die Pflanze die Triebe am Hauptstamm als Energielieferant für das Pflanzenwachstum braucht. 3–5 Jahre nach dem Pflanzen kann man unerwünschte, schwache Äste bis zum Ansatz am Stamm zurückschneiden, am besten von Frühjahr bis Hochsommer, da beim Winterschnitt die Gefahr einer Infektion mit Nectria-Pilzen höher ist. Ein Befall mit Miniermotten führt bei Gewöhnlichen Rosskastanien dazu, dass das Laub sich verfärbt und vorzeitig abfällt. Es sollte daher abgesammelt und vernichtet werden.

AUF EINEN BLICK

WUCHS Stattliche, anfangs oft symmetrische, später offenere Bäume oder Sträucher.

WINTERHÄRTE Meist völlig winterhart.

HÖHE UND BREITE Bei alten Exemplaren etwa 25 m x 20 m.

SCHNITT
■ Schneiden Sie so wenig wie möglich.

■ Große Äste an älteren Bäumen werden am besten von Gärtnern oder Baumpflegern entfernt.

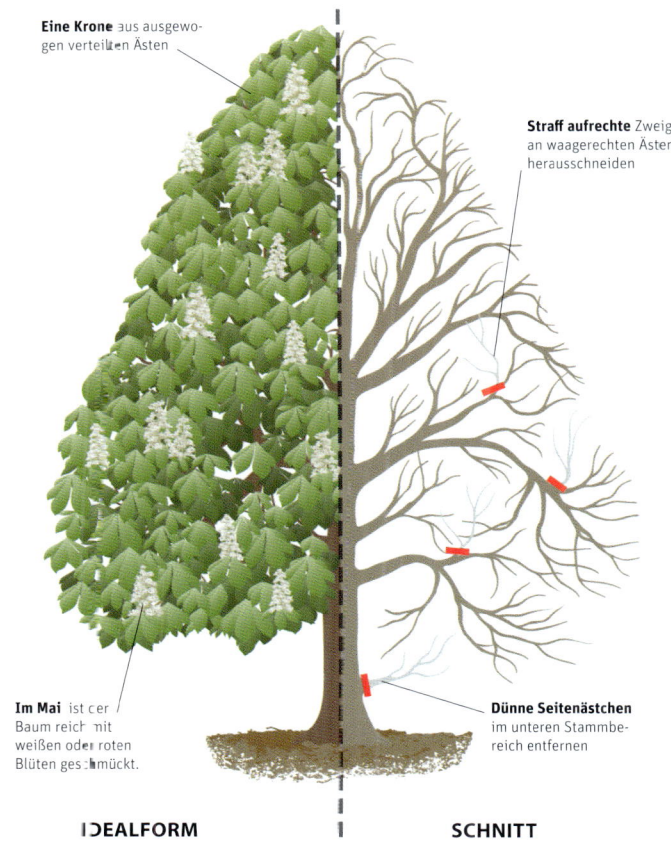

Eine Krone aus ausgewogen verteilten Ästen

Straff aufrechte Zweige an waagerechten Ästen herausschneiden

Im Mai ist der Baum reich mit weißen oder roten Blüten geschmückt.

Dünne Seitenästchen im unteren Stammbereich entfernen

IDEALFORM

SCHNITT

Akebia *Akebie*

SOMMERGRÜNE ODER HALBIMMERGRÜNE KLETTERPFLANZEN

■ Schnitt: im Spätfrühling bis Frühsommer nach der Blüte

Akebia quinata

Akebien sind wüchsige, verholzende Kletterpflanzen, die in kühlen Klimazonen meist sommergrün wachsen. Fallen die spatelförmigen Blätter nicht ab, nehmen sie im Winter oft einen Bronzeton an. Die Pflanzen werden vor allem wegen ihrer kleinen Blüten kultiviert, die braun-violett gefärbt sind und nach Schokolade duften.

Anfangs erzieht man die Pflanze so, dass ein fächerförmiges Gerüst aus Haupttrieben entsteht; Seitentriebe werden nach dem Anbinden der Haupttriebe zurückgeschnitten. Später werden jährlich nach der Blüte abgeblühte und ältere, lange Triebe radikal gekürzt und dafür wüchsige Ersatztriebe angebunden. Wie bei den meisten windenden Kletterpflanzen neigen die Triebe dazu, sich umeinander zu schlingen, sodass sich im Inneren der Pflanze allmählich ein dichtes Gewirr bildet. Ältere Triebe werden daher bis zum Ansatz zurückgeschnitten.

AUF EINEN BLICK

WUCHS Windende wüchsige Kletterpflanzen.

WINTERHÄRTE Völlig winterhart, in rauen Gegenden aber am besten vor einer warmen Wand ziehen, damit die Blüten im Frühjahr nicht erfrieren.

HÖHE UND BREITE 6 m x 4 m.

SCHNITT
■ Das Pflanzeninnere kann sich verdichten, wenn man zulässt, dass die Triebe sich umeinander schlingen. Dünnen Sie sie daher regelmäßig aus.

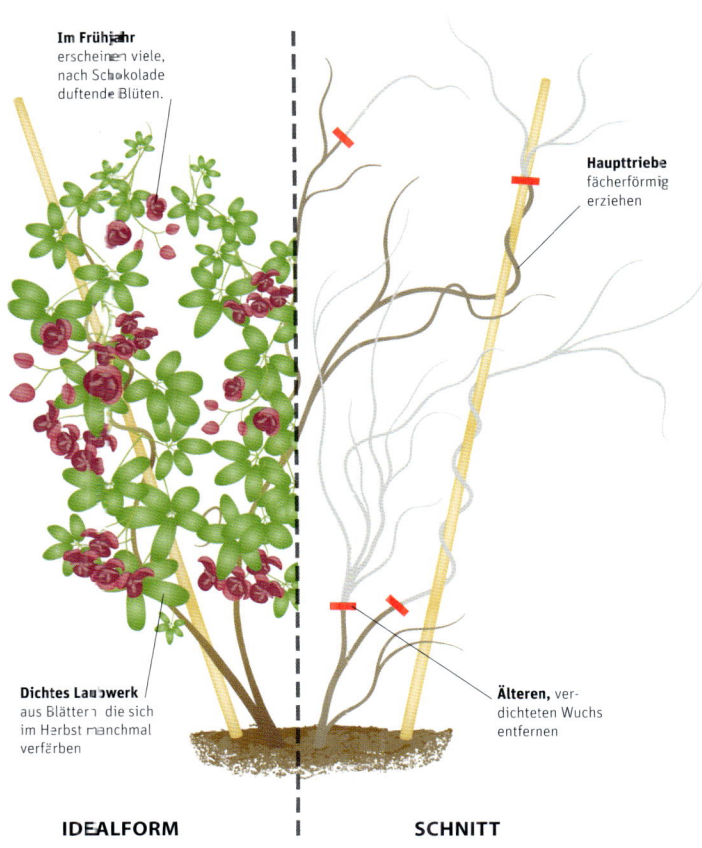

Im Frühjahr
erscheinen viele,
nach Schokolade
duftende Blüten.

Haupttriebe
fächerförmig
erziehen

Älteren, ver-
dichteten Wuchs
entfernen

Dichtes Laubwerk
aus Blättern, die sich
im Herbst manchmal
verfärben

IDEALFORM

SCHNITT

Alnus *Erle*

SOMMERGRÜNE BÄUME ODER STRÄUCHER

■ **Schnitt: vom Spätherbst bis zur Wintermitte**

Alnus glutinosa
'Imperialis'

Erlen werden oft als Nutzbäume zur Stabilisierung von nassem Erdreich eingesetzt. Mit ihren im Spätwinter erscheinenden Kätzchen an noch kahlen Zweigen sind sie aber auch als Ziergehölze schön. Manche werden wegen ihres Laubs gezogen, das je nach Sorte besonders filigran oder nach dem Austrieb goldgelb gefärbt sein kann.

Einige Erlen wachsen mit einem einzigen Hauptstamm, andere hingegen bilden am Ansatz mehrere Stämme aus, etwa die Grau-Erle (*A. incana*). Man kann den mehrstämmigen bzw. strauchigen Wuchs fördern, indem man die Pflanze im ersten Winter nach dem Setzen bis knapp über dem Boden zurückschneidet. Will man nur einen einzigen Stamm, wählt man den kräftigsten Trieb und entfernt alle anderen. Ansonsten schneidet man bei Bedarf, solange die Äste kahl sind. Verletzte Zweige können, falls unbedingt nötig, auch im Sommer herausgenommen werden.

AUF EINEN BLICK

WUCHS Wüchsige Bäume, die zum Teil mehrstämmig wachsen, oder Sträucher.

WINTERHÄRTE Völlig winterhart.

HÖHE UND BREITE Schwarz-Erlen (*A. glutinosa*) können 30 m x 10 m erreichen, manche Arten oder Sorten bleiben aber wesentlich kleiner.

SCHNITT
■ Als Solitäre gezogene Exemplare müssen kaum geschnitten werden.

■ Erlen können auch als Heckenpflanzen verwendet werden.

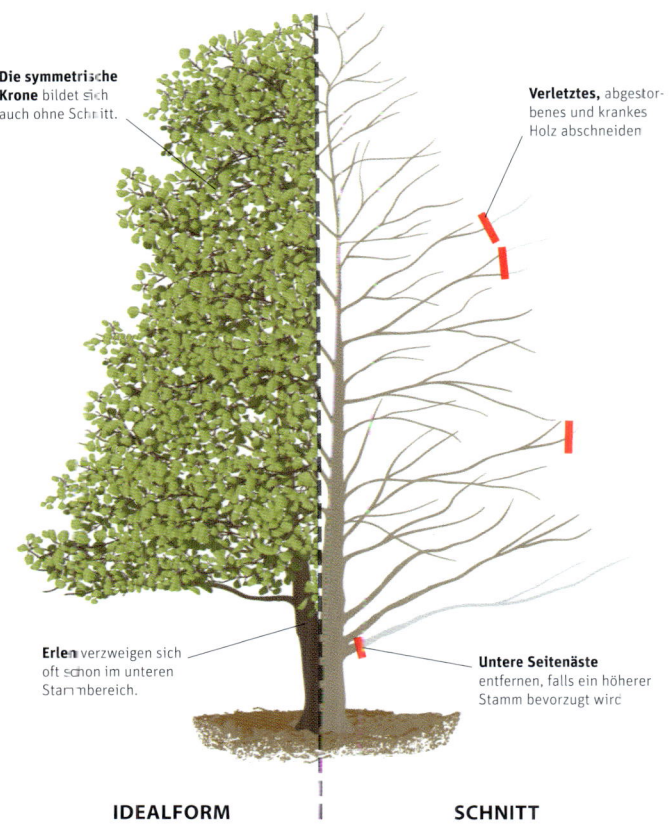

Die symmetrische Krone bildet sich auch ohne Schnitt.

Verletztes, abgestorbenes und krankes Holz abschneiden

Erlen verzweigen sich oft schon im unteren Stammbereich.

Untere Seitenäste entfernen, falls ein höherer Stamm bevorzugt wird

IDEALFORM

SCHNITT

Aloysia *Zitronenstrauch*
SOMMER- ODER IMMERGRÜNE STRÄUCHER
■ Schnitt: im Frühjahr, wenn die Frostgefahr vorüber ist

Aloysia triphylla

Zitronensträucher wachsen aufrecht und werfen ihre Blätter ab, wenn man sie Minustemperaturen aussetzt. Das Laub verströmt beim Zerreiben einen köstlichen Zitronenduft und ist das eigentliche dekorative Element der Pflanze, obwohl im Spätsommer mitunter auch weiße bis violette Blüten in kleinen aufrechten Ähren erscheinen.

Ein regelmäßiger Schnitt regt den Strauch zur Neubildung belaubter Triebe an, was aber auf Kosten der Blüte geht. Wenn im späten Frühjahr keine Fröste mehr drohen, kürzt man den letztjährigen Wuchs auf kräftige Knospen weiter unten am Trieb zurück. Bis zum Hochsommer kneift man dann nur noch die Triebspitzen regelmäßig aus. Das fördert einen buschigen Wuchs, verhindert allerdings auch die Blüte. Im Sommer werden gegebenenfalls die Triebe etwas ausgelichtet. Zitronensträucher sind eher kurzlebige Pflanzen.

AUF EINEN BLICK

WUCHS Filigrane, aufrechte Sträucher.

WINTERHÄRTE Zitronensträucher vertragen keine strengen Fröste und müssen daher im Topf gezogen werden.

HÖHE UND BREITE Ungefähr 1 m x 1 m, je nachdem, wie viel Wärme der Strauch bekommt.

SCHNITT
■ Regelmäßiger Schnitt regt den Strauch zur Bildung immer neuer Triebe und Blätter an.

■ Das häufige Auskneifen der Triebspitzen fördert einen buschigen Wuchs.

Die Blüten
öffnen sich im Sommer an aufrechten Ähren.

Triebspitzen regelmäßig auskneifen, um die Pflanze zu einem buschigen Wuchs anzuregen

Verletzte oder vertrocknete Triebe im Frühjahr zurückschneiden

IDEALFORM

SCHNITT

Amelanchier *Felsenbirne*
SOMMERGRÜNE BÄUME ODER STRÄUCHER
■ Schnitt: während der Vegetationsruhe der Pflanzen

Amelanchier lamarckii

Die eher zarten, im Frühjahr blühenden Sträucher oder kleinen Bäume sind ein ausgezeichneter Ersatz für Zierkirschen (*Prunus*), die für viele Gärten zu groß werden. Sie wachsen oft strauchig, wenngleich ihre Stämme allmählich an der Basis baumartig verkahlen. Ein weiteres Plus der Felsenbirnen ist ihre lebhafte Herbstfärbung.

Bevorzugt man einen baumartigen Wuchs, entfernt man alle Äste bis auf den kräftigsten und lässt diesen aufrecht als Stamm wachsen. Nach und nach befreit man ihn von den untersten Seitenästen – am besten im Winter, wenn das Gehölz keine Blätter trägt. Mehrstämmige Pflanzen werden ebenfalls in der kalten Jahreszeit geschnitten, etwa um sie auszulichten oder alte, verdickte, dünne und schwache Äste zu entfernen. Manche Felsenbirnen (*A. alnifolia*, *A. canadensis*, *A. spicata*, *A. stolonifera*) entwickeln Wurzelsprosse, die man sofort entfernt.

AUF EINEN BLICK

WUCHS Elegante Bäume oder Sträucher.

WINTERHÄRTE Völlig winterhart, wenngleich die Blüte in sehr rauen Gegenden durch Spätfröste beeinträchtigt werden kann.

HÖHE UND BREITE 2–3 m in beiden Richtungen.

SCHNITT
■ Nehmen Sie ältere Äste und dünnen, schwachen Wuchs heraus.

■ Wurzelsprosse werden sofort entfernt.

■ Ein starker Rückschnitt zur Verjüngung alter, mehrstämmiger Exemplare ist in der Regel erfolgreich.

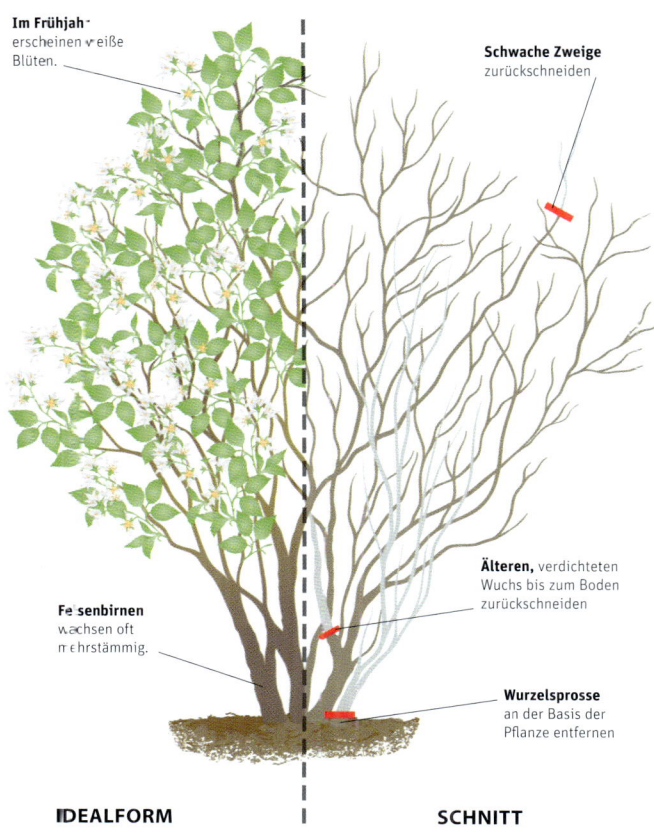

Im Frühjahr erscheinen weiße Blüten.

Schwache Zweige zurückschneiden

Felsenbirnen wachsen oft mehrstämmig.

Älteren, verdichteten Wuchs bis zum Boden zurückschneiden

Wurzelsprosse an der Basis der Pflanze entfernen

IDEALFORM

SCHNITT

Aralia *Aralie, Angelikabaum*

SOMMERGRÜNE BÄUME ODER STRÄUCHER

■ **Schnitt: im zeitigen Frühjahr vor dem Laubaustrieb**

Aralia elata
'Variegata'

Man schätzt die vorwiegend winterharten Gehölze für ihre zarten weißen, im Spätsommer geöffneten Blüten und ihr elegantes, manchmal panaschiertes, doppelt gefiedertes Laub. Aralien wachsen ein- oder mehrstämmig und reagieren nicht immer gut auf einen kräftigen Rückschnitt. Jungpflanzen lässt man daher möglichst ungehindert wachsen – sie entwickeln dann von sich aus einen ein- oder mehrstämmigen Wuchs.

Falls ein Schnitt doch einmal nötig ist, setzt man die Schere im zeitigen Frühjahr an. Da die Pflanzen spät austreiben, lässt sich mitunter nur schwer entscheiden, was abgestorben ist und was nicht. Offensichtlich erfrorener Wuchs wird auf eine kräftige, günstig stehende Knospe eingekürzt. Panaschierte Formen werden von rein grünen Trieben befreit. Aralien bilden oft Wurzelsprosse, die man sofort entfernt.

 AUF EINEN BLICK

WUCHS Ausladende Sträucher oder meist mehrstämmige Bäume.

WINTERHÄRTE Meist völlig winterhart.

HÖHE UND BREITE 4 m x 4 m, gelegentlich auch mehr.

SCHNITT
■ Die Pflanzen vertragen keinen starken Rückschnitt. Schneiden Sie deshalb so wenig wie möglich.

■ Entfernen Sie Wurzelsprosse und rein grüne Zweige an panaschierten Formen sofort.

Die fiedrigen Blüten stehen am Triebende.

An panaschierten Formen alle Triebe mit rein grünem Laub entfernen

Wurzelsprosse direkt am Ansatz entfernen

IDEALFORM

SCHNITT

Arbutus *Erdbeerbaum*

IMMERGRÜNE BÄUME ODER STRÄUCHER

■ **Schnitt: im Frühjahr, wenn die Frostgefahr vorüber ist**

Arbutus x andrachnoides

Erdbeerbäume zeichnen sich durch eine schöne, ausgewogene Kronenform aus. Sie bilden ähnlich wie Sträucher knapp über dem Boden reichlich Seitenäste, selbst wenn sie nur einen einzigen kräftigen Stamm haben. Ihre orangeroten, essbaren, aber nicht allzu wohlschmeckenden Früchte bleiben den Winter über am Baum und reifen erst im darauffolgenden Herbst. Eine Augenweide ist der Baum, wenn er im Frühjahr weiße und rosafarbene Blüten gleichzeitig mit den Früchten trägt. Ein weiteres Plus ist seine rötliche, in der Wintersonne leuchtende Borke.

Erdbeerbäume kommen mit wenig Schnitt aus. Lediglich verletzte oder ungünstig wachsende Zweige werden im Frühjahr herausgenommen – bei hohen Exemplaren erledigt das am besten ein Fachmann. Leider sind Erdbeerbäume in unseren Breiten nicht winterhart. Selbst die härtesten vertragen nicht mehr als –15 °C.

AUF EINEN BLICK

WUCHS Oft rundliche, schön geformte Bäume, die fast bis zum Boden beastet sind.

WINTERHÄRTE Keine Art ist völlig winterhart, daher ist Topfkultur notwendig; lediglich ältere Exemplare von *A. unedo* überstehen den Winter in sehr milden Regionen im Freiland.

HÖHE UND BREITE 8 m x 8 m, je nach Art.

SCHNITT ■ Die Bäume wachsen in der Regel ausgewogen und werden am besten ohne größere Schnittmaßnahmen kultiviert.

Die Blätter haben mitunter gesägte Ränder.

Neue Blüten erscheinen, während die Früchte vom letzten Jahr reifen.

Beschädigte Zweige entfernen

IDEALFORM

SCHNITT

Aronia *Apfelbeere*
SOMMERGRÜNE STRÄUCHER
■ **Schnitt: im Spätwinter oder zeitigen Frühjahr**

Aronia x prunifolia 'Brilliant'

Als Zierpflanze schätzt man diese rundlichen sommergrünen Sträucher wegen ihrer weißdornähnlichen, im Frühjahr geöffneten Blüten, der schönen Herbstfärbung und der roten bis blauschwarzen Beeren, die bis weit in den Winter hinein an den Zweigen hängen bleiben.

Damit das Gehölz optimal blühen und fruchten kann, schneidet man möglichst wenig. Im Spätwinter und zeitigen Frühjahr kann man überkreuzte oder zu dicht stehende Triebe herausnehmen, um Wuchskraft und Gesundheit zu erhalten. Auch aus betagteren Exemplaren werden ältere, müde gewordene Zweige bis zum Ansatz herausgenommen, wenngleich das zum Verlust von beerentragendem Holz führt – und von Zweigen, die im nächsten Jahr vielleicht noch geblüht hätten. Um die Ausbreitung einzudämmen, legt man Wurzelsprosse frei und entfernt sie direkt am Ansatz.

 AUF EINEN BLICK

WUCHS Rundliche Sträucher.

WINTERHÄRTE Völlig winterhart.

HÖHE UND BREITE 2 m x 3 m, manche Sorten werden aber auch höher als breit.

SCHNITT
■ Auf einen Schnitt sollte man möglichst verzichten. Lediglich Wurzelsprosse und ältere Zweige werden entfernt, damit die Pflanze sich nicht zu sehr ausbreitet und in der Mitte nicht zu dicht wird.

Natürliche Silhouette
mit getöntem
Herbstlaub

Dekorative Beeren
folgen auf die
weißen Blüten.

Ältere Zweige
im Frühjahr
herausnehmen

Wurzelsprosse
ausgraben und am
Ansatz entfernen

IDEALFORM   **SCHNITT**

Artemisia *Beifuß, Wermuth, Eberraute*

SOMMER- ODER IMMERGRÜNE HALBSTRÄUCHER ODER STRÄUCHER

■ Schnitt: im Frühjahr, bei Bedarf noch einmal im Sommer

Artemisia abrotanum

Das überwiegend silbergraue, aromatisch duftende Laub steht bei diesen Sträuchern im Mittelpunkt, denn die Blüten sind eher unscheinbar – von manchen werden sie sogar als unansehnlich bezeichnet. Beifuß kommt daher oft in Kräutergärten oder gemischten Rabatten als Blattschmuckpflanze für den Sommer zum Einsatz. Auf feuchten Böden ist er allerdings mitunter kurzlebig.

Alle Arten bilden zahlreiche grundständige Triebe, die langbeinig werden können, wenn man sie vernachlässigt. Durch einen Schnitt regt man die Bildung frischer junger Triebe und Blätter an, reduziert aber auch die Blüte, was manchmal durchaus erwünscht ist. Das schönste Laub entsteht, wenn man den gesamten Wuchs im März bis auf ein niedriges Gerüst einkürzt, dabei kann sogar bis in altes Holz geschnitten werden. Bei Bedarf ist auch später in der Saison noch ein leichtes Stutzen möglich.

■ AUF EINEN BLICK

WUCHS Niedrige, mitunter breitwüchsige Halbsträucher oder Sträucher.

WINTERHÄRTE Überwiegend völlig winterhart; allerdings können die Sträucher in staunassen Böden unter der Kälte leiden.

HÖHE UND BREITE 1 m x 1 m; manche sind höher als breit, andere breiter als hoch.

SCHNITT
■ Schneiden Sie die Pflanzen jährlich zurück, um zu verhindern, dass alte, unproduktive Triebe überhandnehmen.

■ Ein leichtes Zurückstutzen ist während der gesamten Wachstumsphase möglich.

Aufrechte, dicht mit aromatischen Blättern besetzte Triebe

Pflanze im Sommer mit einem leichter Rückschnitt in Form bringen und Blütenknospen entfernen

Triebe radikal zurückschneiden, falls der Neuaustrieb aus der Basis gefördert werden soll

IDEALFORM | **SCHNITT**

Aucuba *Aukube*

IMMERGRÜNE STRÄUCHER

■ **Schnitt: im Frühjahr, bei Bedarf auch zu anderen Zeiten**

Aucuba japonica
'Crotonifolia'

Aukuben werden bei uns meist als Topfpflanzen gezogen. Sie wachsen kuppelförmig, können aber etwas asymmetrisch werden, wenn sie zum Licht hin wachsen. Zu den beliebtesten Formen gehört *A. japonica* 'Crotonifolia' mit großen, ledrigen, gelb gefleckten Blättern.

Jungpflanzen werden geschnitten, um sie zu buschigem Wuchs anzuregen. Aukuben vertragen problemlos einige Minusgrade und können im Topf lange draußen bleiben. Falls doch Triebe erfrieren, nimmt man sie im Frühjahr bis auf gesunde Knospen heraus. Beeinträchtigt ein aus der Reihe tanzender Trieb das Gesamtbild, schneidet man ihn bis zum Ansatz zurück. Beim Stutzen mit der Heckenschere verletzte Blätter färben sich schwarz, weshalb man besser mit der Gartenschere arbeitet. Ältere Exemplare verjüngt man, indem man über 2–3 Jahre hinweg mehrmals einen Teil der Zweige entfernt.

AUF EINEN BLICK

WUCHS Meist rundliche, kuppelförmige immergrüne Sträucher.

WINTERHÄRTE Nicht winterhart, verträgt aber bis −10 °C.

HÖHE UND BREITE Bis 3 m x 3 m, bei regelmäßigem Schnitt entsprechend weniger.

SCHNITT
■ Kürzen Sie Triebe, die aus der Reihe tanzen.

■ Nehmen Sie erfrorenen Wuchs heraus.

■ Verjüngen Sie die Pflanze stufenweise, indem Sie über 2–3 Jahre jede Saison einige Zweige herausnehmen.

Gleichmäßige Krone
aus glänzender immer-
grünen Blättern

Busch durch
leichtes Stutzen
in Form bringen

Sehr wüchsige
Triebe bis ins
Innere des Strauchs
zurückschneiden

Erfrorene Triebe bis
auf gesundes Holz
zurückschneiden

IDEALFORM

SCHNITT

Azara *Azarabaum*

IMMERGRÜNE STRÄUCHER ODER BÄUME

■ Schnitt: in der Frühjahrsmitte und ggf. nach der Blüte

Azara microphylla

Je nach Art tragen Azarabäume ihre duftenden gelben Blüten zu verschiedenen Zeiten. Da sie nur wenig Minusgrade vertragen, muss man sie in Töpfen ziehen. Die meisten fühlen sich vor sonnenbeschienenen Wänden wohl; manche lassen sich mit ihren biegsamen Trieben sogar daran erziehen. In warmen Sommern folgen auf die Blüten weiße oder lilarosafarbene Beeren.

In der Frühjahrsmitte entfernt man alle abgestorbenen oder ungünstig stehenden Triebe. Ist ein weiterer Schnitt nötig, kann er direkt im Anschluss an die Blüte erfolgen, doch muss man dann damit rechnen, dass die Pflanze weniger Beeren trägt. Zu den härtesten Arten gehört der Buchsblättrige Azarabaum (*A. microphylla*). Er hat kleines, aber dichtes Laub, verträgt Schatten und hält Temperaturen bis etwa −10 °C aus. Für einen Form-schnitt ist er zwar geeignet, aber er blüht dann nicht mehr.

AUF EINEN BLICK

WUCHS Elegante, aufrechte bis übergeneigte Sträucher oder kleine Bäume.

WINTERHÄRTE In der Regel ist nur Topf-kultur möglich; lediglich *A. microphylla* kann in sehr wintermilden Regionen mit gutem Schutz draußen überleben.

HÖHE UND BREITE Etwa 3 m x 3 m.

SCHNITT

■ Schneiden Sie die Sträucher unmittelbar nach der Blüte in Form.

■ Hecken in sehr milden Gegenden werden im Frühjahr geschnitten.

■ Ein Verjüngungsschnitt im späten Frühjahr ist in der Regel erfolgreich.

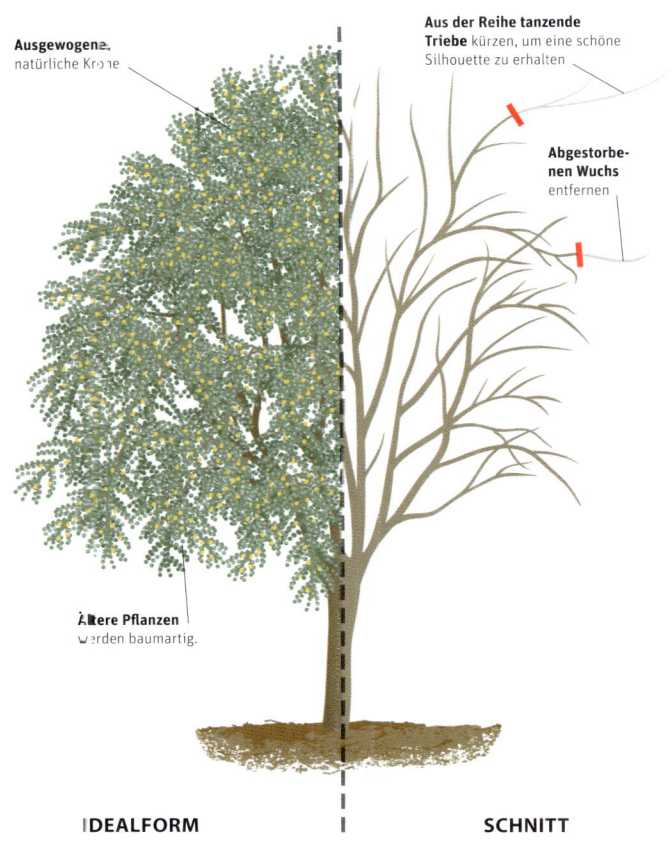

Ausgewogene,
natürliche Krone

**Aus der Reihe tanzende
Triebe** kürzen, um eine schöne
Silhouette zu erhalten

**Abgestorbe-
nen Wuchs**
entfernen

Ältere Pflanzen
werden baumartig.

IDEALFORM   **SCHNITT**

Berberis *Berberitze, Sauerdorn*
(1) SOMMERGRÜNE STRÄUCHER
■ **Schnitt: im Sommer oder Spätwinter bis zeitigen Frühjahr**

Berberis thunbergii 'Helmond Pillar'

Sommergrüne Berberitzen sind beliebte Blattschmuckpflanzen, deren Laub sich im Herbst oft kräftig orangerot färbt. Manche wachsen übergeneigt, andere aufrecht. Durch gekonnten Schnitt kann man die Herbstfärbung intensivieren, denn Laub an älteren Trieben leuchtet am schönsten. Im Sommer dünnt man die Pflanze aus und schneidet überalterte, unten verkahlte Triebe bis zum Boden zurück, auch abgestorbenes Holz wird entfernt.

Das frische Laub ist am lebhaftesten gefärbt, wenn man alle Triebe jährlich im zeitigen Frühjahr bis fast zum Boden einkürzt. Das regt die Pflanze zur Bildung größerer Blätter an, wenngleich man dafür auf die Blüte im späten Frühjahr verzichten muss und auch die Herbstfärbung verhaltener ausfällt. Sommergrüne Berberitzen werden mitunter als Hecken eingesetzt und im Frühjahr oder Sommer in Form gebracht.

 AUF EINEN BLICK

WUCHS Übergeneigt oder aufrecht wachsende Sträucher mit dünnen Trieben.

WINTERHÄRTE Völlig winterhart.

HÖHE UND BREITE Etwa 2 m x 2 m; bei regelmäßigem Schnitt auch weniger.

SCHNITT
■ Die schönste Herbstfärbung ist zu erwarten, wenn man die Pflanze im Sommer ausdünnt; die Frühjahrsfärbung ist am schönsten bei radikalem Rückschnitt aller Triebe im Frühjahr.

■ Vorsicht: Die Triebe haben spitze Dornen.

■ Immergrüne Berberitzen: siehe S. 74–75.

Dichtes Laubwerk
aus kleinen, farben-
frohen Blättern

Triebe nach der Blüte
kürzen, damit der Strauch
nicht zu groß wird

Das Innere der
Sträucher auslichten

Radikal zurückschneiden
(auf den Stock setzen), um
eine schöne Frühjahrsfär-
bung zu erreichen

IDEALFORM

SCHNITT

Berberis *Berberitze, Sauerdorn*

(2) IMMERGRÜNE STRÄUCHER

■ **Schnitt: im Frühjahr gleich nach der Blüte**

Berberis darwinii

Immergrüne Berberitzen geben gute Hecken ab, vor allem als dorniger Wall zum Schutz vor Eindringlingen. Gleichzeitig sind sie eine Bereicherung für Strauchrabatten und Pflanzungen an Böschungen. Ihre aufrechten bis übergeneigten Triebe tragen im Frühjahr ein dichtes Kleid aus kleinen, gelben oder orangefarbenen Blüten, auf die hübsche rote bis schwarze Beeren folgen.

Den höchsten Zierwert haben immergrüne Berberitzen, wenn man sie so wenig wie möglich schneidet. Blüten erscheinen am letztjährigen Wuchs, sodass bei Bedarf ältere Zweige nach der Blüte entfernt werden. Gleichzeitig kann man verblühte Triebe entfernen, muss dafür aber auf den Beerenschmuck im Herbst verzichten. Hecken werden im Frühsommer nach der Blüte mit der Heckenschere geschnitten – das gewährleistet den dichtesten Wuchs. Tragen Sie zum Schutz vor den Dornen Handschuhe.

AUF EINEN BLICK

WUCHS Vorwiegend aufrechte bis übergeneigte Sträucher mit rundlicher Silhouette.

WINTERHÄRTE Teils völlig, teils nur in milden Regionen winterhart.

HÖHE UND BREITE 2 m x 2 m, bei regelmäßigem Schnitt weniger.

SCHNITT
■ Wenn Sie einen natürlichen Wuchs bevorzugen, schneiden Sie möglichst wenig.

■ Stutzen Sie Hecken im Sommer.

■ Verjüngungsschnitte erfolgen im März.

■ Sommergrüne Berberitzen: siehe S. 72–73.

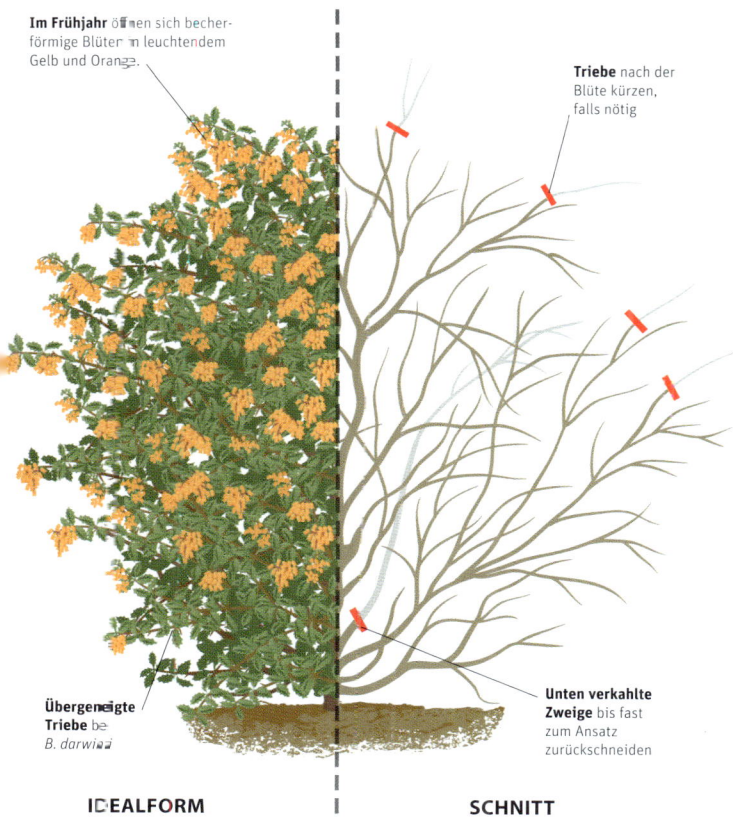

Im Frühjahr öffnen sich becherförmige Blüten in leuchtendem Gelb und Orange.

Triebe nach der Blüte kürzen, falls nötig

Übergeneigte Triebe bei *B. darwinii*

Unten verkahlte Zweige bis fast zum Ansatz zurückschneiden

IDEALFORM

SCHNITT

Betula *Birke*

SOMMERGRÜNE BÄUME

■ **Schnitt: im Spätsommer bis zur Wintermitte**

Betula pendula

Birken sind filigrane Bäume, die sogar zu mehreren Jahreszeiten auffallen können. Alle weisen eine schöne Herbstfärbung auf und manche tragen im Frühjahr zudem reizende Kätzchen. Mehrere Arten werden wegen ihrer außergewöhnlichen Rinde kultiviert, die besonders im Winter Leben in Gärten bringt. Viele haben auch eine sehr hübsche Wuchsform, die schon bei jungen Bäumen sichtbar ist. Die weitverbreitete Hänge-Birke (*B. pendula*) wächst gelegentlich mehrstämmig.

Man sollte Birken so wenig wie möglich schneiden. Etwa 3–5 Jahre nach dem Pflanzen werden lange, dünne Zweige im unteren Bereich des Hauptstamms entfernt, sofern die schöne Kronensilhouette damit nicht beeinträchtigt wird. Um den Wuchs von hängenden Formen wie *B. pendula* 'Tristis' zu bewahren, schneidet man am Stamm 2–3 Jahre lang alle Triebe bis in eine Höhe von 2 m ab.

AUF EINEN BLICK

WUCHS Offene, filigrane Bäume, die gelegentlich auch mehrere Stämme bilden.

WINTERHÄRTE Völlig winterhart.

HÖHE UND BREITE 8 m x 4 m, in Einzelfällen auch wesentlich höher.

SCHNITT

■ Ein regelmäßiger Schnitt ist nicht nötig, doch kann man die unteren Zweige entfernen, damit die schöne Rinde besser sichtbar ist.

■ Da manche Birken nach dem Schnitt im Frühjahr stark »bluten«, sollte man in der Zeit von Spätsommer bis Wintermitte schneiden.

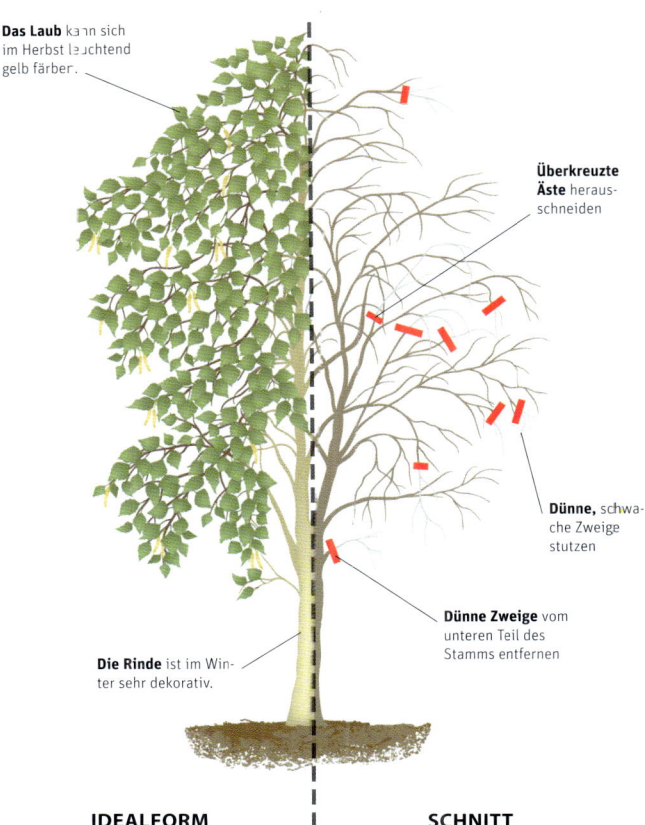

Das Laub kann sich im Herbst leuchtend gelb färben.

Überkreuzte Äste herausschneiden

Dünne, schwache Zweige stutzen

Dünne Zweige vom unteren Teil des Stamms entfernen

Die Rinde ist im Winter sehr dekorativ.

IDEALFORM

SCHNITT

Bougainvillea *Bougainvillee, Drillingsblume*
IMMERGRÜNE KLETTERPFLANZEN

■ **Schnitt: im zeitigen Frühjahr, vor dem neuen Wachstum**

Bougainvillea glabra 'Variegata'

Diese struppigen, stacheligen Gehölze können eine große Fläche bedecken. Da die Pflanzen keine Fröste vertragen, müssen sie in großen Gewächshäusern oder Wintergärten gezogen werden. Ihre auffallend gefärbten Hochblätter und die Blüten sind weiß, rosa, rot, violett oder orange.

Am besten kommen Bougainvilleen zur Geltung, wenn sie in den ersten beiden Jahren nach dem Pflanzen zu einem breit fächerförmigen Gerüst aus kräftigen Trieben erzogen werden. Dazu bindet man die Haupttriebe dort an, wo sie von selbst hingewachsen sind, und kürzt die Seitentriebe ein – sie bilden später die Blütentriebe.

Zudem wird aller unerwünschter Wuchs entfernt. Ist ein festes Gerüst entstanden, kürzt man jährlich im März alle Seitentriebe aus dem Vorjahr bis auf 2–3 Blätter zurück. Wüchsige neue Triebe werden gekürzt oder als Ersatz für abgeschnittene ältere Äste angebunden.

AUF EINEN BLICK

WUCHS Sehr wüchsige Kletterpflanzen mit langen, biegsamen, stacheligen Trieben.

WINTERHÄRTE Frostempfindlich; muss im Kübel gezogen werden.

HÖHE UND BREITE Unter günstigen Bedingungen 10 m x 10 m.

SCHNITT

■ Ein Schnitt ist unerlässlich, wenn man die Pflanze im Zaum halten will.

■ Schneiden Sie im Spätwinter oder zeitigen Frühjahr vor dem Neuaustrieb.

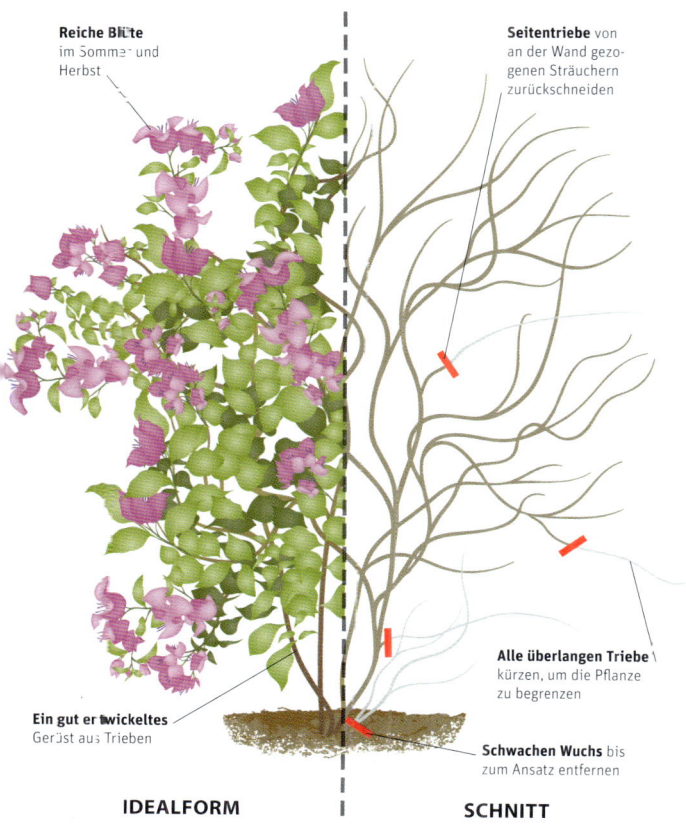

Reiche Blüte im Sommer und Herbst

Seitentriebe von an der Wand gezogenen Sträuchern zurückschneiden

Ein gut entwickeltes Gerüst aus Trieben

Alle überlangen Triebe kürzen, um die Pflanze zu begrenzen

Schwachen Wuchs bis zum Ansatz entfernen

IDEALFORM

SCHNITT

Brachyglottis *Jakobskraut*

IMMERGRÜNE STRÄUCHER

■ **Schnitt: in der Frühjahrsmitte und ggf. im Sommer**

Brachyglottis 'Sunshine'

Kenner schätzen an den selten kultivierten Sträuchern vor allem das graue immergrüne Laub, das einen ausgezeichneten Hintergrund für andere Pflanzen abgibt; die gelben Blütenkörbchen dagegen werden oft sogar entfernt. Die Triebe des Jakobskrauts wachsen zur Seite und verkahlen im unteren Teil. Am häufigsten ist die Sorte *B.* 'Sunshine', die einen niedrigen, ausladenden Busch bildet und sich vorzüglich für die Ränder einer gemischten Rabatte oder als Bodendecker für sonnige Flächen eignet.

Geschnitten wird in der Frühjahrsmitte, wenn keine strengen Fröste mehr zu erwarten sind – aber nur so viel, dass eine schöne Wuchsform entsteht. Kahle Triebe werden bis über gesunde Knospen eingekürzt. Sehr alte, verholzte Exemplare sollte man ersetzen.

AUF EINEN BLICK

WUCHS Graulaubige Sträucher mit der Neigung zum Verkahlen.

WINTERHÄRTE Nicht ganz winterhart; braucht guten Schutz und hält nur in sehr milden Gegenden draußen aus.

HÖHE UND BREITE Etwa 1 m x 1,5 m.

SCHNITT
■ Damit die Pflanze eine schöne, dicht belaubte Form bewahrt, kürzt man die Triebe im Frühjahr und stutzt sie im Sommer ein weiteres Mal leicht zurück.

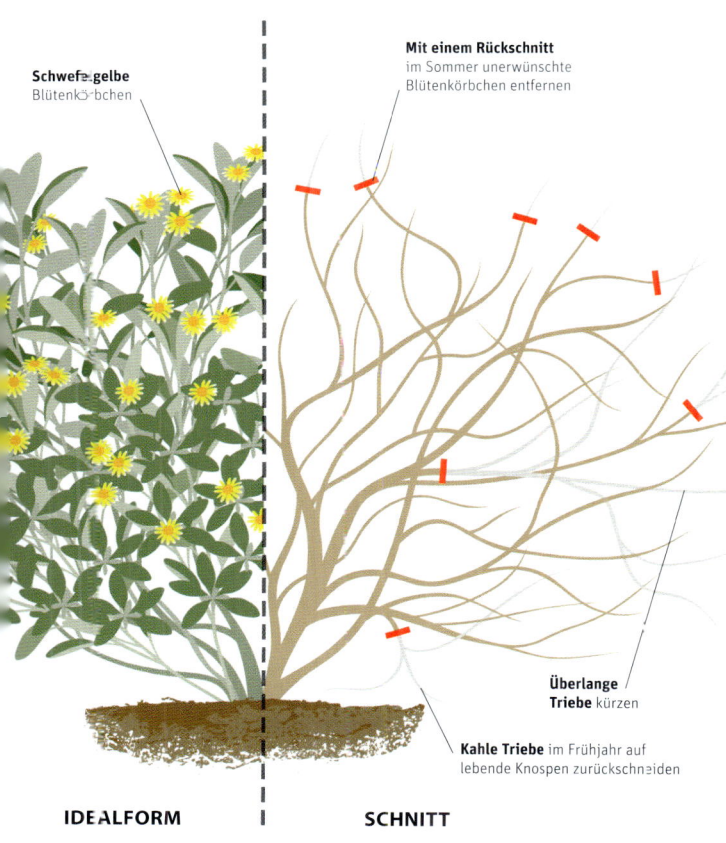

Schwefelgelbe
Blütenkörbchen

Mit einem Rückschnitt
im Sommer unerwünschte
Blütenkörbchen entfernen

**Überlange
Triebe** kürzen

Kahle Triebe im Frühjahr auf
lebende Knospen zurückschneiden

IDEALFORM

SCHNITT

Brugmansia *Engelstrompete*
IMMERGRÜNE STRÄUCHER

■ **Schnitt: Verjüngung im März, ansonsten im Sommer**

Brugmansia
x *candida*
'Grand Marnier'

Große, süß duftende, trompetenförmige Blüten sind das auffälligste Merkmal dieser immergrünen Sträucher. Sie vertragen keinen Frost und werden daher als Kübelpflanzen gezogen. Man sollte Engelstrompeten im Haus bei niedrigen Temperaturen überwintern, damit sie in ihre Ruhephase treten. Im März schneidet man den gesamten Wuchs auf ein niedriges Gerüst zurück. Während der Wachstumsperiode kürzt man frische, abgeblühte Triebe ein. Das regt die Pflanze zu neuerlicher Blüte an und hält sie kompakt.

In ihrer Heimat wachsen Engelstrompeten zu großen, immergrünen Sträuchern oder Bäumen heran und können dort ganzjährig geschnitten werden, damit sie frische Blütentriebe bilden. Alle Teile sind giftig, weshalb man sie am besten nur mit Handschuhen anfasst.

AUF EINEN BLICK

WUCHS Schön geformte Sträucher mit kuppelförmiger Krone über einem verdickten Trieb.

WINTERHÄRTE Frostempfindlich; muss im Haus überwintert werden.

HÖHE UND BREITE Je nach Topfgröße bis 2 m x 2 m.

SCHNITT

■ Um eine Engelstrompete zu verjüngen, schneidet man sie jedes Jahr im März auf ein niedriges Gerüst zurück.

■ Kürzen Sie neuen Wuchs den ganzen Sommer über, damit die Pflanze kontinuierlich weiterblüht.

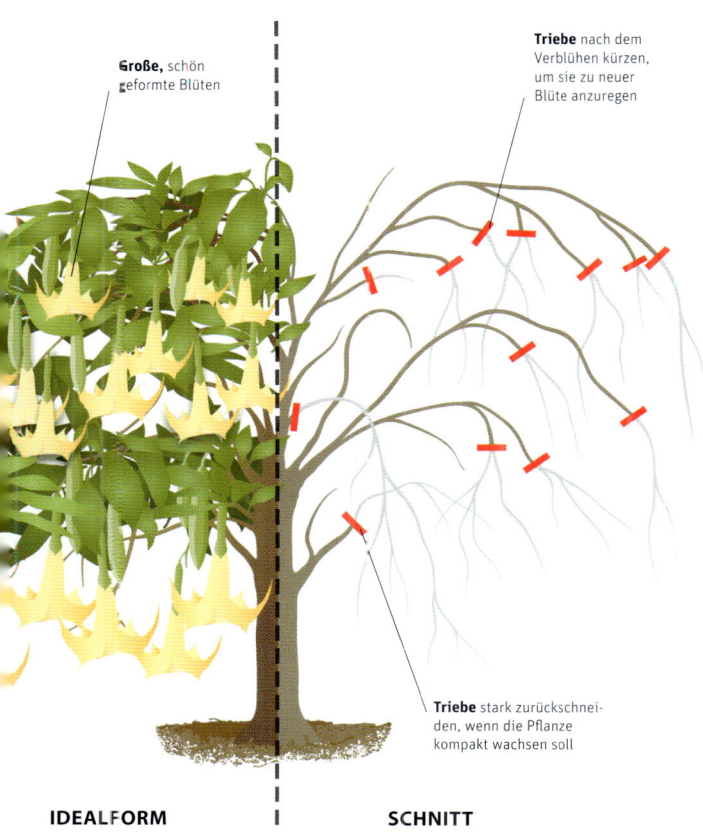

Große, schön geformte Blüten

Triebe nach dem Verblühen kürzen, um sie zu neuer Blüte anzuregen

Triebe stark zurückschneiden, wenn die Pflanze kompakt wachsen soll

IDEALFORM

SCHNITT

Buddleja *Schmetterlingsstrauch*

(1) FRÜH BLÜHENDE SOMMERGRÜNE STRÄUCHER

■ **Schnitt: im Sommer nach der Blüte**

Buddleja alternifolia

Die Gattung umfasst allerlei Sträucher, die zu verschiedenen Jahreszeiten Flor tragen. Während der spät blühende Sommerflieder (*B. davidii*, S. 86–87) in Ziergärten sehr häufig anzutreffen ist, findet man im Juni blühende Arten wie den Schmalblättrigen Sommerflieder (*B. alternifolia*) nicht so häufig, obwohl dieser dank seiner dicht mit süß duftenden, lilafarbenen Blüten besetzten Triebe nicht weniger attraktiv ist. Die Sorte 'Argentea' ist schon wegen der silbrigen, weidenartigen Blätter ein Schmuckstück.

Im Sommer kürzt man alle Blütentriebe bis auf eine kräftige, nach außen zeigende Knospe zurück. Von unten her verkahlende Zweige werden komplett bis zum Ansatz entfernt, vor allem, wenn sie verdichtet stehen. Schmetterlingssträucher eignen sich sehr gut für die Kultur vor Wänden. Man erzieht ihre Triebe dort in Fächerform, entfernt älteres Holz und befestigt frischen Wuchs als Ersatz.

 AUF EINEN BLICK

WUCHS Sommergrüne Sträucher mit eleganten, übergeneigten Trieben.

WINTERHÄRTE Völlig winterhart.

HÖHE UND BREITE 2 m x 3 m; an einer Wand erzogene Exemplare werden höher.

SCHNITT

■ Mit einem jährlichen Schnitt verjüngt man die Pflanze und verhindert, dass sie von innen heraus verkahlt.

■ Spät blühende *Buddleja*: siehe S. 86–87.

Verlässliche Blüte

Triebe nach dem Verblühen bis auf gesunde Knospen zurückschneiden

Ältere und vor allem verkahlte Zweige bis zum Ansatz zurückschneiden

IDEALFORM

SCHNITT

Buddleja *Schmetterlingsstrauch*
(2) SPÄT BLÜHENDE SOMMER- ODER IMMERGRÜNE STRÄUCHER
■ Schnitt: im zeitigen Frühjahr (etwa März/April)

Buddleja davidii
'Fascinating'

Diese Schmetterlingssträucher bilden zahlreiche dünne, übergeneigte Triebe mit wunderbar duftenden, weißen, blau- oder rotvioletten Blütenrispen. Sie erscheinen im Hochsommer und locken zuhauf Schmetterlinge an. Weil die Pflanzen sich selbst aussäen und sogar aus Pflasterritzen oder Ziegelwänden wachsen, kneift man welke Blütenstände gleich aus, damit keine Früchte heranreifen.

Man schneidet die Sträucher jährlich, hauptsächlich um sie zu verjüngen. Dazu werden alle Triebe auf ein etwa 30 cm hohes Gerüst eingekürzt. Bei älteren Exemplaren braucht man eine Astschere, für dickeres Holz sogar eine Astsäge. Man sollte aber nicht zu früh im Jahr schneiden, denn dann sind die Pflanzen weniger geschützt und anfälliger für Frostschäden. *B. davidii* ist neben *B. globosa* eine Elternpflanze von *B. x weyeriana*; alle drei Pflanzen werden auf die gleiche Art und Weise geschnitten.

AUF EINEN BLICK

WUCHS Sträucher mit vielen biegsamen Trieben, die aus der Basis entspringen und sich zur Blütezeit überneigen.

WINTERHÄRTE Völlig winterhart.

HÖHE UND BREITE 2,1 m x 1,5 m bei jährlichem Schnitt; panaschierte Formen bleiben kleiner.

SCHNITT
■ Verjüngen Sie die Pflanzen jährlich, indem Sie alle Triebe vom Vorjahr zurückschneiden. Die Pflanzen vertragen sogar einen radikalen Rückschnitt bis fast zum Boden.

■ Panaschierte Formen sind nicht so wüchsig.

■ Früh blühende *Buddleja:* siehe S. 84–85.

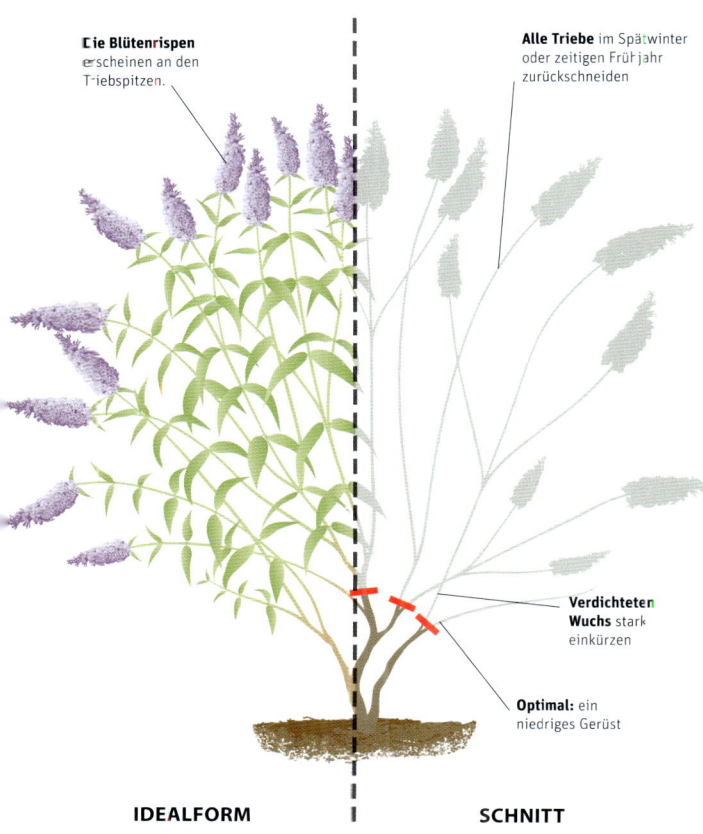

Die Blütenrispen erscheinen an den Triebspitzen.

Alle Triebe im Spätwinter oder zeitigen Frühjahr zurückschneiden

Verdichteten Wuchs stark einkürzen

Optimal: ein niedriges Gerüst

IDEALFORM

SCHNITT

Buxus *Buchsbaum*

IMMERGRÜNE STRÄUCHER

■ Schnitt: vom späten Frühjahr bis zum Hochsommer

Buxus microphylla
'Compacta'

Weil sie sehr langsam wachsen, zieht man Buchsbäume meist als Sträucher. Ohne Schnitt würden sie sich aber zu baumartigen Gehölzen entwickeln. Buchs reagiert gut auf regelmäßigen Schnitt und wird daher oft für niedrige Hecken verwendet. Größere Exemplare schneidet man zusammen mit Eiben gern zu geometrischen oder anderen Formen. Am dichtesten werden sie, wenn man sie schon beim Pflanzen stutzt. Ansonsten wird die Schere mindestens zweimal jährlich während der Wachstumsphase angesetzt.

Heckenpflanzen verkahlen oftmals mit der Zeit von unten, vor allem, wenn ihnen andere Gewächse die Sonne nehmen. Nach einem starken Rückschnitt treiben sie aber schnell wieder aus. Vom Buchsbaumkrebs, einer Pilzerkrankung, befallene Triebe werden bis auf gesundes Holz zurückgeschnitten.

AUF EINEN BLICK

WUCHS Dichte, langsam wachsende Sträucher; ungeschnitten allmählich baumartig.

WINTERHÄRTE Überwiegend völlig winterhart, mit Ausnahme einiger seltener Arten.

HÖHE UND BREITE Mit der Zeit bis 1,5 m x 1,2 m, doch kann man sie durch einen Schnitt wesentlich kompakter halten.

SCHNITT
■ Formschnitt vom späten Frühjahr bis zum Hochsommer. Danach sollte man nicht mehr schneiden, denn frische Triebe können im Winter leichter erfrieren als ausgereifte.

■ Alte Pflanzen können mit einem starken Rückschnitt verjüngt werden.

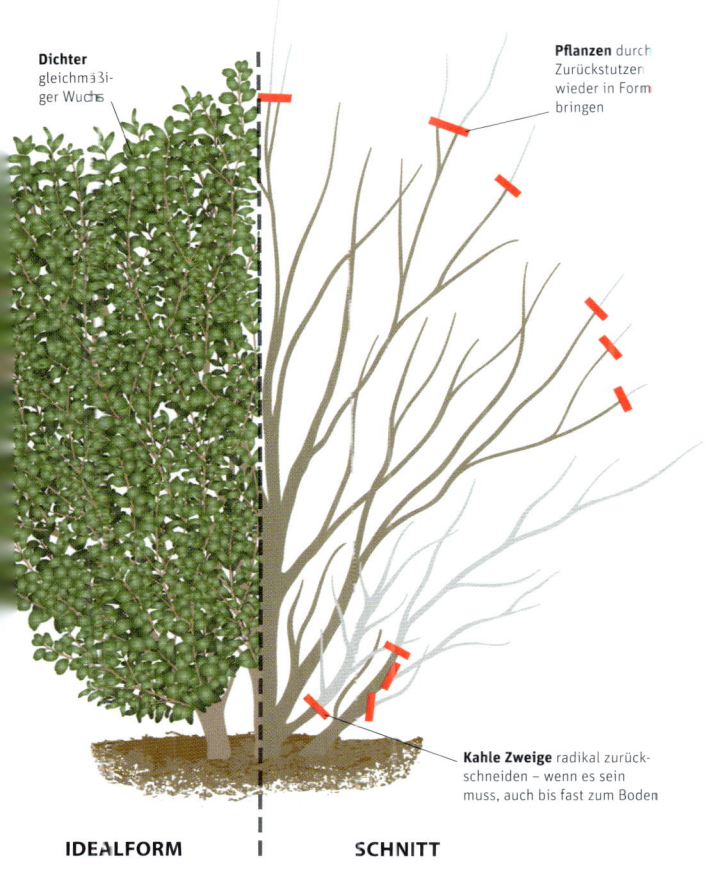

Dichter gleichmäßiger Wuchs

Pflanzen durch Zurückstutzen wieder in Form bringen

Kahle Zweige radikal zurückschneiden – wenn es sein muss, auch bis fast zum Boden

IDEALFORM

SCHNITT

Callicarpa *Schönfrucht*

SOMMERGRÜNE STRÄUCHER

■ **Schnitt: im zeitigen Frühjahr, ggf. noch einmal im Herbst**

*Callicarpa
bodinieri
var. giraldii*

Meist werden Ziersträucher wegen ihrer Blüten gezogen, bei der Schönfrucht schätzt man dagegen die auffallend violetten Beeren, die im Herbst auf die Blüten folgen. Weil Vögel die Früchte zu verschmähen scheinen, bleiben die Beeren bis zum Winter an den Zweigen. Damit der Beerenschmuck möglichst reichlich ausfällt, muss die Schönfrucht allerdings regelmäßig geschnitten werden.

Sie blüht im Hochsommer an neuem und mehrjährigem Holz, weshalb man ihr einige ältere Triebe lässt und gleichzeitig Platz für frische schafft. Im März vor dem Neuaustrieb, wenn die strengsten Fröste vorüber sind, entfernt man alten und zu dicht stehenden Wuchs. Im Herbst werden die Sträucher dann nochmals in Augenschein genommen und Triebe gekürzt, die durch die Last der Beeren abgebrochen sind. Stärkere Verjüngungsschnitte verteilt man besser auf 3–4 Jahre.

 AUF EINEN BLICK

WUCHS Meist dichte, langtriebige sommergrüne Sträucher.

WINTERHÄRTE Zum Teil völlig, zum Teil nur in milden Gegenden winterhart.

HÖHE UND BREITE 1,2 m x 1,2 m.

SCHNITT
■ Nehmen Sie jährlich einen Teil des älteren Materials heraus, um Platz für neuen Wuchs zu schaffen.

■ Kürzen Sie abgebrochene Triebe.

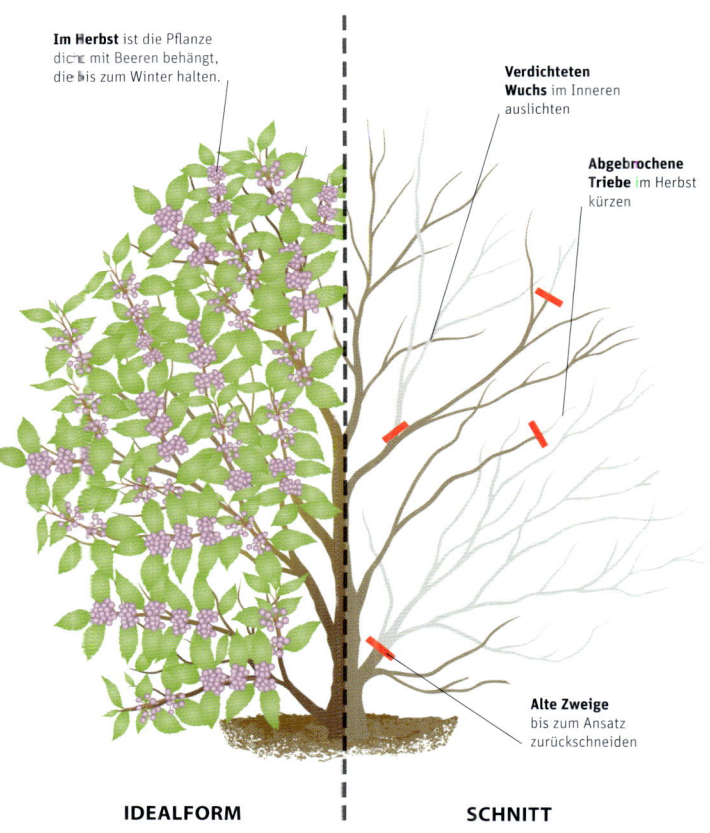

Im Herbst ist die Pflanze dicht mit Beeren behängt, die bis zum Winter halten.

Verdichteten Wuchs im Inneren auslichten

Abgebrochene Triebe im Herbst kürzen

Alte Zweige bis zum Ansatz zurückschneiden

IDEALFORM

SCHNITT

Callistemon *Zylinderputzer*

IMMERGRÜNE STRÄUCHER

■ **Schnitt: in der zweiten Sommerhälfte nach der Blüte**

Callistemon citrinus 'Splendens'

Ihren Namen bekam die Gattung wegen ihrer unübersehbaren roten, gelben oder cremefarbenen Blütenstände. Weil Zylinderputzer nur leichte Fröste vertragen, müssen sie im Topf gezogen werden. Sie tragen ihre Blüten im Sommer an den Spitzen frischer Triebe und reifen in freier Natur zu großen Gehölzen heran.

Die Pflanzen müssen kaum geschnitten werden. Damit junge Exemplare buschig wachsen, kneift man ihre Triebspitzen im Frühjahr und Sommer aus. Ihren kompakten Wuchs bewahren die Sträucher, wenn man ihre Triebe gleich nach der Blüte bis knapp unterhalb des Blütenstands zurückschneidet. Gleichzeitig sollten ungünstig oder zu dicht stehende Triebe ausgelichtet werden. Ältere, langbeinig gewordene Äste kürzt man bis auf eine nach außen zeigende Knospe in der Nähe des Ansatzes zurück.

AUF EINEN BLICK

WUCHS Dichte, aufrechte Büsche, die man in geeignetem Klima oder unter Glas auch an einer Mauer ziehen kann, vor allem, wenn sie einen hohen Mitteltrieb haben.

WINTERHÄRTE Verträgt nur geringen Frost.

HÖHE UND BREITE 2 m x 8 m.

SCHNITT

■ Kneifen Sie die Triebspitzen junger Exemplare aus, damit ein buschiger Wuchs entsteht.

■ Zu groß gewordene Sträucher schneiden Sie am besten auf eine Höhe von 60 cm zurück. Im nächsten Jahr bilden sich frische Triebe, die im übernächsten Jahr wieder blühen.

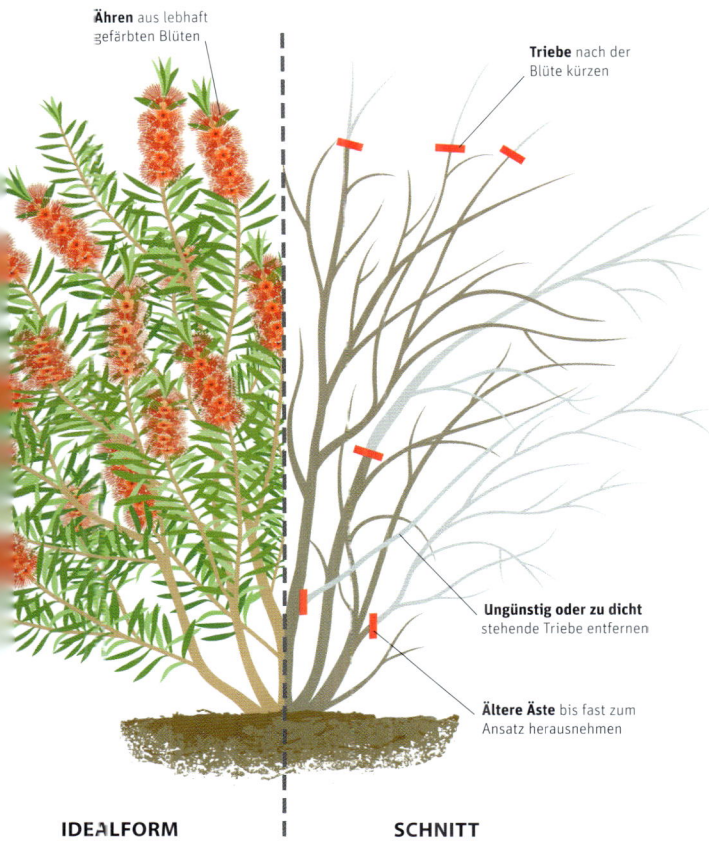

Ähren aus lebhaft gefärbten Blüten

Triebe nach der Blüte kürzen

Ungünstig oder zu dicht stehende Triebe entfernen

Ältere Äste bis fast zum Ansatz herausnehmen

IDEALFORM

SCHNITT

Calluna *Besenheide*

IMMERGRÜNE STRÄUCHER

■ **Schnitt: im zeitigen Frühjahr leicht stutzen**

Calluna vulgaris
'Multicolor'

Von der Besenheide sind Hunderte Sorten erhältlich, die alle zwischen Hochsommer und Spätherbst blühen. Die Palette der Farben reicht von Rosa bis Weiß und sogar Goldgelb. Zusätzlich haben manche gelbes, rotes oder orangefarbenes Laub, weshalb man sie vor allem als winterlichen Gartenschmuck schätzt. Bei einigen färbt sich das Laub bronzebraun, sobald die Temperaturen sinken. Die Besenheide eignet sich ausgezeichnet für Gruppenpflanzungen, der kleine Strauch braucht aber saure Böden.

Der Schnitt ist schnell erledigt: Man entfernt im zeitigen Frühjahr die Blütentriebe einfach mit der Heckenschere. Bevorzugt man dichteren Wuchs, schneidet man stärker zurück, nicht jedoch in unbelaubtes Holz. Langbeinige, von unten verkahlende Pflanzen ersetzt man am besten.

AUF EINEN BLICK

WUCHS Sparrige, niedrige Sträucher, die sich ineinander verhaken und so einen guten Bodendecker bilden.

WINTERHÄRTE Völlig winterhart.

HÖHE UND BREITE Selten größer als 45 cm x 45 cm; manche werden lediglich etwas breiter.

SCHNITT

■ Durch einen regelmäßigen Schnitt wird die Besenheide in Form gehalten und die Triebe bleiben bis zum Ansatz dicht belaubt.

■ Stutzen Sie die Pflanzen nach der Blüte leicht zurück.

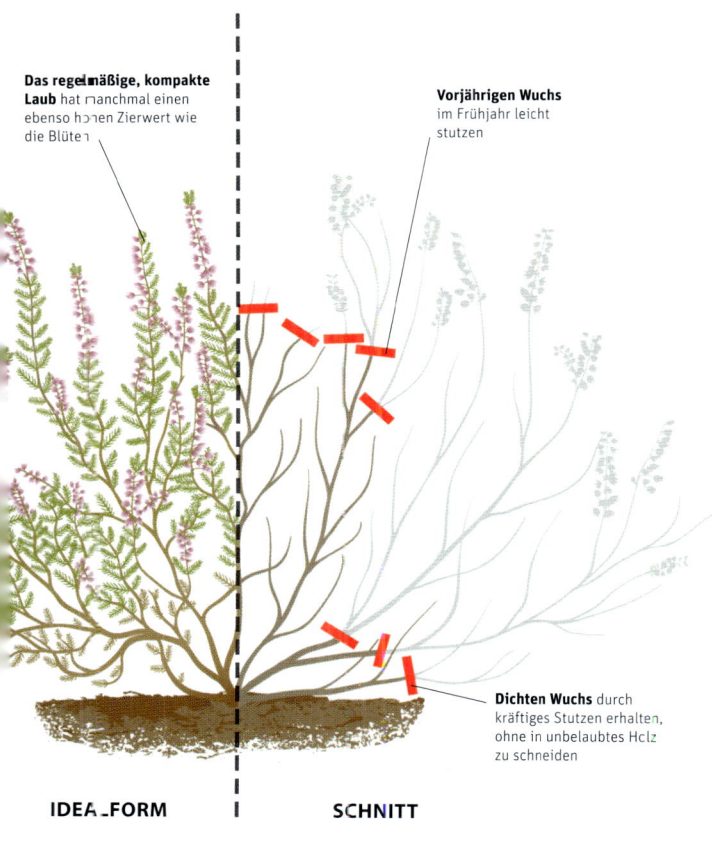

Das regelmäßige, kompakte Laub hat manchmal einen ebenso hohen Zierwert wie die Blüten

Vorjährigen Wuchs im Frühjahr leicht stutzen

Dichten Wuchs durch kräftiges Stutzen erhalten, ohne in unbelaubtes Holz zu schneiden

IDEALFORM

SCHNITT

Camellia *Kamelie*

IMMERGRÜNE STRÄUCHER

■ **Schnitt: direkt nach der Blüte**

Camellia japonica 'Janet Waterhouse'

Ihre Blüten präsentieren diese hübschen immergrünen Sträucher überwiegend im Frühjahr. Die Zahl der Sorten ist riesig – und entsprechend vielfältig die Farben- und Formenpalette der Blüten: Sie reicht von weißen und rosafarbenen bis hin zu roten Tönungen und von gefüllten und halbgefüllten bis zu rosen- und pfingstrosenartigen Blüten. Manche Sträucher bleiben klein, während andere fast baumartige Ausmaße annehmen können.

Kamelien vertragen einen Schnitt sehr gut. Er erfolgt direkt nach der Blüte, damit die Pflanzen genug Zeit haben, Blütentriebe für das nächste Jahr zu bilden. Kamelien sind in unseren Breiten nicht winterhart und eignen sich daher in der Regel nur für die Topfkultur. Sie brauchen im Sommer viel Wärme und im Winter einen kühlen, frostfreien Platz unter Glas.

AUF EINEN BLICK

WUCHS Wüchsige Sträucher, meist mit glänzend grünem Laub.

WINTERHÄRTE Nicht winterhart; die meisten erfrieren unter −10 °C; nur in den mildesten Gegenden ist Freilandkultur mit Schutz möglich.

HÖHE UND BREITE 2 m x 1 m, je nach Sorte auch mehr.

SCHNITT

■ Ein Schnitt ist nicht unbedingt nötig, doch lässt sich so die Größe der Pflanzen begrenzen.

■ Lichten Sie zu dicht gewordene Exemplare im Frühjahr aus.

■ Schneiden Sie regelmäßig, wenn Sie die Sträucher kompakt halten wollen.

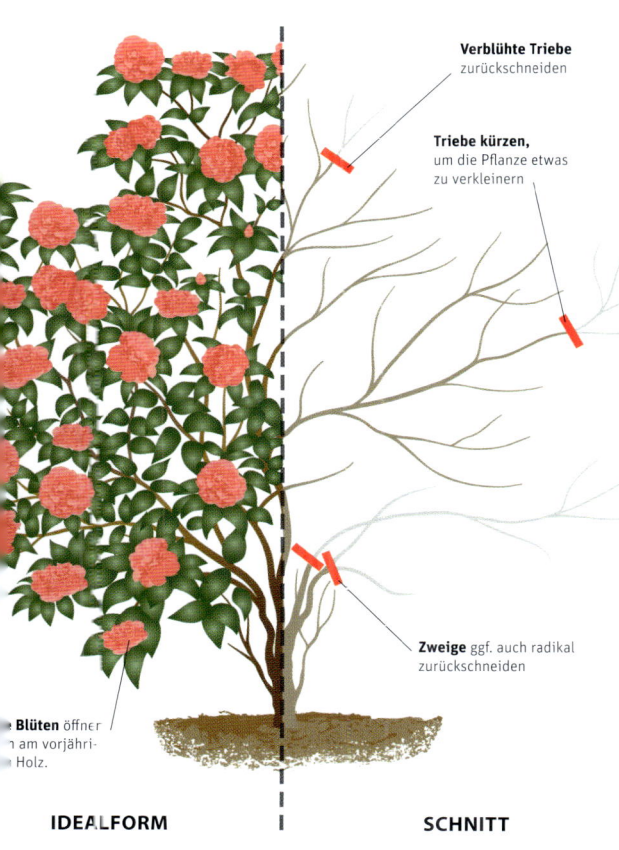

Verblühte Triebe
zurückschneiden

Triebe kürzen,
um die Pflanze etwas
zu verkleinern

Zweige ggf. auch radikal
zurückschneiden

Blüten öffnen
n am vorjähri-
Holz.

IDEALFORM

SCHNITT

Campsis *Trompetenblume*

SOMMERGRÜNE KLETTERPFLANZEN

■ **Schnitt: im zeitigen Frühjahr vor dem Laubaustrieb**

Campsis x tagliabuana 'Madame Galen'

Die sommergrünen Kletterpflanzen machen im Spätsommer und Herbst mit rosafarbenen oder roten, trichterförmigen Blüten auf sich aufmerksam. Manche sind winterhart, andere brauchen Schutz und mildes Klima, um die kalte Jahreszeit draußen zu überstehen – alle aber haben sich als wuchsfreudige Kletterpflanzen bewährt, die jedes Jahr viele belaubte Triebe entwickeln.

Falls man die Gewächse nicht in den ersten Jahren an einer Kletterhilfe erzieht, muss man mit schlechter Blühleistung rechnen. Kräftige Triebe werden angebunden, schwache herausgenommen. Ist erst einmal ein gutes Gerüst entstanden, kürzt man im zeitigen Frühjahr vor dem Austrieb alle Seitentriebe auf 2–3 Knospen ein. Im Lauf der Jahre nimmt man den ältesten Wuchs heraus, vor allem, wenn er von unten verkahlt, und ersetzt ihn durch neue Triebe.

 AUF EINEN BLICK

WUCHS Ausbreitungsfreudige Kletterpflanzen, die viel Laub produzieren.

WINTERHÄRTE Zum Teil winterhart, zum Teil ist guter Winterschutz nötig.

HÖHE UND BREITE 3 m in beide Richtungen, in Einzelfällen auch mehr.

SCHNITT
■ Schneiden Sie die Pflanze jährlich, um ihrem Ausbreitungsdrang entgegenzuwirken und sie zur Bildung von Blütentrieben anzuregen.

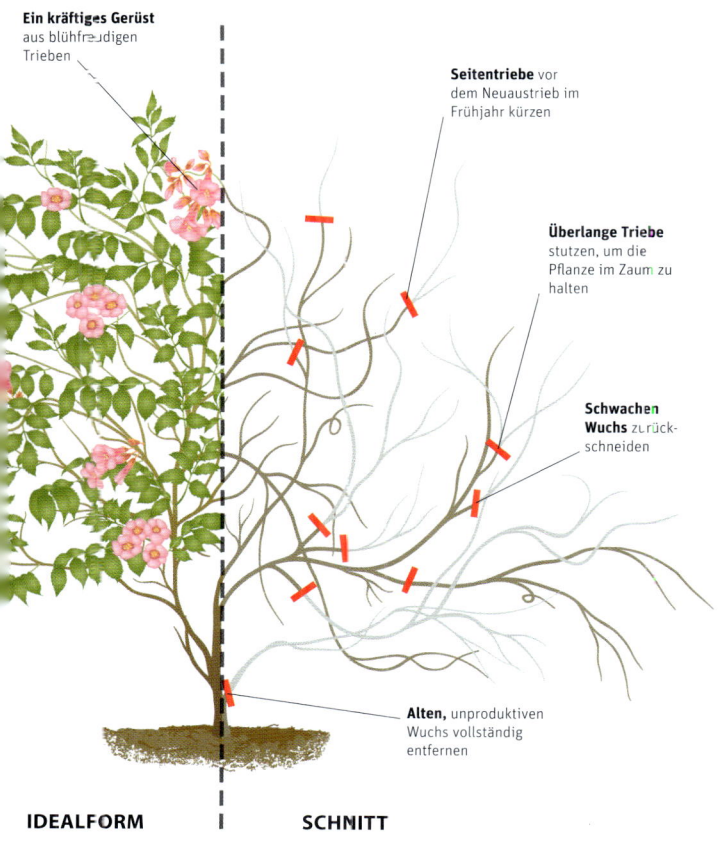

Ein kräftiges Gerüst aus blühfreudigen Trieben

Seitentriebe vor dem Neuaustrieb im Frühjahr kürzen

Überlange Triebe stutzen, um die Pflanze im Zaum zu halten

Schwachen Wuchs zurückschneiden

Alten, unproduktiven Wuchs vollständig entfernen

IDEALFORM

SCHNITT

Carpinus *Hainbuche*
SOMMERGRÜNE BÄUME
■ **Schnitt: im Spätsommer**

Carpinus betulus 'Pendula'

Hainbuchen stehen als Heckenpflanzen hoch im Kurs, denn sie wachsen schneller als die ebenfalls für Begrenzungen verwendeten Buchen (*Fagus*). Aufrechte Formen bilden einen guten Sichtschutz, aber man kann sie mit minimalem Schnittaufwand auch als Solitäre verwenden: Sie entwickeln runde, säulenförmige, kegelförmige oder tropfenförmige Kronen und sind damit sogar im Winter, trotz kahler Äste, ein Schmuck im Garten. Alle Hainbuchen haben eine schöne Herbstfärbung und ihre Blätter bleiben oft den ganzen Winter an den Zweigen haften.

Frei stehende Bäume sollten am besten im Spätsommer geschnitten werden, weil in dieser Zeit die Wunden nicht so stark »bluten« und die Gefahr eines Pilzbefalls (Nectria) geringer ist. Die Pflanzen brauchen nur minimalen Schnitt – das Entfernen aus der Reihe tanzender, abgebrochener oder überkreuzter Zweige reicht völlig.

 AUF EINEN BLICK

WUCHS Sommergrüne Bäume mit kegelförmiger bis rundlicher Krone; manche bilden schon nahe der Bodenoberfläche Seitenäste.

WINTERHÄRTE Völlig winterhart.

HÖHE UND BREITE Etwa 6 m x 5 m.

SCHNITT
■ Schneiden Sie frei stehende Exemplare so wenig wie möglich.

■ Stutzen Sie Hecken im Spätsommer.

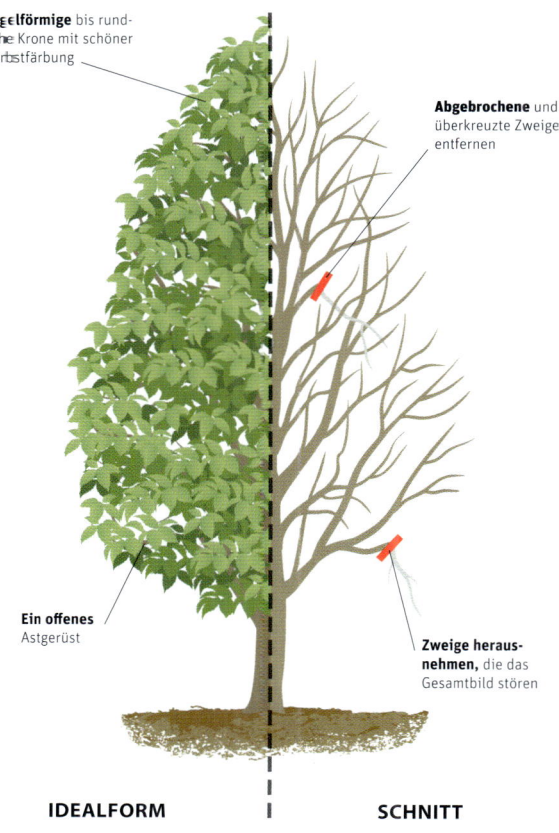

Kegelförmige bis rundliche Krone mit schöner Herbstfärbung

Abgebrochene und überkreuzte Zweige entfernen

Ein offenes Astgerüst

Zweige herausnehmen, die das Gesamtbild stören

IDEALFORM

SCHNITT

Caryopteris *Bartblume*

SOMMERGRÜNE STRÄUCHER

■ **Schnitt: in der zweiten Frühjahrshälfte mit dem Austrieb**

Caryopteris x clandonensis 'Worcester Gold'

Bartblumen tragen zum Sommerende und Herbstanfang hübsche, blaue Blüten. Ihr aromatisch duftendes Laub ist meist graugrün, manche Formen präsentieren aber auch gelbe Blätter. Die Sträucher brauchen sonnige, geschützte Plätze und manchmal in rauen Lagen Winterschutz.

Im ersten Jahr nach dem Pflanzen schneidet man die Pflanzen im Frühjahr auf ein niedriges Gerüst zurück. Später erfolgt der Schnitt in der zweiten Frühjahrshälfte, wenn der Strauch frisch austreibt. Die vorjährigen Triebe werden dabei auf ein gesundes Augenpaar über dem Ansatz zurückgeschnitten – nicht jedoch bis in das (womöglich kahle) Grundgerüst. Dieser Schnitt dient der Erhaltung von Vitalität und Blühfreudigkeit.

 AUF EINEN BLICK

WUCHS Sommergrüne Sträucher, die knapp über der Basis viele übergeneigte Triebe bilden.

WINTERHÄRTE Die häufigsten Zierformen sind winterhart, doch gibt es auch Sorten, die Schutz brauchen.

HÖHE UND BREITE Etwa 1,2 m x 1,2 m.

SCHNITT
■ Der Frühjahrsschnitt dient der Erhaltung von Vitalität und Blühwilligkeit. Kürzen Sie dazu den gesamten vorjährigen Wuchs auf ein niedriges Gerüst zurück.

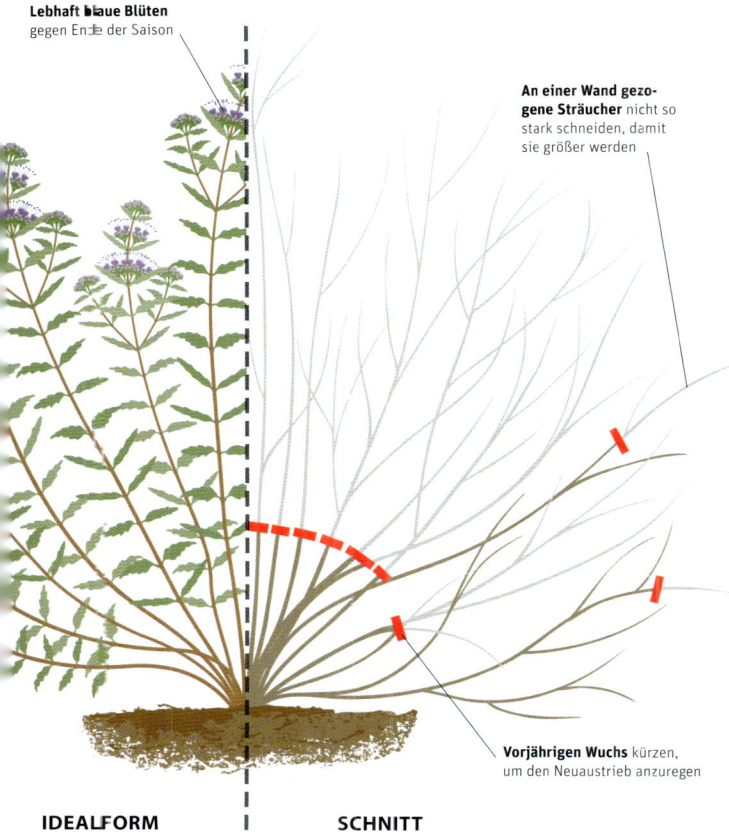

Lebhaft blaue Blüten
gegen Ende der Saison

An einer Wand gezogene Sträucher nicht so stark schneiden, damit sie größer werden

Vorjährigen Wuchs kürzen, um den Neuaustrieb anzuregen

IDEALFORM

SCHNITT

Catalpa *Trompetenbaum*
SOMMERGRÜNE BÄUME

■ **Schnitt: im Spätwinter oder zeitigen Frühjahr**

Catalpa bignonioides

Die weißen Blüten der Trompetenbäume stehen meist in aufrechten Rispen. Ältere Exemplare blühen verlässlich und besonders reichlich in Jahren nach einem heißen Sommer. Mit ihren großen, dekorativen, herzförmigen Blättern eignen sich die Gehölze vorzüglich als Schattenspender. Gelegentlich werden sie sogar für Kleingärten empfohlen, die sie mit ihrer einnehmenden Wuchsform kurzfristig durchaus aufwerten können, langfristig aber werden sie zu groß dafür. In solchen Fällen kann man sie durch Kappen verkleinern.

Trompetenbäume schneidet man vor dem Laubaustrieb. Ein starker Rückschnitt regt die Bäume zur Bildung größerer Blätter an. Setzt man sie auf den Stock, können sie sogar in gemischten Rabatten zum Einsatz kommen, doch ist ein solcher Schnitt nicht wirklich sinnvoll – besser pflanzt man einen Strauch, der kleiner bleibt.

AUF EINEN BLICK

WUCHS Große Bäume, die man durch regelmäßigen Schnitt begrenzen kann.

WINTERHÄRTE Völlig winterhart, blüht aber in warmen Sommern am besten.

HÖHE UND BREITE Bis 10 m x 6 m; bei starkem Schnitt weniger.

SCHNITT
■ Die Blätter werden am größten, wenn man die Bäume jährlich radikal zurückschneidet, doch bleibt dann die Blüte aus.

■ Die Gehölze treiben nach einem Schnitt wieder reichlich aus.

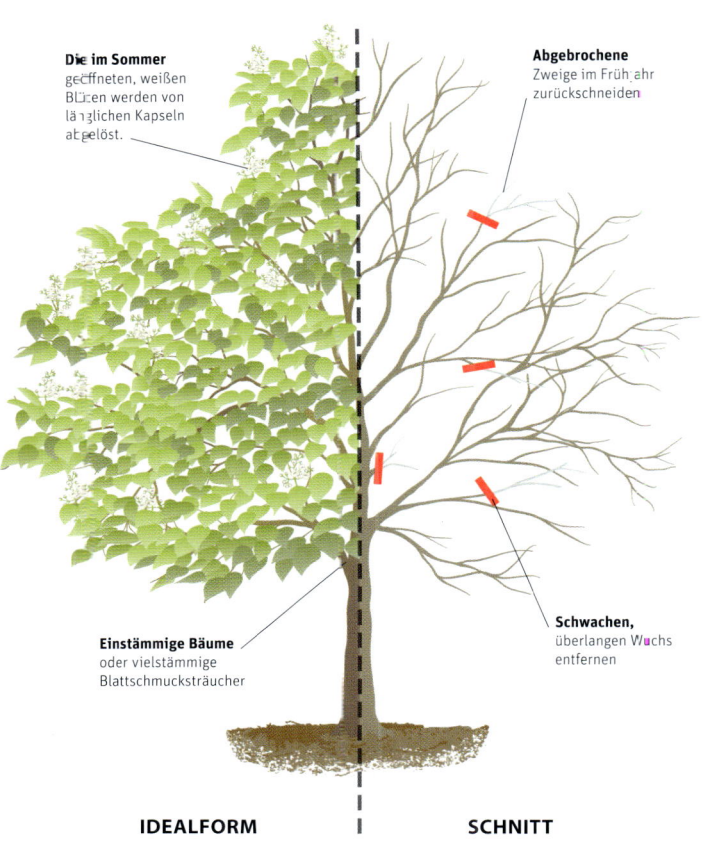

Die im Sommer
geöffneten, weißen
Blüten werden von
länglichen Kapseln
abgelöst.

Abgebrochene
Zweige im Frühjahr
zurückschneiden

Einstämmige Bäume
oder vielstämmige
Blattschmucksträucher

Schwachen,
überlangen Wuchs
entfernen

IDEALFORM

SCHNITT

Ceanothus *Säckelblume*

(1) SOMMERGRÜNE STRÄUCHER

■ **Schnitt: im Frühjahr mit dem Neuaustrieb**

*Ceanothus x deli-
leanus* 'Topaze'

Sommergrüne Säckelblumen sind winterhärter als ihre immergrünen Verwandten (siehe S. 108–109), doch tut auch ihnen ein Standort an einer warmen Mauer gut. Sie tragen vom Hochsommer bis zum Frühherbst in der Regel blaue Blüten am diesjährigen Wuchs.

Für eine reichliche Blüte wird ein Strauchgerüst aus Haupttrieben aufgebaut, die fächerförmig an der Pflanzenbasis entspringen. Jedes Frühjahr kürzt man kräftige Triebe vom Vorjahr um die Hälfte bis zwei Drittel und anschließend Seitentriebe bis auf gesunde Knospen zurück. Nach 2–3 Jahren schneidet man das Gerüst nicht mehr oder stutzt nur noch überlange, überkreuzte und zu dicht stehende Zweige ein. Seitentriebe werden aber noch bis auf kräftige Knospen zurückgenommen – aus ihnen wachsen die Blütentriebe. Später werden blühfaule Äste entfernt und Ersatztriebe herangezogen.

AUF EINEN BLICK

WUCHS Meist ausladende Sträucher, die sich für eine Erziehung an Wänden eignen.

WINTERHÄRTE Die in unseren Breiten üblichen Zierformen sind völlig winterhart, blühen an einem geschützten Platz aber am besten.

HÖHE UND BREITE Je nach Art und Sorte 1,5 m x 1,5 m.

SCHNITT

■ Schneiden Sie älteren und ungünstig stehenden Wuchs im Frühjahr zurück.

■ Kürzen Sie auch Seitentriebe im Frühjahr.

■ Für einen Verjüngungsschnitt werden die Sträucher radikal zurückgeschnitten.

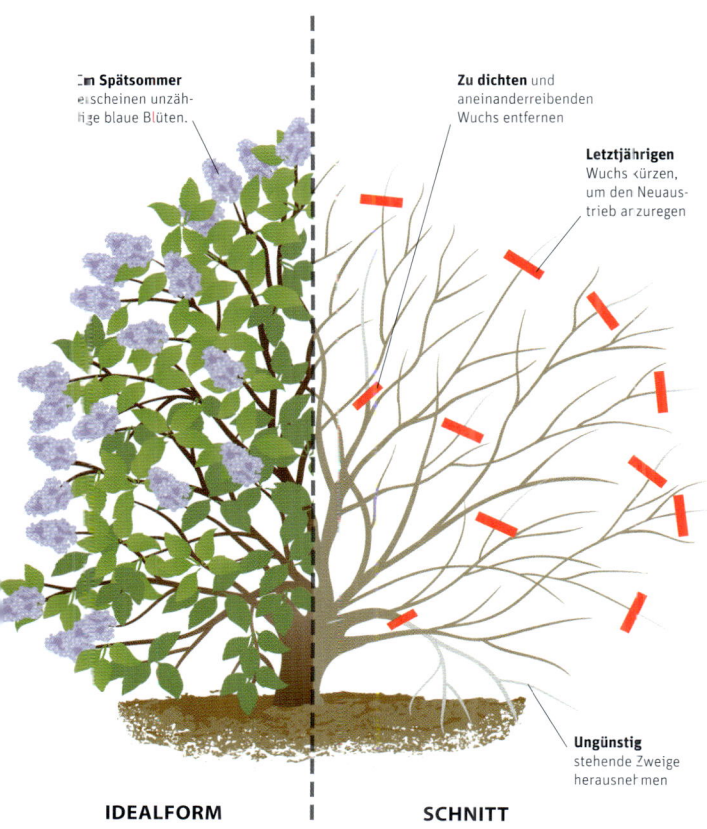

Im Spätsommer erscheinen unzählige blaue Blüten.

Zu dichten und aneinanderreibenden Wuchs entfernen

Letztjährigen Wuchs kürzen, um den Neuaustrieb anzuregen

Ungünstig stehende Zweige herausnehmen

IDEALFORM

SCHNITT

Ceanothus *Säckelblume*

(2) IMMERGRÜNE STRÄUCHER

■ **Schnitt: im Frühjahr oder in der ersten Sommerhälfte**

Ceanothus
'Blue Mound'

Je nach Sorte blühen immergrüne Säckelblumen im Frühjahr oder vom Spätsommer bis zum Herbst – manche sogar zu beiden Zeiten. Die meisten halten höchstens –10 °C aus und müssen daher in Töpfen gezogen oder gut geschützt werden. Im Sommer kann man die Pflanzen an Mauern erziehen, indem man den Haupttrieb vertikal und die Seitentriebe fächerförmig an einer Stütze anbindet.

Mehrfach blühende Formen werden am besten überhaupt nicht geschnitten. Die Triebe früh blühender Arten kürzt man im Sommer nach der Blüte um ein Drittel bis zur Hälfte ein. Sollen die Pflanzen kompakt bleiben, ist ein leichtes Stutzen im Spätsommer ratsam. Spät blühende Arten schneidet man im Frühjahr, indem man die vorjährigen Triebe ebenfalls höchstens um die Hälfte kürzt. Grundsätzlich ist ein minimaler Schnitt am besten. Überalterte Pflanzen ersetzt man.

■ AUF EINEN BLICK

WUCHS Rundliche bis kegelförmige oder ausladende, immergrüne, meist dicht belaubte Sträucher.

WINTERHÄRTE Die meisten vertragen nur geringe Fröste.

HÖHE UND BREITE 1,5 m x 1,5 m, doch kann die Größe stark variieren.

SCHNITT

■ Schneiden Sie so wenig wie möglich: Früh blühende Formen werden nach der Blüte, spät blühende im Frühjahr geschnitten.

■ Ein Verjüngungsschnitt ist selten erfolgreich; ältere Exemplare ersetzt man besser.

■ Sommergrüne *Ceanothus*: siehe S. 106–107.

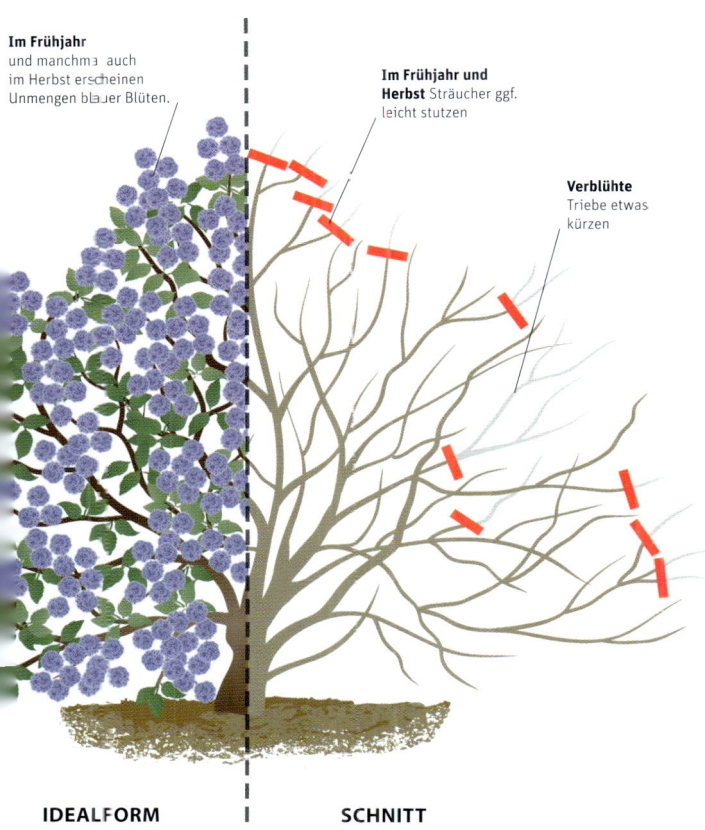

Im Frühjahr
und manchmal auch
im Herbst erscheinen
Unmengen blauer Blüten.

**Im Frühjahr und
Herbst** Sträucher ggf.
leicht stutzen

Verblühte
Triebe etwas
kürzen

IDEALFORM

SCHNITT

Cedrus *Zeder*

IMMERGRÜNE KONIFEREN

■ **Schnitt: im Spätwinter oder im Sommer**

Cedrus atlantica
Glauca-Gruppe

Diese majestätischen Bäume findet man oft in großen Gärten oder öffentlichen Parks. Man lässt sie am besten ungehindert wachsen oder beauftragt einen Fachbetrieb, falls doch einmal ein Ast herausgenommen werden muss.

Zedern sind meist nur in milden Gegenden winterhart. Zu den härtesten zählt *C. atlantica* 'Glauca Pendula', die bis −20 °C verträgt und als hängende Form an einer Stütze oder Wand gezogen werden kann. Erreicht der Hauptstamm die gewünschte Höhe, biegt man die Spitze in die Horizontale und bindet sie an. Kräftige Triebe, die sich an der Biegung bilden, führt man in die entgegengesetzte Richtung; die Seitentriebe hängen dann wie Vorhänge vom Astgerüst. Ungünstig stehende Zweige werden im Sommer entfernt. Von der Himalaja-Zeder (*C. deodara*) und der Blauen Atlas-Zeder (*C. atlantica* f. *glauca*) gibt es hängende Formen, die gut auf einen Schnitt reagieren.

AUF EINEN BLICK

WUCHS Meist sehr hohe Bäume, die mit der Zeit immer ausladender werden.

WINTERHÄRTE Nur in milden Gegenden völlig winterhart.

HÖHE UND BREITE 30 m x 10 m; hängende Formen bleiben kleiner.

SCHNITT
■ Ein umfangreicher Schnitt ist in der Regel nicht erforderlich. Hängende Formen kann man allerdings regelmäßig schneiden, um ihren schönen Wuchs zu bewahren.

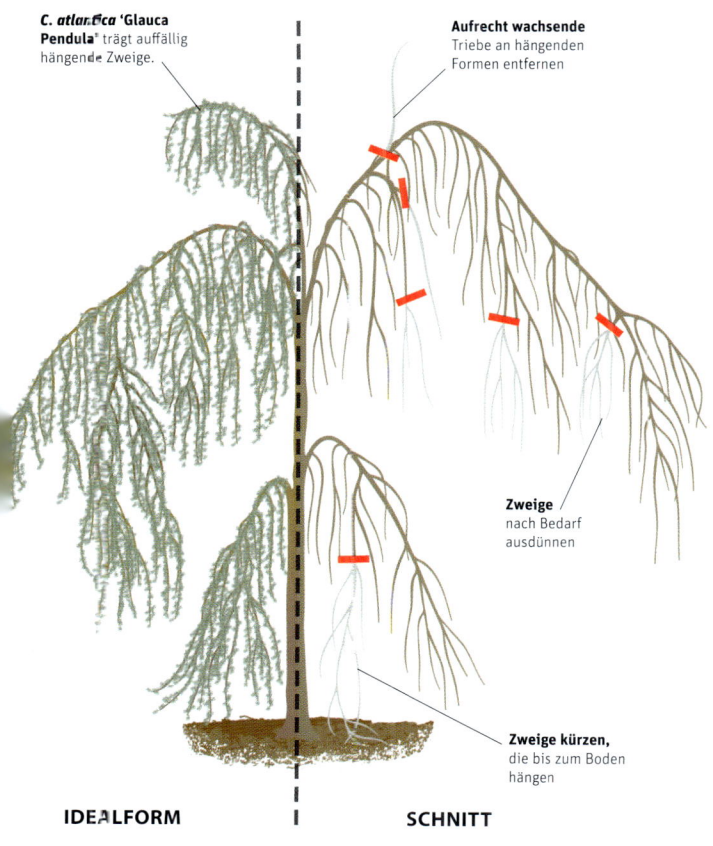

C. atlantica 'Glauca Pendula' trägt auffällig hängende Zweige.

Aufrecht wachsende Triebe an hängenden Formen entfernen

Zweige nach Bedarf ausdünnen

Zweige kürzen, die bis zum Boden hängen

IDEALFORM

SCHNITT

Celastrus *Baumwürger*

SOMMERGRÜNE KLETTERPFLANZEN

■ **Schnitt: im Spätwinter und zeitigen Frühjahr**

Celastrus orbiculatus

Ihren großen Auftritt haben diese wüchsigen Kletterpflanzen erst im Herbst, wenn sich ihr Laub buttergelb färbt und orangefarbene oder gelbe Früchte erscheinen, die beim Aufplatzen rosafarbene oder rote Samen freigeben. Man kann die Pflanzen an Mauern ziehen, am besten wachsen sie jedoch, wenn man sie durch eine naturnahe Pflanzung aus Bäumen und Sträuchern wuchern lässt. Da Baumwürger nur männliche oder nur weibliche Blüten tragen, braucht man zwei Exemplare verschiedenen Geschlechts, sonst setzen sie keine Früchte an.

Ein regelmäßiger Schnitt ist nicht unbedingt erforderlich. Bei Bedarf entfernt man ungünstig wachsende, schwache oder zu dicht stehende Triebe im Spätwinter und zeitigen Frühjahr. Ältere, dicke Triebe werden bis zum Ansatz zurückgeschnitten, wenn ihre Produktivität nachlässt. Wird eine Pflanze zu groß, kann man sie verkleinern.

AUF EINEN BLICK

WUCHS Wüchsige, windende Kletterer, die aus der Basis bereitwillig austreiben.

WINTERHÄRTE Die als Zierpflanzen kultivierten Arten sind völlig winterhart.

HÖHE UND BREITE 10 m x 10 m, doch kann man die Pflanzen mit einem regelmäßigen Schnitt im Zaum halten.

SCHNITT
■ Dünnen Sie zu dichten Wuchs aus und kürzen Sie Triebe, falls nötig, ein.

■ Schneiden Sie unproduktive alte Triebe bis zum Ansatz zurück.

■ Verjüngungsschnitte werden im Spätwinter und zeitigen Frühjahr durchgeführt.

**Kleine, deko-
rative Früchte**
im Herbst

**Zu stark wach-
sende** Triebe auf
einen Hauptast
zurückkürzen

Unproduktiv gewor-
dene, alte Triebe
herausnehmen

IDEALFORM | **SCHNITT**

Celtis *Zürgelbaum*

SOMMERGRÜNE BÄUME (IN DEN TROPEN AUCH IMMERGRÜNE ARTEN)

■ **Schnitt: im Winter während der Ruhephase der Bäume**

Celtis australis

Die bei uns als Zierpflanzen kultivierten sommergrünen Arten des Zürgelbaums sind zwar völlig winterhart, zeigen sich aber in Gegenden mit langen, heißen Sommern von ihrer besten Seite. Oft schmücken sich die ansehnlichen Gehölze vor dem Laubfall mit einer schönen Herbstfärbung. Sie wachsen mitunter mehrstämmig.

Geschnitten werden sollten die Pflanzen nur, solange sie noch jung sind, denn an älteren Exemplaren heilen die Wunden nicht immer. Reiben Sie Wildtriebe neben Schnittstellen schon im Knospenstadium weg. Wenn ein Hochstamm gewünscht wird, entfernt man in den beiden ersten Jahren die Seitentriebe im unteren Viertel des Hauptstamms. Zürgelbäume entwickeln oft mehrere kräftige Äste im unteren Abschnitt des Stamms. Stehen sie in gutem Abstand, kann man sie ungehindert wachsen lassen, Konkurrenztriebe werden jedoch entfernt.

AUF EINEN BLICK

WUCHS Aufrechte, mitunter mehrstämmige Bäume mit ausladender Krone.

WINTERHÄRTE Völlig winterhart, gedeiht aber in langen, heißen Sommern am besten.

HÖHE UND BREITE 13 m x 13 m, in Einzelfällen auch mehr.

SCHNITT

■ Jungbäume können geschnitten werden, damit sie eine schöne Form bekommen.

■ Reiben Sie Wildtriebe, die um Schnittwunden herum austreiben, schon als Knospe weg.

■ Nehmen Sie senkrecht wachsende Triebe im Inneren der Krone heraus.

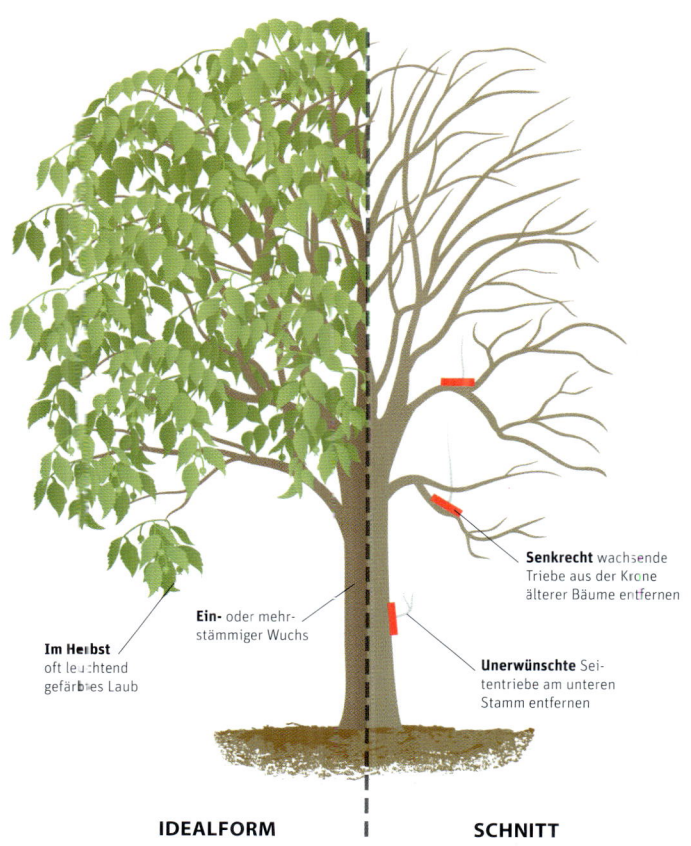

Im Herbst
oft leuchtend
gefärbtes Laub

Ein- oder mehr-
stämmiger Wuchs

Senkrecht wachsende
Triebe aus der Krone
älterer Bäume entfernen

Unerwünschte Sei-
tentriebe am unteren
Stamm entfernen

IDEALFORM | **SCHNITT**

Cercis *Judasbaum*
SOMMERGRÜNE BÄUME
■ **Schnitt: im Frühsommer nach der Blüte**

Cercis canadensis var. *alba*

Als Zierbäume schätzt man diese filigranen Gehölze vor allem wegen ihrer Blüten, die sich im Frühjahr kurz vor oder mit dem Laubaustrieb öffnen. Manche haben zudem eine schöne Herbstfärbung. Die Bäume treiben mitunter sehr leicht aus der Basis aus und wachsen entweder mehrstämmig oder mit einem einzigen, fast bis zum Boden beasteten Stamm.

Einen strauchigen Wuchs erreicht man, indem man den Leittrieb im ersten Winter nach dem Pflanzen knapp über dem obersten von 3–5 Ästen abschneidet. Ohne diese Maßnahme entwickelt sich ein einzelner Stamm mit Krone. Ältere Exemplare werden nur noch geschnitten, um sie im Frühsommer von verletztem Wuchs zu befreien. Formen von *C. canadensis*, etwa 'Forest Pansy' mit herzförmigen Blättern, kann man auf den Stock setzen, auf die Blüten muss man dann allerdings verzichten.

■ **AUF EINEN BLICK**

WUCHS Bäume mit schöner Form.

WINTERHÄRTE Von den beiden als Zierpflanzen genutzten Arten ist *C. canadensis* völlig winterhart, während *C. siliquastrum* Schutz braucht.

HÖHE UND BREITE Etwa 5 m x 3 m. Auf den Stock gesetzte Bäume bleiben kleiner.

SCHNITT
■ Bei Bedarf werden die Pflanzen im Frühsommer nach der Blüte geschnitten.

■ Das Auf-den-Stock-Setzen (siehe S. 28) erfolgt im Frühjahr.

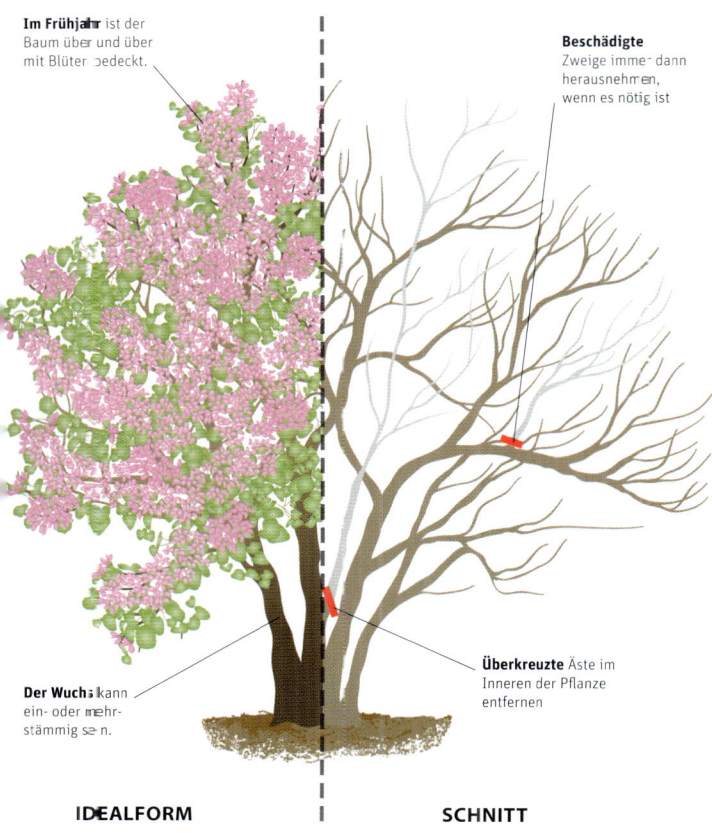

Im Frühjahr ist der Baum über und über mit Blüten bedeckt.

Beschädigte Zweige immer dann herausnehmen, wenn es nötig ist

Der Wuchs kann ein- oder mehrstämmig sein.

Überkreuzte Äste im Inneren der Pflanze entfernen

IDEALFORM

SCHNITT

Cestrum *Hammerstrauch*

SOMMERGRÜNE ODER IMMERGRÜNE STRÄUCHER

■ **Schnitt: im zeitigen Frühjahr mit dem Austrieb**

Cestrum parqui

Mit ihren duftenden, röhrenförmigen Blüten sind Hammersträucher in warmen Klimazonen begehrte Zierpflanzen. Sie sind bei uns aber nicht winterhart genug für die Freilandkultur, weshalb sie im Kübel gezogen werden müssen. Wenn man im Frühjahr alle alten Triebe bis zum Boden zurückschneidet, treiben sie bald wieder neu aus.

Eine hübsche Art mit nachts duftenden Blüten ist die sommergrüne *C. parqui*; sie verträgt immerhin ein paar Minusgrade, ist aber leider in allen Teilen giftig. Als reine Zimmerpflanzen zieht man dagegen die immergrünen Arten. Die Selbstaussaat draußen stehender Kübelsträucher lässt sich verhindern, indem man welke Blüten ausputzt, doch ist das nicht unbedingt nötig, denn ins Freiland entwischte Sämlinge überleben den Winter sowieso nicht. Die Pflanzen werden leicht zurückgeschnitten, wenn sie noch jung sind, damit sie buschiger wachsen.

 AUF EINEN BLICK

WUCHS Aufrechte, meist schön geformte, rundliche Sträucher mit dichtem Laub.

WINTERHÄRTE Nicht winterhart und daher nur als Kübel- bzw. Zimmerpflanzen in Kultur.

HÖHE UND BREITE Etwa 1,5 m x 1,2 m.

SCHNITT

■ Um die Pflanze von Grund auf zu verjüngen, schneidet man sie im zeitigen Frühjahr bis zur Basis zurück.

Die Blüten öffnen sich an der Spitze frischer Triebe.

Alle Triebe bis knapp über dem Boden zurückschneiden

Abgestorbene Triebe komplett entfernen

IDEALFORM

SCHNITT

Chaenomeles *Zierquitte*

SOMMERGRÜNE STRÄUCHER

■ **Schnitt: im Winter, späten Frühjahr und Sommer**

*Chaenomeles
x superba
'Nicoline'*

Die sommergrünen, gelegentlich dornigen Sträucher präsentieren sich sowohl im Frühjahr mit ihren weißen, rosafarbenen oder meist roten Blüten, als auch im Herbst, mit den runden, apfelartigen Früchten. Man kann sie frei stehend kultivieren oder an einer Mauer ziehen, wo sie sehr schön zur Geltung kommen. In Rabatten wachsende Pflanzen lichtet man im Winter etwas aus. Neuer Wuchs wird im Sommer leicht gestutzt, damit die Sträucher im darauffolgenden Frühjahr besser blühen. Bei Sträuchern, die an einer Mauer gezogen werden, bindet man wüchsige Triebe an ein Spaliergerüst und schneidet ungünstig stehenden Wuchs heraus. An etablierten Exemplaren kürzt man Seitentriebe im späten Frühjahr auf 2–3 Blätter ein. Der neu austreibende Wuchs wird im folgenden Winter bis auf 2–3 Knospen zurückgenommen, sodass Fruchtholz entsteht, an dem die Pflanze reichlich blüht.

AUF EINEN BLICK

WUCHS Sparrige Sträucher, die sich auch für die Erziehung an Mauern eignen.

WINTERHÄRTE Völlig winterhart.

HÖHE UND BREITE 1,2 m x 1,2 m; Spalier-sträucher kann man allerdings wesentlich länger und höher werden lassen.

SCHNITT

■ Sorgen Sie durch einen entsprechenden Schnitt dafür, dass die Pflanzen ein gutes Gerüst aus älteren Trieben bilden.

■ Kürzen Sie verblühte Triebe ein, sodass später wieder viele Blüten entstehen.

Die Blüten stehen an vorjährigem Holz.

Neuen Wuchs ggf. im Sommer kürzen

Zu dichten Wuchs herausnehmen

Langbeinige, kahle Zweige entfernen

IDEALFORM

SCHNITT

Chimonanthus *Winterblüte*
SOMMERGRÜNE ODER HALBIMMERGRÜNE STRÄUCHER
■ **Schnitt: im Februar oder März nach der Blüte**

Chimonanthus praecox 'Grandiflorus'

Mit ihren süß duftenden Blüten im Spätwinter verdienen die Sträucher einen Ehrenplatz an einer warmen Wand. Die Pflanzen brauchen geschützte Standorte, da sie nur bis etwa −17 °C vertragen, zudem können die Blüten unter Frösten stark leiden. Verlässlicher Flor ist nur von älteren Exemplaren zu erwarten, weshalb man die Gehölze anfangs so wenig wie möglich schneidet. Die Haupttriebe von Wandsträuchern können angebunden werden. Kürzen Sie die Blütentriebe reifer Sträucher nach der Blüte und nehmen Sie ungünstig stehende Triebe heraus. Älterer Wuchs darf ebenfalls entfernt werden, falls er unproduktiv geworden ist. Winterblüten lassen sich auch ohne Schnitt als frei stehende Sträucher kultivieren. Bei einem Verjüngungsschnitt sollten mindestens 60 cm stehen bleiben.

AUF EINEN BLICK

WUCHS Wüchsige Sträucher mit dünnen Trieben.

WINTERHÄRTE In kalten Lagen nicht ganz winterhart, daher Kultur an einer warmen Wand; ggf. ist Winterschutz nötig.

HÖHE UND BREITE 3 m x 2,5 m, bei einer Erziehung an Wänden etwas mehr.

SCHNITT
■ Der Schnitt frei stehender Exemplare sollte auf ein Minimum begrenzt werden.

■ Die Seitentriebe erzogener Wandsträucher kürzt man nach der Blüte. Dünner oder zu dichter Wuchs und älteres Holz werden fast bis zum Boden zurückgeschnitten.

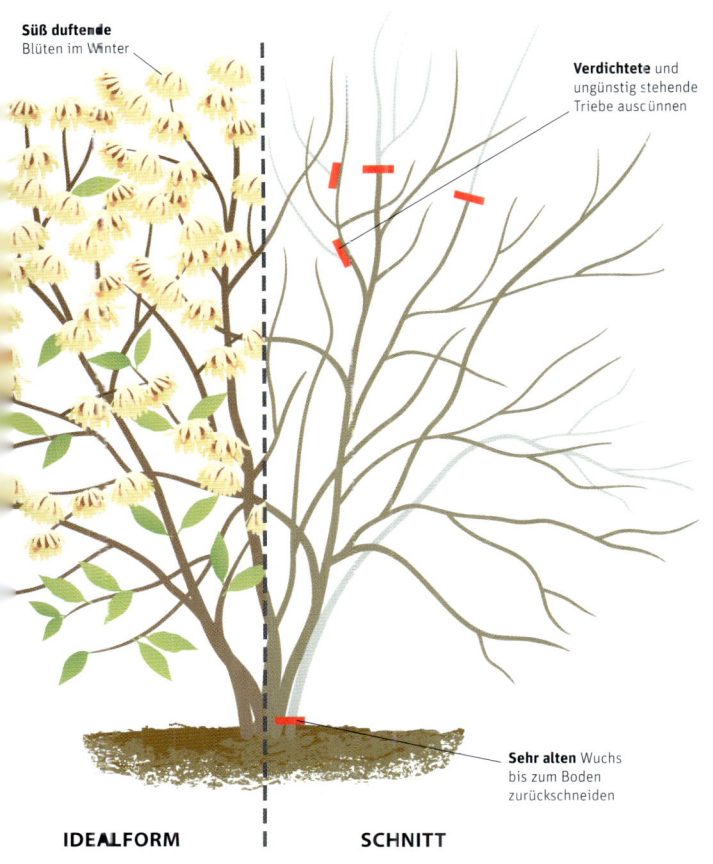

Süß duftende
Blüten im Winter

Verdichtete und
ungünstig stehende
Triebe auscünnen

Sehr alten Wuchs
bis zum Boden
zurückschneiden

IDEALFORM

SCHNITT

Choisya *Orangenblume*
IMMERGRÜNE STRÄUCHER
■ **Schnitt: im Frühjahr und im Sommer nach der Blüte**

Choisya ternata

Die überwiegend kompakt wachsenden Sträucher tragen im späten Frühjahr Trugdolden aus duftenden, weißen Blüten. Sie wachsen in der Regel schön buschig und brauchen keinen Schnitt, können mit der Zeit aber etwas asymmetrisch werden, vor allem, wenn Teile erfroren sind. Sehr beliebt sind *C. ternata* 'Sundance' mit leuchtend gelbem Laub und *C.* 'Aztec Pearl', eine filigrane Hybride mit wesentlich schmaleren Blättern.

Freilandkultur ist bestenfalls in sehr milden Gegenden möglich. Im Frühjahr werden frostgeschädigte Triebe herausgenommen, und gleich nach der Blüte kürzt man die Zweige, um sie zu neuem Flor noch im selben Jahr anzuregen. Außerdem entfernt man Triebe, die die Silhouette beeinträchtigen oder von unten her verkahlen. Ein harter Rückschnitt erfolgt am besten im zeitigen Frühjahr.

AUF EINEN BLICK

WUCHS Meist schön geformte, buschige immergrüne Sträucher.

WINTERHÄRTE Nicht winterhart; braucht selbst in warmen Gegenden guten Schutz und wird ansonsten im Kübel gezogen.

HÖHE UND BREITE Bis 1,2 m in beide Richtungen; kann breiter als hoch werden.

SCHNITT

■ Mit einem Schnitt bewahrt man einen ausgewogenen, kompakten Wuchs.

■ Entfernen Sie regelmäßig frostgeschädigte, von unten her verkahlende und ungünstig stehende Triebe.

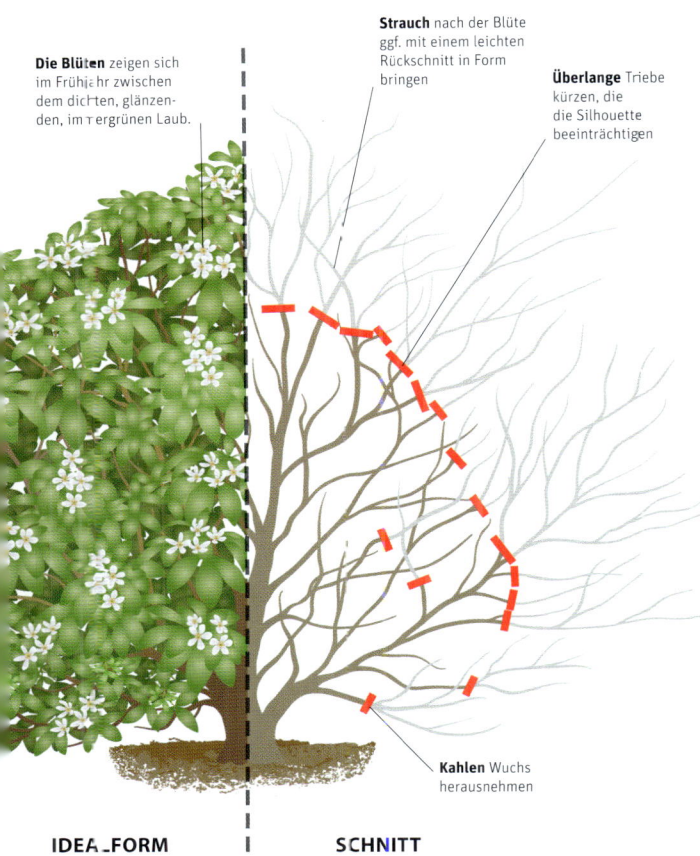

Strauch nach der Blüte ggf. mit einem leichten Rückschnitt in Form bringen

Überlange Triebe kürzen, die die Silhouette beeinträchtigen

Die Blüten zeigen sich im Frühjahr zwischen dem dichten, glänzenden, immergrünen Laub.

Kahlen Wuchs herausnehmen

IDEALFORM

SCHNITT

Cistus *Zistrose*

IMMERGRÜNE STRÄUCHER

■ **Schnitt: im Frühjahr mit dem Austrieb**

Cistus x aguilarii
'Maculatus'

Die bezaubernden immergrünen Sträucher eignen sich bestens für Gärten oder Topfarrangements im mediterranen Stil. Sie tragen aromatisch duftendes Laub und große, weiße oder rosafarbene, papierne Blüten, die vom späten Frühjahr bis in den Sommer hinein erscheinen. Zistrosen brauchen durchlässige Böden und viel Sonne, da sie in kühlem Klima häufig kahle Stellen entwickeln.

Man fördert die buschige Form der Sträucher, indem man sie nach dem Pflanzen um zwei Drittel zurückstutzt. Im Frühjahr kann man vorjährigen Wuchs leicht kürzen. Ansonsten beschränkt man sich auf das Entfernen abgestorbener und verletzter Triebe im Frühjahr, denn ältere Sträucher vertragen keinen Schnitt. Alte, langbeinig gewordene Exemplare ersetzt man am besten. x *Halimiocistus*, eine Hybride aus *Cistus* und *Halimium*, wird ebenso behandelt.

AUF EINEN BLICK

WUCHS Meist runde, mitunter auch ausladende oder niederliegende Sträucher.

WINTERHÄRTE Die meisten Arten erfrieren ab etwa −10 °C; lediglich *C. laurifolius* übersteht den Winter in milden Regionen im Freiland.

HÖHE UND BREITE 1,2 m x 1,2 m; manche Arten sind etwas breiter als hoch.

SCHNITT

■ Schneiden Sie Jungpflanzen, um einen buschigen Wuchs zu fördern.

■ Beschränken Sie das Schneiden älterer Pflanzen auf ein leichtes Stutzen und das Entfernen abgestorbener bzw. verletzter Triebe im Frühjahr.

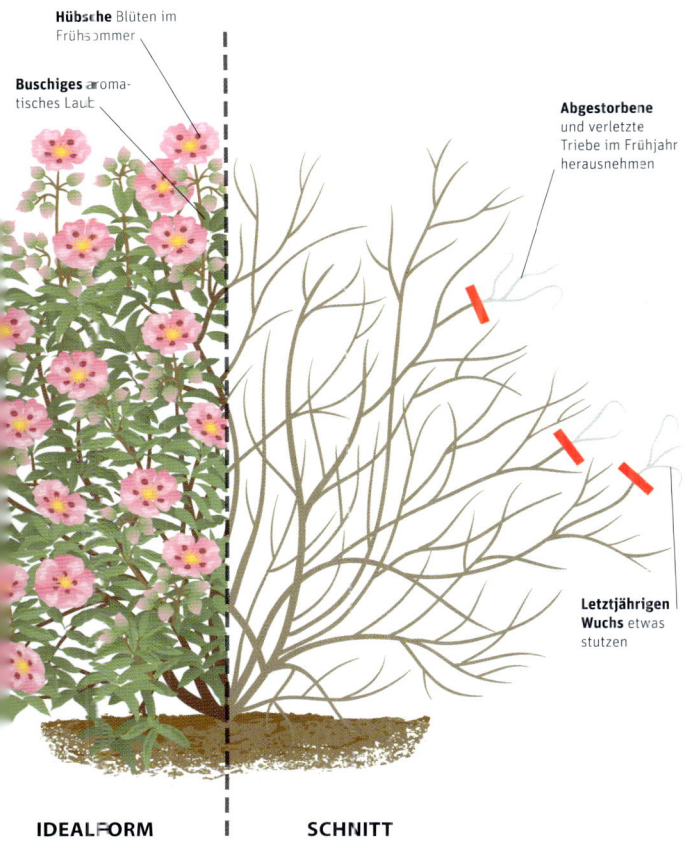

Hübsche Blüten im Frühsommer

Buschiges aromatisches Laub

Abgestorbene und verletzte Triebe im Frühjahr herausnehmen

Letztjährigen Wuchs etwas stutzen

IDEALFORM

SCHNITT

Clematis
GRUPPE 1: FRÜH BLÜHEND

■ **Schnitt: gleich nach der Blüte, falls nötig**

Clematis montana

Clematis, die in der Zeit vom Spätwinter bis zum Hochsommer blühen, werden zur Gruppe 1 zusammengefasst. Im Frühjahr tragen die schwach wachsenden *C. alpina* und *C. macropetala* Flor, während die wüchsige *C. montana* als Letzte der Gruppe ihre Blüten öffnet. Immergrün sind *C. cirrhosa*, die schon im Winter blüht, und *C. armandii*, die ihre Blüten im späten Frühjahr öffnet. Sie alle kommen ohne regelmäßigen Schnitt aus.

Entfernen Sie, falls nötig, nach der Blüte abgestorbene oder verletzte Triebe. Bei verdichtetem Wuchs nimmt man ältere Sprosse bis zum Ansatz heraus und dünnt den Rest aus. *C. armandii* und *C. cirrhosa* werden von überlangen Trieben befreit. Außer *C. montana* treiben die meisten bis zur Blüte im nächsten Jahr wieder gut aus.

■ **AUF EINEN BLICK**

WUCHS Clematis dieser Gruppe sind wüchsige Kletterpflanzen, die mit der Zeit im unteren Teil sehr stark verholzen und ein dichtes Gewirr weicher Triebe bilden können.

WINTERHÄRTE Völlig winterhart.

HÖHE UND BREITE Bis 10 m x 10 m.

SCHNITT
■ Nehmen Sie bei Bedarf nach der Blüte tote und beschädigte Triebe heraus.

■ Frischer Wuchs aus hart zurückgeschnittenen Trieben blüht im folgenden Jahr nicht immer.

■ Ein Verjüngungsschnitt ist möglich, doch blühen die Pflanzen erst nach 2–3 Jahren.

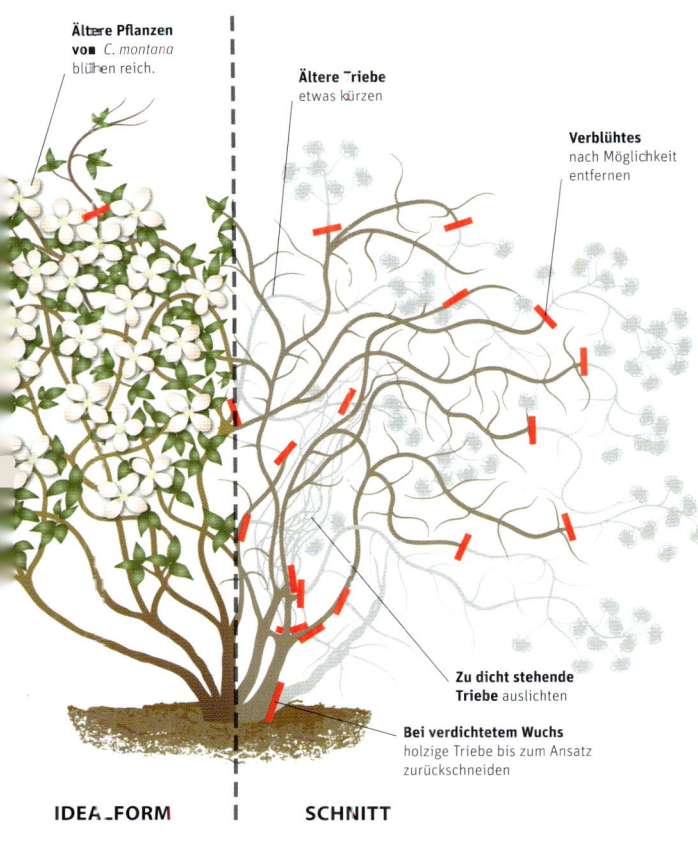

Ältere Pflanzen von *C. montana* blühen reich.

Ältere Triebe etwas kürzen

Verblühtes nach Möglichkeit entfernen

Zu dicht stehende Triebe auslichten

Bei verdichtetem Wuchs holzige Triebe bis zum Ansatz zurückschneiden

IDEALFORM

SCHNITT

Clematis

GRUPPE 2: MITTELFRÜH BLÜHEND

■ **Schnitt: im Spätwinter bis zeitigen Frühjahr**

Clematis 'Fireworks'

Clematis der Gruppe 2 sind sehr beliebt, denn sie blühen zweimal: einmal im späten Frühjahr und einmal im Sommer. Manche tragen beim ersten Mal gefüllte und beim zweiten Mal ungefüllte Blüten. Sie brauchen fast keinen Schnitt, allerdings kann mit der Zeit ein zu dichtes Triebgewirr entstehen. Das Schneiden beeinträchtigt mitunter zwar die erste Blüte, schafft aber Raum für frischen Wuchs, was zu einer besseren zweiten Blüte führt.

Wenn im März oder April die Knospen schwellen, nimmt man abgestorbenen, schwachen, verdichteten Wuchs heraus. Der Rest wird bis auf das oberste Paar kräftiger Knospen gekürzt – die aus ihnen und den Knospen darunter wachsenden Triebe tragen die erste Blüte. Man kann *Clematis* der Gruppe 2 wie die der Gruppe 3 (siehe S. 132–133) jährlich stark zurückschneiden, muss dann aber auf die erste Blüte verzichten, wenngleich die zweite reicher ausfällt.

AUF EINEN BLICK

WUCHS Oft wüchsige Kletterpflanzen, die mit der Zeit eine dichte Masse abgestorbener Triebe entwickeln können.

WINTERHÄRTE Völlig winterhart.

HÖHE UND BREITE Etwa 3 m x 2 m.

SCHNITT

■ Schneiden Sie alten, abgestorbenen Wuchs bis zum Boden zurück.

■ Verteilen Sie die Triebe etwas, um einen zu dichten Wuchs zu vermeiden.

■ Ein Verjüngungsschnitt ist meist erfolgreich, führt aber zum Verlust der ersten Blüte.

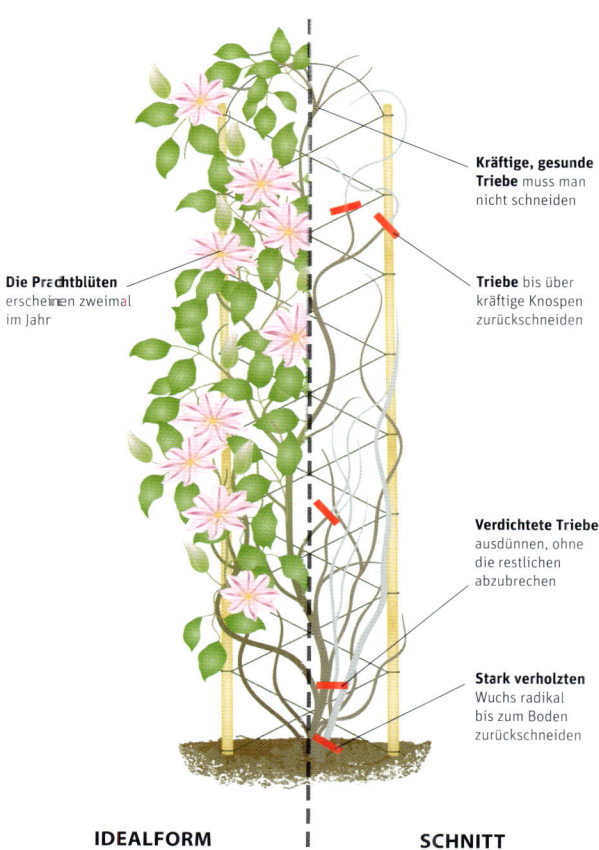

Kräftige, gesunde Triebe muss man nicht schneiden

Triebe bis über kräftige Knospen zurückschneiden

Die Prachtblüten erscheinen zweimal im Jahr

Verdichtete Triebe ausdünnen, ohne die restlichen abzubrechen

Stark verholzten Wuchs radikal bis zum Boden zurückschneiden

IDEALFORM

SCHNITT

Clematis

GRUPPE 3: SPÄT BLÜHEND

■ **Schnitt: im Spätwinter oder zeitigen Frühjahr**

Clematis
'Madame Julia
Correvon'

Gruppe 3 umfasst die größte Zahl der Formen, darunter viele großblütige Sorten mit weißem, rotem, rosafarbenem, blauem oder violettem Flor und einige wenige sehr wüchsige Arten, wie die gelbe *C. orientalis*, die weiße *C. flammula* und die grünlich gelbe *C. rehderiana*. Außerdem zählt man dazu die Texensis-Hybriden mit tulpenartigen Blüten und die Viticella-Gruppe mit sternförmigen Blüten, die kleiner als die der großblumigen Formen bleiben. Sie alle blühen vom Hochsommer bis in den Herbst.

Der Schnitt ist einfach: Im Spätwinter oder zeitigen Frühjahr schneidet man alle Triebe bis auf ein kräftiges Knospenpaar etwa 30 cm über dem Boden zurück. Die erwähnten Arten können auch ganz ohne Schnitt kultiviert werden, etwa wenn man sie an Bäumen hochranken lässt, in deren Krone sie mit ihren Blüten zum Saisonausklang noch Farbe bringen.

AUF EINEN BLICK

WUCHS Oft sehr wüchsige Kletterer, die eine dichte Masse verworrener Triebe bilden können.

WINTERHÄRTE Völlig winterhart.

HÖHE UND BREITE 6 m x 6 m, je nach Sorte. Manche sind weniger wüchsig und bleiben kleiner.

SCHNITT

■ Schneiden Sie alle Triebe jährlich bis auf ein kräftiges Knospenpaar etwa 30 cm über dem Boden zurück.

■ Sollen die Pflanzen größer werden, unterlässt man den Schnitt.

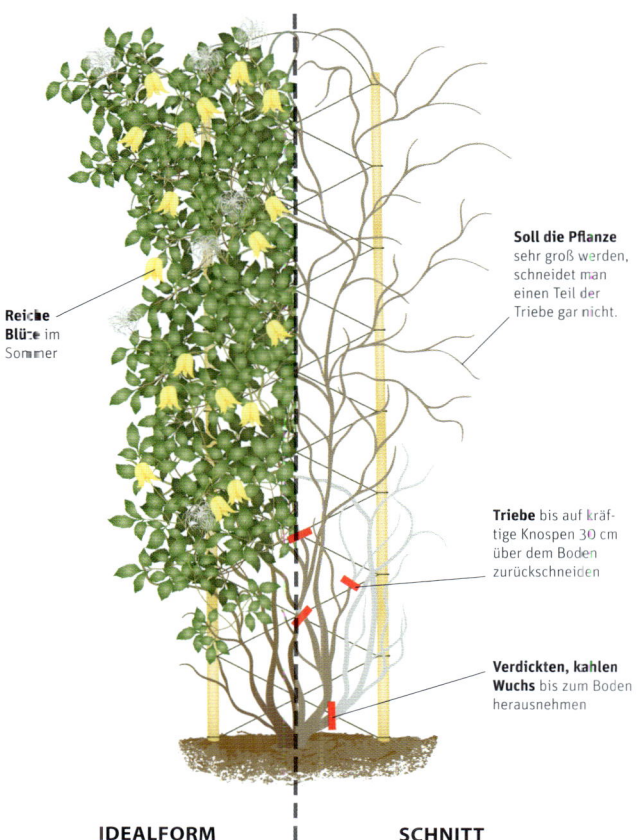

Reiche Blüte im Sommer

Soll die Pflanze sehr groß werden, schneidet man einen Teil der Triebe gar nicht.

Triebe bis auf kräftige Knospen 30 cm über dem Boden zurückschneiden

Verdickten, kahlen Wuchs bis zum Boden herausnehmen

IDEALFORM

SCHNITT

Clerodendrum *Losbaum*

SOMMER- ODER IMMERGRÜNE BÄUME ODER STRÄUCHER

■ **Schnitt: in der ersten Frühjahrshälfte mit dem Austrieb**

Clerodendrum trichotomum var. fargesii

Losbäume sind nicht winterhart, doch einige sommergrüne Formen lassen sich mit gutem Schutz durch die kalte Jahreszeit bringen. Sie wachsen anfangs strauchig, werden aber mit der Zeit baumartig. Geschätzt werden sie wegen ihrer roten, rosafarbenen oder weißen, oft duftenden Blüten, die im Spätsommer erscheinen. Manchmal setzen die Pflanzen sogar glänzende blaue Beeren an.

Losbäume müssen kaum geschnitten werden. Bei Bedarf dünnt man sommergrüne Arten im Frühjahr aus. An immergrünen Arten entfernt man lediglich Triebe, die die Silhouette stören. Relativ häufig findet man *C. bungei*, eine Art, die in milden Regionen sogar draußen gezogen werden kann. Man schneidet sie am besten jährlich auf ein etwa 60 cm hohes Gerüst zurück. Bei starken Frostschäden schneidet man sie bis knapp über dem Boden zurück. *C. speciosissimum* ist als Topfpflanze in Kultur.

AUF EINEN BLICK

WUCHS Aufrechte bis übergeneigte Sträucher oder kleine Bäume, die oft Ausläufer bilden.

WINTERHÄRTE Immergrüne Arten sind in der Regel frostempfindlich, während sommergrüne einige Minusgrade vertragen.

HÖHE UND BREITE Etwa 5 m x 5 m.

SCHNITT

■ Geschnitten wird in der ersten Frühjahrshälfte.

■ Entfernen Sie Wurzelsprosse, sobald Sie sie entdecken.

■ Die meisten Arten reagieren gut auf einen radikalen Verjüngungsschnitt.

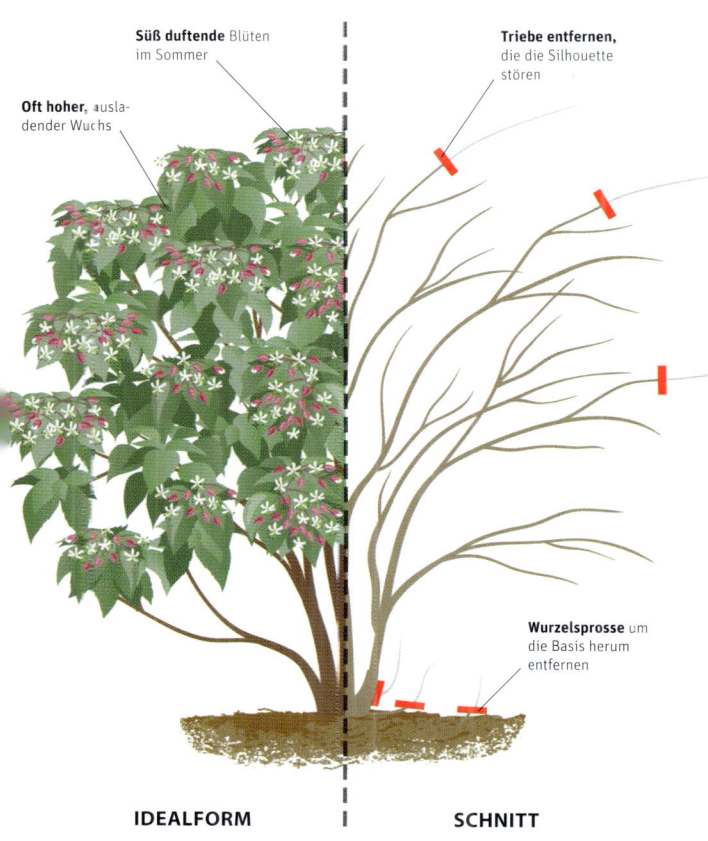

Süß duftende Blüten im Sommer

Oft hoher, ausladender Wuchs

Triebe entfernen, die die Silhouette stören

Wurzelsprosse um die Basis herum entfernen

IDEALFORM

SCHNITT

Clethra *Zimterle, Scheineller*
SOMMER- ODER IMMERGRÜNE STRÄUCHER
■ **Schnitt: im Frühjahr mit dem Austrieb**

Clethra alnifolia

Zimterlen eignen sich nur für saure Böden. Man kultiviert sie wegen ihrer duftenden weißen, seltener rosafarbenen Blüten, die sich im Sommer öffnen. Einige sind frostempfindlich, können aber als Kübelpflanzen gezogen werden. Sommergrüne Formen zeichnen sich oft durch eine schöne Herbstfärbung aus, darunter auch die Japanische Zimterle (*C. barbinervis*) mit ihrer dekorativen Rinde.

Die meisten sommergrünen Arten brauchen wenig Schnitt: Im Spätwinter oder zeitigen Frühjahr befreit man sie von ungünstig stehenden Trieben. Bei *C. alnifolia* werden einige ältere Zweige bis zum Boden zurückgeschnitten und durch neue Triebe ersetzt. Unerwünschte Wurzelsprosse entfernt man im Frühjahr oder Sommer. Der frostempfindliche immergrüne Maiglöckchenbaum (*C. arborea*) wird groß, als Topfpflanze kann er aber durch Schnitt klein gehalten werden.

AUF EINEN BLICK

WUCHS Oft Ausläufer treibende, mitunter baumartige Sträucher.

WINTERHÄRTE Unterschiedlich; sommergrüne Arten sind oft winterhart, immergrüne vertragen dagegen kaum oder überhaupt keinen Frost.

HÖHE UND BREITE Bis 3 m x 3 m.

SCHNITT
■ Die meisten Arten müssen kaum geschnitten werden.

■ *C. alnifolia* befreit man jährlich im Frühjahr von einigen der ältesten Zweige.

■ Ein Verjüngungsschnitt kann auf mehrere Jahre verteilt werden.

Aufrechte Trauben im Sommer

Schöner, regelmäßiger Wuchs

Überkreuzte oder aus der Reihe tanzende Triebe im März entfernen

Einige ältere Zweige von *C. alnifolia* bis zum Boden zurückschneiden

Unerwünschte Wurzelsprosse entfernen

IDEALFORM

SCHNITT

Clianthus *Prunkblume*

IMMERGRÜNE STRÄUCHER

■ **Schnitt: im Sommer nach der Blüte**

Clianthus puniceus

Nur eine einzige Art dieser kleinen Gattung wird als Zierpflanze kultiviert: die Kakadu-Ruhmesblume (*C. puniceus*), ein immergrüner Strauch mit langen, biegsamen Trieben. Sie verträgt nur Temperaturen oberhalb –8 °C, weshalb man sie bei uns im Kübel zieht. Als Standort sind warme Mauern ideal. Die weißen, rosafarbenen oder roten Blüten ähneln Klauen und öffnen sich im Frühjahr und Frühsommer an vorjährigen Trieben.

Nach der Blüte kann die Pflanze behutsam geschnitten werden: Lediglich abgestorbenes oder verletztes Material wird herausgenommen und der Rest um höchstens ein Drittel eingekürzt. Weil die Triebe mit der Zeit brüchig werden, kann man sie an einer Kletterhilfe nur erziehen, solange sie noch frisch und biegsam sind. Ordnen Sie den Wuchs zu einem Gerüst aus überwiegend horizontalen Trieben und binden Sie gesunde neue Triebe sukzessive an.

 AUF EINEN BLICK

WUCHS Immergrüne Sträucher mit biegsamen, kriechenden Trieben.

WINTERHÄRTE Nicht winterhart; muss normalerweise im Kübel gezogen werden.

HÖHE UND BREITE 4 m x 4 m, in Kübeln auch weniger.

SCHNITT

■ Die Triebe sind brüchig, schneiden Sie nur, wenn es unbedingt notwendig ist.

■ Die Pflanzen vertragen keinen radikalen Rückschnitt.

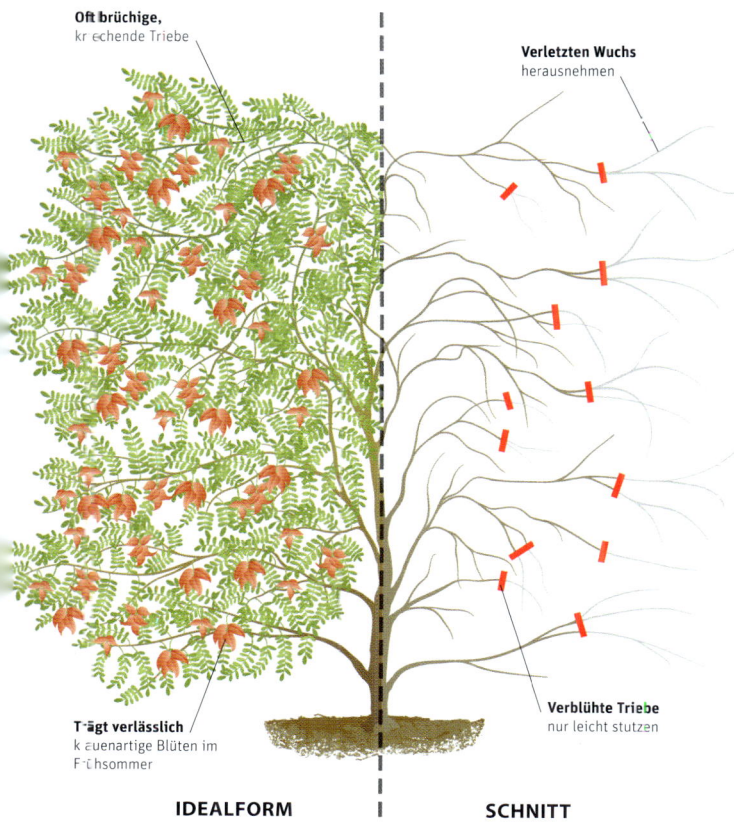

Oft brüchige,
kriechende Triebe

Verletzten Wuchs
herausnehmen

Trägt verlässlich
krauenartige Blüten im
Frühsommer

Verblühte Triebe
nur leicht stutzen

IDEALFORM

SCHNITT

Colutea *Blasenstrauch*

SOMMERGRÜNE STRÄUCHER

■ **Schnitt: im Frühjahr mit dem Austrieb**

Colutea x media

Diese Sträucher haben viel zu bieten: gefiedertes Laub, gelbe bis orangefarbene Schmetterlingsblüten, die im Sommer lange geöffnet sind, und blasige Hülsen mit papierartiger Fruchtwand. Aus dem Ansatz der Pflanze oder knapp darüber entwickeln sich zahlreiche Triebe, sofern man die Pflanze nicht einstämmig zieht.

Geschnitten wird im Frühjahr. Bei einstämmigen Exemplaren entfernt man einfach dünne und schwache Triebe und kürzt den vorjährigen Wuchs um die Hälfte ein. Bei mehrstämmigen Sträuchern werden ältere, dicke Äste bis zum Boden zurückgeschnitten. Alternativ kürzt man gleich die ganze Pflanze komplett ein, indem man alle Stämme auf ein niedriges Gerüst etwa 5 cm über dem Boden zurückschneidet. Ein jährliches Zurückstutzen der vorjährigen Triebe bis auf zwei Knospen verzögert die Blüte etwas.

AUF EINEN BLICK

WUCHS Mehrstämmige, meist aufrechte bis ausladende Sträucher.

WINTERHÄRTE Die als Zierpflanzen genutzten Arten sind alle völlig winterhart.

HÖHE UND BREITE Etwa 2,2 m x 2,2 m.

SCHNITT

■ An einstämmigen Exemplaren kürzt man den vorjährigen Wuchs bei Bedarf und nimmt dünne, schwache Triebe heraus.

■ An mehrstämmigen Exemplaren werden alte Triebe bis zum Ansatz der Pflanze zurückgeschnitten.

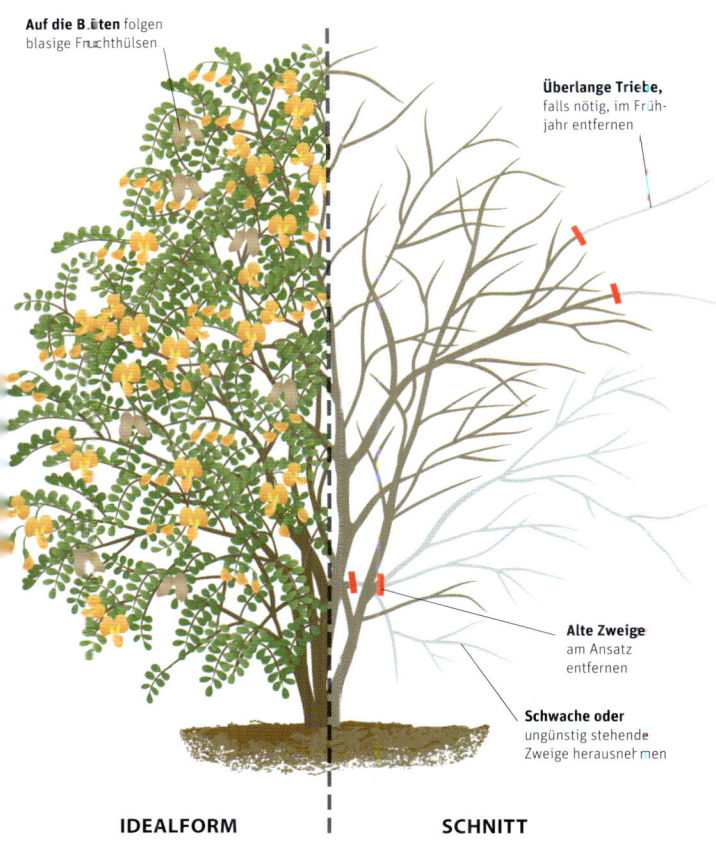

Auf die Blüten folgen
blasige Fruchthülsen

Überlange Triebe,
falls nötig, im Früh-
jahr entfernen

Alte Zweige
am Ansatz
entfernen

Schwache oder
ungünstig stehende
Zweige herausnehmen

IDEALFORM   **SCHNITT**

Cornus *Hartriegel*

(1) SOMMERGRÜNE BÄUME

■ **Schnitt: im Winter oder im Sommer**

*Cornus
controversa*
'Variegata'

Werden Hartriegel als Bäume gezogen, schätzt man ihre Blüten und ihren eleganten Wuchs, wenngleich auch die schöne Herbstfärbung ein Plus ist. Der Schnitt wird auf ein Minimum beschränkt und erfolgt in der Ruhephase zwischen Herbst und Spätwinter oder, bei Arten, die nach dem Winterschnitt »bluten«, besser im Sommer, wenn der Saftdruck geringer ist als im Frühjahr und die Wunden schneller verheilen.

Der Schnitt erfolgt je nach Art unterschiedlich. *C. kousa* trägt seine großen, weißen Blüten im Frühsommer, beim Schneiden müssen die frischen Triebe geschont werden, da sie später noch blühen. *C. alternifolia* und *C. controversa* wachsen etagenförmig. Nach dem Pflanzen bindet man den kräftigsten Trieb als Leittrieb an einen Stab; alle anderen aufrechten Triebe aus der Basis werden entfernt.

 AUF EINEN BLICK

WUCHS Elegante Bäume; manche bilden um die Basis herum aufrechte Triebe.

WINTERHÄRTE Manche sind völlig winterhart, andere brauchen mehr oder weniger guten Schutz.

HÖHE UND BREITE Etwa 6 m x 3 m. Panaschierte Formen sind nicht so wüchsig.

SCHNITT

■ Schneiden Sie Bäume, die »bluten«, im Sommer, alle anderen in der Ruhephase.

■ Entfernen Sie an *C. alternifolia* und *C. controversa* zu wüchsige aufrechte Triebe.

■ Strauchige Hartriegel siehe S. 144–145.

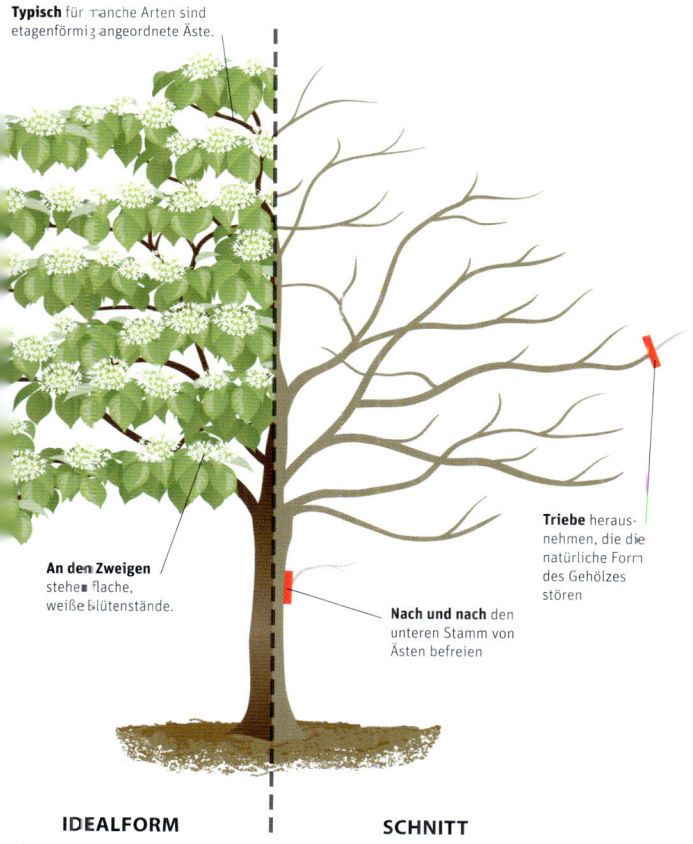

Typisch für manche Arten sind etagenförmig angeordnete Äste.

An den Zweigen stehen flache, weiße Blütenstände.

Triebe herausnehmen, die die natürliche Form des Gehölzes stören

Nach und nach den unteren Stamm von Ästen befreien

IDEALFORM

SCHNITT

Cornus *Hartriegel*
(2) SOMMERGRÜNE STRÄUCHER
■ **Schnitt: im Frühsommer oder zeitigen Frühjahr**

Cornus alba

Strauchige Hartriegel sind sehr beliebt. Die Kornelkirsche (*C. mas*) steht wegen ihrer gelbgrünen Blüten im Frühjahr und der schönen Laubfärbung im Herbst hoch im Kurs. Nach der Blüte dünnt man sie aus, um einen offenen, lockeren Wuchs zu bewahren.

C. alba und *C. stolonifera* und ihre Sorten bringen mit den gelben oder roten Trieben Leben in winterliches Gartengrau. Im ersten Jahr nach dem Pflanzen setzt man sie auf den Stock. Dafür kürzt man sämtliche Triebe bis 5 cm über dem Boden ein und nimmt danach alle ein, zwei Jahre die vorjährigen Triebe bis auf Knospen über dem Ansatz zurück. Das geht zwar auf Kosten der Blüten und Früchte, ergibt aber die schönste Winterfärbung. Panaschierte Formen kann ein radikaler Schnitt zum Austrieb von rein grünem Laub anregen. In diesem Fall beschränkt man sich auf das Entfernen älterer Triebe.

AUF EINEN BLICK

WUCHS Elegante Sträucher, die aus der Basis bereitwillig austreiben.

WINTERHÄRTE Völlig winterhart.

HÖHE UND BREITE 1,5 m x 1,2 m; ohne kräftigen Rückschnitt wesentlich größer.

SCHNITT

■ *C. mas* wird möglichst wenig geschnitten.

■ Arten und Sorten, die wegen ihrer Triebfarbe kultiviert werden, schneidet man jährlich.

■ Panaschierte Formen schneidet man weniger.

■ Hartriegel als Bäume siehe S. 142–143.

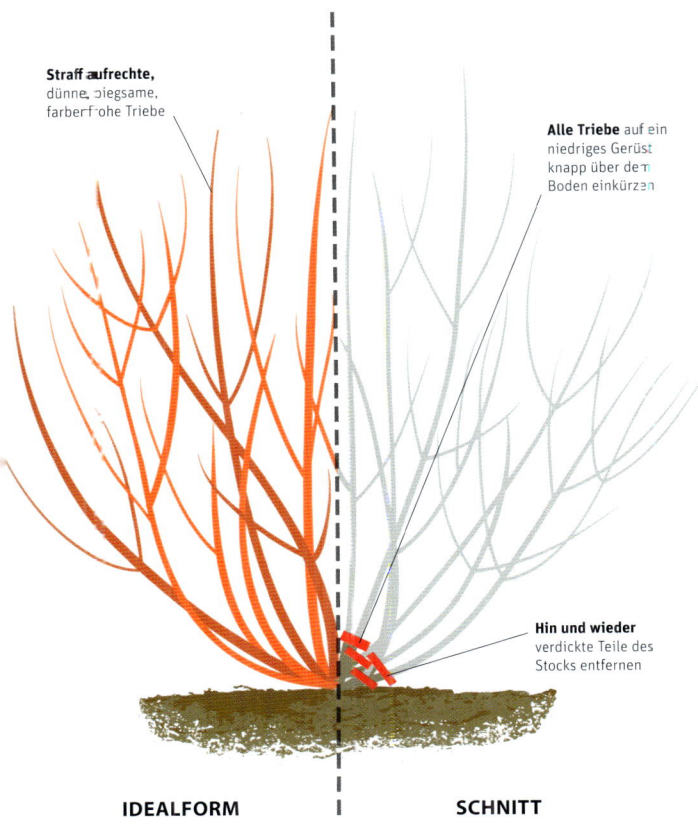

Straff aufrechte,
dünne, biegsame,
farbenfrohe Triebe

Alle Triebe auf ein
niedriges Gerüst
knapp über dem
Boden einkürzen

Hin und wieder
verdickte Teile des
Stocks entfernen

IDEALFORM

SCHNITT

Corylopsis *Scheinhasel*

SOMMERGRÜNE STRÄUCHER

■ **Schnitt: in der Frühjahrsmitte, gleich nach der Blüte**

Corylopsis pauciflora

Die anspruchslose Scheinhasel macht gleich zweimal im Jahr auf sich aufmerksam: einmal im zeitigen Frühjahr, wenn die kätzchenartigen, duftenden gelben Ähren erscheinen, und einmal im Herbst, wenn das Laub sich verfärbt. Man sollte sie in Rabatten nicht zu nah neben andere Sträucher pflanzen, da sie sonst ihre elegante Form nicht entwickelt.

Geschnitten wird, um altes, schwaches Holz zu entfernen. Die Sträucher blühen an vorjährigen Trieben, weshalb man die Schere ansetzt, sobald sie verblüht sind. Dicke Zweige werden bis zum Ansatz entfernt, andere nach Bedarf ausgedünnt. Die Sträucher lassen sich auch an einer geschützten Mauer erziehen. Nach der Blüte werden abgeblühte Seitentriebe gekürzt und ungünstig stehende entfernt.

AUF EINEN BLICK

WUCHS Überwiegend aufrechte, aber offene Sträucher mit dünnen Zweigen und schöner Form.

WINTERHÄRTE Zum Teil völlig winterhart, zum Teil brauchen sie Winterschutz.

HÖHE UND BREITE Je nach Art 3 m x 3 m. Manche werden auch breiter als hoch.

SCHNITT

■ Schneiden Sie baldmöglichst nach der Blüte.

■ Nehmen Sie ältere Zweige völlig heraus.

■ Einen Verjüngungsschnitt verteilt man auf zwei oder drei Jahre, um eine dauerhafte Schädigung der Pflanze zu vermeiden.

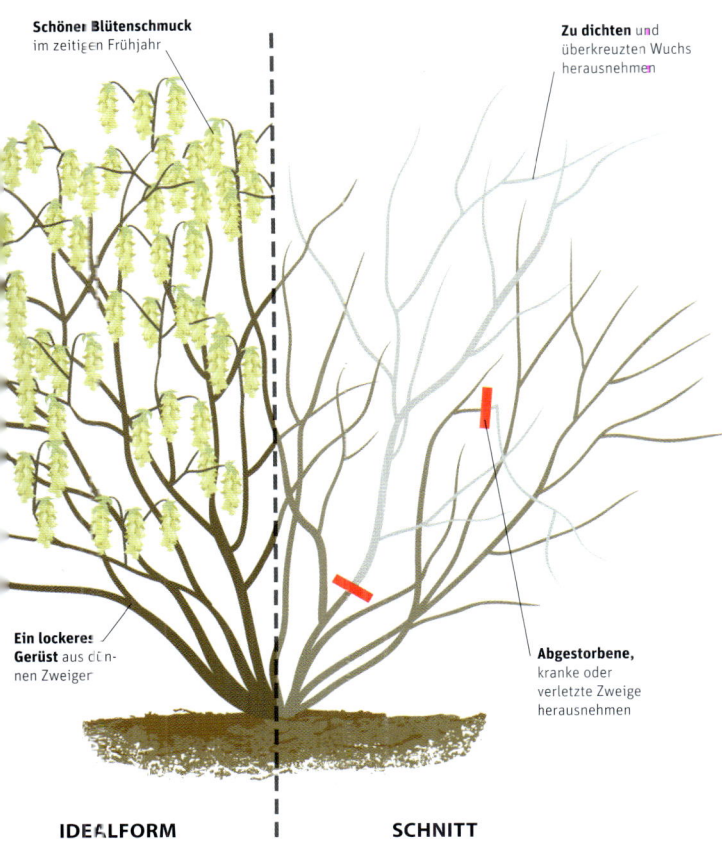

Schöner Blütenschmuck
im zeitigen Frühjahr

Zu dichten und
überkreuzten Wuchs
herausnehmen

**Ein lockeres
Gerüst** aus dün-
nen Zweiger

Abgestorbene,
kranke oder
verletzte Zweige
herausnehmen

IDEALFORM

SCHNITT

Corylus *Hasel*

SOMMERGRÜNE BÄUME UND STRÄUCHER

■ **Schnitt: im Winter, bei Bedarf auch zu anderen Zeiten**

Corylus avellana
'Contorta'

An der Hasel schätzt man die Kätzchen und besonders die Nüsse; zudem ist das Gehölz häufig Bestandteil von Naturhecken. Die Pflanzen bilden zahlreiche Triebe direkt aus dem Wurzelraum und werden oft jedes Jahr bis knapp über dem Boden zurückgeschnitten, weil die dünnen, biegsamen Stockausschläge (Ruten) für die Korb- und Zaunflechterei verwendet werden; auf Blüten und Nüsse muss man nach einem solchen radikalen Rückschnitt allerdings verzichten. Daher beschränkt man sich in Ziergärten meist auf das Entfernen älterer Triebe im Frühjahr.

Eine häufig anzutreffende Sorte mit ganz eigenem Schnittanspruch ist die Korkenzieher-Hasel (*C. avellana* 'Contorta') mit dekorativ gedrehten Trieben und hübschen Kätzchen im Frühjahr. Zu dichter Wuchs wird im Winter ausgedünnt. Holz mit gerissener Borke nimmt man ebenso heraus wie gerade und straff aufrechte Triebe.

AUF EINEN BLICK

WUCHS Sommergrüne Sträucher, die viele Triebe aus der Basis bilden.

WINTERHÄRTE Völlig winterhart.

HÖHE UND BREITE 3 m x 2 m, oft aber auch kleiner.

SCHNITT

■ Schneiden Sie die Sträucher so, dass sie eine schöne, gleichmäßige Form bewahren.

■ Wurzelsprosse und andere ungünstig stehende Triebe, die den Gesamteindruck stören, werden entfernt.

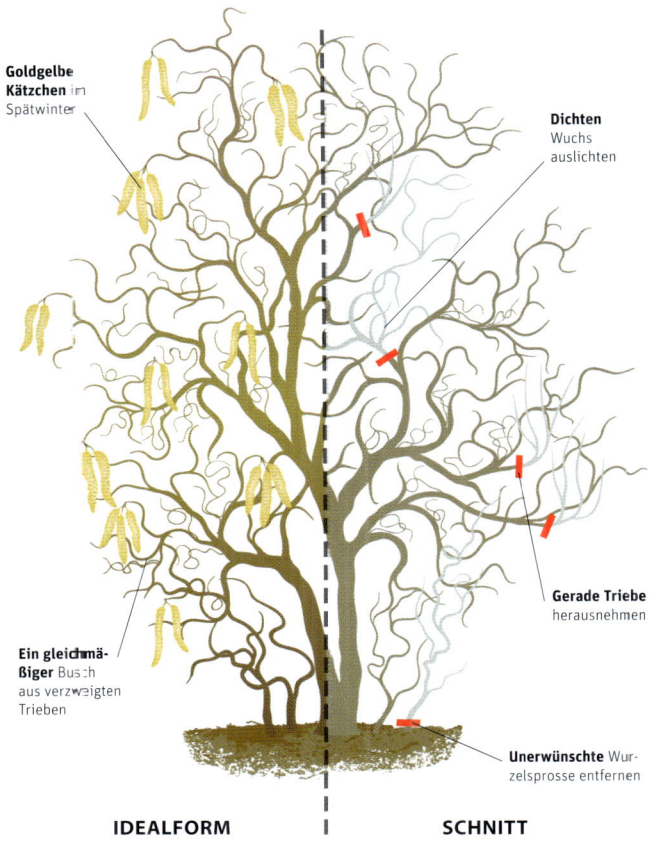

Goldgelbe Kätzchen im Spätwinter

Dichten Wuchs auslichten

Gerade Triebe herausnehmen

Ein gleichmäßiger Busch aus verzweigten Trieben

Unerwünschte Wurzelsprosse entfernen

IDEALFORM

SCHNITT

Cotinus *Perückenstrauch*

SOMMERGRÜNE STRÄUCHER

■ **Schnitt: im Spätwinter oder zeitigen Frühjahr**

Cotinus coggygria
fo. *purpureus*

Perückensträucher zeichnen sich durch große, rundliche Blätter aus, die bei den meisten Formen violett oder goldgelb gefärbt sind und im Herbst in leuchtenden Orange- und Scharlachtönen erstrahlen. In milden Regionen bilden die Sträucher zartgliedrige Blütenrispen, die zu bauschigen, perückenartigen Fruchtständen heranreifen.

Um die Pflanze zum Austrieb besonders großer Blätter anzuregen, die vor allem in den ersten Monaten der Vegetationsperiode sehr dekorativ sind, schneidet man alle Triebe im Spätwinter oder zeitigen Frühjahr bis fast zum Boden zurück. Dieser radikale Rückschnitt verhindert zudem, dass die Büsche zu groß werden. Allerdings geht diese Maßnahme auf Kosten der Blüte und auch die Herbstfärbung fällt verhaltener aus. Wer Wert darauf legt, nimmt nur ungünstig stehende Triebe heraus und lässt den Strauch ansonsten wachsen.

AUF EINEN BLICK

WUCHS Ausladende bis aufrechte Sträucher, die stark von unten austreiben.

WINTERHÄRTE Völlig winterhart, blüht aber in Gegenden mit warmen Sommern am besten.

HÖHE UND BREITE 3 m x 3 m; gekappte Exemplare bleiben kleiner.

SCHNITT
■ Die schönste Laubstruktur ist bei jährlichem radikalem Rückschnitt zu erwarten.

■ Wenn Sie auf Blüten und schöne Herbstfärbung Wert legen, schneiden Sie so wenig wie möglich.

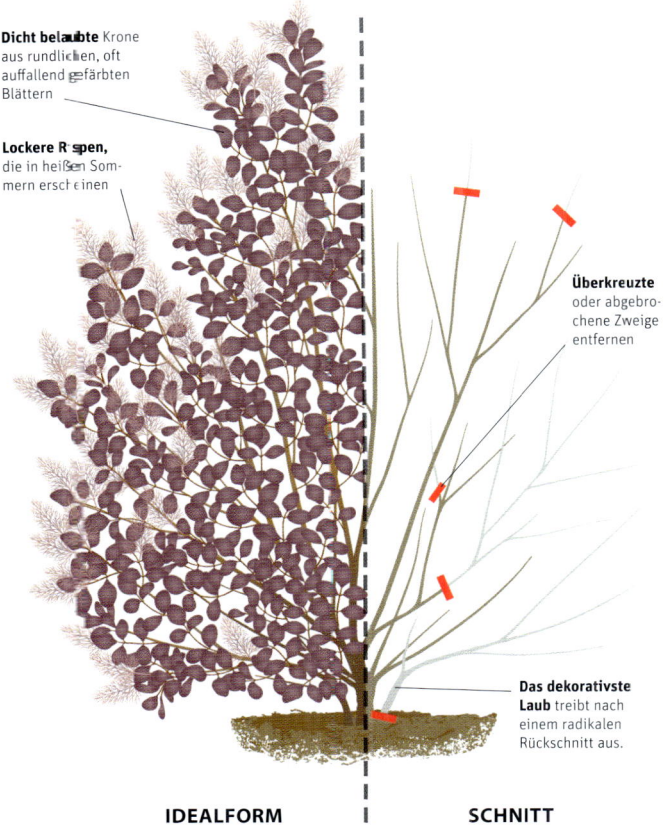

Dicht belaubte Krone aus rundlichen, oft auffallend gefärbten Blättern

Lockere Rispen, die in heißen Sommern erscheinen

Überkreuzte oder abgebrochene Zweige entfernen

Das dekorativste Laub treibt nach einem radikalen Rückschnitt aus.

IDEALFORM   **SCHNITT**

Cotoneaster *Zwergmispel*

(1) SOMMERGRÜNE STRÄUCHER

■ **Schnitt: im Spätwinter vor dem Austrieb**

Cotoneaster horizontalis

Abgesehen von den cremeweißen Blüten, die im Mai und Juni erscheinen, fallen Zwergmispeln auch durch ihre schöne Herbstfärbung und die roten Beeren auf. Die Form ist variabel und reicht von einem niedrigen und breitwüchsigen bis zu einem aufrechteren, sogar baumartigen Habitus. Ein regelmäßiger Schnitt ist nicht erforderlich, doch kann man die Pflanzen im Spätwinter bei Bedarf verkleinern.

Mit einer ungewöhnlichen, sehr dekorativen Form macht die Fächer-Zwergmispel (*C. horizontalis*) auf sich aufmerksam: Die Seitentriebe an ihren übergeneigten Ästen sind wie ein Grätenmuster angeordnet. Man zieht sie an Böschungen oder Wänden, denn sie verträgt auch etwas Schatten. Vor einer Mauer können passende Triebe nach dem Pflanzen und während des Wachstums nach und nach fixiert werden.

■ AUF EINEN BLICK

WUCHS Meist aufrechte bis breitwüchsige Sträucher mit steifen Trieben.

WINTERHÄRTE Völlig winterhart.

HÖHE UND BREITE Etwa 3 m x 3 m, je nach Art und Sorte. *C. horizontalis* kann an einer Wand 5 m erreichen.

SCHNITT
- ■ Schneiden Sie bei Bedarf im Spätwinter.
- ■ Einen radikalen Verjüngungsschnitt verteilt man am besten auf zwei oder drei Jahre.
- ■ Immergrüne Zwergmispeln siehe S. 154–155.

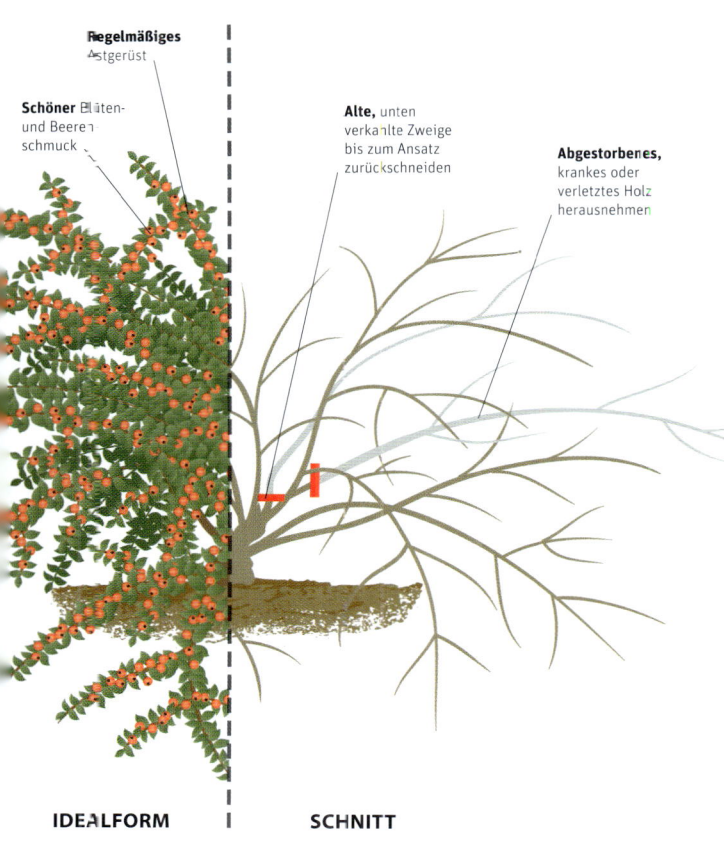

Regelmäßiges Astgerüst

Schöner Blüten- und Beeren- schmuck

Alte, unten verkahlte Zweige bis zum Ansatz zurückschneiden

Abgestorbenes, krankes oder verletztes Holz herausnehmen

IDEALFORM

SCHNITT

Cotoneaster *Zwergmispel*

(2) IMMERGRÜNE STRÄUCHER

■ Schnitt: im Winter oder Frühsommer nach der Blüte

Cotoneaster lacteus

Immergrüne Zwergmispeln öffnen ihre cremeweißen Blüten im späten Frühjahr und Sommer. Dann folgen rote oder gelbe Beeren. Manche Arten wachsen niederliegend und breiten sich zudem aus, sodass sie an leicht beschatteten Standorten exzellente Bodendecker abgeben. Aufrecht wachsende können baumartig gezogen werden.

Setzen Sie die Schere im Winter oder auch im Sommer gleich nach der Blüte an. Um den offenen Wuchs aufrechter Formen zu fördern, dünnt man aus und entfernt in den ersten Jahren nach dem Pflanzen überkreuzte Triebe im Inneren des Strauchs. Danach wird nur noch minimal geschnitten. Kürzen Sie bei Bedarf überlange aufrechte Triebe an niederliegenden Sorten ein und schneiden Sie Hecken nach der Blüte in Form, möglichst ohne allzu viele Beeren zu opfern.

 AUF EINEN BLICK

WUCHS Aufrechte bis übergeneigte oder niederliegende Sträucher.

WINTERHÄRTE Zum Teil völlig hart, zum Teil kann in kalten Wintern das Laub erfrieren.

HÖHE UND BREITE Bis 4 m x 4 m. Viele Formen werden breiter als hoch.

SCHNITT

■ Schneiden Sie junge Pflanzen, um einen offenen Wuchs zu fördern.

■ Stutzen Sie aus der Reihe tanzende Triebe an älteren Exemplaren zurück.

■ Ein Verjüngungsschnitt ist meist erfolgreich.

■ Sommergrüne *Cotoneaster* siehe S. 152–153.

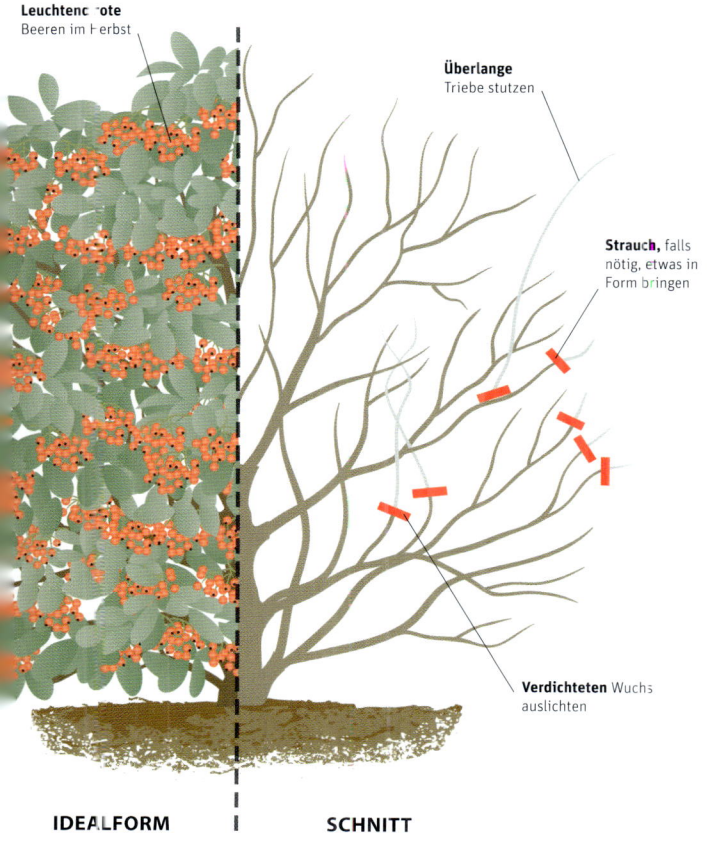

Leuchtend rote
Beeren im Herbst

Überlange
Triebe stutzen

Strauch, falls
nötig, etwas in
Form bringen

Verdichteten Wuchs
auslichten

IDEALFORM   **SCHNITT**

Crataegus *Weißdorn*

SOMMERGRÜNE BÄUME ODER STRÄUCHER

■ Schnitt: im Winter oder nach der Blüte

Crataegus monogyna

Weißdorne sind winterharte sommergrüne Gehölze, die man durch regelmäßigen Schnitt relativ klein halten kann. Sie wachsen in der Regel recht dicht und eignen sich daher für Hecken, können aber auch gepflanzt werden, um Tiere in den Garten zu locken. Im späten Frühjahr öffnen sich cremeweiße oder rosafarbene, ungefüllte oder gefüllte Blüten.

Um einen Weißdorn zu begrenzen, lichtet man nach der Blüte dichten Wuchs im Inneren aus. Auch Hecken können nach dem Flor in Form gebracht werden, falls aber im Winter einige Früchte für Tiere an den Zweigen hängen bleiben sollen, muss man abgeblühtes Holz stehen lassen. Verdichtete Zweige von *C. monogyna* 'Pendula' werden im Spätwinter ausgedünnt, die übrigen bei Bedarf bis zu einer Knospe zurückgeschnitten.

AUF EINEN BLICK

WUCHS Dichte sommergrüne Sträucher oder kleine Bäume.

WINTERHÄRTE Völlig winterhart; verträgt auch Wind und raue, exponierte Standorte.

HÖHE UND BREITE 3 m x 3 m und mehr, bei regelmäßigem Schnitt auch kleiner.

SCHNITT

■ Dünnen Sie im Winter zu dicht stehende und beschädigte Zweige oder Äste im Inneren der Pflanze aus.

■ Bringen Sie die Pflanze nach der Blüte bei Bedarf in eine schöne Form.

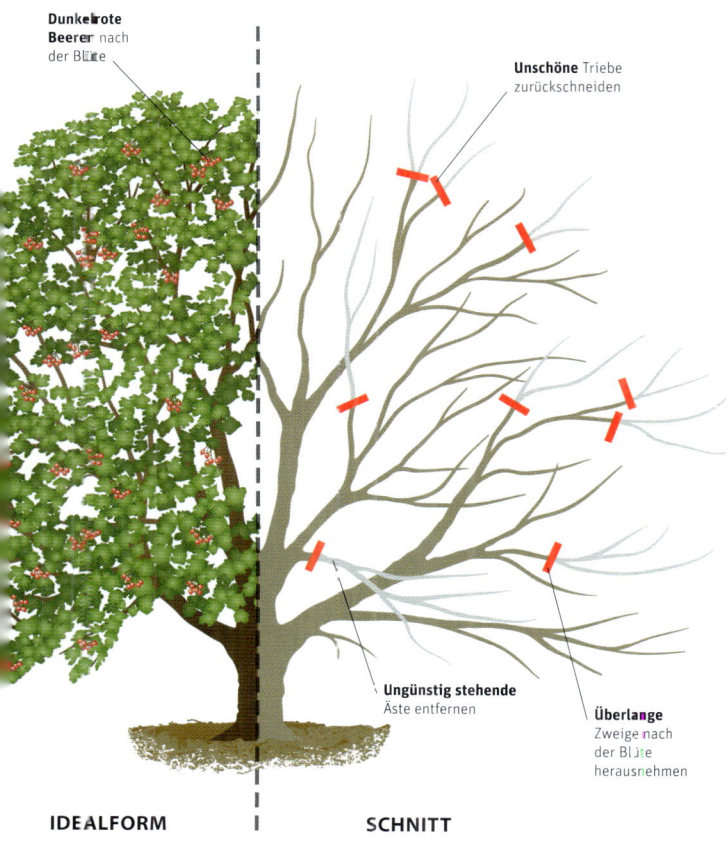

Dunkelrote Beeren nach der Blüte

Unschöne Triebe zurückschneiden

Ungünstig stehende Äste entfernen

Überlange Zweige nach der Blüte herausnehmen

IDEALFORM

SCHNITT

Cryptomeria *Sicheltanne*

IMMERGRÜNE KONIFEREN

■ **Schnitt: im Frühjahr mit dem Austrieb**

Cryptomeria japonica 'Cristata'

Sicheltannen gehören zu den wenigen Koniferen, die einen Schnitt gut vertragen – sie überstehen selbst einen radikalen Verjüngungsschnitt im Frühjahr. Manche Arten wachsen als schlanker Baum, andere bleiben wesentlich kompakter. Viele färben sich im Herbst als Reaktion auf die einsetzende Kälte kräftig bronzebraun; das normalerweise cremefarbene Laub der langsam wachsenden *C.* 'Sekka-sugi' dagegen wird weiß.

Im Handel sind Hunderte Sorten erhältlich. Manche tragen panaschiertes Laub, andere abgeflachte, wedelartige Zweige. Entfernen Sie untypischen Wuchs und alle Triebe, die den Gesamteindruck stören. Ungünstig wachsendes Holz kann aber auch mit Drähten so fixiert werden, dass es vorteilhafter steht. In Ausnahmefällen schneidet man große, außer Form geratene Exemplare im Frühjahr auf einen 60 cm hohen Stumpf zurück.

AUF EINEN BLICK

WUCHS Sehr variable Pflanzen: Manche wachsen zu sehr hohen Bäumen heran, andere bleiben kompakter und breitwüchsig.

WINTERHÄRTE Völlig winterhart.

HÖHE UND BREITE Bis 16 m x 5 m, einige bleiben allerdings wesentlich kleiner und erreichen höchstens 2 m.

SCHNITT

■ Schneiden Sie bei Bedarf im Frühjahr.

■ Sicheltannen reagieren gut auf einen Verjüngungsschnitt.

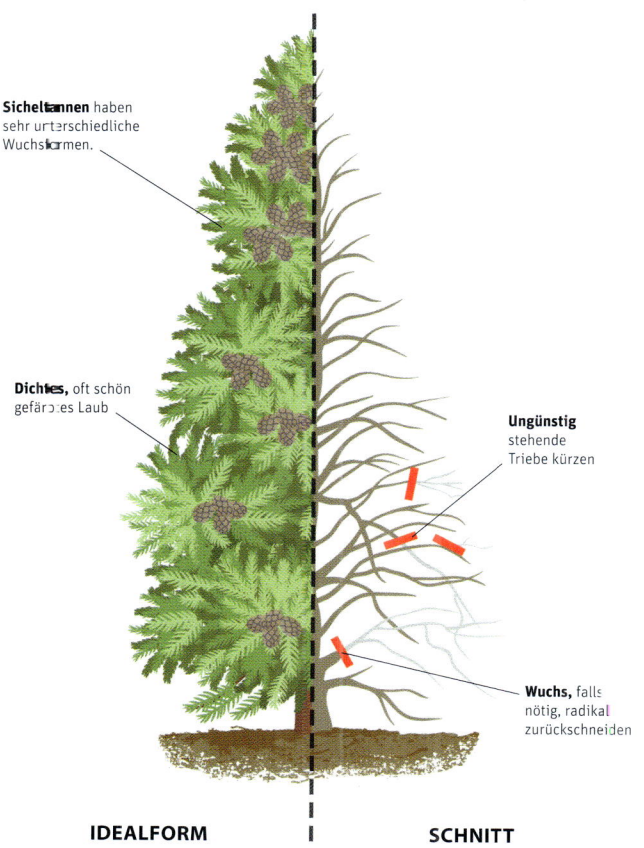

Sicheltannen haben sehr unterschiedliche Wuchsformen.

Dichtes, oft schön gefärbtes Laub

Ungünstig stehende Triebe kürzen

Wuchs, falls nötig, radikal zurückschneiden

IDEALFORM

SCHNITT

Cupressus *Zypresse*

IMMERGRÜNE KONIFEREN

■ **Schnitt: im späten Frühjahr**

Cupressus macro-carpa 'Goldcrest'

Zypressen wachsen meistens kegel- oder säulenförmig, einige Arten, wie die Monterey-Zypresse (*C. macrocarpa*), werden jedoch mit der Zeit ausladender. Sogar Sorten mit hübschem silberblauem oder goldgelbem Laub sind erhältlich: Die gleichmäßig wachsende Sorte *C. macrocarpa* 'Goldcrest' etwa treibt im Frühjahr besonders lebhaft gelbes Laub aus. Manche Arten, wie beispielsweise *C. cashmeriana*, fallen durch Äste mit hängenden Zweigen auf. Am besten kommen Zypressen als Solitäre, Heckenpflanzen oder Sichtschutz zur Geltung.

Bei Bedarf stutzt man Zweige im späten Frühjahr etwas, um den Austrieb frischen Laubs anzuregen, doch darf dabei nicht bis in älteres Holz zurückgeschnitten werden. Ein kräftiger Schnitt ist nicht ratsam – bestenfalls entfernt man noch totes Holz und bindet Zweige so an, dass sie die entstehenden Lücken schließen.

AUF EINEN BLICK

WUCHS Aufrechte, oft sehr schmal säulenförmige Koniferen.

WINTERHÄRTE Die meisten Zypressen sind nicht winterhart oder sogar frostempfindlich, einige kann man aber in milden Regionen, etwa Weinbaugegenden, kultivieren.

HÖHE UND BREITE Je nach Art 10 m x 4 m. Manche Sorten bleiben wesentlich kleiner.

SCHNITT
■ Schneiden Sie so wenig wie möglich. Bei Bedarf stutzt man die Pflanzen im späten Frühjahr leicht zurück.

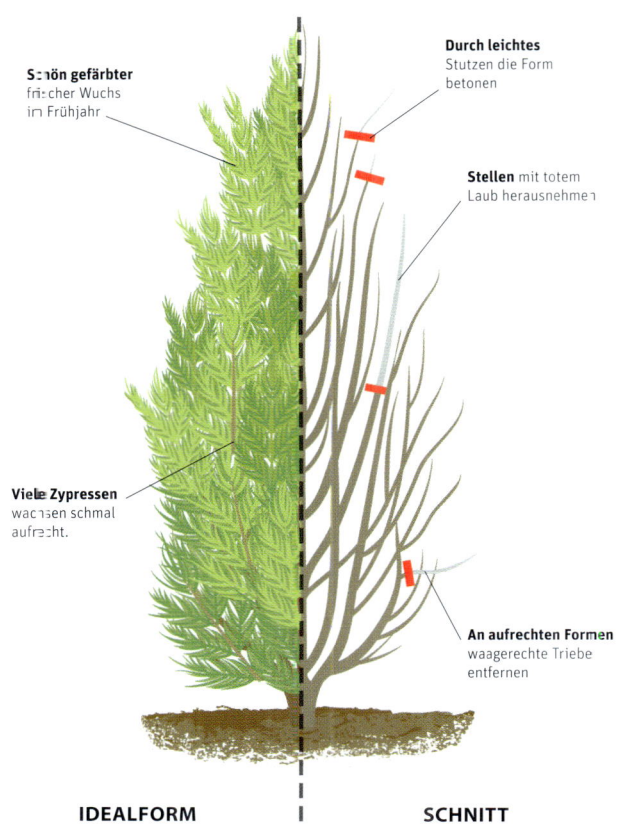

Schön gefärbter frischer Wuchs im Frühjahr

Durch leichtes Stutzen die Form betonen

Stellen mit totem Laub herausnehmen

Viele Zypressen wachsen schmal aufrecht.

An aufrechten Formen waagerechte Triebe entfernen

IDEALFORM | **SCHNITT**

Cytisus *Geißklee*

SOMMERGRÜNE STRÄUCHER ODER BÄUME

■ **Schnitt: im Sommer nach der Blüte**

Cytisus battandieri

Die meist kurzlebigen Sträucher unter den Geißklee-Arten sind echte Sonnenanbeter und werden gern in mediterranen Pflanzungen oder Heidegärten zum Einsatz gebracht. Viele zeichnen sich durch rutenartige Zweige aus, die im späten Frühjahr und Frühsommer dicht mit weißen, cremefarbenen, gelben oder roten Blüten besetzt sind. Ein jährlicher Rückschnitt begrenzt die Entstehung von kahlem Holz, verlängert die Lebensspanne der Pflanzen aber nicht. Ältere Exemplare ersetzt man daher am besten. Nach der Blüte wird Geißklee zurückgeschnitten, indem man die Triebe um bis zu zwei Drittel einkürzt. Der nachfolgend frisch austreibende Wuchs blüht dann im darauffolgenden Jahr.

In unseren Breiten wird meist der Besen-Ginster (*C. scoparius*) kultiviert, eine Heidepflanze, die im Mai und Juni goldgelb blüht und dreiteilige Blätter trägt. Nach der Blüte schneidet man ihn auf etwa 50 cm Höhe zurück.

AUF EINEN BLICK

WUCHS Lockere Sträucher mit dünnen Zweigen, die oft von unten her verkahlen.

WINTERHÄRTE Je nach Art völlig winterhart (z. B. *C. scoparius*) oder nur für milde Regionen und warme Standorte (*C. battandieri*) geeignet.

HÖHE UND BREITE 1,2 m x 1,2 m, in Einzelfällen auch größer.

SCHNITT
■ Ein radikaler Rückschnitt ist nicht erfolgreich, doch sollte man die Triebe jährlich stutzen, da frischer Wuchs besser blüht und schöneres Laub trägt.

Zahlreiche, gelbe, nach Ananas duftende Blüten (*C. battandieri*)

Frische Triebe anbinden bei Sträuchern, die an einer Wand gezogen werden

Abgeblühte Triebe kürzen

Lockerer Wuchs mit reichlich Neuaustrieb

Ältere Zweige, die schlecht blühen, herausnehmen

IDEALFORM

SCHNITT

Deutzia *Deutzie*
SOMMERGRÜNE STRÄUCHER
■ **Schnitt: im Frühjahr und Sommer**

Man sieht der Pflanze mit ihren hübschen, zarten, rosafarbenen oder weißen, im Frühjahr und Sommer erscheinenden Blüten nicht an, wie wüchsig und winterhart sie ist. Im Frühjahr schneidet man alle frostgeschädigten Triebe heraus und nach der Blüte kürzt man zusätzlich verblühte Triebe bis auf kräftige Knospen zurück. Das fördert einen buschigen Wuchs, kann aber zur Folge haben, dass die Pflanzen nach einigen Jahren in der Mitte übermäßig dicht werden.

Deutzia scabra

Da Deutzien bereitwillig neue Triebe aus dem Ansatz bilden, kann man jährlich im zeitigen Frühjahr einen Teil des älteren, blühschwächeren Holzes herausnehmen, indem man es bis zum Boden oder bis auf eine Knospe knapp darüber zurückschneidet. Entfernen Sie aber nicht zu viel älteren Wuchs auf einmal, denn die Pflanzen blühen am vorjährigen Holz.

AUF EINEN BLICK

WUCHS Sommergrüne Sträucher, die regelmäßig aus der Basis neu austreiben.

WINTERHÄRTE Überwiegend winterhart.

HÖHE UND BREITE 1,2 m x 1,2 m; manche Arten werden auch höher als breit, andere etwas ausladender.

SCHNITT

■ Man kann die Pflanze verjüngen, indem man gelegentlich älteren Wuchs entfernt, damit frische Triebe mehr Platz haben.

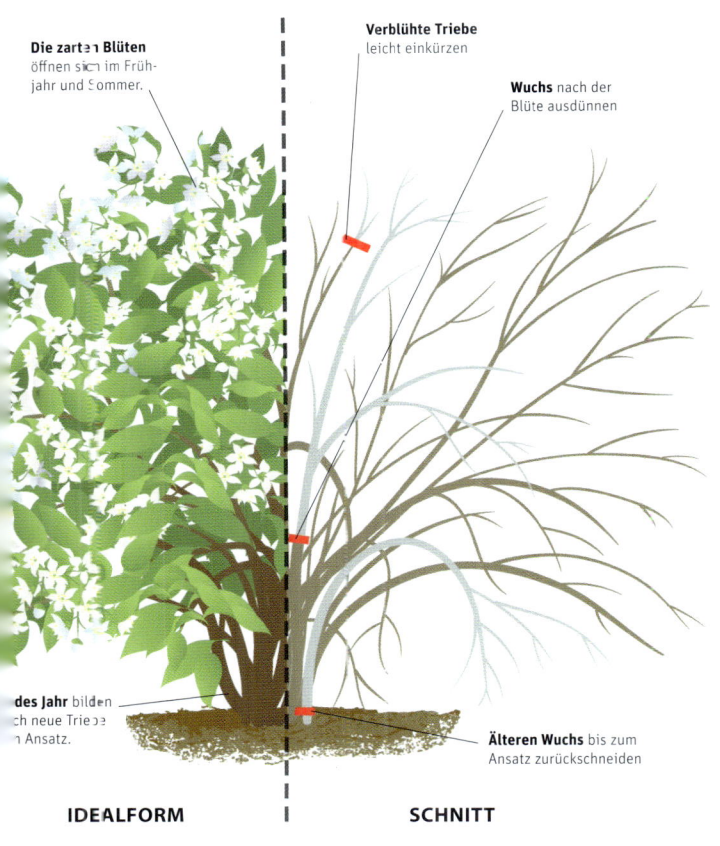

Die zarten Blüten
öffnen sich im Frühjahr und Sommer.

Verblühte Triebe
leicht einkürzen

Wuchs nach der
Blüte ausdünnen

des Jahr bilden
ch neue Triebe
n Ansatz.

Älteren Wuchs bis zum
Ansatz zurückschneiden

IDEALFORM

SCHNITT

Elaeagnus *Ölweide*
(1) SOMMERGRÜNE STRÄUCHER
■ Schnitt: im Früh- und Hochsommer nach der Blüte

Sommergrüne Ölweiden reifen zu großen, offenen, eleganten Sträuchern und mitunter sogar zu baumartigen Gehölzen mit ausladender Krone heran. Mit ihren kleinen, aber süß duftenden, im Frühsommer erscheinenden Blüten und dem silbrigen Laub leisten sie gute Dienste als Solitäre oder im Hintergrund von Rabatten. Die Stämme werden am Ansatz allmählich kahl.

Ölweiden entwickeln sich zu prächtigen Pflanzen. Man kann sie als mehrstämmige Sträucher wachsen lassen oder einstämmig erziehen. Die Krone wird allerdings ausladender, wenn der Strauch mehrere Stämme hat. Nach der Blüte werden die Pflanzen etwas gestutzt, damit sie ihre schöne Form behalten. Überkreuzte und verletzte Triebe werden entfernt, überlange gekürzt. Das gelingt im Winter bei kahlen Zweigen leichter, kann aber die Blüte beeinträchtigen.

Elaeagnus angustifolia 'Quicksilver'

■ AUF EINEN BLICK

WUCHS Ausladende Sträucher mit übergeneigten Zweigen; mit der Zeit baumartig werdend.

WINTERHÄRTE Die sommergrünen Arten sind völlig winterhart.

HÖHE UND BREITE Etwa 4 m x 4 m.

SCHNITT
■ Entfernen Sie gegebenenfalls nach der Blüte ungünstig stehende Triebe.

■ Die Pflanzen vertragen auch einen Verjüngungsschnitt.

■ Immergrüne Ölweiden siehe S. 168–169.

Silbrige Blätter an übergeneigten Zweigen

Triebe nach der Blüte kürzen, um eine schöne Form zu bewahren

Im Sommer trägt der Strauch kleine, sehr süß duftende Blüten.

Alten Wuchs stark zurückschneiden, um die Bildung von Ersatztrieben anzuregen

IDEALFORM

SCHNITT

Elaeagnus *Ölweide*

(2) IMMERGRÜNE STRÄUCHER

■ **Schnitt: in der Frühjahrsmitte und im Spätsommer**

Elaeagnus x ebbingei 'Gilt Edge'

Immergrüne Ölweiden haben zwar oft stark duftende Blüten, werden aber als Zierpflanzen vor allem wegen ihres Laubs kultiviert. Manche Formen tragen auffällig gerandete bzw. gezeichnete Blätter, andere silbriges Laub. Sie werden gern als Hecken gepflanzt, vor allem in küstennahen Gegenden, weil sie kräftige, salzige Winde gut tolerieren. Oft nutzt man sie auch, um ganzjährig Farbe und Leben in Rabatten zu bringen.

Stutzen Sie die Krone der Sträucher, falls nötig, einmal in der Frühjahrsmitte und einmal im Spätsommer leicht zurück – am besten mit der Gartenschere, um Schäden an den Blättern zu vermeiden. Ist der Schnitt mit der Heckenschere praktischer, etwa bei Hecken, arbeitet man an warmen, trockenen Tagen, damit die Schnitte gut heilen. Rein grüne Triebe an panaschierten Sorten sollten sobald wie möglich entfernt werden.

■ AUF EINEN BLICK

WUCHS Dichte immergrüne Sträucher.

WINTERHÄRTE Nur in milden Regionen ausreichend hart; ansonsten an einem warmen Standort ziehen und im Winter schützen.

HÖHE UND BREITE 3 m x 3 m, bei regelmäßigem Schnitt auch kleiner.

SCHNITT
■ Schneiden Sie die Büsche bei Bedarf zweimal jährlich. Allerdings muss man dann mit weniger Blüten rechnen.

■ Sommergrüne Ölweiden siehe S. 166–167.

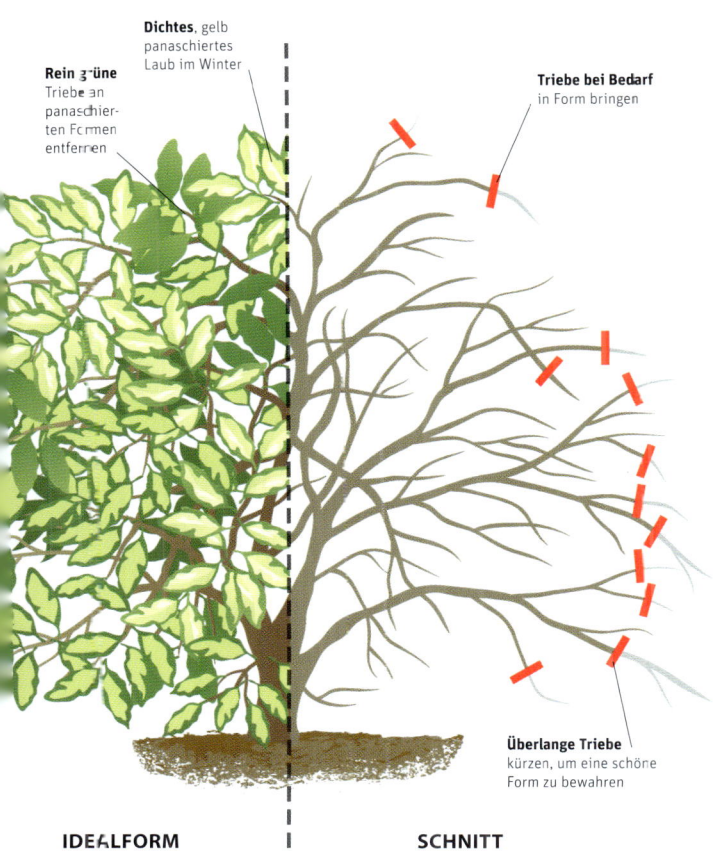

Rein grüne
Triebe an panaschierten Formen entfernen

Dichtes, gelb panaschiertes Laub im Winter

Triebe bei Bedarf in Form bringen

Überlange Triebe kürzen, um eine schöne Form zu bewahren

IDEALFORM

SCHNITT

Enkianthus *Prachtglocke*
SOMMERGRÜNE STRÄUCHER
■ **Schnitt: im Spätwinter und zeitigen Frühjahr**

Enkianthus deflexus

Prachtglocken sind mit den Rhododendren verwandt und haben auch ähnliche Ansprüche – vor allem, was den Boden betrifft, denn sie brauchen neutrale bis saure Erde. Sie wachsen ausladend, manchmal baumartig, und präsentieren ihre glockenförmigen, rein- bis cremeweißen, rosafarbenen oder roten Blüten vom Spätfrühling bis zum Hochsommer an letztjährigen Trieben. Das Laub nimmt vor dem Abfallen eine leuchtende Herbstfärbung an, die mitunter einen höheren Zierwert hat als der Flor.

Ein starker Schnitt ist nicht notwendig. Man muss nur im Spätwinter oder zeitigen Frühjahr dafür sorgen, dass ein ausgewogenes Astgerüst erhalten bleibt. Zu dicht gewordene oder unförmige Exemplare verjüngt man durch das Herausnehmen älterer Äste. Wüchsiges jüngeres Holz hingegen sollte nicht geschnitten werden. Beschädigte Zweige werden im Sommer entfernt.

AUF EINEN BLICK

WUCHS Offene, ausladende, oft baumartige Sträucher.

WINTERHÄRTE Manche Arten sind völlig winterhart, andere brauchen in rauen Lagen warme Standorte und Winterschutz. Je geschützter sie stehen, desto länger behalten sie ihr farbiges Herbstlaub.

HÖHE UND BREITE 2 m x 1,2 m, unter günstigen Bedingungen auch mehr.

SCHNITT
■ Die Pflanzen vertragen zwar einen Schnitt, man lässt sie aber besser möglichst ungehindert wachsen.

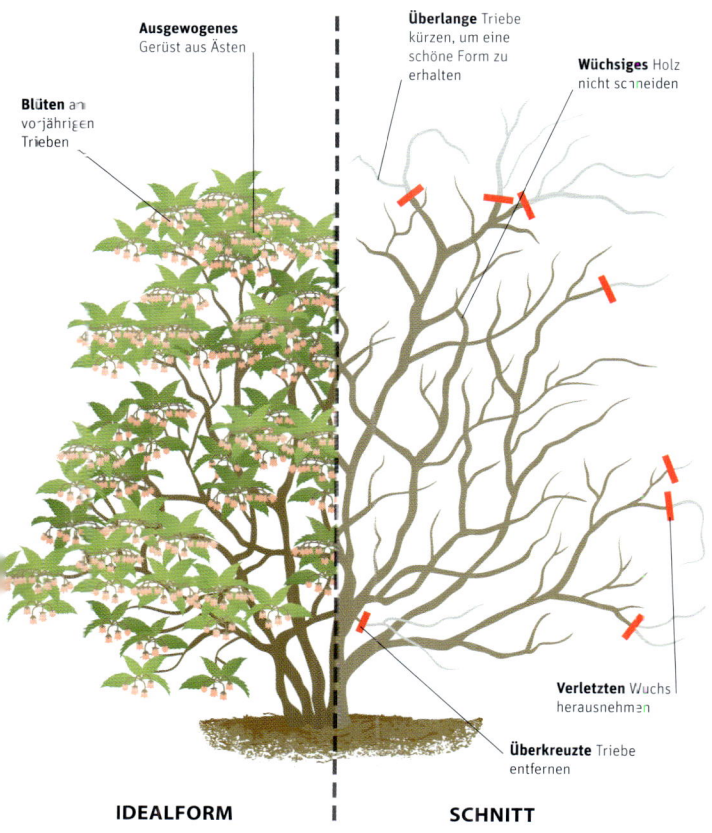

Ausgewogenes
Gerüst aus Ästen

Überlange Triebe
kürzen, um eine
schöne Form zu
erhalten

Wüchsiges Holz
nicht schneiden

Blüten an
vorjährigen
Trieben

Verletzten Wuchs
herausnehmen

Überkreuzte Triebe
entfernen

IDEALFORM

SCHNITT

Erica *Heide*

IMMERGRÜNE STRÄUCHER

■ **Schnitt: im Frühjahr oder Frühsommer nach der Blüte**

Erica carnea 'Springwood White'

Heide kann das ganze Jahr über Farbe in den Garten bringen. Je nach Art erscheinen im Winter, Frühjahr oder Sommer weiße, rosafarbene, rote oder violette Blüten. Manche Sorten bieten zudem gelbes oder orangefarbenes Laub. Viele sind auch ausgezeichnete Bodendecker für torfige, sandige Böden. Damit die Sträucher buschig bleiben, entfernt man den vorjährigen Wuchs größtenteils, ohne in kahles Holz zu schneiden. Im Sommer und Winter blühende Formen werden im zeitigen Frühjahr, im Frühjahr blühende im Frühsommer nach dem Flor geschnitten. Unschöne alte Exemplare ersetzt man.

Die Baum-Heide (*E. arborea*) wird als junge Pflanze geschnitten, damit sie einen buschigen Wuchs entwickelt. In den ersten zwei Jahren kürzt man die Triebe im Frühjahr um die Hälfte bis zwei Drittel, danach nur noch nach der Blüte.

AUF EINEN BLICK

WUCHS Struppige, mattenartige Bestände bildende oder aufrechte immergrüne Sträucher.

WINTERHÄRTE Überwiegend winterhart, einige Exoten sind empfindlich.

HÖHE UND BREITE Etwa 30 cm x 75 cm. Die Baum-Heide wird bis 3 m hoch, wächst aber schmaler.

SCHNITT

■ Entfernen Sie mit der Heckenschere einen Großteil des vorjährigen Wuchses.

■ An Baum-Heiden kürzt man den vorjährigen Wuchs um etwa die Hälfte.

■ Baum-Heiden reagieren gut auf Verjüngungsschnitte und treiben aus kahlen Trieben aus.

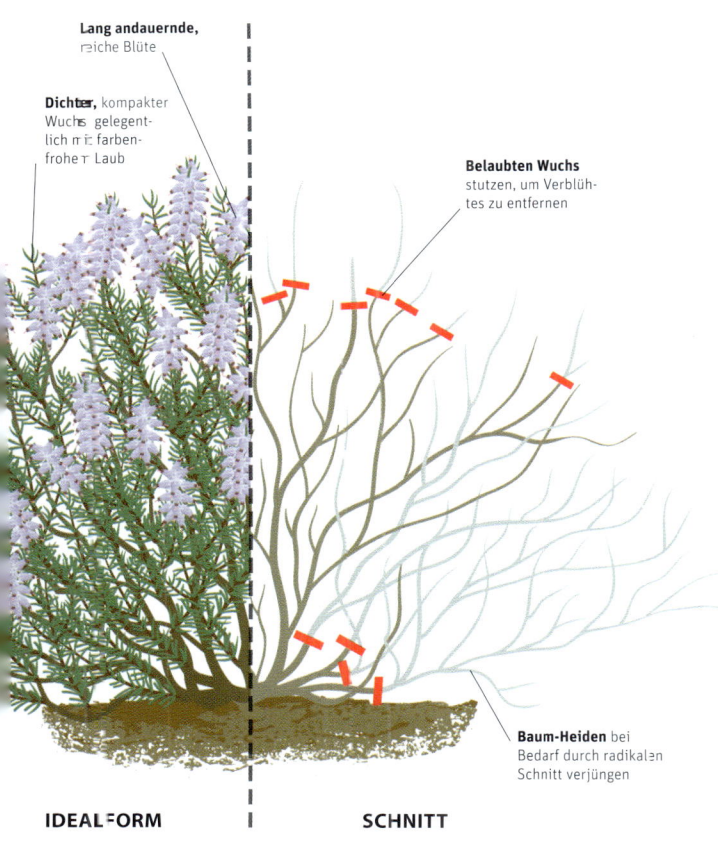

Lang andauernde, reiche Blüte

Dichter, kompakter Wuchs gelegentlich mit farbenfrohem Laub

Belaubten Wuchs stutzen, um Verblühtes zu entfernen

Baum-Heiden bei Bedarf durch radikalen Schnitt verjüngen

IDEALFORM

SCHNITT

Escallonia *Andenstrauch*

IMMERGRÜNE STRÄUCHER

■ **Schnitt: im Frühjahr und im Sommer nach der Blüte**

Escallonia
'Langleyensis'

Die immergrünen Sträucher entwickeln übergeneigte Triebe mit vielen, hübschen, weißen, rosafarbenen oder roten Blüten, die sich den ganzen Sommer und Herbst öffnen. Sie sind nicht winterhart und werden meist im Kübel gezogen. Einige Formen überstehen in milden Gegenden den Winter mit viel Schutz im Freiland.

Andensträucher gehören zu den wenigen Gehölzen, die in der zweiten Saisonhälfte blühen, ihren Flor aber nicht an neuem Wuchs, sondern an letztjährigen Trieben tragen. Daher beschränkt man den Schnitt im Frühjahr auf das Herausnehmen abgestorbener Zweige. Nach der Blüte dünnt man die Büsche aus, indem man alle abgeblühten Triebe entfernt, gegebenenfalls wieder eine gute Form herstellt und die Pflanze begrenzt, damit sie nicht zu groß wird. Den diesjährigen frischen Wuchs lässt man jedoch unangetastet – er kommt im nächsten Jahr zur Blüte.

AUF EINEN BLICK

WUCHS Kompakte immergrüne Sträucher, meist mit schönem Wuchs.

WINTERHÄRTE Keine Art ist völlig winterhart, einige wenige aber überleben in milden Regionen mit gutem Schutz draußen.

HÖHE UND BREITE Etwa 2 m x 2 m.

SCHNITT
■ Geschnitten wird in erster Linie, um verblühte Triebe zu entfernen und den schönen Wuchs der Sträucher zu erhalten.

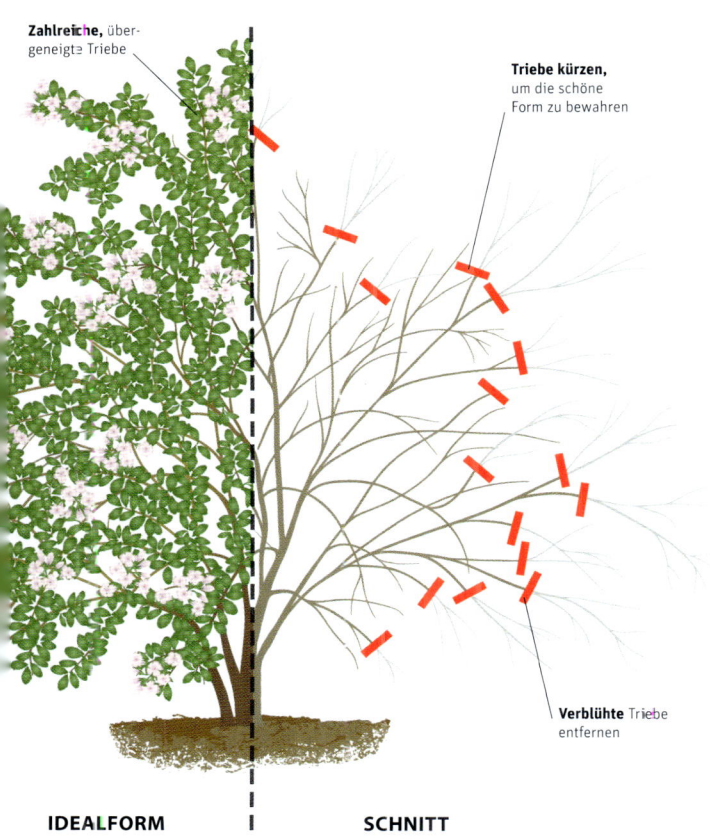

Zahlreiche, über-
geneigte Triebe

Triebe kürzen,
um die schöne
Form zu bewahren

Verblühte Triebe
entfernen

IDEALFORM

SCHNITT

Eucalyptus *Eukalyptus*

IMMERGRÜNE BÄUME ODER STRÄUCHER

■ **Schnitt: im zeitigen Frühjahr mit dem Austrieb**

Eucalyptus gunnii

Eukalyptus wachsen in ihrer Heimat zu großen, teilweise mehrstämmigen Bäumen heran. Sie werden überwiegend als Blattschmuckpflanzen gezogen, doch haben ältere Exemplare auch eine schöne Borke. Blüten sind nur in warmen Klimazonen zu erwarten. Einige wenige Arten halten bis −15 °C aus und eignen sich bei uns in milden Regionen als Freilandpflanze, die meisten aber müssen im Kübel gezogen und frostfrei überwintert werden.

E. gunnii lässt sich auf den Stock setzen oder kopfbaumähnlich ziehen, um seinen Wuchs zu begrenzen und das Laub zu erneuern, das mit der Zeit unansehnlich wird. Dazu schneidet man alle Triebe jährlich im Frühjahr bis zum Boden oder Stamm zurück. Die Gehölze treiben nach einem radikalen Schnitt oder einem Zurückfrieren bis zur Basis meist wieder gut aus. Weil der Stamm oft schief wächst, stützt man ihn nach dem Pflanzen eine Weile.

AUF EINEN BLICK

WUCHS Aufrechte, oft mehrstämmige Bäume oder Sträucher.

WINTERHÄRTE Keine Art ist in rauen mitteleuropäischen Lagen hart. Einige überstehen in milden Gegenden den Winter. Ältere Exemplare treiben nach dem Zurückfrieren oft wieder aus.

HÖHE UND BREITE Etwa 10 m x 6 m.

SCHNITT

■ Nehmen Sie verletzten Wuchs im Frühjahr heraus.

■ Das schönste Laub erhält man bei einem jährlichen Rückschnitt auf ein niedriges Gerüst.

■ Ältere Gehölze reagieren oft empfindlich auf einen Verjüngungsschnitt.

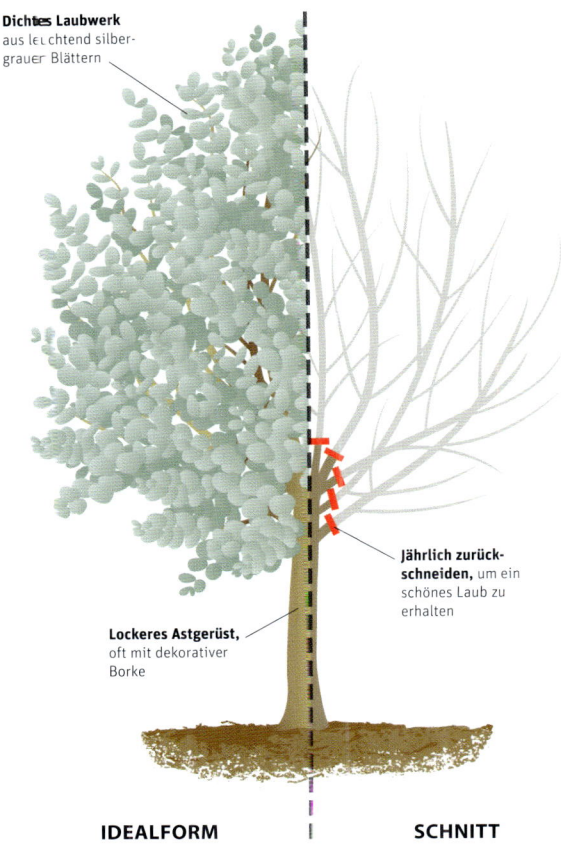

Dichtes Laubwerk
aus leuchtend silber-
grauer Blättern

**Jährlich zurück-
schneiden,** um ein
schönes Laub zu
erhalten

Lockeres Astgerüst,
oft mit dekorativer
Borke

IDEALFORM   **SCHNITT**

Eucryphia *Scheinulme*
IMMERGRÜNE BÄUME

■ **Schnitt: hauptsächlich im Frühjahr**

Eucryphia x *nymansensis* 'Nymansay'

Viele dieser immergrünen Bäume wachsen schmal aufrecht, und wenn sie mit ihrem weißen, überwiegend im Spätsommer geöffneten Flor übersät sind, bilden sie eindrucksvolle, leuchtende Blütensäulen. Keine *Eucryphia*-Art ist in unseren Breiten völlig winterhart, lediglich *E.* x *nymansensis* hält in milden Regionen an sehr geschützten Standorten aus. Die Sorte *E.* x *nymansensis* 'Nymansay' verträgt auch Kalkböden.

Scheinulmen müssen meist nur wenig geschnitten werden – in der Regel reicht es, frost- und windgeschädigte Triebe herauszunehmen, indem man sie im Frühjahr bis auf gesundes Holz zurückschneidet; die neuen Triebe wachsen anschließend aufrecht. Die Art *E. lucida* ist eine Ausnahme unter den Scheinulmen, da sie im Frühsommer an älteren Trieben blüht. Man bringt sie bei Bedarf nach dem Flor in Form.

■ **AUF EINEN BLICK**

WUCHS Imposante, für gewöhnlich schmal aufrechte, zum Teil recht wüchsige immergrüne Bäume.

WINTERHÄRTE Nicht winterhart und daher relativ selten in Kultur zu finden.

HÖHE UND BREITE Etwa 10 m x 3 m.

SCHNITT
■ Schneiden Sie Scheinulmen möglichst wenig.

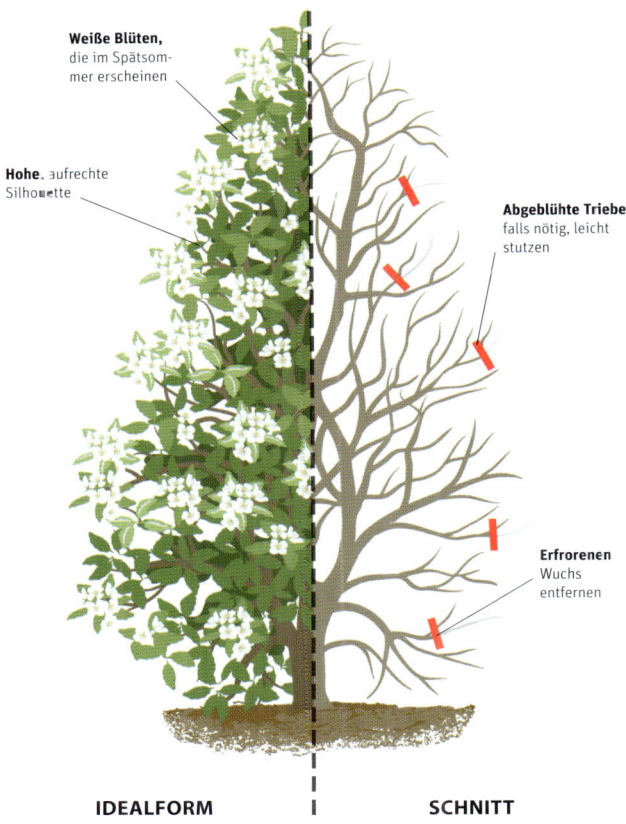

Weiße Blüten, die im Spätsommer erscheinen

Hohe, aufrechte Silhouette

Abgeblühte Triebe, falls nötig, leicht stutzen

Erfrorenen Wuchs entfernen

IDEALFORM

SCHNITT

Euonymus *Pfaffenhütchen*
(1) SOMMERGRÜNE STRÄUCHER
■ **Schnitt: im Spätwinter oder zeitigen Frühjahr**

Euonymus europaeus

Sommergrüne Pfaffenhütchen sind typische Herbststräucher – sie haben in dieser Zeit eine ansprechende Laubfärbung in Dunkelrot oder Violett und dekorative Früchte. Selbst im Winter bleiben sie dank ihrer Korkleisten an den Trieben auffällig. Unscheinbar dagegen sind die grünlich gelben Blüten, die sich im späten Frühjahr öffnen. Man setzt die Pflanzen oft in Kombination mit anderen Arten in Naturhecken, die Tiere anlocken sollen.

Die Sträucher wachsen oft langsam und müssen nicht viel geschnitten werden. Im Februar oder März dünnt man vor dem Austrieb zu dichten Wuchs aus. Ältere Zweige und Äste können bis zum Ansatz zurückgeschnitten werden, um die Mitte des Buschs auszulichten. Hecken werden im Juni oder Juli nach der Blüte gestutzt – am besten lediglich dort, wo es nötig ist, und nur mit der Gartenschere, um möglichst viel fruchtendes Holz zu bewahren.

AUF EINEN BLICK

WUCHS Langsam wachsende, ausladende, mitunter dichte Sträucher, die mit der Zeit sogar baumartig werden können.

WINTERHÄRTE Völlig winterhart.

HÖHE UND BREITE 2,5 m x 3 m, sofern der Strauch als Solitär kultiviert wird.

SCHNITT
■ Die schönste Form entwickeln die Sträucher, wenn ausschließlich alter und zu dicht stehender Wuchs entfernt wird.

■ Vernachlässigte Exemplare reagieren gut auf einen Verjüngungsschnitt.

■ Immergrüne *Euonymus:* siehe S. 182–183.

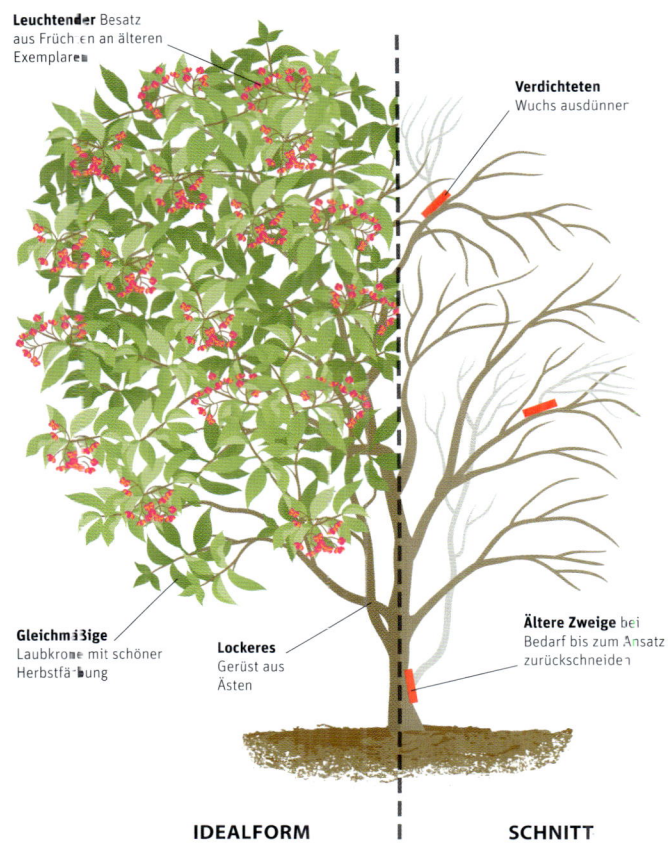

Leuchtender Besatz
aus Früchten an älteren
Exemplaren

Verdichteten
Wuchs ausdünnen

Gleichmäßige
Laubkrone mit schöner
Herbstfärbung

Lockeres
Gerüst aus
Ästen

Ältere Zweige bei
Bedarf bis zum Ansatz
zurückschneiden

IDEALFORM

SCHNITT

Euonymus
(2) IMMERGRÜNE STRÄUCHER
■ **Schnitt: im Frühjahr, bei Bedarf auch in der zweiten Sommerhälfte**

Euonymus fortunei 'Emerald 'n' Gold'

Immergrüne Pfaffenhütchen und vor allem ihre panaschierten Sorten haben als Blattschmuckpflanzen einen festen Platz in Ziergärten. Manche wachsen niederliegend und dienen als Bodendecker oder niedrige Einfassungen, ein Formschnitt ist allerdings nicht möglich. Andere, etwa *E. japonicus*, wachsen aufrechter und lassen sich als Zaunhecken einsetzen.

Durch einen leichten Schnitt im Frühjahr und noch einmal in der zweiten Sommerhälfte erhält man ihren schönen Wuchs. Ferner sollten rein grüne Triebe aus panaschierten Sorten regelmäßig herausgenommen werden. Manche Sorten eignen sich für eine zwanglose Erziehung an Mauern, etwa *E. fortunei* 'Silver Queen'. Der niedrige Strauch gehört zu den besten Pfaffenhütchen. Ältere Pflanzen an Mauern werden von überlangen Seitentrieben befreit. Panaschierte Sträucher vertragen nicht immer einen Verjüngungsschnitt.

Rein grüne Triebe an panaschierten Pflanzen entfernen

Niederliegende bis aufsteigende oder aufrechte Triebe

IDEALFORM

AUF EINEN BLICK

WUCHS Niederliegende bis aufrechte, meist dichte, kompakte Sträucher.

WINTERHÄRTE Überwiegend winterhart. Bei manchen Arten kann das Laub durch starke Fröste in Mitleidenschaft gezogen werden, es erholt sich aber wieder.

HÖHE UND BREITE 1 m x 1,2 m.

SCHNITT

■ Schneiden Sie rein grüne Triebe bei panaschierten Sorten zurück.

■ Stutzen Sie die Pflanzen ggf. während der Vegetationsperiode etwas zurück.

■ An einer Wand gezogene Sträucher befreit man von überlangen Trieben.

■ Sommergrüne *Euonymus* siehe S. 180–181.

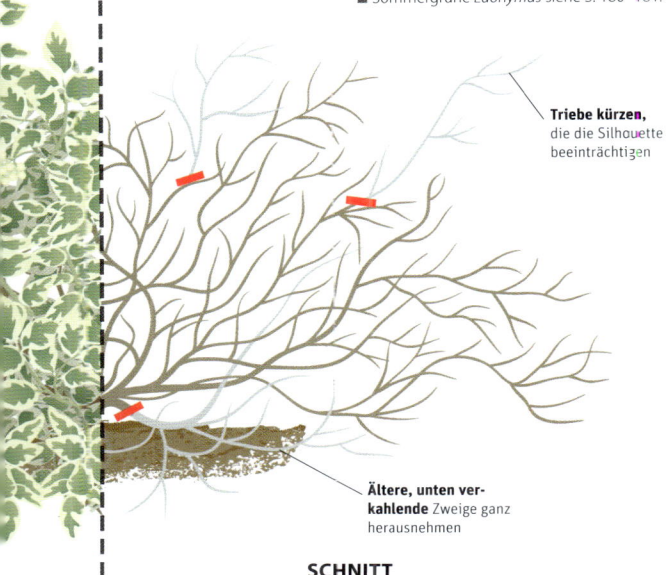

Triebe kürzen,
die die Silhouette
beeinträchtigen

**Ältere, unten ver-
kahlende** Zweige ganz
herausnehmen

SCHNITT

Euphorbia *Wolfsmilch*
STRÄUCHER, STAUDEN, EINJÄHRIGE
■ Schnitt: im Hochsommer nach dem Verblühen

Euphorbia characias subsp. *wulfenii* 'John Tomlinson'

Zur Wolfsmilch-Gattung zählen über tausend Arten unterschiedlichster Gestalt. Die meisten bei uns kultivierten Euphorbien tragen weiche oder fleischige Triebe und müssen kaum geschnitten werden. Besonders beliebt ist die variable, an der Basis verholzende immergrüne Palisaden-Wolfsmilch (*E. characias*). Ihre großen Blütenstände mit den grünlich gelben Scheinblüten zeigen sich im Frühjahr und Frühsommer viele Wochen lang. Weil der Halbstrauch nur Temperaturen bis etwa –15 °C verträgt, braucht er in Gegenden mit strengen Wintern geschützte Standorte, etwa vor einer warmen Mauer. Im Hochsommer werden verblühte Triebe bis fast zum Ansatz zurückgeschnitten – die Blütentriebe für das nächste Jahr stehen schon bereit. Tragen Sie Handschuhe, denn der Milchsaft verursacht Hautausschläge.

AUF EINEN BLICK

WUCHS Große Gattung mit Sträuchern, Stauden und sogar kakteenartigen Sukkulenten.

WINTERHÄRTE Viele sind winterhart. Empfindlichere Arten können vor einer warmen Mauer oder im Kübel kultiviert werden.

HÖHE UND BREITE 1,2 m x 1,2 m bei *E. characias*.

SCHNITT

■ An winterharten Halbsträuchern wie *E. characias* entfernt man jährlich älteren Wuchs.

■ Andere Arten müssen kaum geschnitten werden – ein leichtes Stutzen nach der Blüte reicht.

■ Schützen Sie beim Schnitt Augen und Haut.

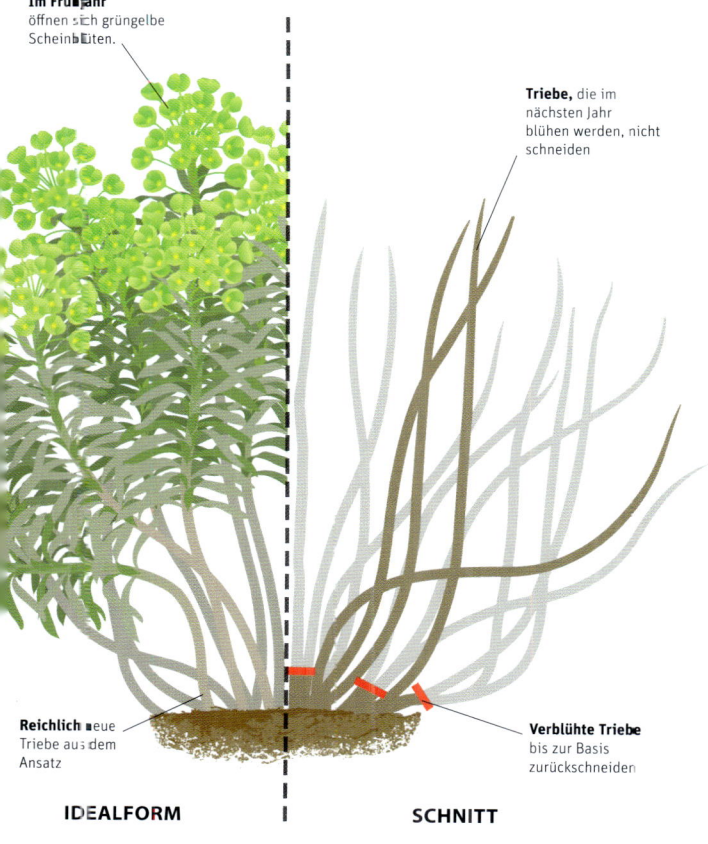

Im Frühjahr öffnen sich grüngelbe Scheinblüten.

Triebe, die im nächsten Jahr blühen werden, nicht schneiden

Reichlich neue Triebe aus dem Ansatz

Verblühte Triebe bis zur Basis zurückschneiden

IDEALFORM

SCHNITT

Fagus *Buche*
SOMMERGRÜNE BÄUME
■ **Schnitt: im Winter oder im Hochsommer**

Fagus sylvatica
'Tortuosa'

Buchen entwickeln bemerkenswert unterschiedliche Silhouetten. Viele von ihnen reifen zu stattlichen, ausladenden Gehölzen heran, doch findet man auch Säulen- oder Trauerformen; manche tragen außerdem gelbe oder violettrote Blätter. Alle Arten und Sorten entwickeln eine schöne Herbstfärbung. Weil sie gut auf einen Schnitt reagieren, werden sie oft als langsam wachsende Hecke gezogen – sogar zu einem mauerartigen, hohen Wall lassen sie sich erziehen.

Geschnitten wird entweder während der Vegetationsruhe im Winter oder aber im Hochsommer. Trauerformen befreit man von überlangen, bis zum Boden hängenden Zweigen, indem man diese auf eine nach außen zeigende Knospe weiter oben zurückschneidet, da sie sonst einwurzeln. Hecken stutzt man im Winter und Hochsommer, notfalls auch zu anderen Zeiten.

 AUF EINEN BLICK

WUCHS Langsam wachsende Bäume mit hängenden, ausgebreiteten oder aufrechten Zweigen.

WINTERHÄRTE Völlig winterhart.

HÖHE UND BREITE Bis 13 m x 13 m; manche Sorten bleiben wesentlich kleiner.

SCHNITT
■ Schneiden Sie die Bäume nur, um ihre Form zu bewahren, und setzen Sie die Schere oder Säge ansonsten so wenig wie möglich an.

■ Hecken können ganzjährig in Form gebracht werden.

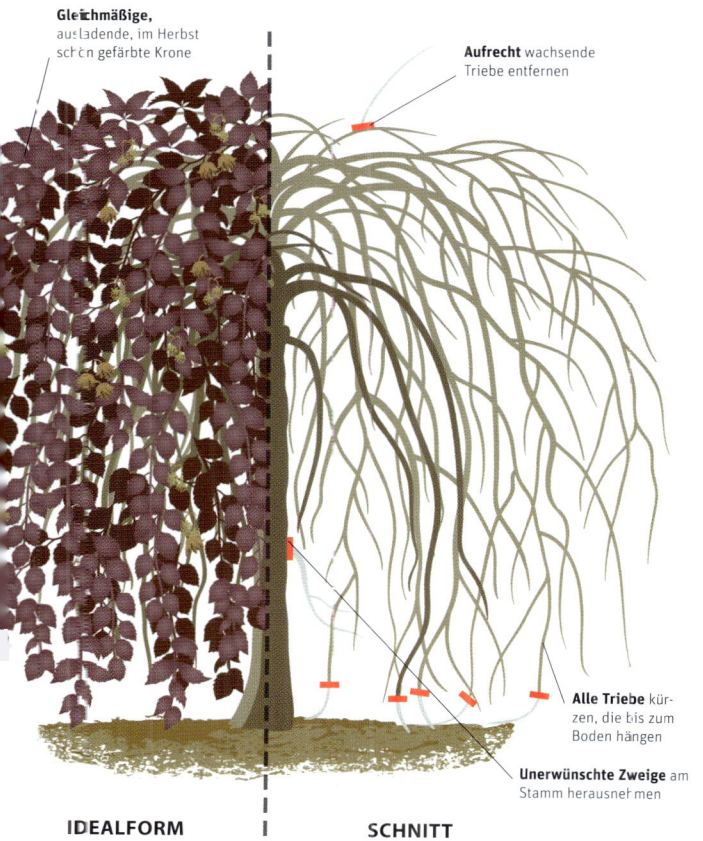

Gleichmäßige, ausladende, im Herbst schön gefärbte Krone

Aufrecht wachsende Triebe entfernen

Alle Triebe kürzen, die bis zum Boden hängen

Unerwünschte Zweige am Stamm herausnehmen

IDEALFORM

SCHNITT

Fatsia *Fatsie, Zimmeraralie*
IMMERGRÜNE STRÄUCHER

■ **Schnitt: im Mai, wenn keine Fröste mehr drohen**

Fatsia japonica

Mit ihren großen, glänzenden, handförmig geteilten Blättern und den Rispen aus weißen, im Herbst geöffneten Blüten bringen Fatsien Tropenflair in Gärten. Weil sie nur bis −10 °C aushalten, werden sie meist als Zimmerpflanzen gezogen, dabei überstehen sie in milden Regionen den Winter durchaus im Freien, sofern man sie geschützt vor einer schattigen Mauer zieht. Bei längerer Kälte können sie aber ihr Laub abwerfen.

Ein Schnitt ist selten nötig, falls man aber doch die Schere ansetzen will, entfernt man besser gleich ganze Triebe, statt sie nur zu kürzen. Im Mai und Juni nimmt man erfrorenen Wuchs heraus. Was die schöne Form stört, wird ebenfalls entfernt. In milden Regionen wird mitunter die Efeuaralie (x *Fatshedera*) als an der Wand gezogener Strauch oder als Bodendecker genutzt.

 AUF EINEN BLICK

WUCHS Elegante, immergrüne Strukturpflanzen.

WINTERHÄRTE Die Pflanzen brauchen mildes Klima und geschützte Standorte.

HÖHE UND BREITE 2–3 m in beide Richtungen.

SCHNITT
■ Nehmen Sie frostgeschädigten Wuchs heraus.

■ Entfernen Sie ungünstig stehende Triebe.

■ Verjüngt wird die Pflanze, indem man nur alte Zweige herausnimmt und jüngere, wüchsigere stehen lässt.

Im Herbst erscheinende Blütenrispen

Überlange Triebe bis zum Ansatz zurückschneiden

Große, glänzende Blätter

Alte oder ungünstig stehende Zweige einkürzen

IDEALFORM

SCHNITT

Ficus *Feige, Gummibaum*

IMMERGRÜNE BÄUME (SOMMERGRÜNE SIEHE S. 452–453)

■ Schnitt: während des Wachstums

Ficus elastica
'Doescheri'

Neben der als Obstbaum gezogenen Echten Feige (*F. carica*, siehe S. 452–453) gibt es eine Reihe tropischer immergrüner Gummibäume, die als Zimmerpflanzen sehr verbreitet sind, allen voran die Benjamin-Feige (*F. benjamina*) und der Gummibaum (*F. elastica*). In ihrer Heimat reifen sie zu großen Gehölzen heran, in Töpfen dagegen wachsen sie langsamer und bleiben wesentlich kleiner. Von beiden sind panaschierte Formen erhältlich, die noch schwächer wachsen als Arten mit rein grünem Laub.

Damit Topfpflanzen nicht zu groß geraten, schneidet man sie im Frühjahr und Sommer, indem man ihre Triebe kürzt. Absterbende Triebe der Benjamin-Feige werden entfernt. Genauso kann *F. lyrata* behandelt werden. Nach dem Schnitt erholen sich die Pflanzen in der Regel wieder, wenn sie gut gedüngt und gegossen werden. Überlange Triebe von *F. repens* werden bei Bedarf gekürzt.

AUF EINEN BLICK

WUCHS Oft wüchsige, in ihrer natürlichen Umgebung große immergrüne Gehölze.

WINTERHÄRTE Die erwähnten Feigen vertragen mit Ausnahme von *F. carica* keinen Frost und werden daher im Haus kultiviert.

HÖHE UND BREITE Als Zimmerpflanzen etwa 2 m x 1,2 m, in freier Natur viel größer.

SCHNITT
■ Schneiden Sie nur, um die Pflanzen in ihrer Größe zu begrenzen und abgestorbenes bzw. beschädigtes Material zu entfernen.

Große, glänzende, ledrige Blätter

Triebe bei zu groß gewordenen Pflanzen kürzen

Totes Holz entfernen

Aus der Reihe tanzende Triebe einkürzen

IDEALFORM

SCHNITT

Forsythia *Forsythie*
SOMMERGRÜNE STRÄUCHER

■ **Schnitt: in der zweiten Frühjahrshälfte nach der Blüte**

Forsythia x inter-media 'Lynwood'

Im Frühjahr bringen die noch unbelaubten, über und über mit strahlend gelben Blüten besetzten Triebe der Forsythien Farbe und Licht in jeden Garten. Leider sind sie den Rest des Jahres eher unförmige Sträucher mit struppigem Wuchs und haben nur noch wenig zu bieten.

Sie reagieren gut auf einen regelmäßigen Schnitt. Man setzt die Schere am besten gleich nach der Blüte an, bevor das Laub erscheint. Verblühte Triebe kürzt man um ein Drittel oder die Hälfte ein – wenn der Strauch verkleinert werden soll, auch noch mehr. Eine ausgewogene Silhouette erreicht man durch ein leichtes Zurückstutzen besonders wüchsiger Zweige; schwächere Zweige hingegen kann man radikaler kürzen. Schneiden Sie ältere verdickte Zweige bis zum Ansatz zurück, vor allem, wenn der untere Teil des Strauchs verkahlt ist. Den Rest kann man ausdünnen, falls nötig.

AUF EINEN BLICK

WUCHS Aufrechte bis übergeneigte, manchmal unförmige, sparrige Sträucher.

WINTERHÄRTE Völlig winterhart.

HÖHE UND BREITE Etwa 3 m x 3 m; einige Formen bleiben kompakter.

SCHNITT
■ Mit einem jährlichen Schnitt lässt sich die Größe begrenzen und die Silhouette verbessern.

■ Kürzen Sie verblühte Triebe ein.

■ Ein Verjüngungsschnitt ist in der Regel erfolgreich.

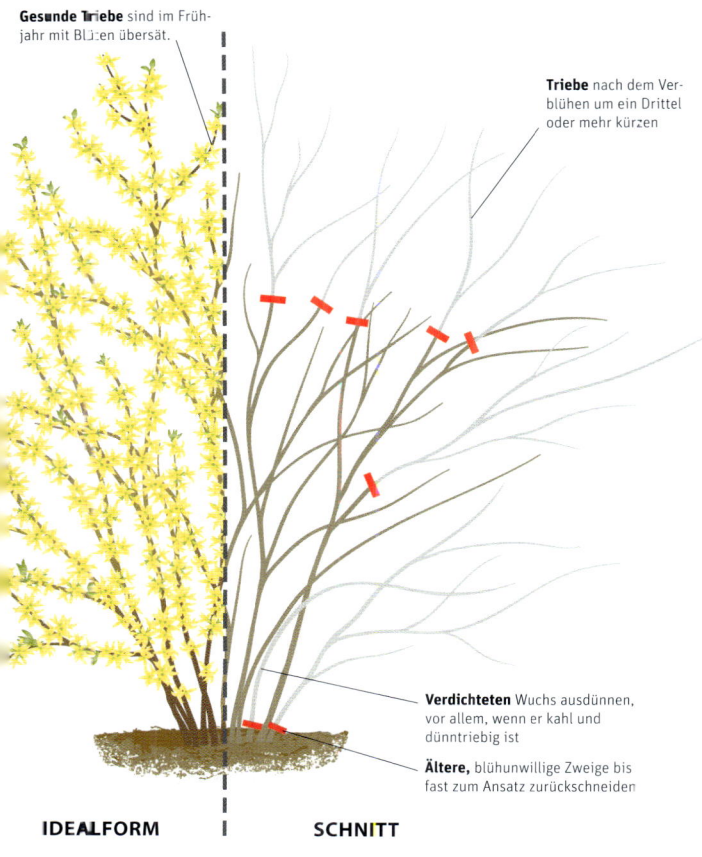

Gesunde Triebe sind im Frühjahr mit Blüten übersät.

Triebe nach dem Verblühen um ein Drittel oder mehr kürzen

Verdichteten Wuchs ausdünnen, vor allem, wenn er kahl und dünntriebig ist

Ältere, blühunwillige Zweige bis fast zum Ansatz zurückschneiden

IDEALFORM

SCHNITT

Fothergilla *Federbuschstrauch*
SOMMERGRÜNE STRÄUCHER
■ **Schnitt: im Frühjahr gleich nach der Blüte**

Fothergilla major

Man schätzt die langsam wachsenden Sträucher wegen ihrer vor oder mit dem Laubaustrieb erscheinenden, flaschenbürstenähnlichen, weißen Blütenähren, die durch lange, gelegentlich rosa überhauchte Staubblätter auffallen. Ein Erlebnis ist die spektakuläre Herbstfärbung, die wie die Blüte in der Sonne am schönsten ausfällt. Die Pflanzen sind generell winterhart, in rauen Lagen sollten sie aber geschützt stehen. Sie brauchen saure Böden.

Den Schnitt beschränkt man auf ein Mindestmaß. Bei Bedarf schneidet man verletzte Triebe im Frühjahr direkt nach der Blüte bis auf kräftige, nach außen zeigende Knospen zurück. Überkreuzte, aneinanderreibende, schwache und ungesunde Triebe im Inneren des Strauchs werden entfernt. Ansonsten lässt man Federbuschsträucher ungehindert wachsen, damit sie ihre schöne Form entwickeln können.

AUF EINEN BLICK

WUCHS Langsam wachsende, runde, sommergrüne Sträucher mit dünnen Trieben.

WINTERHÄRTE Winterhart; nur in kalten Regionen ist Winterschutz, z. B. in Form einer Mulchschicht auf dem Wurzelraum, ratsam.

HÖHE UND BREITE Etwa 1,2 m x 1,2 m.

SCHNITT
■ Schneiden Sie möglichst wenig.

■ Entfernen Sie beschädigte Triebe im Frühjahr.

■ Einen Verjüngungsschnitt führt man nur durch, wenn es unbedingt sein muss; zudem verteilt man ihn über zwei, drei Jahre.

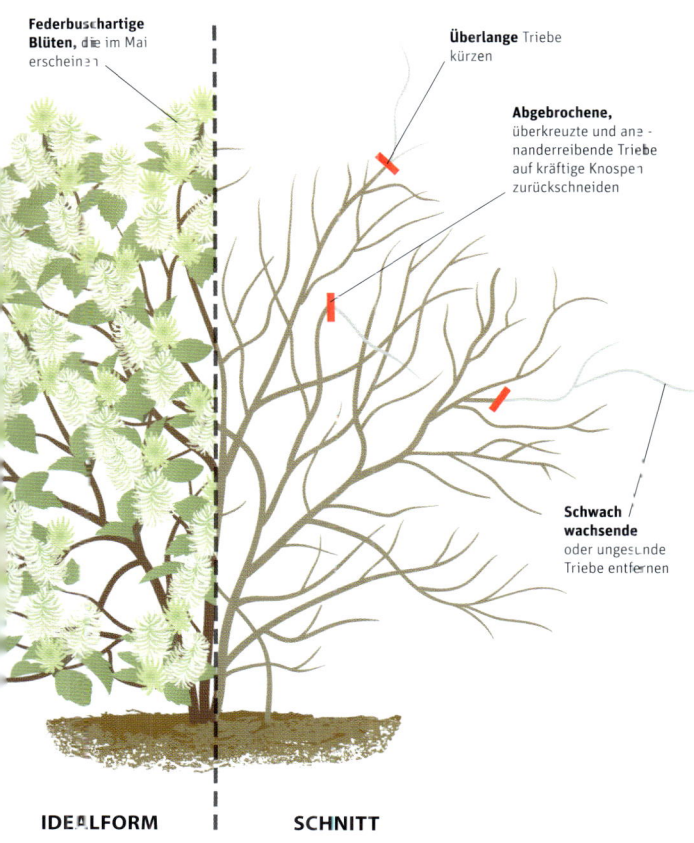

Federbuschartige Blüten, die im Mai erscheinen

Überlange Triebe kürzen

Abgebrochene, überkreuzte und aneinanderreibende Triebe auf kräftige Knospen zurückschneiden

Schwach wachsende oder ungesunde Triebe entfernen

IDEALFORM

SCHNITT

Fremontodendron *Flanellstrauch*

IMMERGRÜNE STRÄUCHER

■ **Schnitt: im Sommer gleich nach der Blüte**

Fremontodendron 'California Glory'

Einige Wochen lang sind diese aufrecht wachsenden Sträucher im Sommer dicht mit leuchtend gelben Blüten übersät, und selbst danach öffnet sich vereinzelt immer neuer Flor. Weil die Pflanzen nur leichten Frost vertragen, werden sie in Kübeln kultiviert und im Haus überwintert. In der warmen Jahreszeit stellt man sie draußen an einen warmen, regengeschützten Standort.

Flanellsträucher sollten nur vorsichtig geschnitten werden. Zum einen vertragen sie keinen radikalen Rückschnitt, zum anderen sind ihre Triebe mit hautreizenden Borsten besetzt, weshalb man Gartenhandschuhe und gegebenenfalls einen Mundschutz tragen sollte. Nach dem Verblühen werden ungünstig stehende Zweige zurückgeschnitten. Zudem lichtet man zu dicht gewordenen Wuchs aus, lässt dabei aber die jüngeren, wüchsigeren Triebe stehen.

AUF EINEN BLICK

WUCHS Sparrige, dicht verzweigte Sträucher, oft mit einem Hauptstamm.

WINTERHÄRTE Nicht winterhart; muss in Kübeln gezogen und im Haus überwintert werden.

HÖHE UND BREITE 5 m x 3 m; in warmen Klimazonen auch höher.

SCHNITT

■ Zieht man den Strauch an einer Stütze, wird er so geschnitten, dass er die Stütze möglichst dicht bedeckt.

■ Schneiden Sie verblühte Triebe im Sommer zurück.

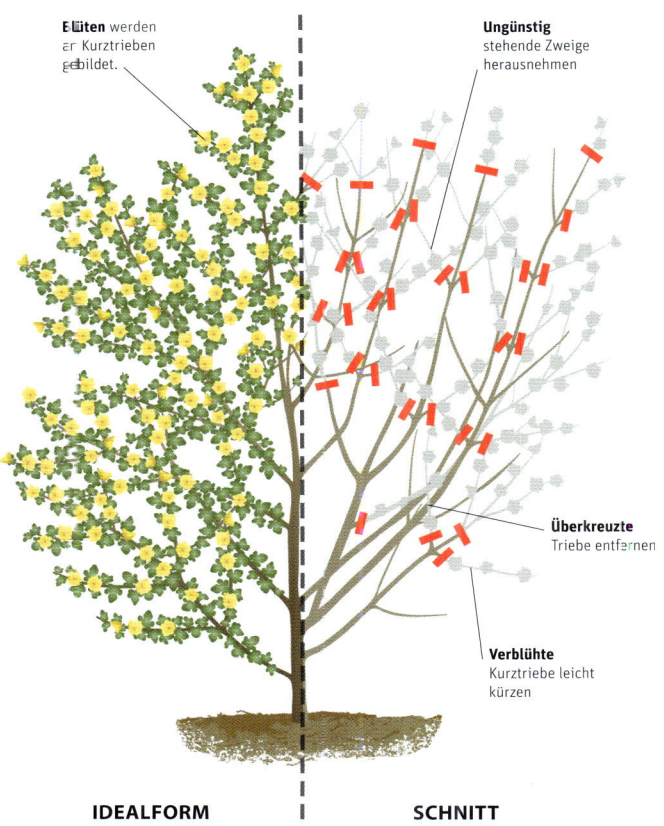

Blüten werden an Kurztrieben gebildet.

Ungünstig stehende Zweige herausnehmen

Überkreuzte Triebe entfernen

Verblühte Kurztriebe leicht kürzen

IDEALFORM

SCHNITT

Fuchsia *Fuchsie*

FREILANDARTEN

■ **Schnitt: im Frühjahr und, falls nötig, im Herbst**

Fuchsia magellanica var. molinae

Alle Fuchsien eignen sich hervorragend für die Kultur in Kübeln; Freilandfuchsien aber können zudem auch als Rabattenpflanzen, an der Wand gezogene Sträucher oder in milden Gegenden sogar als Hecken verwendet werden. Allerdings sind sie nicht immergrün und frieren in strengen Wintern oft bis zum Boden zurück, sie treiben aber im Frühjahr aus der Strauchbasis wieder aus. Als Winterschutz deckt man den Wurzelraum gut mit Laub oder Ähnlichem ab, auch der zurückgefrorene Wuchs der Fuchsie selbst schützt die Pflanze im Winter.

Im Frühjahr wird der gesamte abgestorbene Wuchs bis zum Ansatz zurückgeschnitten. Die Pflanze treibt dann wieder neu aus. Bevorzugt man eine kompakte Form, kürzt man frische Triebe um bis zu zwei Drittel ein oder kneift zumindest ihre Spitzen aus. Die winterhärteste Art ist *F. magellanica*.

AUF EINEN BLICK

WUCHS Sträucher mit dünnen, hohen übergeneigten Trieben, die sich aus der Basis entwickeln.

WINTERHÄRTE Die härtesten Arten und Sorten vertragen fast −20 °C, verlieren in strengen Wintern aber ihren oberirdischen Wuchs.

HÖHE UND BREITE 2 m x 2 m.

SCHNITT
■ Schneiden Sie die Sträucher jährlich im Frühjahr entweder bis zum Boden oder auf ein niedriges Gerüst zurück.

■ Für einen kompakteren Wuchs kürzen Sie neue Triebe ein oder kneifen die Spitzen aus.

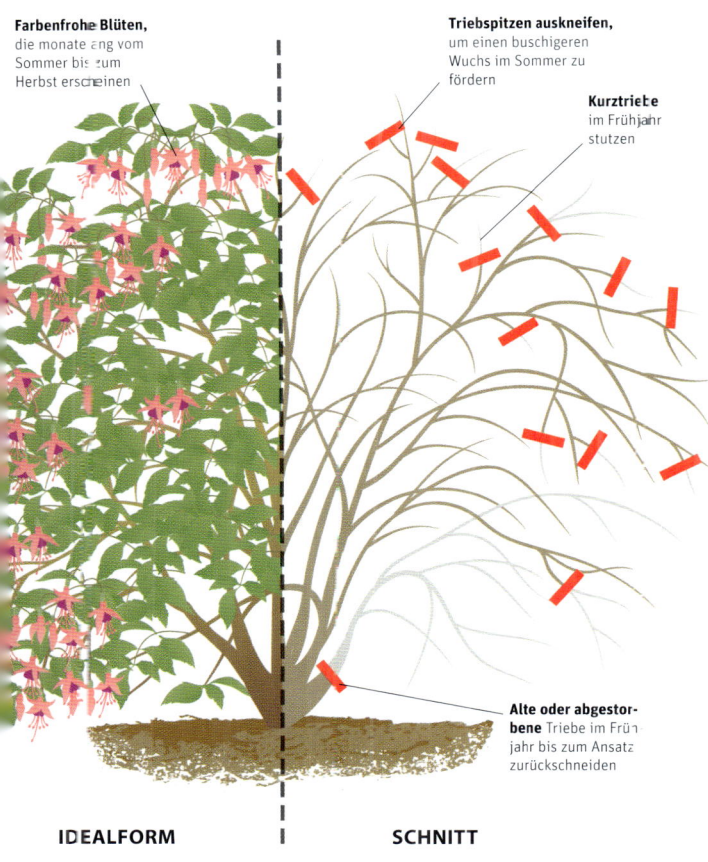

Farbenfrohe Blüten, die monate lang vom Sommer bis zum Herbst erscheinen

Triebspitzen auskneifen, um einen buschigeren Wuchs im Sommer zu fördern

Kurztriebe im Frühjahr stutzen

Alte oder abgestorbene Triebe im Frühjahr bis zum Ansatz zurückschneiden

IDEALFORM

SCHNITT

Garrya *Becherkätzchen*
IMMERGRÜNE STRÄUCHER
■ **Schnitt: im Frühjahr nach der Blüte**

Garrya elliptica

Becherkätzchen sind zweihäusig: Männliche Exemplare tragen an den Triebspitzen graugrüne Blüten in langen, hängenden Kätzchen, die bereits im Winter erscheinen und bis in das Frühjahr hinein erhalten bleiben. Die Blütenstände von weiblichen Pflanzen sind dagegen unauffälliger. Man kann die Pflanzen als Solitäre oder in Strauchrabatten kultivieren. An Mauern gezogen tut ihnen die Wärme gut.

Frei stehende Exemplare schneidet man kaum, das Entfernen frostgeschädigter Triebe reicht völlig. Vor einer Mauer bindet man einige Äste an und lässt neue Triebe nach vorne überhängen, damit eine natürliche Struktur entsteht. Im zeitigen Frühjahr werden zu dicht stehende und ungünstig wachsende Triebe entfernt. Anfangs aufrecht wachsende neue Triebe werden meist durch das Gewicht der Blüten nach unten gebogen.

AUF EINEN BLICK

WUCHS Immergrüne Sträucher, die während der Blüte im Spätwinter sehr elegant aussehen.

WINTERHÄRTE Nicht winterhart, nur in milden Gegenden freilandtauglich. *G. elliptica* hält bis ca. −10 °C, *C. fremontii* bis etwa −15 °C aus.

HÖHE UND BREITE 3 m x 3 m.

SCHNITT

■ Schneiden Sie nur, um die natürliche Form zu erhalten und geschädigte Triebe zu entfernen.

■ Wenn die Kätzchen im Frühjahr welken, stutzt man die Pflanzen etwas zurück.

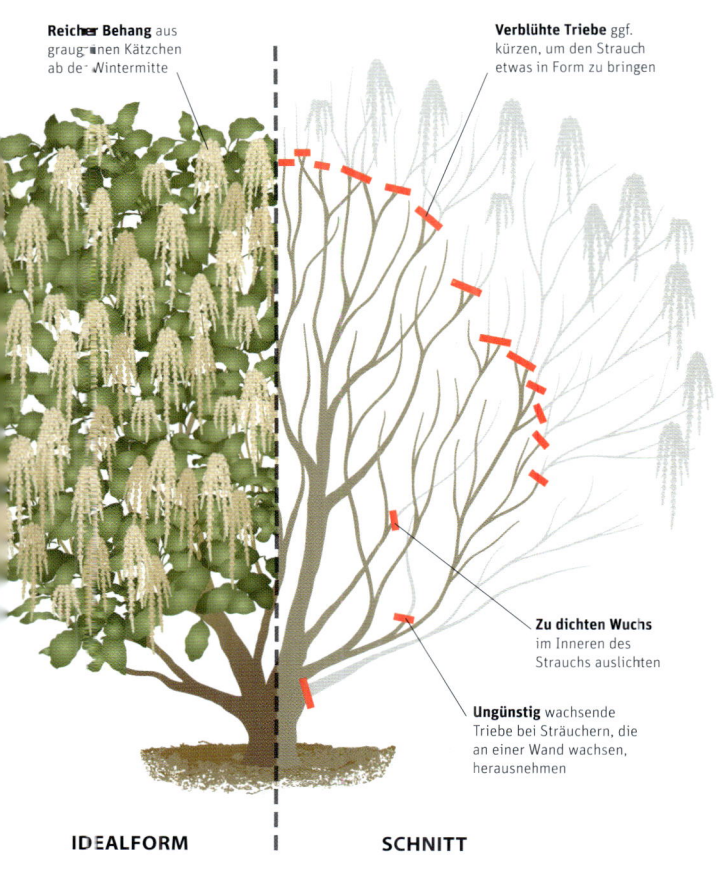

Reicher Behang aus graugrünen Kätzchen ab der Wintermitte

Verblühte Triebe ggf. kürzen, um den Strauch etwas in Form zu bringen

Zu dichten Wuchs im Inneren des Strauchs auslichten

Ungünstig wachsende Triebe bei Sträuchern, die an einer Wand wachsen, herausnehmen

IDEALFORM

SCHNITT

Gaultheria *Scheinbeere*

IMMERGRÜNE STRÄUCHER

■ **Schnitt: im Mai und Juni bzw. nach der Blüte**

Gaultheria mucro-nata 'Wintertime'

Scheinbeeren sind mit den Heidekräutern verwandt und brauchen wie sie saure Böden. Sie wachsen niedrig und werden nicht so sehr wegen ihrer kleinen, im Frühjahr und Sommer geöffneten Blüten kultiviert, sondern wegen ihrer weißen, rosafarbenen, roten oder violetten Beeren, die sich bis in den Winter hinein dekorativ von den Zweigen und dem dunklen Laub abheben. Scheinbeeren wirken gut als Gruppe, doch bringt man mit kleinen Solitären (*G.-mucronata*-Sorten) auch Farbe in Gefäße.

Regelmäßiger Schnitt ist nicht nötig, man kann die Sträucher aber im Mai und Juni oder nach der Blüte etwas ausputzen. An älteren Exemplaren austreibende Wurzelsprosse werden entfernt. *G. shallon* wächst dicht und eignet sich als Hecke. Durch Schneiden bewahrt man den dichten Wuchs, allerdings auf Kosten der Blüten und Beeren.

 AUF EINEN BLICK

WUCHS Niedrige, dichte, ausläuferbildende immergrüne Sträucher.

WINTERHÄRTE Meist winterhart, einige Arten sind jedoch empfindlicher.

HÖHE UND BREITE Je nach Art 1,2–2 m in beiden Richtungen.

SCHNITT
■ Schneiden Sie so wenig wie möglich.

■ Entfernen Sie Wurzelsprosse sofort.

■ Ein Verjüngungsschnitt ist meist erfolgreich; wenn es sein muss, kann man sogar in altes Holz schneiden.

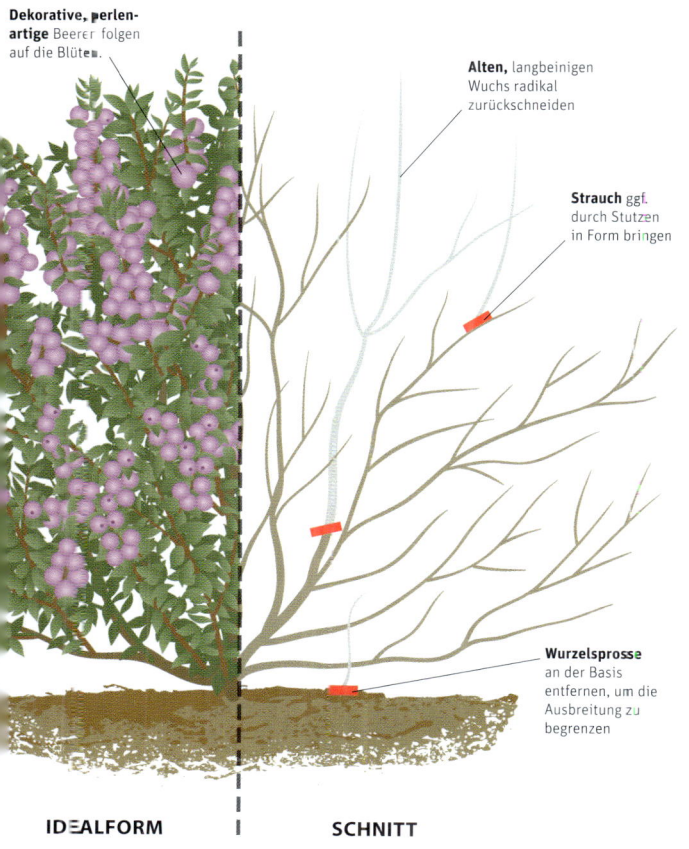

Dekorative, perlen-artige Beeren folgen auf die Blüten.

Alten, langbeinigen Wuchs radikal zurückschneiden

Strauch ggf. durch Stutzen in Form bringen

Wurzelsprosse an der Basis entfernen, um die Ausbreitung zu begrenzen

IDEALFORM

SCHNITT

Genista *Ginster*

SOMMERGRÜNE STRÄUCHER

■ Schnitt: je nach Art im Frühjahr oder Sommer

Genista aetnensis

Eine Vielzahl meist kräftig gelber Schmetterlingsblüten bedeckt im Juni und Juli die übergeneigten Triebe der Ginstersträucher. Die meisten Arten bilden niedrige, runde Büsche, lediglich der Ätna-Ginster (*G. aetnensis*) wächst auch baumförmig; seine Blüten erscheinen in der zweiten Sommerhälfte an hängenden Zweigen.

Geschnitten wird Ginster in der Regel kaum. Besonders *G. lydia* lässt man ungestört wachsen. Ein leichtes Stutzen nach der Blüte regt zu einem buschigen Wuchs an. Dünnen Sie verdichtetes Material an älteren Pflanzen aus, aber schneiden Sie dabei nicht in kahles Holz, da die Zweige dort nicht mehr austreiben. Damit der Ätna-Ginster seine volle Höhe erreicht, treibt man beim Pflanzen einen Pfosten neben einen kräftigen Trieb in den Boden und bindet den Strauch daran fest. Im Frühjahr wird nur notfalls geschnitten.

AUF EINEN BLICK

WUCHS Buschige, meist breitkronige Sträucher mit übergeneigten Trieben.

WINTERHÄRTE Mitteleuropäische Arten sind winterhart, der Ätna-Ginster verträgt nur bis etwa −15 °C und braucht warme Standorte.

HÖHE UND BREITE 60 cm x 1 m. *G. aetnensis* kann mehrere Meter hoch werden.

SCHNITT

■ Schneiden Sie so wenig wie möglich.

■ Ein Verjüngungsschnitt ist kaum erfolgreich. Die Pflanzen sind kurzlebig, sodass man alte, unproduktive Exemplare besser ersetzt.

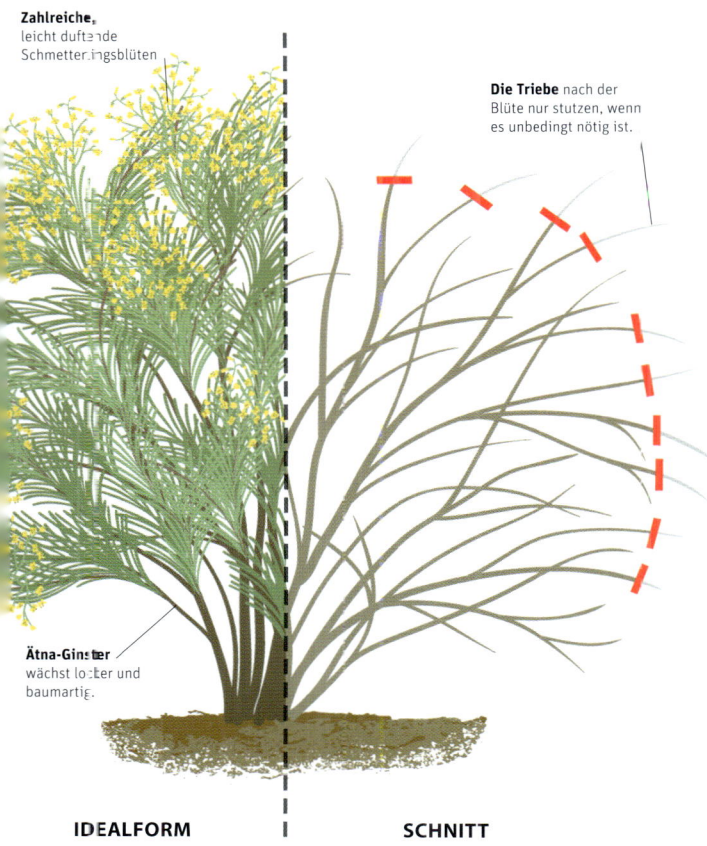

Zahlreiche, leicht duftende Schmetterlingsblüten

Die Triebe nach der Blüte nur stutzen, wenn es unbedingt nötig ist.

Ätna-Ginster wächst locker und baumartig.

IDEALFORM

SCHNITT

Ginkgo
SOMMERGRÜNE BÄUME
■ **Schnitt: zwischen Spätherbst und zeitigem Frühjahr**

Ginkgo biloba

Die meisten Ginkgos reifen zu großen Bäumen mit zunächst kegelförmiger, später ausladender Krone heran, deren wächserne, fächerförmige Blätter sich im Herbst buttergelb färben. Mitunter wächst der Hauptstamm im oberen Teil gebogen, er wird aber im Lauf der Zeit wieder gerade. Weibliche Exemplare tragen gelbliche, pflaumenähnliche Früchte.

Schneiden Sie möglichst wenig – es reicht, verletzten Wuchs in der Vegetationsruhe herauszunehmen. Horizontale Zweige, die die Silhouette aufrechter Formen stören, werden entfernt. Die niederliegende Sorte *G. biloba* 'Horizontalis' bleibt in der Regel sehr flach, bildet aber manchmal aufrechte Triebe. Sie werden möglichst bald bis zum Ansatz zurückgeschnitten. Panaschierte Formen sind nicht jedes Jahr schön gezeichnet. Nehmen Sie aber rein grüne Triebe nur heraus, wenn sie sehr wüchsig sind.

AUF EINEN BLICK

WUCHS Meist aufrechte sommergrüne Bäume, manche Formen bleiben strauchig.

WINTERHÄRTE Völlig winterhart.

HÖHE UND BREITE 10 m x 3 m, in Einzelfällen auch mehr. Manche Formen sind schmaler, niederliegende Sorten niedriger.

SCHNITT
■ Beschränken Sie sich beim Schneiden auf das absolute Minimum.

■ Entfernen Sie nach dem Laubfall abgestorbenes und ungünstig stehendes Holz.

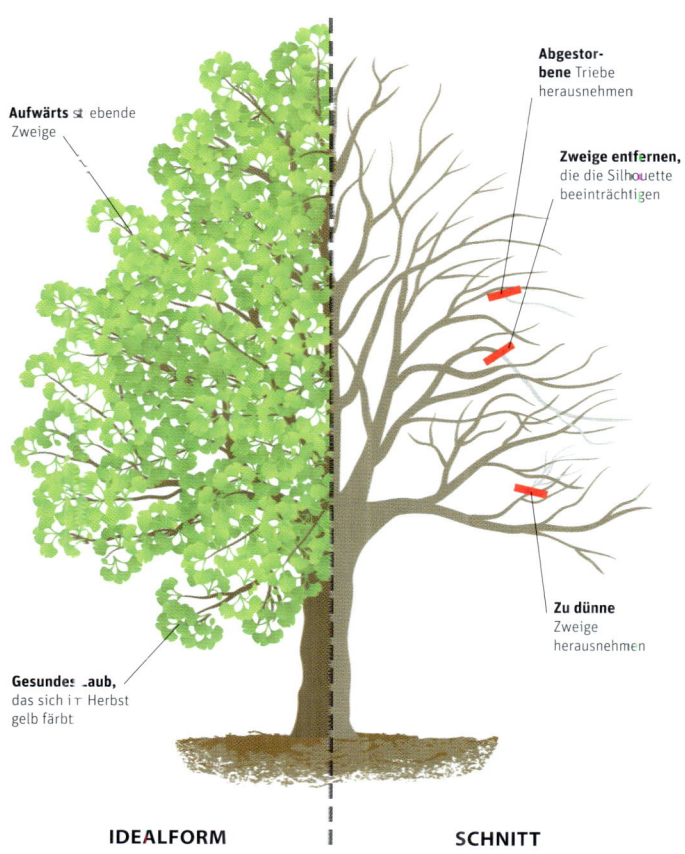

Aufwärts st ebende
Zweige

Gesundes Laub,
das sich i т Herbst
gelb färbt

**Abgestor-
bene** Triebe
herausnehmen

Zweige entfernen,
die die Silhouette
beeinträchtigen

Zu dünne
Zweige
herausnehmen

IDEALFORM

SCHNITT

Gleditsia *Gleditschie*

SOMMERGRÜNE BÄUME

■ **Schnitt: im Herbst nach dem Laubfall oder im Sommer**

Gleditsia triacanthos 'Sunburst'

Dekorativstes Merkmal dieser filigranen sommergrünen Bäume ist das im Frühjahr besonders schöne, gefiederte Laub. Geschnitten werden Gleditschien im Herbst nach dem Laubfall oder im Sommer, um ein »Bluten« zu vermeiden. Dünnen Sie verdichteten Wuchs in der Krone aus, kürzen Sie verletzte Triebe zurück und lassen Sie die Bäume ansonsten ungestört wachsen – sie entwickeln auch ohne große Korrekturen eine schöne Form.

Die Sorte *G. triacanthos* 'Sunburst' wächst ausladend und treibt im Frühjahr goldgelbes Laub aus, das sich im Sommer grün und im Herbst vor dem Abfallen kurzzeitig gelb färbt. *G. triacanthos* 'Rubylace' fällt durch anfangs rötliche, dann bronzerot getönte und schließlich gelbe Blätter auf. Gleditschien tragen meist dornige Stämme und Äste. Viele sind ausgesprochen unempfindlich gegen schadstoffbelastete Stadtluft.

AUF EINEN BLICK

WUCHS Elegante Bäume, die jung eine offene Krone tragen, mit der Zeit aber dichter werden.

WINTERHÄRTE Völlig winterhart.

HÖHE UND BREITE 10 m x 8 m; Sorten mit ungewöhnlicher Laubfarbe sind oft weniger wüchsig.

SCHNITT
 Schneiden Sie nur, um eine ausgewogene Kronenform und einen gesunden Wuchs zu bewahren.

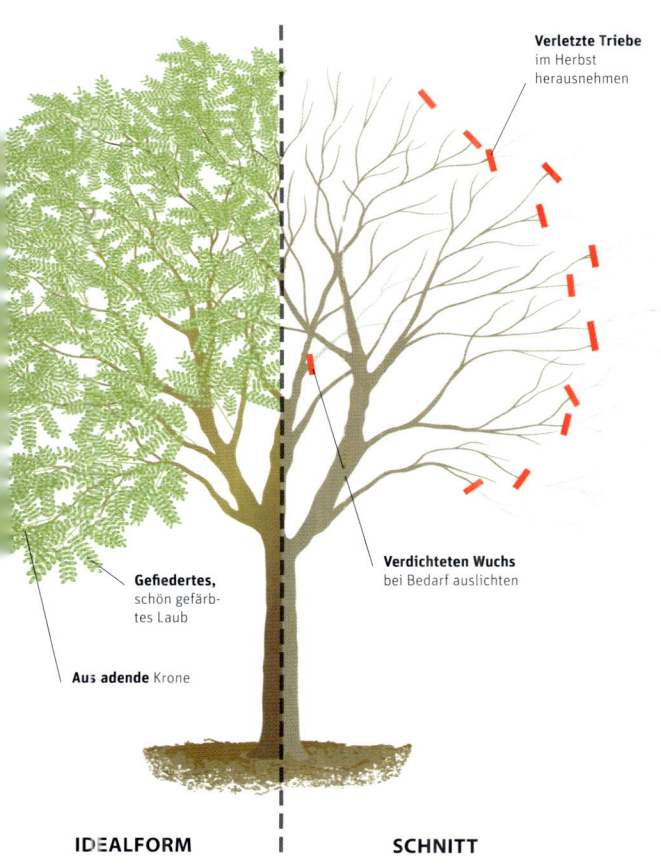

Verletzte Triebe
im Herbst
herausnehmen

Verdichteten Wuchs
bei Bedarf auslichten

Gefiedertes,
schön gefärb-
tes Laub

Ausladende Krone

IDEALFORM

SCHNITT

Grevillea *Grevillee, Silbereiche*
IMMERGRÜNE STRÄUCHER ODER BÄUME
■ **Schnitt: im Frühjahr und während der Vegetationszeit**

Grevillea 'Poorinda Constance'

Mit ihren weißen, roten, orangefarbenen oder gelben Prachtblüten bringen die strauchigen Grevilleen einen exotischen Touch in jeden Garten. Sie blühen je nach Art zu unterschiedlichen Zeiten, manchmal auch zweimal in der Saison oder sogar ganzjährig. Leider sind sie nicht winterhart und müssen im Kübel gezogen werden.

Auf einen Schnitt im Frühjahr reagieren die Sträucher gut. An Jungpflanzen kneift man die Triebspitzen aus, um sie zu buschigem Wuchs anzuregen. Bei älteren Exemplaren werden ungünstig stehende und überkreuzte Triebe bis zum Ansatz zurückgeschnitten. Kürzen Sie ferner Seitentriebe und stutzen Sie kräftige Triebe, die im Vorjahr gewachsen sind, um ein Drittel – bei wüchsigeren Formen auch um zwei Drittel. Das Ausputzen welker Blüten an mehrmals blühenden Formen verlängert die Blühsaison.

AUF EINEN BLICK

WUCHS Wüchsige, meist offene und ausladende immergrüne Sträucher oder Bäume.

WINTERHÄRTE Die meisten vertragen nur kurzzeitig geringe Minustemperaturen.

HÖHE UND BREITE 2 m x 2 m; manche Arten wachsen niederliegend oder ausgebreitet; baumförmig ist z. B. *G. robusta*.

SCHNITT
■ Für einen buschigen Wuchs kneifen Sie die Triebspitzen von Jungpflanzen aus.

■ Ein jährlicher Schnitt verbessert die Blüte.

■ Entfernen Sie welken Flor regelmäßig.

■ Manche reagieren gut auf harten Rückschnitt.

Zahlreiche Blü-
ten im Sommer

**Triebspitzen
kürzen,** um einen
buschigen Wuchs
zu erreichen

Ungünstig
stehende und
überkreuzte
Triebe entfernen

Wüchsige
ältere Triebe
herausnehmen

IDEALFORM

SCHNITT

Halesia *Schneeglöckchenbaum*

SOMMERGRÜNE STRÄUCHER ODER BÄUME

■ **Schnitt: zwischen Herbst und zeitigem Frühjahr**

Halesia carolina

Eine Fülle weißer oder rosafarbener, schneeglöckchen-artiger Blüten zieren die Zweige dieser Gehölze im Frühjahr, und im Herbst folgt dann zudem eine schöne Laubfärbung. Dank ihres langsamen Wachstums sind die eleganten Pflanzen wie geschaffen für Kleingärten, doch brauchen sie neutrale bis saure Böden.

Die Bäume verzweigen sich stark und wachsen mitunter mehrstämmig. Wenn man eine schöne, ausgewogene Baumform mit nur einem Stamm bevorzugt, wählt man den kräftigsten Trieb als Leittrieb und entfernt alle Konkurrenztriebe. Schneeglöckchenbäume können so geschnitten werden, dass sie einen kurzen Stamm entwickeln – lediglich bei einer der größten Arten, *H. monticola*, ist das nicht möglich. Jungbäume wirken manchmal schief, dennoch sollte man wegen des langsamen Wachstums so wenig wie möglich schneiden.

AUF EINEN BLICK

WUCHS Langsam wachsende, trichterför-mige bis rundliche oder ausladende, mitunter mehrstämmige Bäume oder Sträucher.

WINTERHÄRTE Völlig winterhart.

HÖHE UND BREITE Bis 8 m x 6 m, aber erst nach vielen Jahren.

SCHNITT

■ Die ausgewogenste Form erhält man mit einem Einzelstamm.

■ Geschnitten wird während der Vegetationsruhe.

■ Ein Verjüngungsschnitt ist nicht ratsam.

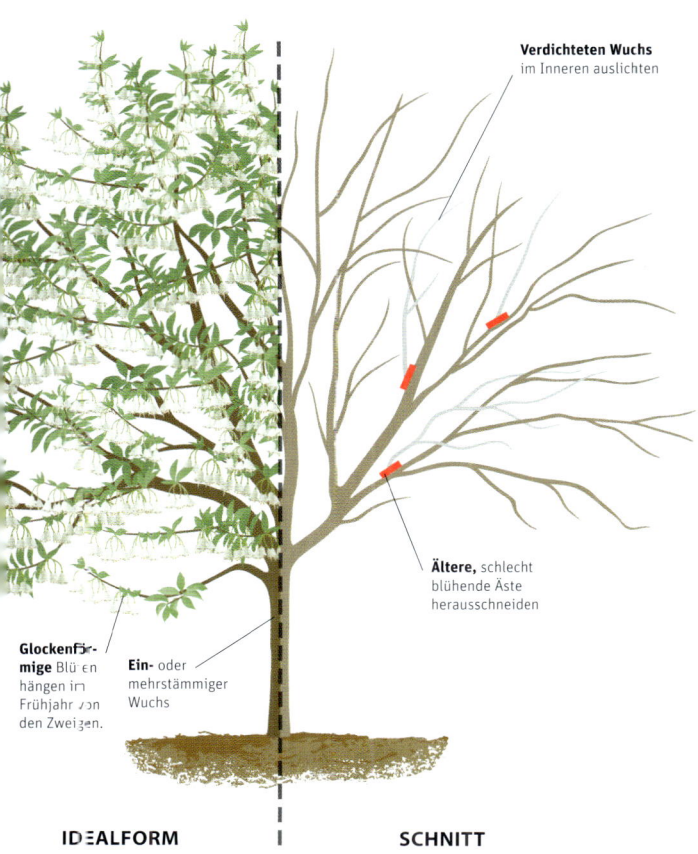

Verdichteten Wuchs
im Inneren auslichten

Ältere, schlecht
blühende Äste
herausschneiden

**Glockenför-
mige** Blüten
hängen im
Frühjahr von
den Zweigen.

Ein- oder
mehrstämmiger
Wuchs

IDEALFORM

SCHNITT

Hamamelis *Zaubernuss*

SOMMERGRÜNE STRÄUCHER

■ **Schnitt: im Frühjahr gleich nach der Blüte**

Hamamelis mollis

Noch im Winter, also lange bevor das Laub erscheint, schmücken sich Zaubernüsse mit ungewöhnlich spinnenförmigen, gelben oder orangeroten Blüten. Zum Saisonausklang machen sie ein weiteres Mal auf sich aufmerksam – diesmal mit einer Herbstfärbung in leuchtenden Rottönen. Im Handel sind mehrere Sorten erhältlich, die oft auf *H.-virginiana*-Unterlagen veredelt wurden.

Die Sträucher wachsen sehr langsam, weshalb man sie möglichst wenig schneidet. Unmittelbar nach der Blüte entfernt man überlange oder verletzte Zweige, indem man sie bis auf kräftige, nach außen zeigende Knospen zurückschneidet. Bei veredelten Exemplaren entfernt man alle Wildtriebe unterhalb der Veredlungsstelle. Nicht-veredelte Zaubernüsse bilden mitunter Wurzelsprosse aus der Basis, die man bei Bedarf entfernt.

AUF EINEN BLICK

WUCHS Offene, rundliche, mitunter ausläuferbildende Sträucher.

WINTERHÄRTE Völlig winterhart.

HÖHE UND BREITE 2 m x 2 m, aber erst nach längerer Zeit. Oft breiter als hoch.

SCHNITT

■ Beschränken Sie das Schneiden auf ein Mindestmaß.

■ Entfernen Sie Wildtriebe an veredelten und Wurzelsprosse an unveredelten Exemplaren.

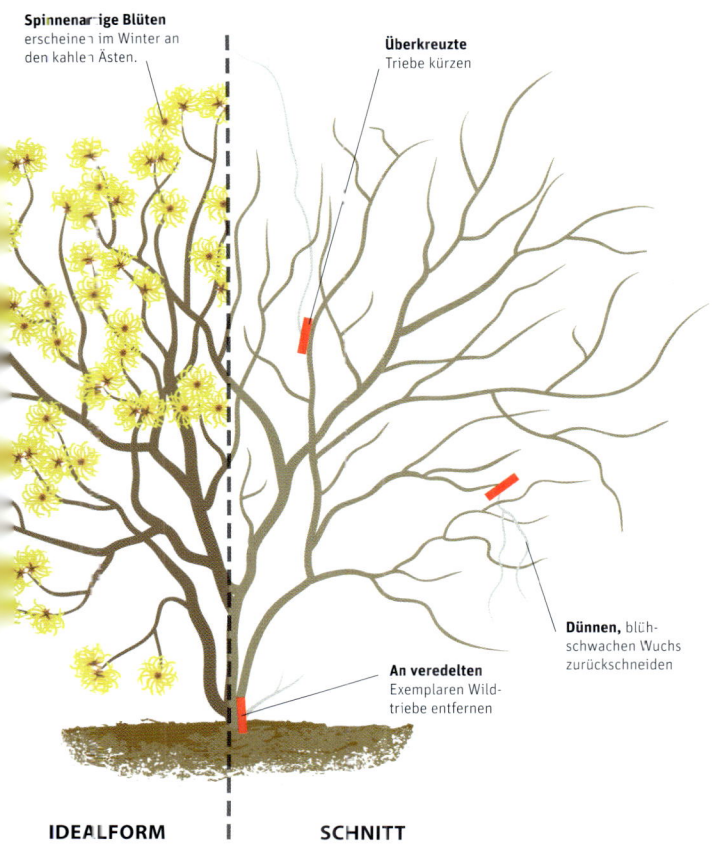

Spinnenartige Blüten
erscheinen im Winter an
den kahlen Ästen.

Überkreuzte
Triebe kürzen

Dünnen, blüh-
schwachen Wuchs
zurückschneiden

An veredelten
Exemplaren Wild-
triebe entfernen

IDEALFORM   **SCHNITT**

Hebe *Strauchveronika*

IMMERGRÜNE STRÄUCHER

■ **Schnitt: im Frühjahr**

Hebe
'Great Orme'

Innerhalb der vielfältigen Gattung *Hebe* gibt es große und sogar baumartige, aber auch niedrigwüchsige und kompakte Arten. Die kleineren Vertreter eignen sich für Steingärten oder Töpfe und geben ausgezeichnete Hecken ab, sind jedoch mit ihrem relativ bauschigen Wuchs nicht gerade für einen geometrischen Schnitt geeignet. Großblättrige Arten wiederum lassen in der Regel die für unsere Breiten nötige Winterhärte vermissen und vertragen auch weniger Wind als andere. Die weißen, rosafarbenen, blauen oder violetten Blüten öffnen sich im Sommer und sind eine vorzügliche Bienenweide.

Erfrorene Triebe werden im Frühjahr bis zum Ansatz zurückgeschnitten, doch auch den Rest des Jahres kann man abgestorbenen Wuchs herausnehmen, sobald er auffällt. Kleine, kuppelförmige Arten, wie *H. pinguifolia*, bringt man nach der Blüte in Form.

AUF EINEN BLICK

WUCHS Immergrüne Sträucher mit einer von Natur aus schönen Form.

WINTERHÄRTE Nur zum Teil winterhart; großlaubige Arten sind empfindlicher.

HÖHE UND BREITE Bis 1,5 m x 1,2 m; kleinlaubige Formen bleiben wesentlich kompakter.

SCHNITT

■ Schneiden Sie, um die natürliche Form zu bewahren und zu fördern.

■ Befreien Sie die Pflanzen von sämtlichen abgestorbenen Trieben und von kahlem Wuchs.

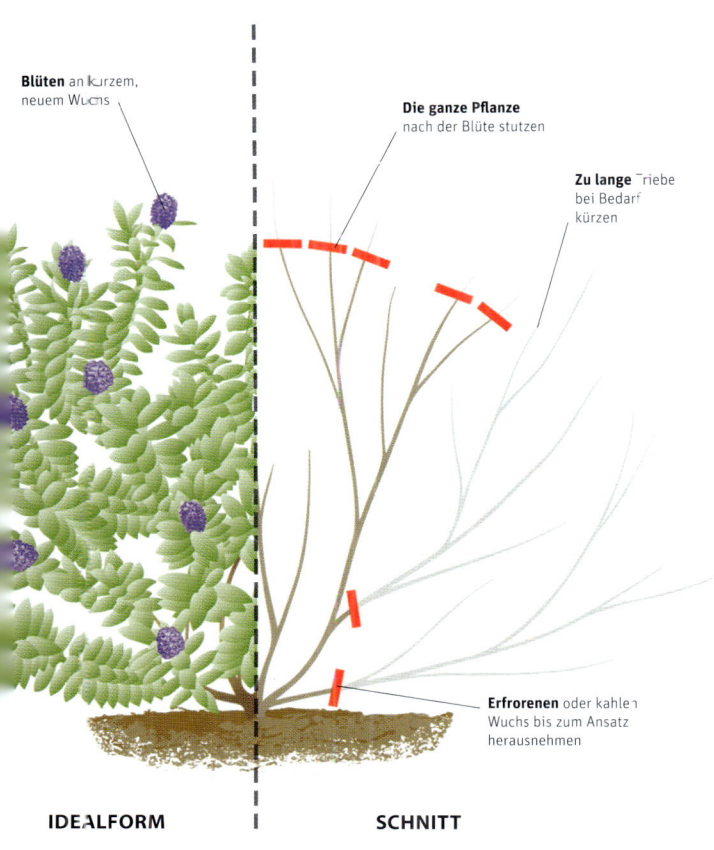

Blüten an kurzem,
neuem Wuchs

Die ganze Pflanze
nach der Blüte stutzen

Zu lange Triebe
bei Bedarf
kürzen

Erfrorenen oder kahlen
Wuchs bis zum Ansatz
herausnehmen

IDEALFORM

SCHNITT

Hedera *Efeu*

IMMERGRÜNE KLETTERPFLANZEN UND BODENDECKER

■ **Schnitt: im zeitigen Frühjahr und ggf. im Sommer**

Hedera helix
'Little Diamond'

Efeu ist eine wüchsige, immergrüne Kletterpflanze, die sich mit Haftwurzeln festhält. Er kann ferner als Bodendecker eingesetzt werden und verträgt sogar trockene Böden im Schatten, weshalb er gute Dienste als Unterpflanzung unter immergrünen Gehölzen leistet, wo sonst kaum etwas gedeiht. Kleinlaubige Formen eignen sich als Hängepflanzen für Blumenkästen im Winter. An Drähten oder Stäben gezogen, kann man mit ihnen einen formschnittähnlichen Effekt erzielen. Ungeschnittene Exemplare blühen im Herbst und sind eine späte Nektarquelle für Bienen.

Geschnitten wird Efeu vor allem, um ihn zu begrenzen. Dazu kürzt man im zeitigen Frühjahr alle Triebe, die über den ihnen zugedachten Platz hinausgewuchert sind. Im Verlauf der Saison befreit man zudem panaschierte Formen von rein grünem Wuchs.

AUF EINEN BLICK

WUCHS Wüchsige Kletterpflanzen, die sich mit Haftwurzeln an ihrer Stütze festhalten.

WINTERHÄRTE Die Blätter großlaubiger Formen kräuseln sich mitunter nach Frost, erholen sich aber wieder.

HÖHE UND BREITE Je nach Sorte bis 6 m x 5 m.

SCHNITT

■ Ältere Exemplare vertragen problemlos einen Rückschnitt.

■ Entfernen Sie rein grüne Triebe an panaschierten Sorten.

■ Um Exemplare zu verjüngen, kürzt man sie bis auf rund 30 cm über der Basis zurück.

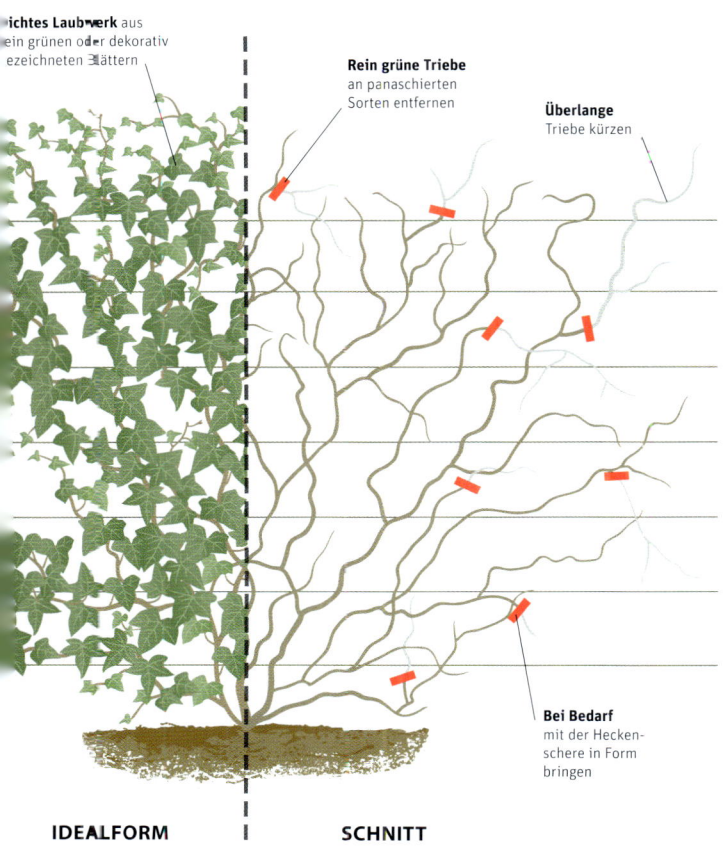

ichtes Laubwerk aus
ein grünen oder dekorativ
ezeichneten Blättern

Rein grüne Triebe
an panaschierten
Sorten entfernen

Überlange
Triebe kürzen

Bei Bedarf
mit der Hecken-
schere in Form
bringen

IDEALFORM

SCHNITT

Helichrysum *Strohblume*

IMMERGRÜNE STRÄUCHER

■ **Schnitt: im Frühjahr, ggf. noch einmal im Sommer**

Helichrysum italicum

Wo silbriges Laub gefragt ist, sind Strohblumen fast konkurrenzlos. Oft zwickt man sogar ihre gelben Blütenkörbchen ab, damit die Pflanzen als reiner Hintergrund für Sommerblumen in Rabatten und Kübeln dienen können.

Zu den verbreitetsten Formen gehört das Currykraut (*H. italicum*) mit aromatischem Laub. Es kann als Saumbepflanzung oder niedrige Hecke eingesetzt werden. In der ersten Frühjahrshälfte schneidet man den vorjährigen Wuchs zurück. Alte Triebe können bis zum Ansatz oder auf kräftige Knospen im unteren Teil der Pflanze eingekürzt werden. Im Sommer stutzt man den Strauch, falls nötig, noch einmal etwas. *H. petiolare* bildet lange, kriechende Triebe und ist zwar nicht winterhart, wird aber in sommerlichen Topfarrangements gern als Laubschmuckpflanze eingesetzt. Das Entspitzen der Triebe fördert einen verzweigten Wuchs.

AUF EINEN BLICK

WUCHS Sträucher mit niederliegenden bis aufsteigenden, selten auch aufrechten Trieben.

WINTERHÄRTE Selten winterhart. *H. italicum* hält nur in sehr milden Gegenden mit Schutz draußen aus, *H. petiolare* ist frostempfindlich.

HÖHE UND BREITE Bis 60 cm x 90 cm. *H. petiolare* wächst kriechend.

SCHNITT

■ Frischen Sie die Pflanze durch einen Schnitt im Frühjahr auf.

■ Bei Bedarf wird auch im Sommer leicht geschnitten.

■ Ein radikaler Verjüngungsschnitt ist selten erfolgreich. Alte Pflanzen werden ersetzt.

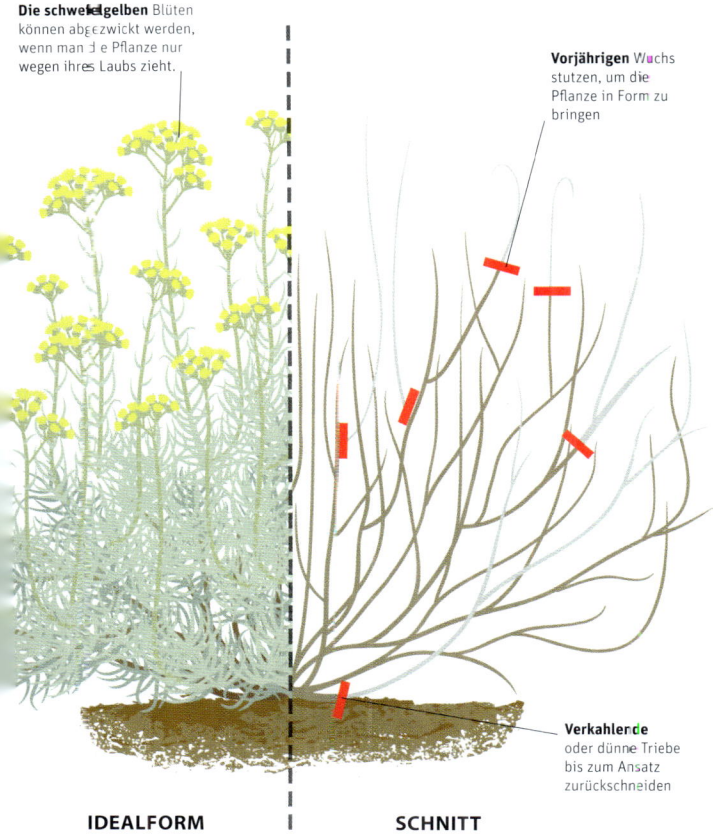

Die schwefelgelben Blüten können abgezwickt werden, wenn man die Pflanze nur wegen ihres Laubs zieht.

Vorjährigen Wuchs stutzen, um die Pflanze in Form zu bringen

Verkahlende oder dünne Triebe bis zum Ansatz zurückschneiden

IDEALFORM

SCHNITT

Hibiscus *Roseneibisch, Hibiskus*

IMMERGRÜNE ODER SOMMERGRÜNE STRÄUCHER

■ **Schnitt: im späten Frühjahr, wenn kein Frost mehr droht**

Hibiscus syriacus 'Blue Bird'

Von den strauchigen Hibiskus-Arten sind nur diejenigen einigermaßen winterhart, die ihr Laub im Winter verlieren. Als Ziergewächse werden sie wegen ihrer hübschen weißen, rosafarbenen, roten, blauen oder gelben Blüten gezogen, die spätsommerliche Arrangements bereichern. Immergrüne Hibiskus schätzt man in unseren Breiten als vorzügliche Kübelpflanzen.

Immer- wie auch sommergrüne Arten werden erst im späten Frühjahr geschnitten, was bei Freilandexemplaren (*H. syriacus* hält bis etwa −18 °C aus und ist in milden Gegenden gartentauglich) die Gefahr von Spätfrostschäden verringert. Bei immergrünen Formen entfernt man totes Holz und kürzt die Hauptäste, damit sie kompakt bleiben. Bei sommergrünen Vertretern geht man vorsichtiger vor: Geschädigte Triebe werden gekürzt, überkreuzte entfernt, schwache oder dünne leicht gestutzt.

AUF EINEN BLICK

WUCHS Meist regelmäßig geformte Sträucher mit aufrechtem Wuchs.

WINTERHÄRTE Immergrüne Formen sind frostempfindlich, sommergrüne in wärmeren Gegenden für das Freiland geeignet.

HÖHE UND BREITE 2 m x 2 m. Kübelpflanzen bleiben kleiner.

SCHNITT
■ Entfernen Sie überkreuzte Triebe und totes Holz und lichten Sie verdichteten Wuchs aus.

■ Immergrüne Pflanzen kann man durch Kürzen der Hauptäste begrenzen.

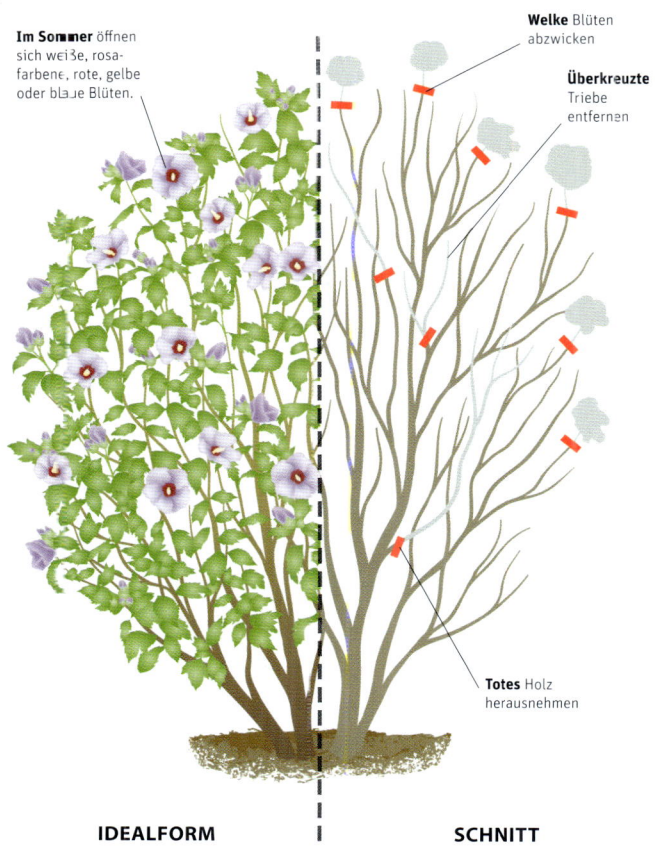

Im Sommer öffnen sich weiße, rosafarbene, rote, gelbe oder blaue Blüten.

Welke Blüten abzwicken

Überkreuzte Triebe entfernen

Totes Holz herausnehmen

IDEALFORM

SCHNITT

Humulus *Hopfen*

KRAUTIGE KLETTERPFLANZEN

■ **Schnitt: im zeitigen Frühjahr, bei Bedarf auch im Sommer**

Humulus lupulus 'Aureus'

Die wüchsigen Kletterpflanzen gehören zu den Stauden und ziehen daher im Winter komplett ein. *H. lupulus* ist eine wichtige Nutzpflanze, denn die Dolden der weiblichen Pflanzen finden bei der Bierherstellung Verwendung. Als Zierpflanze ist allerdings die goldlaubige Form 'Aureus', auch Gold-Hopfen genannt, am verbreitetsten. Man kann sie als sommerliche Begrünung für Mauern, Zäune, Bögen und Nebengebäude, aber auch als Sichtschutz an Rankgittern oder Drähten einsetzen. Die beste Laubfärbung ist an vollsonnigen Standorten zu erwarten.

Entfernen Sie im zeitigen Frühjahr das gesamte oberirdische Material bis zum Boden. Die windenden Triebe sind sehr brüchig, weshalb man sie vorsichtig an die Stützen führt und anbindet. Ältere Pflanzen treiben jährlich stark aus – werden sie zu groß und lästig, schneidet man sie im Sommer mit der Heckenschere zurück.

AUF EINEN BLICK

WUCHS Sehr wüchsige, kletternde Stauden mit windenden Trieben.

WINTERHÄRTE Völlig winterhart.

HÖHE UND BREITE Etwa 6 m x 5 m.

SCHNITT

■ Schneiden Sie den gesamten alten Wuchs jährlich im zeitigen Frühjahr bis zum Boden zurück.

■ Bei Bedarf kann man die Pflanze im Sommer begrenzen oder in Form bringen.

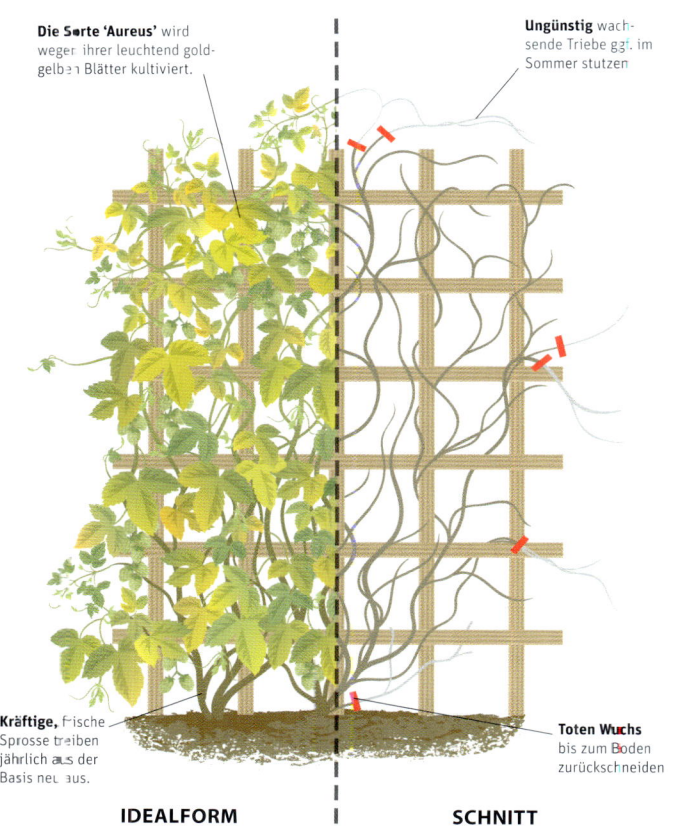

Die Sorte 'Aureus' wird wegen ihrer leuchtend goldgelben Blätter kultiviert.

Ungünstig wachsende Triebe ggf. im Sommer stutzen

Kräftige, frische Sprosse treiben jährlich aus der Basis neu aus.

Toten Wuchs bis zum Boden zurückschneiden

IDEALFORM

SCHNITT

Hydrangea (1) *Garten-Hortensien*

STRÄUCHER MIT KUGELIGEN ODER TELLERFÖRMIGEN BLÜTENSTÄNDEN

■ **Schnitt: im Mai nach den Frösten**

Hydrangea macrophylla 'Blue Bonnet'

Mit ihrer späten Blüte sind Garten-Hortensien (*H. macrophylla*) ideal für gemischte Rabatten, doch fühlen sie sich auch in Kübeln wohl. Sie werden unterteilt in Sorten mit kugeligen Blütenständen aus großen, meist nur sterilen Blüten und Sorten mit tellerförmigen, offeneren Blütenständen, die sich aus einer inneren Dolde mit kleineren, meist fruchtbaren Blüten sowie einem Kranz aus größeren, sterilen Blüten zusammensetzen. Das Farbspektrum reicht von Weiß über Rosa bis Blau.

Die meisten Sorten sind völlig winterhart. Ideal ist ein feuchter Standort im Halbschatten. Im Mai, wenn die strengen Fröste vorbei sind, kürzt man die Triebe nur wenig (maximal 30 cm ein); setzen Sie die Schere aber immer über kräftigen Knospen an. Ältere, blühschwache Triebe sowie schwache und überkreuzte werden bis zum Ansatz herausgenommen.

AUF EINEN BLICK

WUCHS Kuppelförmige bis ausladende sommergrüne Sträucher.

WINTERHÄRTE Die meisten Sorten sind völlig winterhart.

HÖHE UND BREITE Bis 1,2 m x 1,5 m.

SCHNITT

■ Kürzen Sie verblühte Triebe im Mai ein.

■ Nehmen Sie altes Holz ganz heraus.

■ Ein Verjüngungsschnitt ist meistens erfolgreich, doch blühen die Pflanzen danach erst im darauffolgenden Jahr wieder gut.

Kugelige B ütenstände, Blüten mit arbigen Kelchblätt n

Welke Blütenstände in der Frühjahrsmitte auf kräftige Knospen zurückschneiden

Überkreuzte und schwa che Triebe kürzen

Alte, blühschwache Triebe bis zum Ansatz herausnehmen

IDEALFORM

SCHNITT

Hydrangea (2) *Rispen-Hortensien*

SOMMERGRÜNER STRAUCH MIT RISPEN IM SPÄTSOMMER

■ **Schnitt: im Mai nach den Frösten**

Hydrangea paniculata

Die spät blühenden Rispen-Hortensien (Sorten von *H. paniculata*) werden anders behandelt als andere Hortensien – und sind wesentlich unkomplizierter. Ihre großen Blütenrispen in Grün bis Grünweiß stehen an der Spitze aufrechter Triebe. Geschnitten werden die Sträucher nur, um sie zu möglichst reichem Flor anzuregen. Ihre Blüten halten sehr lange, werden mit der Zeit heller und entwickeln gelegentlich eine rosafarbene Tönung. Man kann sie auch trocknen und für Gestecke verwenden.

Im Mai, nach den letzten strengen Frösten, schneidet man den vorjährigen Wuchs auf ein niedriges Gerüst zurück. Dickere Triebe kann man bis zum Boden zurücknehmen, vor allem, wenn sie verdichtet wachsen. Rispen-Hortensien eignen sich bestens für große Kübel, müssen aber viel gegossen werden. Sie sind in zahlreichen Sorten erhältlich.

AUF EINEN BLICK

WUCHS Aufrechter Strauch mit großen endständigen Rispen.

WINTERHÄRTE Völlig winterhart.

HÖHE UND BREITE 1,2 m x 1 m; bei Bedarf begrenzt man ihre Ausdehnung, indem man die Triebe etwas dezimiert und die verbliebenen an kurze, aufrechte Stützen bindet.

SCHNITT
■ Durch Verringerung der Zahl der Triebe beim Frühjahrsschnitt bekommt man weniger, aber größere Blütenstände.

■ Schneiden Sie erst im Mai, da die alten Triebe frische Knospen vor Spätfrösten schützen.

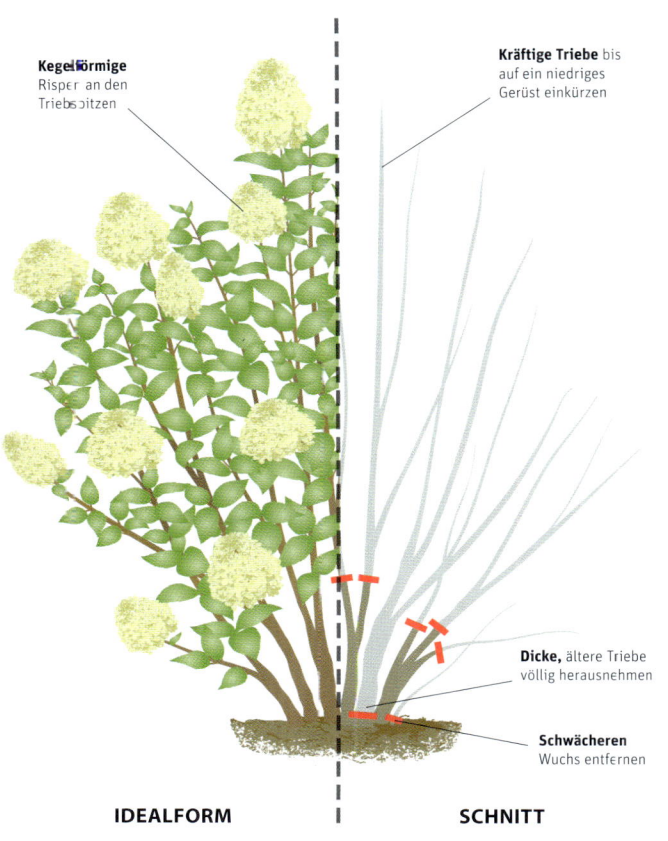

Kegelförmige Rispen an den Triebspitzen

Kräftige Triebe bis auf ein niedriges Gerüst einkürzen

Dicke, ältere Triebe völlig herausnehmen

Schwächeren Wuchs entfernen

IDEALFORM

SCHNITT

Hydrangea (3) *Kletter-Hortensien*

SOMMERGRÜNE KLETTERPFLANZEN

■ **Schnitt: im Sommer gleich nach der Blüte**

Hydrangea petiolaris

Neben den vielen strauchig wachsenden Hortensien gibt es einige kletternde Arten, die als Begrünung schattiger Mauern geschätzt werden. Sie tragen im Sommer große weiße oder grünweiße Trugdolden aus fruchtbaren Blüten im Zentrum und sterilen Randblüten. Kletter-Hortensien halten sich mithilfe von Haftwurzeln fest, man muss nur ihre Triebe in den ersten Jahren nach dem Pflanzen zur Stütze hinführen. Für Zäune und Zaunpaneele sind sie etwas zu schwer, schöne Wirkung aber entfalten sie, wenn man sie in die Krone älterer Bäume steigen lässt.

H. petiolaris ist die häufigste kletternde Art. Sie wächst nur langsam ein, weshalb man so wenig wie möglich schneiden sollte. Hat sie die gewünschten Dimensionen erreicht, kürzt man überlange und ungünstig stehende Triebe gleich nach der Blüte. Die immergrüne *H. seemannii* wird genauso behandelt.

AUF EINEN BLICK

WUCHS Kräftige, aber langsam wachsende Kletterpflanzen mit Haftwurzeln.

WINTERHÄRTE *H. petiolaris* ist völlig winterhart, *H. seemannii* braucht guten Schutz und milde Winter.

HÖHE UND BREITE 6 m x 3 m, gelegentlich auch mehr.

SCHNITT

■ Schneiden Sie möglichst wenig.

■ Kürzen Sie Triebe bei Bedarf im Sommer.

■ Kletter-Hortensien vertragen einen Verjüngungsschnitt, doch sollte man ihn auf zwei, drei Jahre verteilen, da die Pflanzen sich nur langsam erholen.

Große, flache Blütenstände im Sommer

Welke Blüten abzwicken

Ungünstig stehende Triebe entfernen

Die dichte belaubte Krone wird durch einen Schnitt begrenzt.

IDEALFORM

SCHNITT

Hypericum *Johanniskraut*

IMMER- ODER SOMMERGRÜNE STRÄUCHER ODER KRÄUTER

■ **Schnitt: im Frühjahr mit dem Austrieb**

Hypericum
'Hidcote'

Johanniskraut-Arten und -Sorten sind als aufrechte, rundliche Sträucher oder als kriechende Bodendecker sehr beliebt. Alle tragen an diesjährigem Holz gelbe Blüten, die zwischen spätem Frühjahr und Herbst oft sehr lange erscheinen und von dekorativen Beeren abgelöst werden.

Die meisten Arten reagieren gut auf einen Schnitt. Sommergrüne Sträucher können im zeitigen Frühjahr auf ein niedriges Gerüst zurückgeschnitten werden, immergrüne haben unterschiedliche Ansprüche. Kompakte Steingartenpflanzen, wie *H. balearicum*, müssen kaum geschnitten werden. Größere Formen befreit man im Frühjahr von älteren Trieben und stutzt den Rest auf Knospen zurück. *H. calycinum* breitet sich durch Ausläufer aus, die man gegebenenfalls ausgräbt. Stutzen Sie diese Pflanze jährlich im Frühjahr.

AUF EINEN BLICK

WUCHS Meist rundliche bis ausladende, mitunter mattenbildende Sträucher (krautige Arten werden hier nicht beschrieben).

WINTERHÄRTE Zum Teil winterhart, zum Teil empfindlich.

HÖHE UND BREITE Je nach Art 1 m x 1,2 m. Bodendecker mit unbegrenzter Breite.

SCHNITT

■ Passen Sie den Schnitt an die jeweilige Form der Art oder Sorte an.

■ Bodendecker können bei Bedarf mit der Heckenschere gestutzt werden.

■ Verjüngungsschnitte sind meist erfolgreich.

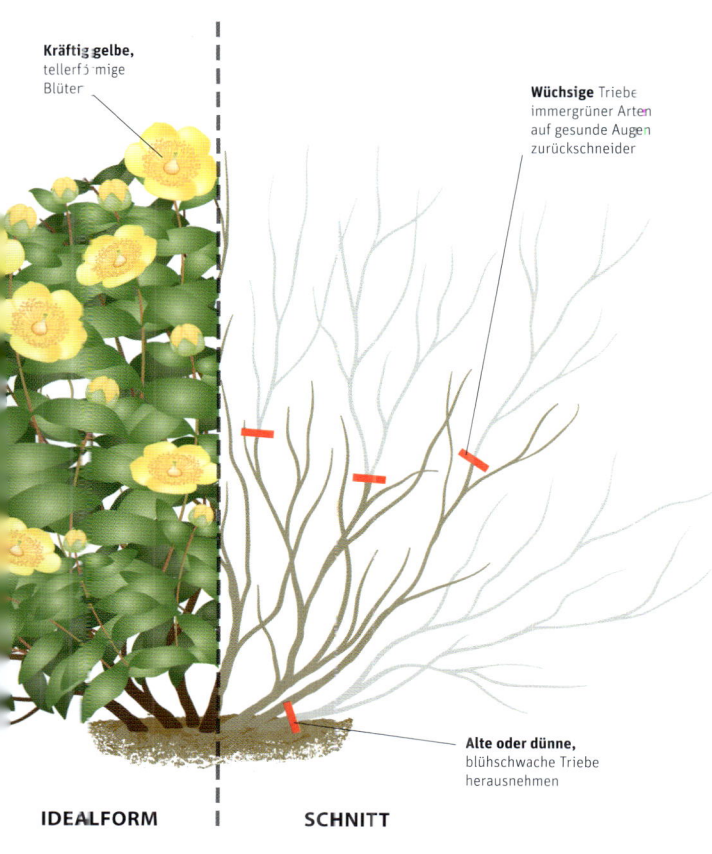

Kräftig gelbe, tellerförmige Blüter

Wüchsige Triebe immergrüner Arten auf gesunde Augen zurückschneider

Alte oder dünne, blühschwache Triebe herausnehmen

IDEALFORM SCHNITT

Ilex *Stechpalme*

IMMERGRÜNE STRÄUCHER ODER BÄUME

■ **Schnitt: bei Bedarf im Frühjahr und Sommer**

Ilex aquifolium

Stechpalmen haben sich als dekorative Gehölze bewährt. Die großlaubigen immergrünen Formen von *I.* x *altaclarensis* wachsen relativ rasch und bilden oft einen etwas offeneren Habitus als die langsam wachsende *I. aquifolium* mit ihrer dichten Krone. Mehrere Formen schmücken sich mit roten oder (seltener) gelben Beeren. Sie werden von weiblichen Pflanzen gebildet – sofern ein männliches Exemplar in der Nähe steht. Stechpalmen geben hervorragende Hecken ab und vertragen auch einen Formschnitt, wenngleich man danach auf Beeren verzichten muss.

Die meisten kommen aber fast ohne Schnitt aus. Um sie in Form zu bringen, stutzt man sie, falls nötig, im Frühjahr und in der zweiten Sommerhälfte. Rein grüne Triebe an panaschierten Formen werden entfernt. *I. crenata* hat kleine Blätter und wird, wenn sie anstelle von Buchs als Heckenpflanze eingesetzt wird, zweimal jährlich geschnitten.

■ AUF EINEN BLICK

WUCHS Oft dichte, langlebige Bäume oder Sträucher.

WINTERHÄRTE Einige sind winterhart, andere nur für milde Regionen geeignet.

HÖHE UND BREITE Bis 8 m x 5 m; manche bleiben von Natur aus kompakter. Alle können durch einen Schnitt begrenzt werden.

SCHNITT

■ Mit einem Schnitt im Frühjahr oder Sommer kann man sie auf Vordermann bringen.

■ Wer auf Beeren Wert legt, stutzt nur leicht oder nimmt lediglich einige ältere Triebe heraus.

■ Verjüngungsschnitte werden über zwei oder drei Jahre verteilt.

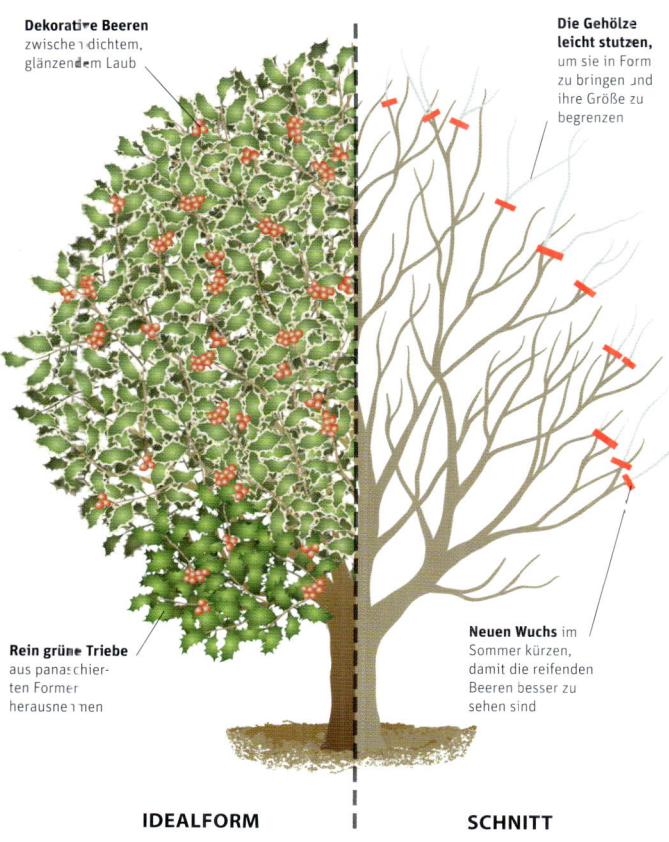

Dekorative Beeren
zwischen dichtem,
glänzendem Laub

**Die Gehölze
leicht stutzen,**
um sie in Form
zu bringen und
ihre Größe zu
begrenzen

Rein grüne Triebe
aus panaschier-
ten Formen
herausnehmen

Neuen Wuchs im
Sommer kürzen,
damit die reifenden
Beeren besser zu
sehen sind

IDEALFORM

SCHNITT

Indigofera *Indigostrauch*

SOMMERGRÜNE STRÄUCHER ODER KLEINBÄUME, ABER AUCH KRÄUTER

■ **Schnitt: im Frühjahr mit dem Austrieb**

Indigofera decora

Indigosträucher treiben stark aus der Basis aus und schmücken sich im Sommer mit vielen rosafarbenen oder violetten Blüten; manche blühen sogar bis zum Frühherbst. Die als Zierpflanzen kultivierten Arten können zum Teil mit gutem Schutz über den Winter gebracht oder radikal zurückgeschnitten werden, um im Frühjahr neu auszutreiben. Je weniger man schneidet, desto größer und übergeneigter wachsen sie. Frostempfindliche Formen zieht man im Topf.

Gut machen sich Indigosträucher auch an einer warmen, sonnigen Wand. Dazu formt man ein flaches Gerüst aus Trieben und bindet den Wuchs sukzessive an die Stütze. Im zeitigen Frühjahr werden verblühte Seitentriebe gekürzt und ungünstig stehende entfernt. Das Herausnehmen älterer Zweige bis zur Basis regt die Pflanze zum Neuaustrieb an.

AUF EINEN BLICK

WUCHS Abgesehen von den Kräutern meist übergeneigte Sträucher, die bereitwillig aus der Basis austreiben.

WINTERHÄRTE Zum Teil mit gutem Schutz winterhart, zum Teil frostempfindlich.

HÖHE UND BREITE 1,2 m x 1,2 m; manche Arten werden höher.

SCHNITT
■ In rauen Lagen schneidet man empfindliche Formen jährlich bis fast zum Boden zurück. Lediglich an der Wand gezogene Sträucher werden nicht geschnitten.

■ In milden Gegenden kürzt man den vorjährigen Wuchs bei Bedarf.

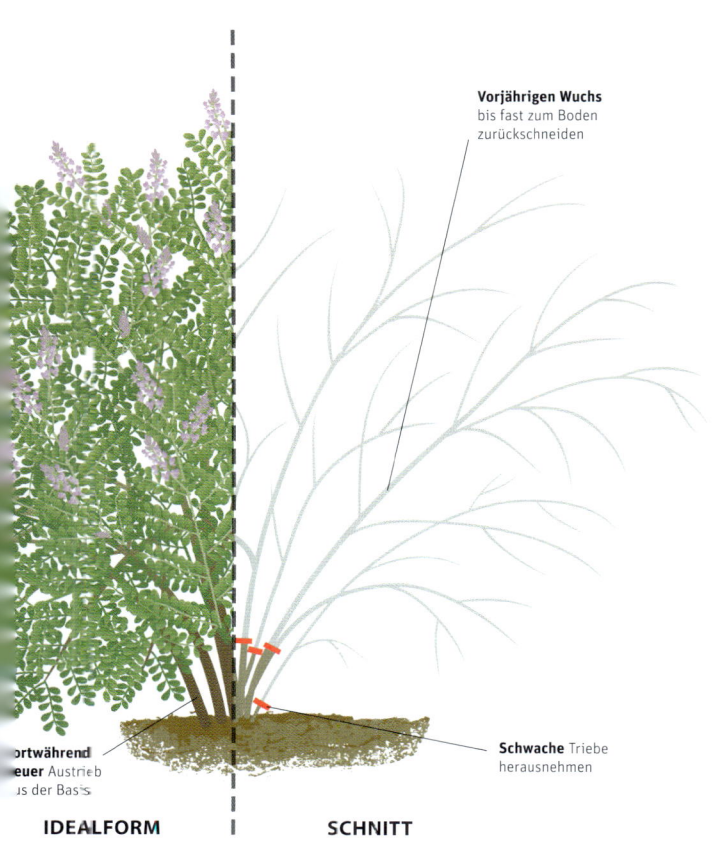

Vorjährigen Wuchs
bis fast zum Boden
zurückschneiden

ortwährend
euer Austrieb
us der Basis

Schwache Triebe
herausnehmen

IDEALFORM

SCHNITT

Jasminum *Jasmin*

(1) IMMERGRÜNE ODER SOMMERGRÜNE STRÄUCHER

■ **Schnitt: im zeitigen Frühjahr nach der Blüte**

Jasminum nudiflorum

Die meisten Jasmin-Arten sind Kletterpflanzen, doch einige wenige wachsen auch strauchig und werden anders geschnitten und erzogen als ihre kletternden Verwandten. Weil sie sich nicht von selbst festhalten können, bildet man, falls man sie an einer Wand zieht, ein passendes Grundgerüst aus Trieben, das locker festgebunden wird. Im Frühjahr befestigt man neue Triebe so, dass sie Lücken schließen. Ältere Zweige nimmt man ganz heraus, vor allem, wenn sie verkahlt sind. Seitentriebe werden bei Bedarf gekürzt, ungünstig wachsende vollständig entfernt.

Die gelben Blüten des Winter-Jasmins (*J. nudiflorum*) öffnen sich bereits, wenn die meisten anderen Gewächse noch im Tiefschlaf liegen. Bestens positioniert ist der Strauch an Wänden oder Böschungen, über die seine Blütentriebe wachsen können.

AUF EINEN BLICK

WUCHS Strauch mit biegsamen, übergeneigten Trieben, gut für Mauern geeignet.

WINTERHÄRTE Nur *J. nudiflorum* ist in Mitteleuropa winterhart, braucht aber dennoch geschützte Standorte.

HÖHE UND BREITE Etwa 2 m x 2 m.

SCHNITT

■ Die Sträucher blühen optimal, wenn man verdichteten Wuchs durch einen Rückschnitt älterer, insbesondere kahler und am Ansatz sehr stark verholzter Zweige auslichtet.

■ Kletternder Jasmin siehe S. 240–241.

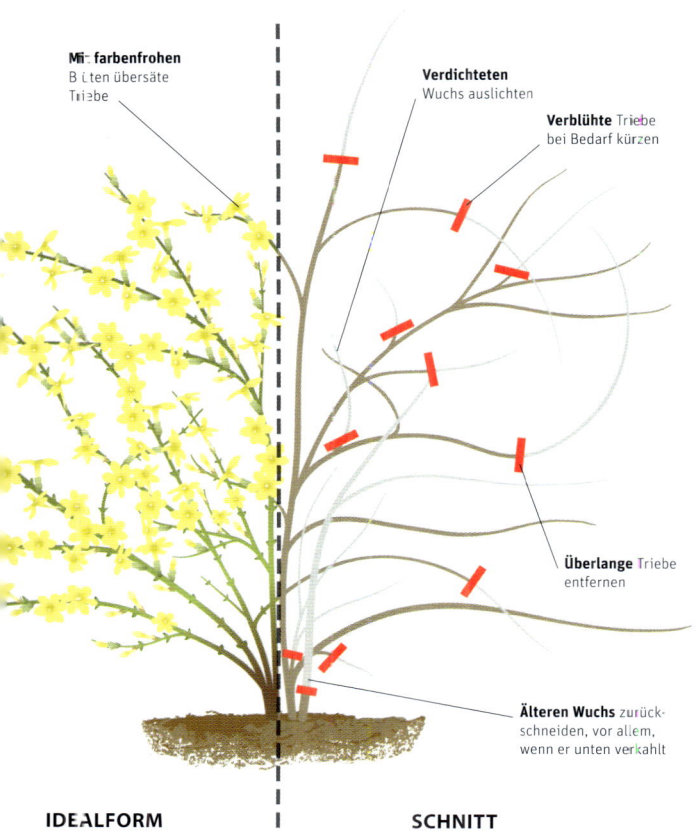

Mit farbenfrohen
Blüten übersäte
Triebe

Verdichteten
Wuchs auslichten

Verblühte Triebe
bei Bedarf kürzen

Überlange Triebe
entfernen

Älteren Wuchs zurückschneiden, vor allem,
wenn er unten verkahlt

IDEALFORM

SCHNITT

Jasminum *Jasmin*
(2) IMMERGRÜNE ODER SOMMERGRÜNE KLETTERPFLANZEN
■ **Schnitt: im Herbst nach der Blüte**

*Jasminum offici-
nale* 'Argenteo-
variegatum'

Kletternde Jasmin-Arten sind ein Schmuck für jede Haus-
wand. Leider sind sie nicht winterhart: Manche können
lediglich in milden Gegenden den Winter draußen an
geschützten Standorten verbringen, bei anderen kommt
sogar nur Topfkultur infrage. Die meisten begeistern im
Sommer und Frühherbst mit himmlisch duftenden Blüten,
die am alten und neuen Holz erscheinen. Panaschierte
Formen sind weniger wüchsig.

   In den ersten Jahren nach dem Pflanzen werden
kräftige Triebe an einer Stütze so angebunden, dass sie
ein Grundgerüst bilden. Nach dem Flor werden verblühte
Triebe gekürzt, andere bei Bedarf ausgelichtet. Große, an
einer Wand gezogene Pflanzen kann man sogar mit der
Heckenschere stutzen. Älterer, schwacher Wuchs wird ganz entfernt und
im nächsten Jahr durch wüchsige junge Triebe ersetzt.

AUF EINEN BLICK

WUCHS Sehr wüchsige Kletterpflanzen, die
hohe Wände begrünen können.

WINTERHÄRTE Nicht winterhart; allenfalls
in wintermilden Regionen an einem geschützten Standort im Freiland kultivierbar.

HÖHE UND BREITE Bis 6 m x 4 m.

SCHNITT
■ Durch einen Schnitt lichtet man zu laubreichen, verdichteten Wuchs aus.

■ Begrenzen Sie den Ausbreitungsdrang der
Pflanzen ggf. durch Einkürzen von Trieben.

■ Strauchiger Jasmin siehe S. 238–239.

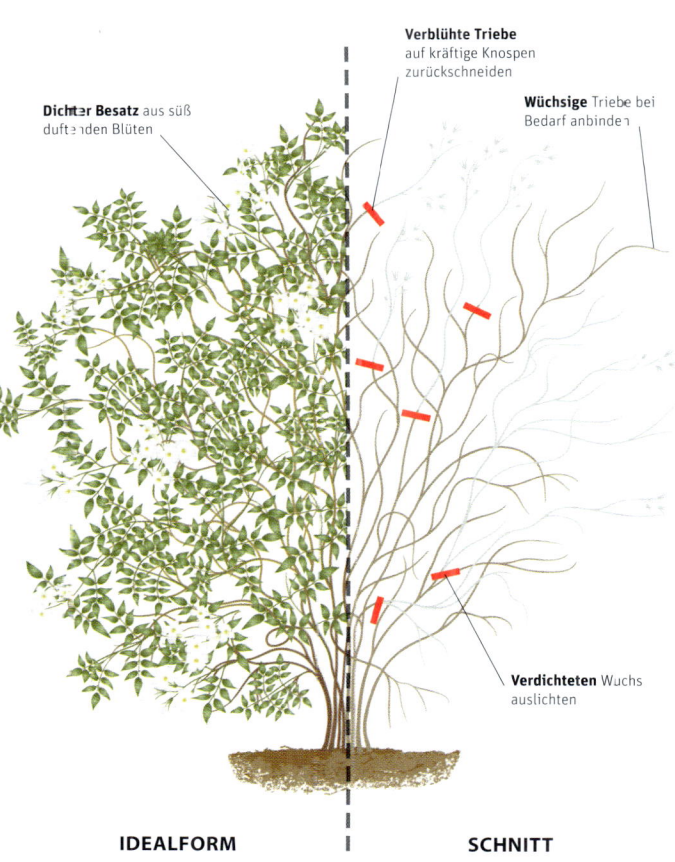

Verblühte Triebe auf kräftige Knospen zurückschneiden

Wüchsige Triebe bei Bedarf anbinden

Dichter Besatz aus süß duftenden Blüten

Verdichteten Wuchs auslichten

IDEALFORM

SCHNITT

Juniperus *Wacholder*

IMMERGRÜNE KONIFEREN

■ **Schnitt: im Frühjahr, bei Bedarf auch zu anderen Zeiten**

Juniperus communis 'Hibernica'

Juniperus ist eine ausgesprochen vielgestaltige Gattung: Manche Arten wachsen schmal aufrecht, andere breitbuschig oder ausladend; zudem gibt es viele, polsterbildende Zwergformen und niederliegende Bodendecker. *J. rigida* und Sorten von *J.* x *pfitzeriana* zeichnen sich durch hängende Zweige aus.

Ein Schnitt ist selten unbedingt nötig, kann aber sinnvoll sein, um eine schöne Form zu erhalten. Entfernen Sie Zweige, die im Frühjahr die Silhouette stören, etwa seitlich abstehende Triebe an aufrechten Formen oder nach oben wachsende an niederliegenden. Wenn man die schmal säulenförmige Form von *J.-scopulorum*-Sorten wie 'Blue Arrow' betonen möchte, dünnt man den Wuchs aus und bindet die verbliebenen Zweige – insbesondere ältere, die nach schweren Schneelasten nach außen stehen – mit Draht näher an den Hauptstamm.

■ **AUF EINEN BLICK**

WUCHS Polsterbildend, niederliegend, ausladend, straff aufrecht oder hängend.

WINTERHÄRTE Die bei uns als Zierpflanzen verbreiteten Wacholder sind alle völlig winterhart, doch gibt es auch empfindlichere Arten.

HÖHE UND BREITE Je nach Art und Sorte 30 cm bis 10 m hoch und 1 m bis 6 m breit.

SCHNITT
■ Um die Form zu erhalten, wird im Frühjahr geschnitten; die Schere kann aber bei Bedarf auch zu anderen Zeiten angesetzt werden.

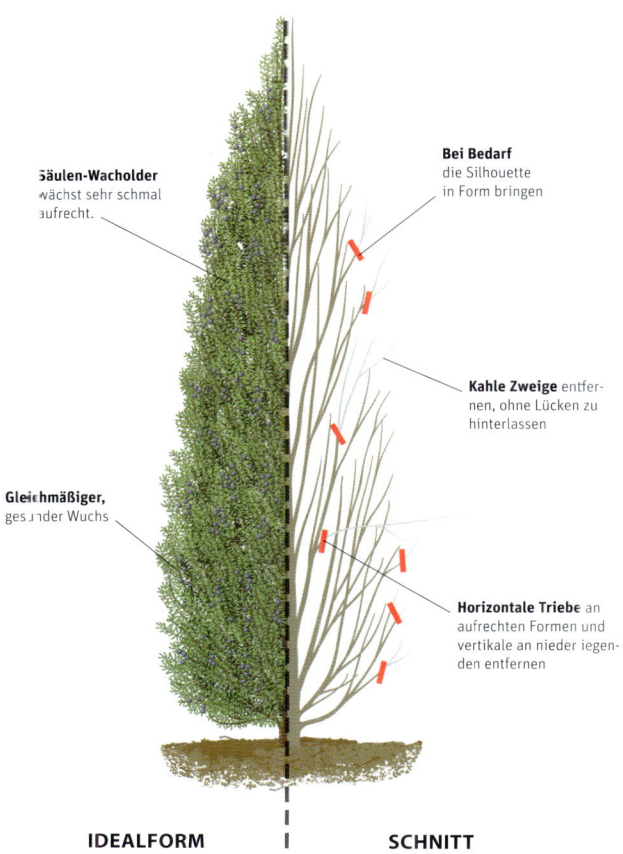

Säulen-Wacholder
wächst sehr schmal
aufrecht.

Bei Bedarf
die Silhouette
in Form bringen

Kahle Zweige entfer-
nen, ohne Lücken zu
hinterlassen

Gleichmäßiger,
gesunder Wuchs

Horizontale Triebe an
aufrechten Formen und
vertikale an nieder liegen-
den entfernen

IDEALFORM   **SCHNITT**

Kalmia *Lorbeerrose*

IMMERGRÜNE STRÄUCHER

■ **Schnitt: im Frühjahr; welken Flor nach der Blüte entfernen**

Kalmia latifolia

Lorbeerrosen sind mit Rhododendren verwandt und brauchen wie sie saure Böden. Ihre rosafarbenen, weißen oder violetten Blütenstände erscheinen im späten Frühjahr und Sommer. Die Pflanzen wachsen von Natur aus relativ ebenmäßig und müssen daher kaum geschnitten werden. Übermütige Triebe, die die Silhouette stören oder solche, die nicht blühen, kann man im Frühjahr kürzen. Falls möglich, sollten welke Blütenstände nach dem Verblühen ausgeputzt werden, damit die Pflanzen ihren dichten Wuchs behalten.

Werden Sträucher einmal zu groß für den ihnen zugewiesenen Platz, kann man sie mit einem starken Rückschnitt verkleinern. Um eine Schwächung des Gehölzes zu vermeiden, verteilt man die Maßnahme aber auf drei Jahre, indem man jedes Frühjahr ein Drittel der Triebe bis fast zum Boden zurückschneidet.

AUF EINEN BLICK

WUCHS Breitbuschige, mit der Zeit ausladende, meist dicht belaubte immergrüne Sträucher.

WINTERHÄRTE Die meisten Arten sind völlig winterhart, gedeihen aber an windgeschützten Standorten am besten.

HÖHE UND BREITE 2 m x 2,5 m oder mehr.

SCHNITT

■ Schneiden Sie so wenig wie möglich.

■ Putzen Sie Blüten aus, sobald sie welk sind.

■ Die Pflanzen reagieren gut auf einen Verjüngungsschnitt, den man aber zur Sicherheit auf mehrere Jahre verteilt.

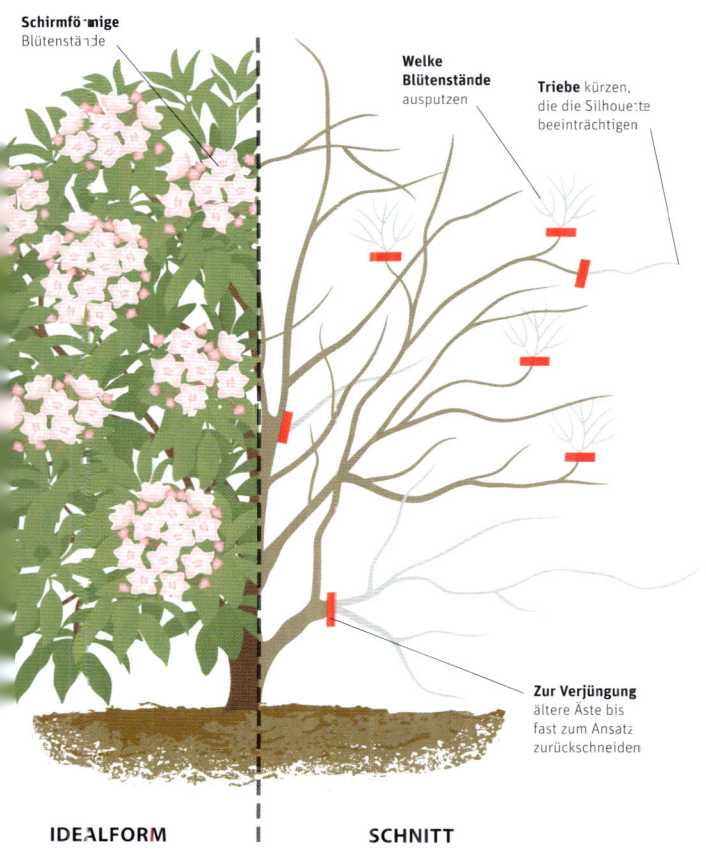

Schirmförmige
Blütenstände

**Welke
Blütenstände**
ausputzen

Triebe kürzen,
die die Silhouette
beeinträchtigen

Zur Verjüngung
ältere Äste bis
fast zum Ansatz
zurückschneiden

IDEALFORM

SCHNITT

Kerria *Kerrie, Ranunkelstrauch*

SOMMERGRÜNE STRÄUCHER

■ **Schnitt: im Sommer gleich nach der Blüte**

Kerria japonica
'Pleniflora'

Die einzige Art dieser Gattung ist das Japanische Gold-röschen (*K. japonica*), das fast ausschließlich in seiner gefüllten Form, der Sorte 'Pleniflora', in den Gärten anzutreffen ist. An der Spitze rutenartiger Triebe trägt die Pflanze in der zweiten Frühjahrshälfte hübsche, bauschige, gelbe Blüten. Der Flor erscheint aber immer am vorjährigen Wuchs.

Nach der Blüte werden alle verblühten Triebe auf kräftige Äste im Inneren des Strauchs oder bis fast zum Ansatz zurückgekürzt. Schneidet man sie unterschiedlich stark, entsteht ein aufrechter, offener Wuchs. Notfalls können auch ältere Äste bis zum Boden zurückgeschnitten werden, um den Busch auszulichten. Eine Ausbreitung der Pflanze verhindert man durch Ausgraben von Wurzelsprossen. Die Form 'Picta' ist nicht so wüchsig und muss daher weniger stark geschnitten werden.

AUF EINEN BLICK

WUCHS Sommergrüne, Wurzelsprosse bildende Sträucher mit dünnen Trieben.

WINTERHÄRTE Völlig winterhart.

HÖHE UND BREITE Etwa 1,2 m x 1,5 m.

SCHNITT
■ Kürzen Sie nach der Blüte alle Blütentriebe.

■ Entfernen Sie Wurzelsprosse, um eine Ausbreitung zu verhindern.

■ Ein radikaler Verjüngungsschnitt ist meist erfolgreich.

Leuchtend goldgelbe Blüten im Frühjahr

Verblühte Triebe auf einen kräftigen Ast einkürzen

Ältere Triebe bis zum Ansatz zurückschneiden

Unerwünschte Wurzelsprosse ausgraben

Aus der Basis treibt jedes Jahr frischer Wuchs aus.

IDEALFORM

SCHNITT

Kolkwitzia *Kolkwitzie*

SOMMERGRÜNE STRÄUCHER

◼ **Schnitt: im Sommer gleich nach der Blüte**

Kolkwitzia amabilis

Kolkwitzia amabilis, die einzige Art der Gattung, ist ein sommergrüner Strauch mit übergeneigten Trieben. Er trägt seine zarten, glockenförmigen, rosafarbenen Blüten im Mai und Juni am vorjährigen Wuchs. Geschnitten wird er unmittelbar nach der Blüte, damit der Busch möglichst viel Zeit hat, neue Triebe und Blüten für das nächste Jahr zu entwickeln.

Ältere Pflanzen bilden Wurzelsprosse und neue Triebe aus der Basis, sodass man alten, schwachen Wuchs herausnimmt, um Platz für frischen zu schaffen. Der Strauch wird ausgedünnt, indem man ein Viertel bis ein Drittel der ältesten Zweige bis zum Ansatz oder knapp darüber entfernt. Man sollte aber nicht zu viel Holz herausnehmen, das noch nicht geblüht hat. Ein Verkleinern der Pflanze ist nicht ratsam.

AUF EINEN BLICK

WUCHS Rundlicher Strauch mit übergeneigten Trieben; bildet Wurzelsprosse.

WINTERHÄRTE Völlig winterhart.

HÖHE UND BREITE Etwa 3 m x 2,5 m, in Einzelfällen auch mehr.

SCHNITT

◼ Dünnen Sie etablierte Sträucher jährlich aus, indem Sie alten Wuchs herausnehmen.

◼ Entfernen Sie unerwünschte Wurzelsprosse an der Basis der Pflanze.

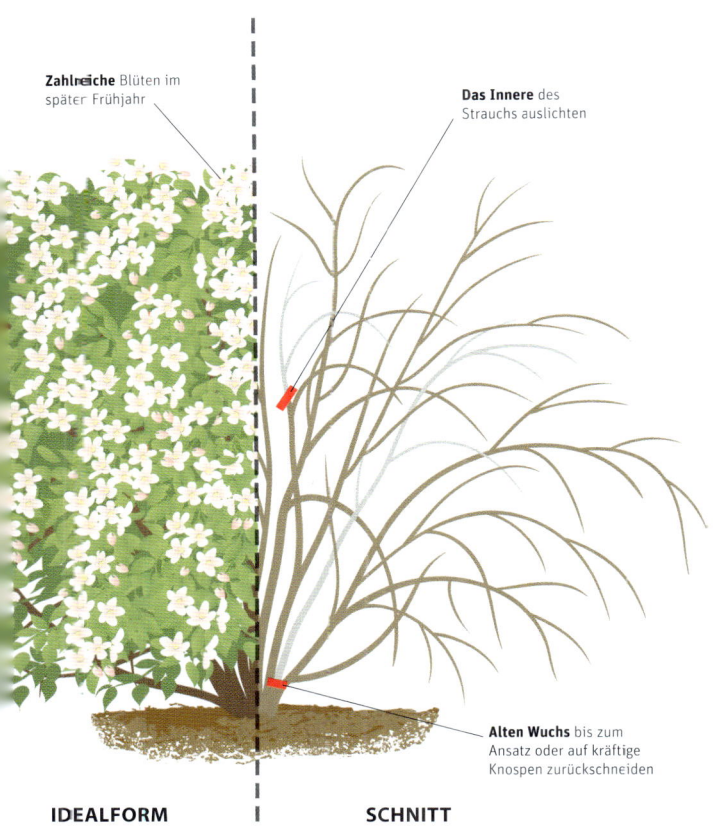

Zahlreiche Blüten im später Frühjahr

Das Innere des Strauchs auslichten

Alten Wuchs bis zum Ansatz oder auf kräftige Knospen zurückschneiden

IDEALFORM

SCHNITT

Laburnum *Goldregen*

SOMMERGRÜNE BÄUME

■ **Schnitt: vom Spätsommer bis zur Wintermitte**

Laburnum x watereri 'Vossii'

Ein reifer Goldregen in voller Blüte ist stets ein beeindruckender Anblick, seine langen, goldgelben Trauben hängen im Juni und Juli malerisch von den Zweigen herab. Die Bäume werden als Solitäre gezogen und brauchen nur wenig Schnitt. Muss die Krone in Form gebracht werden, erledigt man das am besten zwischen Spätsommer und Mitte des Winters, damit der Baum nicht zu sehr »blutet«.

Goldregen lässt sich auch an einem Bogen ziehen, vorausgesetzt, man bindet die Haupttriebe an, solange sie noch jung und biegsam sind. Zwischen September und Februar entfernt man ungünstig stehende Zweige und befestigt neue, kräftige Triebe an der Stütze. Seitentriebe aus dem Hauptgerüst werden bis auf 2–3 Knospen eingekürzt, um das Gehölz zur Bildung von Blütentrieben anzuregen. Alle Teile der Pflanze sind giftig, weshalb man beim Schneiden immer Handschuhe tragen sollte.

AUF EINEN BLICK

WUCHS Meist aufrechte sommergrüne Bäume mit offener, lockerer Krone.

WINTERHÄRTE Völlig winterhart.

HÖHE UND BREITE 6 m x 5 m; an Bögen entsprechend weniger.

SCHNITT

■ Schneiden Sie so wenig wie möglich.

■ Ein Schnitt, sofern überhaupt nötig, sollte zwischen dem Spätsommer und der Wintermitte erfolgen.

Abgestorbene und verletzte Zweige entfernen

Große, hängende Trauben aus leuchtend gelben Blüten

Verblühte Zweige, wenn nötig, kürzen

IDEALFORM

SCHNITT

Lagerstroemia *Lagerströmie, Kreppmyrte*

SOMMERGRÜNE BÄUME ODER STRÄUCHER

■ **Schnitt: im Frühjahr mit dem Neuaustrieb**

Lagerstroemia indica 'Seminale'

Die meisten Lagerströmien reifen zu mehrstämmigen, mitunter auch einstämmigen, schönen Solitären heran. Sie tragen in der zweiten Sommerhälfte rote, rosafarbene, weiße oder violette Blütenrispen. Ein weiterer Vorzug ist ihre dekorativ abblätternde Rinde. Die meisten Arten sind nicht winterhart, *L. indica* allerdings kann in milden Regionen im Freien, bevorzugt vor warmen Wänden, kultiviert werden. Für die Erziehung an Mauern, z. B. als Fächer, ist aber keine Art geeignet.

Nach dem Pflanzen wählt man drei, fünf oder sieben kräftige Triebe aus und schneidet die restlichen bis zum Boden zurück. Im Frühjahr entfernt man die niedrigsten Seitenäste bei Bedarf, damit die Stämme im unteren Teil frei bleiben. Überkreuzte oder ungünstig stehende Triebe werden entfernt, allzu lange eingekürzt. Ein jährlicher Schnitt älterer Gehölze verbessert manchmal die Blüte.

AUF EINEN BLICK

WUCHS Meist rundliche bis ausladende, mehrstämmige Bäume oder Sträucher.

WINTERHÄRTE *L. indica* verträgt bis etwa −15 °C. Andere Arten sind nicht winterhart.

HÖHE UND BREITE Ungeschnitten 8 m x 8 m.

SCHNITT

■ Lichten Sie die Krone aus.

■ Entfernen Sie alle Äste am unteren Stamm, damit die Rinde gut sichtbar ist.

■ Ein Verjüngungsschnitt ist meist erfolgreich. Unter Glas gezogene Topfpflanzen können stark zurückgeschnitten werden.

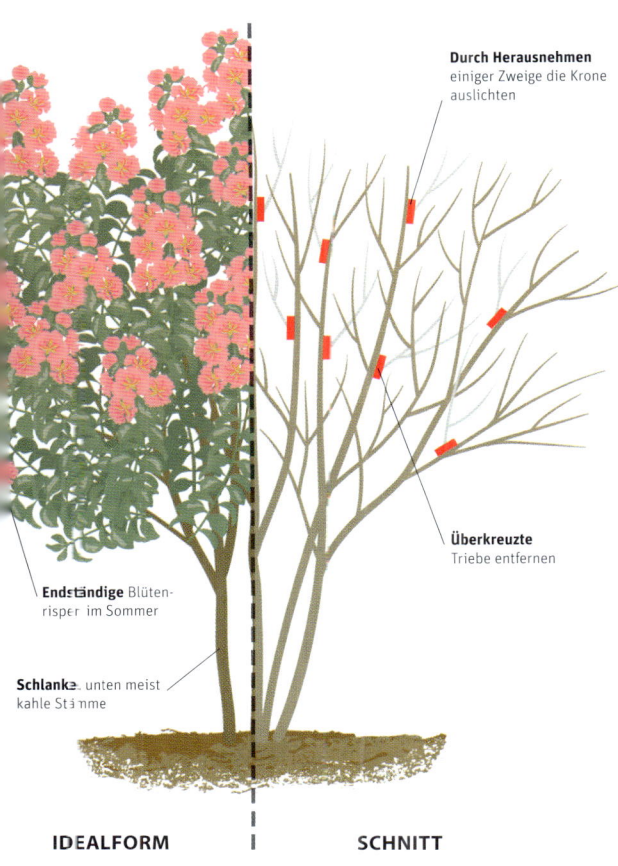

Durch Herausnehmen einiger Zweige die Krone auslichten

Überkreuzte Triebe entfernen

Endständige Blütenrispen im Sommer

Schlanke, unten meist kahle Stämme

IDEALFORM

SCHNITT

Larix *Lärche*

SOMMERGRÜNE KONIFEREN

■ **Schnitt: im Frühjahr, bei Bedarf auch zu anderen Zeiten**

Larix decidua

Lärchen gehören zu den Sonderlingen im Reich der Koniferen: Sie lassen ihre Nadeln im Herbst in leuchtendem Rot oder Gelb erstrahlen und werfen sie danach ab. Meist wachsen sie zu aufrechten Bäumen mit kegelförmiger Krone heran; zwergige, ausladende und hängende Formen bleiben relativ kompakt. Alle kommen mit den unterschiedlichsten Standortbedingungen zurecht.

Bei besonderen Sorten, wie der hängenden *L. decidua* 'Pendula', entfernt man alle Triebe, die die Silhouette stören. Ansonsten werden bei Lärchen nur beschädigte oder ungünstig stehende Zweige herausgenommen.

Lärchen sind in Kombination mit immergrünen Koniferen, wie Zypressen, ein ausgezeichneter Windschutz. Abwechselnd in einer Hecke platziert, ergänzen sie sich auch im Winter sehr gut. Man schneidet solche Hecken im Frühjahr und Sommer mindestens zweimal.

AUF EINEN BLICK

WUCHS Meist hohe, aufrechte Nadelbäume mit kegelförmiger Krone. Manche Formen wachsen auch relativ ausladend oder zwergig.

WINTERHÄRTE Völlig winterhart und windverträglich.

HÖHE UND BREITE Bis 20 m x 6 m, Zwergformen oft nicht mehr als 1 m.

SCHNITT

■ Schneiden Sie Solitäre bei Bedarf im Frühjahr, um ihre Form zu bewahren.

■ Trimmen Sie Hecken im Verlauf der Vegetationsperiode mindestens zweimal.

■ Beim Schnitt höherer Bäume beauftragen Sie ggf. eine Fachfirma.

Schöne Silhouette
und offener Wuchs

Ungünstig
stehende Zweige
entfernen

Von Wind oder Schnee
beschädigten Wuchs
zurückschneiden

IDEALFORM   **SCHNITT**

Laurus *Lorbeerbaum*

IMMERGRÜNE STRÄUCHER ODER BÄUME

■ **Schnitt: im Frühjahr und Sommer bei Bedarf**

Laurus nobilis

Von den drei *Laurus*-Arten wird nur *L. nobilis* kultiviert, die anderen wachsen wild auf den Kanarischen Inseln, den Azoren und auf Madeira. Lorbeer reift zu einem immergrünen Baum oder Strauch heran, dessen Blätter in der Küche Verwendung finden, er überlebt allerdings in unseren Breiten nur in den wärmsten Regionen und an Standorten mit gutem Winterschutz, weshalb er fast immer als Kübelpflanze gezogen wird.

Man kann Lorbeerbäume in Form schneiden, ein ausgefeilter Formschnitt wie beispielsweise bei Buchsbäumen ist allerdings nicht möglich. Wenn Sie die Krone mit der Heckenschere bearbeiten, wählen Sie einen trockenen, sonnigen Tag, damit sich die Schnittwunden rasch schließen und die Gefahr der Infektion durch Pilze verringert wird. Ein starker Rückschnitt nach dem Hochsommer ist nicht ratsam, denn neuer Wuchs ist kälteempfindlich.

AUF EINEN BLICK

WUCHS Dicht belaubter Baum oder großer Strauch.

WINTERHÄRTE Nicht winterhart; kann bestenfalls in sehr milden Gegenden an geschützten Standorten im Freiland wachsen.

HÖHE UND BREITE 6 m x 3 m, bei regelmäßigem Schnitt wesentlich kleiner.

SCHNITT

■ Mit einem Schnitt erhält man die Form der Pflanze oder verhindert, dass sie zu groß wird.

■ Ein Formschnitt während der Vegetationsperiode ist möglich.

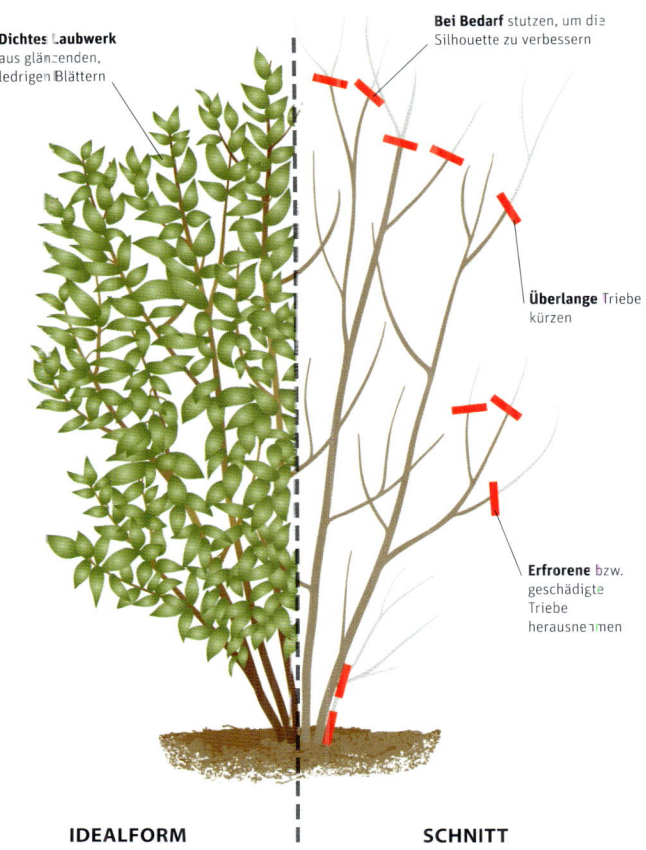

Dichtes Laubwerk
aus glänzenden,
ledrigen Blättern

Bei Bedarf stutzen, um die
Silhouette zu verbessern

Überlange Triebe
kürzen

Erfrorene bzw.
geschädigte
Triebe
herausnehmen

IDEALFORM

SCHNITT

Lavandula *Lavendel*
IMMERGRÜNE STRÄUCHER
■ **Schnitt: im zeitigen Frühjahr und im Sommer**

Lavandula angustifolia

Lavendel ist in Bauerngärten ein vertrauter Anblick. Er wird auch als niedrige Hecke eingesetzt und kann im Frühjahr und Sommer mit einem Formschnitt entsprechend gestaltet werden, doch muss man dafür auf die duftenden, meist lilafarbenen oder blauen, selten auch weißen Blüten verzichten. Sie erscheinen je nach Art zwischen spätem Frühjahr und Spätsommer und locken, da sie reichlich Nektar bieten, zuhauf Bienen und Hummeln an.

Jedes Frühjahr schneidet man den Strauch zurück, damit er nicht verkahlt, sondern buschig und dicht mit graugrünen Blättern belaubt bleibt. Außerdem kann er nach der Blüte oberhalb des Laubs eingekürzt werden. Heckenpflanzen können bei Bedarf auch etwas stärker in älteres Holz zurückgeschnitten werden. Alte, von unten her stark verholzte Pflanzen werden allerdings am besten ersetzt, denn altes Holz treibt selten neu aus.

AUF EINEN BLICK

WUCHS Niedrige, aromatisch duftende Sträucher.

WINTERHÄRTE Manche Arten sind völlig winterhart, andere müssen unter Glas überwintert werden.

HÖHE UND BREITE Je nach Art und Sorte rund 50 cm x 50 cm.

SCHNITT
■ Mit einem Schnitt erhält man den buschigen Wuchs und verhindert, dass sich ein dichtes Gewirr abgestorbener Triebe bildet.

■ Entfernen Sie den größten Teil des letztjährigen Wuchses im Frühjahr.

■ Schneiden Sie dabei nicht in altes Holz.

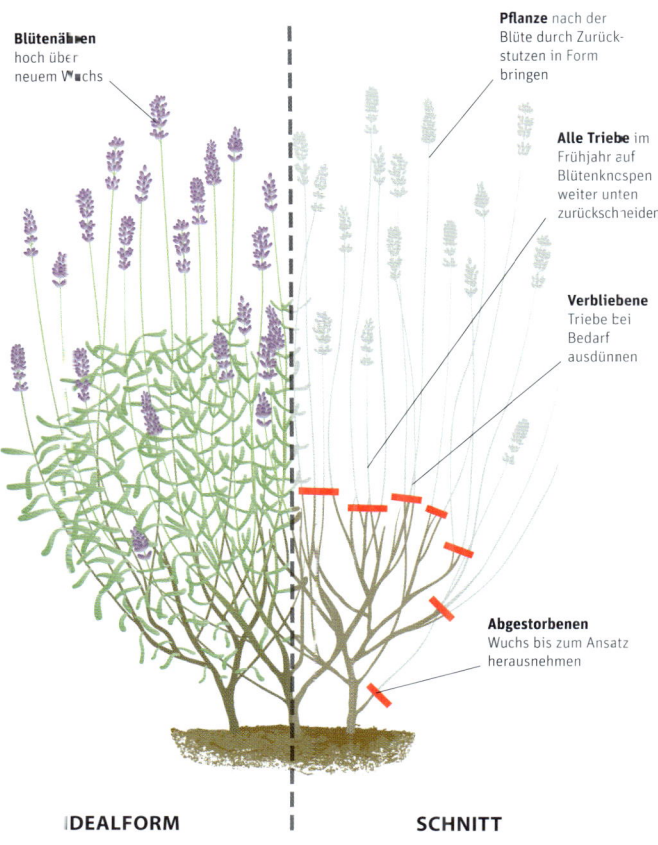

Blütenähren hoch über neuem Wuchs

Pflanze nach der Blüte durch Zurückstutzen in Form bringen

Alle Triebe im Frühjahr auf Blütenknospen weiter unten zurückschneiden

Verbliebene Triebe bei Bedarf ausdünnen

Abgestorbenen Wuchs bis zum Ansatz herausnehmen

IDEALFORM

SCHNITT

Lavatera *Buschmalve*
SOMMERGRÜNE STRÄUCHER ODER KRÄUTER
■ **Schnitt: im Frühjahr**

Lavatera x *clementii* 'Barnsley'

Die Sträucher unter den Buschmalven bieten im Hintergrund von Rabatten einen attraktiven Blickpunkt. Sie tragen ihren Flor mit rosafarbenen oder weißen Blüten im Sommer über einen langen Zeitraum hinweg – manchmal sogar bis in den Herbst hinein. Ihre langen, biegsamen Triebe wachsen oft leicht übergeneigt. Man pflanzt Malven am besten an einen geschützten Standort, denn kräftige Winde können die Triebe und insbesondere ältere, verdickte, brüchig gewordene Zweige schädigen.

Da die Pflanze am diesjährigen Holz blüht, wird der Schnitt im zeitigen Frühjahr durchgeführt, damit sie Zeit hat, bis zur Blüte möglichst viele Triebe zu bilden. Kräftige Zweige werden bis 30 cm über dem Boden, schwache Zweige bis ganz zum Boden zurückgeschnitten. Im Sommer wird abgebrochenes Material bis auf eine kräftige Knospe eingekürzt.

■ AUF EINEN BLICK

WUCHS Wüchsige Sträucher mit übergeneigten Trieben.

WINTERHÄRTE Manche Arten sind winterhart, andere brauchen geschützte Standorte und mildes Klima.

HÖHE UND BREITE Etwa 2 m x 1,2 m.

SCHNITT
■ Mit einem Schnitt hält man die Pflanze jung, altes, bruchgefährdetes Holz wird durch frische Triebe ersetzt.

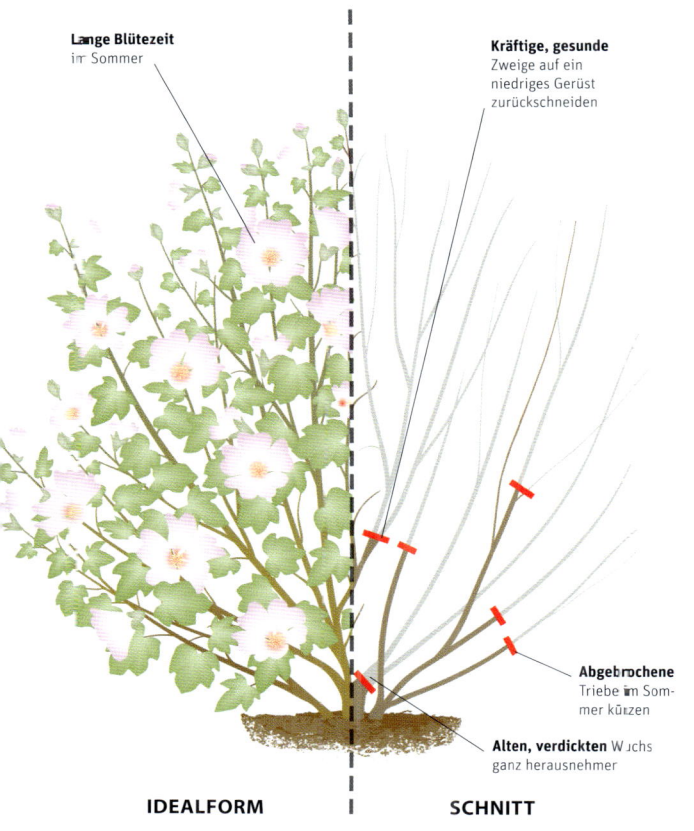

Lange Blütezeit
im Sommer

Kräftige, gesunde
Zweige auf ein
niedriges Gerüst
zurückschneiden

Abgebrochene
Triebe im Som-
mer kürzen

Alten, verdickten Wuchs
ganz herausnehmer

IDEALFORM

SCHNITT

Leycesteria *Leycesterie*

SOMMERGRÜNE STRÄUCHER

■ **Schnitt: im Frühjahr vor dem kräftigen Neuaustrieb**

Leycesteria formosa

Leycesterien sind sommergrüne Sträucher mit übergeneigtem Wuchs. Sie bringen vom Sommer bis in den Herbst hinein Farbe in den Garten, da ihre Hochblätter auch noch bestehen bleiben, während bereits fleischige Beeren heranreifen. Man kann sie als Solitäre einsetzen, in Strauchrabatten integrieren oder in Gehölzgruppen als Unterpflanzung nutzen.

Geschnitten wird in erster Linie, um bestehenden Wuchs auszudünnen und Platz zu schaffen für neue Triebe, denn verdichtete Stellen wirken unschön und verkahlen von unten her. Im Frühjahr nimmt man mit der Astschere dicke, alte Triebe bis zum Boden heraus. Auch schwache, dünne Triebe werden entfernt; gesundes, wüchsiges Material hingegen lässt man unangetastet. Bis zum nächsten Frühjahr sollte kein weiterer Schnitt mehr erforderlich sein.

AUF EINEN BLICK

WUCHS Sträucher mit übergeneigten Trieben; breiten sich oft durch Ausläufer aus.

WINTERHÄRTE Nicht ganz winterhart; *L. formosa* braucht guten Schutz.

HÖHE UND BREITE 2 m x 2 m, gelegentlich auch mehr.

SCHNITT

■ Dünnen Sie die Triebe jährlich aus, um die Ausbreitung der Pflanze zu bremsen und ihre Wüchsigkeit zu bewahren.

■ Schneiden Sie jedes Frühjahr ein Drittel der ältesten Triebe bis fast zum Boden zurück.

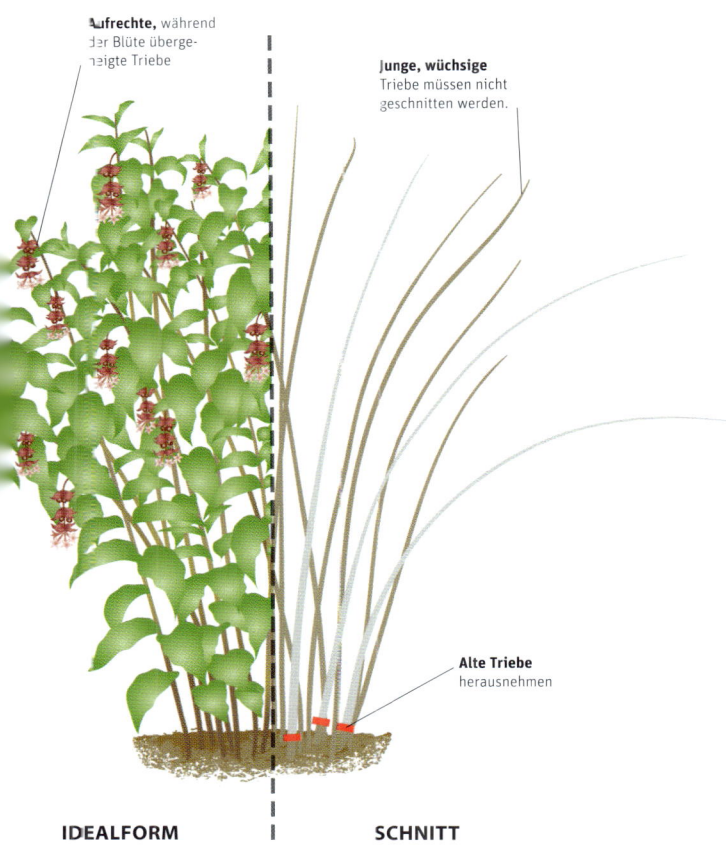

Aufrechte, während der Blüte übergeneigte Triebe

Junge, wüchsige Triebe müssen nicht geschnitten werden.

Alte Triebe herausnehmen

IDEALFORM

SCHNITT

Ligustrum *Liguster*

IMMER- ODER SOMMERGRÜNE STRÄUCHER ODER KLEINE BÄUME

■ **Schnitt: im Frühjahr, bei Bedarf auch im Sommer**

Ligustrum lucidum

Liguster sind klassische Heckenpflanzen, doch immergrüne Arten haben auch in gemischten Pflanzungen und als Solitäre einen Stellenwert. Die Sträucher entwickeln bei minimalem Schnitt einen eleganten Wuchs und bilden bereitwillig aus der Basis neue Triebe. Aus den cremeweißen, in Rispen stehenden Blüten reifen glänzende, schwarze Beeren heran. Zudem tragen manche Sorten gelbe oder panaschierte Blätter.

Ein Schnitt wird im zeitigen Frühjahr oder in der Zeit unmittelbar nach der Blüte durchgeführt. Dünnen Sie dazu verdichteten Wuchs aus und nehmen Sie unten verkahlte Zweige bis zum Ansatz heraus; andere kürzt man so, dass die Pflanze ihre schöne Form bewahrt. Hecken werden in der Frühjahrsmitte und im Spätsommer geschnitten. Ein Verjüngungsschnitt ist möglich, doch können panaschierte Formen zu reinem Grün zurückschlagen.

AUF EINEN BLICK

WUCHS Aufrechte bis ausladende, meist offene Sträucher oder Bäume.

WINTERHÄRTE Die als Zierstrauch genutzten Arten sind nur für milde Regionen geeignet.

HÖHE UND BREITE 4 m x 3 m, bei regelmäßigem Schnitt auch kleiner.

SCHNITT
■ Liguster vertragen einen Schnitt sehr gut, ganz gleich, ob man sie damit in Form bringen oder verkleinern möchte.

■ Vernachlässigte Exemplare können mit der Zeit am Ansatz verkahlen.

Vor Natur aus eleganter Wuchs

Blütentriebe bei Bedarf kürzen

Triebe stutzen, um eine schöne Form zu erreichen

Verdichteten und überkreuzten Wuchs herausnehmen

IDEALFORM

SCHNITT

Liquidambar *Amberbaum*

SOMMERGRÜNE BÄUME

■ **Schnitt: zwischen Herbst und Spätwinter**

Liquidambar styraciflua

Amberbäume entwickeln eine geradezu spektakuläre Herbstfärbung: Kurz vor dem Abfallen entflammen ihre gelappten Blätter in leuchtenden Rot-, Gelb- und Orangetönen – gelegentlich ist sogar ein tiefes Burgunderrot dabei. Sie vertragen zwar Kalkböden, entwickeln die beste Farbe aber in neutraler bis saurer Erde. Am beliebtesten ist der Amerikanische Amberbaum (*L. styraciflua*), den es in mehreren Sorten gibt. Einige davon werden üblicherweise als Hochstamm gezogen. Einen säulenförmigen Wuchs mit hängenden Trieben hat 'Pendula'.

Die meisten Amberbäume bilden einen kräftigen Leittrieb und werden kaum geschnitten. Es reicht, Konkurrenztriebe und sonstigen unerwünschten Wuchs herauszunehmen. An Hochstämmen werden verdichtete Triebe ausgedünnt und andere auf günstig stehende Knospen eingekürzt, damit die Krone ausgewogen bleibt.

AUF EINEN BLICK

WUCHS Aufrechte, offene sommergrüne Bäume.

WINTERHÄRTE *L. styraciflua* ist völlig winterhart, andere Arten sind empfindlicher.

HÖHE UND BREITE 8 m x 4 m, zum Teil auch mehr. Hochstämme bleiben kleiner.

SCHNITT
■ Schneiden Sie so wenig wie möglich.

■ Nehmen Sie totes Holz im Sommer heraus.

■ Hochstämme werden so geschnitten, dass sie eine ausgewogene Krone bilden.

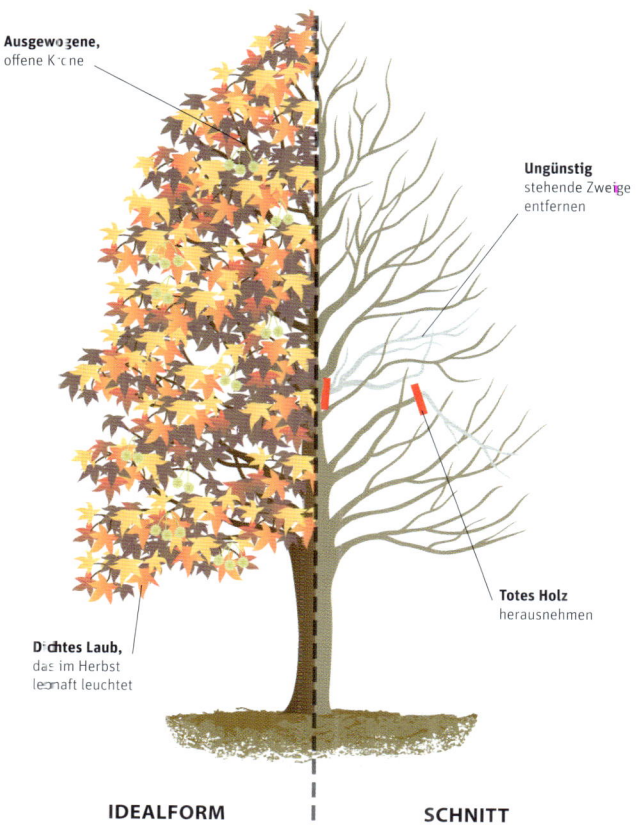

Ausgewogene,
offene Krone

Ungünstig
stehende Zweige
entfernen

Totes Holz
herausnehmen

Dichtes Laub,
das im Herbst
lebhaft leuchtet

IDEALFORM

SCHNITT

Lonicera *Heckenkirsche*

(1) SOMMER- ODER IMMERGRÜNE STRÄUCHER

■ **Schnitt: im Frühjahr und Sommer bzw. nach der Blüte**

Lonicera fragrantissima

Unter den strauchigen Heckenkirschen finden sich sommergrüne Arten, die wegen ihrer duftenden Blüten geschätzt werden, und immergrüne Formen, die man vor allem als Heckenpflanzen einsetzt. Sommergrüne Heckenkirschen blühen im Winter oder Frühsommer. Man schneidet sie nach der Blüte, indem man älteren, schwachen und verdichteten Wuchs entfernt. Bei Bedarf schneidet man weitere Triebe auf günstig stehende Knospen zurück.

Immergrüne Arten wachsen von Natur aus dicht. Man stutzt sie einmal im Frühjahr und einmal im Hochsommer. Sorten wie *L. nitida* 'Baggesen's Gold' mit ihren übergeneigten Trieben aus grüngelbem Laub wirken auch schön, wenn sie nur wenig geschnitten werden. Ein Verjüngungsschnitt zwischen Spätwinter und zeitigem Frühjahr ist möglich.

AUF EINEN BLICK

WUCHS Oft sparrige sommer- oder immergrüne Sträucher, manchmal mit dünnen Zweigen.

WINTERHÄRTE Praktisch winterhart, höchstens in rauen Lagen ist Winterschutz ratsam.

HÖHE UND BREITE Etwa 2 m x 2 m, kann aber durch Schnitt kleiner gehalten werden.

SCHNITT

■ Schneiden Sie sommergrüne Formen bei Bedarf nach der Blüte zurück.

■ Schneiden Sie immergrüne Formen im Frühjahr und Sommer.

■ Strauchige Formen können verjüngt werden.

■ Kletternde *Lonicera* siehe S. 270–271.

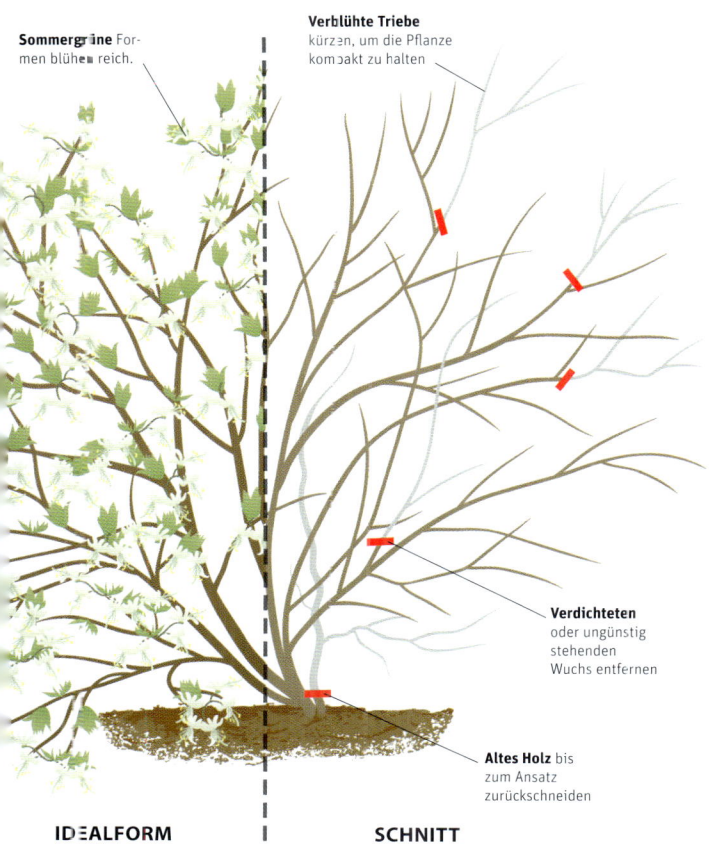

Sommergrüne For-
men blühen reich.

Verblühte Triebe
kürzen, um die Pflanze
kompakt zu halten

Verdichteten
oder ungünstig
stehenden
Wuchs entfernen

Altes Holz bis
zum Ansatz
zurückschneiden

IDEALFORM   **SCHNITT**

Lonicera *Geißblatt*
(2) IMMER- ODER SOMMERGRÜNE KLETTERPFLANZEN
■ **Schnitt: Frühjahr (immergrün) und Sommer (sommergrün)**

*Lonicera pericly-
menum* 'Serotina'

Kletternde *Lonicera*-Arten werden Geißblatt genannt und gern in Bauerngärten gepflanzt. Sie verbreiten einen angenehmen Duft und sind unkompliziert zu ziehen. Als Waldbewohner vertragen sie auch schattige Standorte. Alle Arten sind ausgesprochen wüchsig und können sich ungebührlich stark ausbreiten. Ihre Triebe neigen auch dazu, sich umeinander zu winden, was verdichteten Wuchs und schwache Blüte zur Folge hat. Man führt daher kräftige Triebe horizontal und entfernt schwache.

Etablierte immergrüne Formen schneidet man im Frühjahr, indem man ältere Triebe bis zum Ansatz heraus-nimmt. Der übrige Wuchs wird nach Bedarf auf kräftige Knospen zurückgeschnitten. An sommergrünen Formen kürzt man Triebe, die im Sommer geblüht haben. Ausgedünnt wird am besten im Winter, wenn das Laub fehlt: Nehmen Sie dazu einfach älteren Wuchs heraus.

AUF EINEN BLICK

WUCHS Sehr wüchsige, windende Kletterpflanzen.

WINTERHÄRTE Die in unseren Breiten kultivierten Zierpflanzen sind winterhart.

HÖHE UND BREITE 3 m x 3 m, ohne Schnitt auch wesentlich mehr.

SCHNITT
■ Lichten Sie verdichteten Wuchs aus, da er die Blühwilligkeit verschlechtert.

■ Strauchige *Lonicera* siehe S. 268–269.

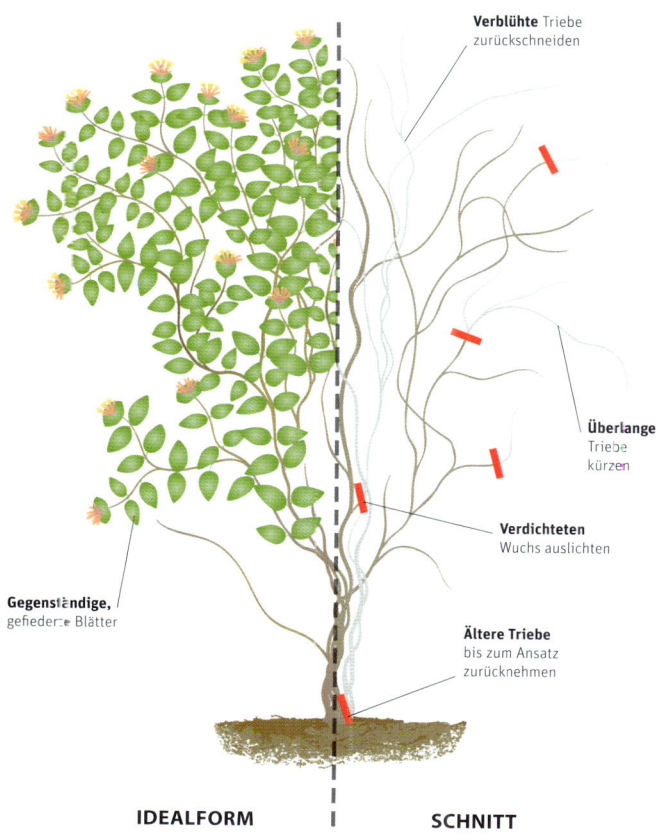

Verblühte Triebe
zurückschneiden

Überlange
Triebe
kürzen

Verdichteten
Wuchs auslichten

Gegenständige,
gefiederte Blätter

Ältere Triebe
bis zum Ansatz
zurücknehmen

IDEALFORM

SCHNITT

Magnolia *Magnolie*

(1) SOMMERGRÜNE BÄUME ODER STRÄUCHER

■ **Schnitt: im Hochsommer bei trockener, warmer Witterung**

Magnolia x soulangeana

Magnolien wachsen in der Jugend meist strauchig, reifen aber mit der Zeit zu Bäumen heran. Die meisten Formen tragen zu Beginn der Vegetationsperiode cremeweiße, rosafarbene, gelegentlich auch violette Blüten, die in rauen Lagen durch Fröste geschädigt werden können.

Sommergrüne Arten wachsen langsam und sollten so wenig wie möglich geschnitten werden, damit ihr von Natur aus eleganter Habitus erhalten bleibt. Ein unüberlegter Schnitt führt zum Austrieb senkrechter Zweige, die den ganzen Wuchs verderben. Wenn ein Schnitt unumgänglich ist, führt man ihn an einem trockenen Tag im Hochsommer durch, damit die Wunden schneller heilen und nicht so stark »bluten«. Kürzen Sie hierbei nur die längsten Triebe leicht zurück, ohne in altes Holz zu schneiden. Im folgenden Jahr werden dann neue, senkrecht wachsende Triebe allesamt entfernt.

■ **AUF EINEN BLICK**

WUCHS Rundliche bis ausladende Bäume oder Sträucher mit eleganter Silhouette.

WINTERHÄRTE Überwiegend winterhart. Früh blühende Formen sind anfällig für Spätfröste und brauchen geschützte Standorte.

HÖHE UND BREITE Etwa 6 m x 6 m, zum Teil auch wesentlich kleiner.

SCHNITT

■ Schneiden Sie im Sommer, da die Wunden in dieser Zeit am schnellsten heilen und der Baum nicht so sehr »blutet«.

■ Entfernen Sie senkrechte Triebe, die nach dem Schnitt neu austreiben.

■ Immergrüne Magnolien siehe S. 274–275.

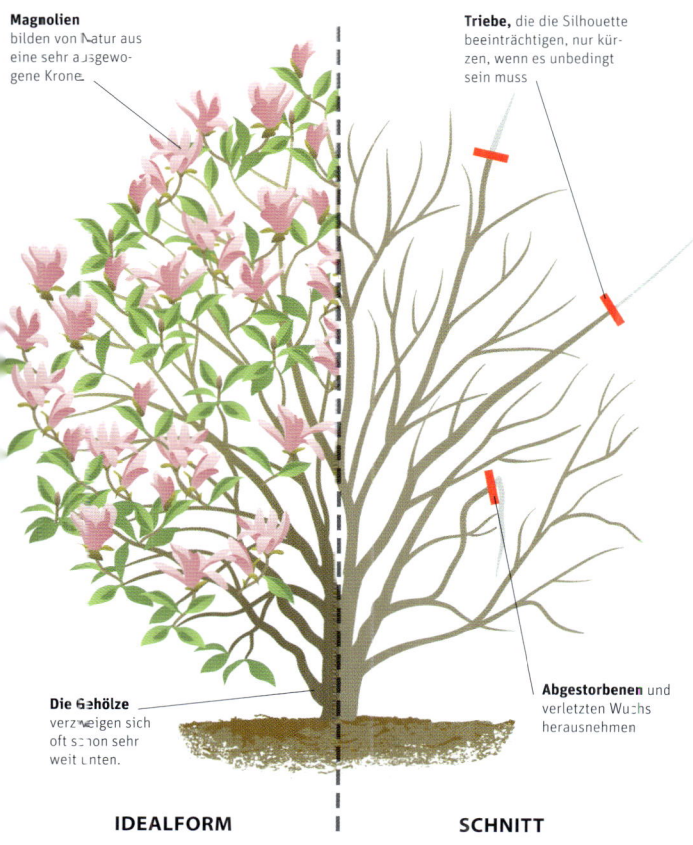

Magnolien
bilden von Natur aus eine sehr ausgewogene Krone.

Triebe, die die Silhouette beeinträchtigen, nur kürzen, wenn es unbedingt sein muss

Die Gehölze verzweigen sich oft schon sehr weit unten.

Abgestorbenen und verletzten Wuchs herausnehmen

IDEALFORM

SCHNITT

Magnolia *Magnolie*
(2) IMMERGRÜNE BÄUME
■ **Schnitt: bei Bedarf im Sommer oder auch im Winter**

Magnolia grandi-flora 'Ferruginea'

Immergrüne Magnolien unterscheiden sich beträchtlich von den sommergrünen: Sie wachsen schneller und blühen später. Ihr Flor ist spärlicher, dafür erscheinen die Blüten mit Unterbrechungen vom Sommer bis in den Herbst hinein. Späte Knospen, die den ersten Frösten zum Opfer gefallen sind, entfernt man sofort, um Fäulnis zu verhindern. Erfrorener Wuchs wird im Winter herausgenommen. Immergrüne Magnolien vertragen einen Schnitt wesentlich besser als ihre sommergrünen Verwandten, aber auch sie »bluten« bei einem Schnitt im Frühjahr. Für eine Erziehung an einer Mauer werden neue Triebe früh horizontal geführt – solange sie noch biegsam sind – und angebunden. Im Sommer kürzt man aus der Reihe tanzende Zweige, vor allem, wenn sie Schatten auf Blütenknospen werfen. Man verwendet dafür die Astschere oder eine Säge.

AUF EINEN BLICK

WUCHS Wüchsige Bäume, deren samtig behaarte junge Triebe nur kurz biegsam sind.

WINTERHÄRTE Nur in milden Regionen winterhart.

HÖHE UND BREITE Bäume werden etwa 6 m x 3 m, an Mauern erzogene Exemplare bleiben kleiner.

SCHNITT
■ Die Bäume brauchen kaum Schnitt.

■ An Mauern gezogene Sträucher schneidet man so, dass der Wuchs wandnah bleibt; alte und ungünstig stehende Triebe werden herausgenommen.

■ Sommergrüne Magnolien siehe S. 272–273.

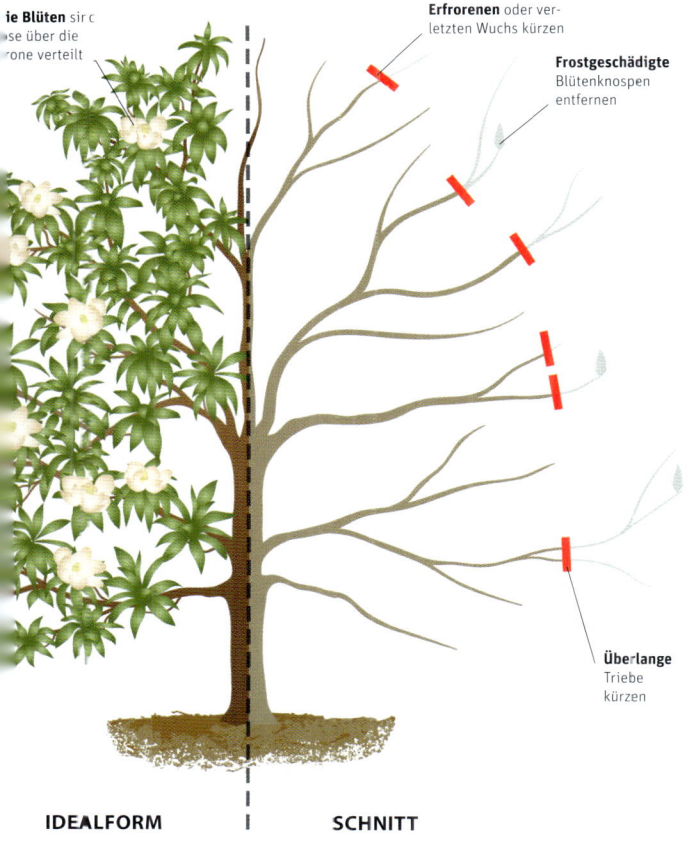

ie Blüten sir c
se über die
rone verteilt

Erfrorenen oder ver-
letzten Wuchs kürzen

Frostgeschädigte
Blütenknospen
entfernen

Überlange
Triebe
kürzen

IDEALFORM

SCHNITT

Mahonia *Mahonie*
(1) IM FRÜHJAHR BLÜHENDE IMMERGRÜNE STRÄUCHER

■ **Schnitt: im Spätfrühling bis Frühsommer nach der Blüte**

Mahonia aquifolium 'Smaragd'

Mit ihren leuchtend gelben Blütenständen machen diese Sträucher besonders im Frühjahr auf sich aufmerksam. Zudem zeichnen sie sich oftmals durch einen schönen Wuchs mit dichtem Laub aus und ihre Blätter können sich im Winter als Reaktion auf die Kälte einnehmend rot färben. Kriechende Formen geben gute Bodendecker ab.

Man schneidet Mahonien kurz nach der Blüte im Frühjahr. Manche Arten neigen stark zur Bildung von Wurzelsprossen an der Basis, man entfernt sie am besten, damit die Pflanze sich nicht zu sehr ausbreitet. Älteren, unproduktiven Wuchs im Inneren kann man ebenfalls herausnehmen. Verblühte Triebe lassen sich kürzen, doch muss man dann auf die Beeren im Herbst verzichten. Bodendecker werden jährlich oder alle zwei Jahre bis fast zur Basis zurückgeschnitten.

AUF EINEN BLICK

WUCHS Wurzelsprosse bildende, buschige bis ausladende, zum Teil bodendeckende immergrüne Sträucher.

WINTERHÄRTE Meist völlig winterhart.

HÖHE UND BREITE 1 m x 1,5 m, bodendeckende Formen bleiben niedriger.

SCHNITT
■ Schneiden Sie die Sträucher jährlich zurück, um sie zur Bildung frischer Blütentriebe für das nächste Jahr anzuregen.

■ Im Winter blühende Mahonien siehe S. 278–279.

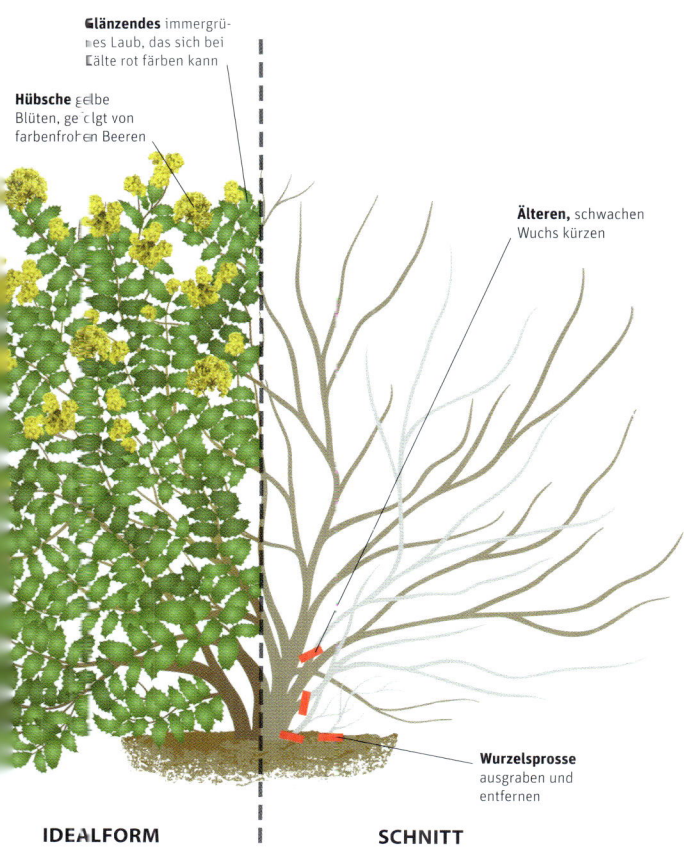

Glänzendes immergrünes Laub, das sich bei Kälte rot färben kann

Hübsche gelbe Blüten, gefolgt von farbenfrohen Beeren

Älteren, schwachen Wuchs kürzen

Wurzelsprosse ausgraben und entfernen

IDEALFORM

SCHNITT

Mahonia *Mahonie*

(2) IM WINTER BLÜHENDE IMMERGRÜNE STRÄUCHER

◼ **Schnitt: Spätwinter bis Frühjahr, gleich nach der Blüte**

Mahonia x *media*

Im Winter oder Vorfrühling blühende Mahonien bringen mit ihren zartgelben, süß duftenden Blüten an der Spitze straff aufrechter Triebe Farbe in die kalte Jahreszeit. Am häufigsten in Kultur zu finden sind *M. japonica*, *M. lomariifolia* und eine Hybride aus den beiden, *M.* x *media* – drei äußerst wertvolle Blüher mit gleichen Schnittansprüchen. Die immergrünen, schön strukturierten Sträucher werden oft auch als Blattschmuckpflanzen gezogen. Ältere Triebe verkahlen mit der Zeit von unten her, wenn man die Pflanzen aber in den hinteren Bereich einer Rabatte setzt, werden ihre Schwachstellen von anderen Gewächsen kaschiert. An offeneren Standorten oder als Solitäre können sie allerdings etwas unansehnlich wirken. Man behebt das Problem, indem man sie unmittelbar nach der Blüte im Spätwinter oder zeitigen Frühjahr bis fast zum Boden zurückschneidet.

AUF EINEN BLICK

WUCHS Straff aufrechte Sträucher, die dazu neigen, von unten her zu verkahlen.

WINTERHÄRTE Bis mindestens −15 ℃ winterhart. In rauen Lagen ist ein geschützter Standort erforderlich.

HÖHE UND BREITE Etwa 3 m x 1,2 m.

SCHNITT

◼ Mit einem Schnitt regt man die Pflanzen zur Bildung neuer, bis zum Ansatz belaubter Triebe aus der Basis an.

◼ Im Frühjahr blühende Mahonien siehe S. 276–277.

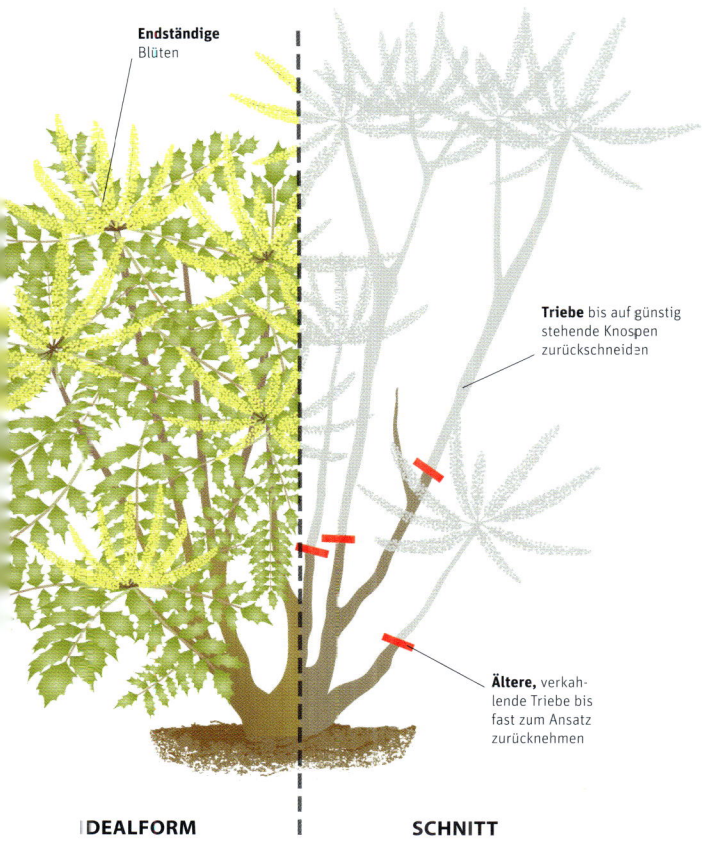

Endständige Blüten

Triebe bis auf günstig stehende Knospen zurückschneiden

Ältere, verkahlende Triebe bis fast zum Ansatz zurücknehmen

IDEALFORM

SCHNITT

Malus *Zierapfel*

SOMMERGRÜNE BÄUME

■ **Schnitt: im Spätwinter oder zeitigen Frühjahr**

Malus
'John Downie'

Neben den vielen Hundert Sorten, die wegen ihrer essbaren Früchte (siehe S. 438–439) kultiviert werden, gibt es Formen mit reinem Zierwert. Sie öffnen im Frühjahr ein Meer weißer oder rosafarbener Blüten, aus denen im Herbst kleine, orangefarbene, gelbe oder rote Apfelfrüchte reifen. Selbst das Laub macht etwas her, denn es färbt sich vor dem Abfallen oft gelb, rot oder orange. Die meisten Sorten bilden rundliche bis ausladende, offene Kronen, lediglich *M. tschonoskii* wächst breit kegelförmig. Zieräpfel sind gute Solitäre für Kleingärten.

Der Schnitt kann auf ein Mindestmaß beschränkt werden. Falls der Baum die untersten Äste nicht von selbst verliert, kann man sie nach und nach entfernen; an der oft strauchig wachsenden Art *M. floribunda* aber lässt man sie am besten am Stamm. Entfernen Sie alle toten oder verletzten Zweige, ohne allzu sehr in altes Holz zu schneiden.

AUF EINEN BLICK

WUCHS Sommergrüne Bäume mit offener, rundlicher bis ausladender, gelegentlich auch kegelförmiger Krone.

WINTERHÄRTE Völlig winterhart.

HÖHE UND BREITE Mit der Zeit 5 m x 3 m oder mehr.

SCHNITT

■ Schneiden Sie so wenig wie möglich.

■ Nehmen Sie im Spätwinter oder zeitigen Frühjahr abgestorbene oder abgebrochene Zweige heraus.

Hübsche Blüten im Frühjahr; im Herbst folgen dekorative Früchte

Ungünstig stehende, beschädigte oder kranke Zweige herausnehmen

Für einen schönen Stamm die untersten Äste entfernen

IDEALFORM

SCHNITT

Melianthus *Honigstrauch*

IMMERGRÜNE STRÄUCHER

■ **Schnitt: in der ersten Frühjahrshälfte**

Melianthus major

Die kleine Gattung immergrüner Sträucher zählt in unseren Breiten zu den Exoten. Am häufigsten in Kultur befindet sich *M. major*. Diese Art wird wegen ihrer großen, graugrünen Blätter gern als Zimmerpflanze gezogen. Lediglich in den mildesten Weinbaugegenden kann man versuchen, sie an geschützten Standorten im Freien zu überwintern, wo sie zwar zurückfriert, aber wie eine Staude neu austreibt. Eine dicke Mulchschicht, beispielsweise aus Laub, kann als Schutz dienen.

Im Frühjahr schneidet man die erfrorenen Triebe bis zum Boden zurück. Neuer Wuchs kann, sofern der Strauch an einer Wand gezogen wird, lose angebunden werden. In Wintergärten erscheinen mitunter vom Spätfrühling bis zum Hochsommer bräunliche Blüten. Abgeblühte Triebe entfernt man im Herbst, sodass im nächsten Jahr nur noch frischer Wuchs blüht.

■ **AUF EINEN BLICK**

WUCHS Niederliegende, großlaubige Sträucher, die man am besten an einer Stütze zieht.

WINTERHÄRTE Nicht winterhart; verträgt nur leichten Frost.

HÖHE UND BREITE 2 m x 1,2 m.

SCHNITT

■ Selbst in den mildesten Gegenden ist die Freilandkultur nicht ungefährlich. Da der oberirdische Wuchs völlig zurückfriert, entfernt man lediglich im Frühjahr das erfrorene Material.

■ Schneiden Sie ggf. auf 2–3 Knospen über dem Ansatz zurück.

Große, gefiederte Blätter mit gezähnten Blättchen

Abgestorbenen Wuchs herausnehmen

Erfrorenes Material im Frühjahr entfernen

IDEALFORM

SCHNITT

Monstera *Fensterblatt*

IMMERGRÜNE KLETTERPFLANZEN

■ **Schnitt: ganzjährig möglich**

Monstera deliciosa

Monstera sind wuchernde immergrüne Kletterpflanzen aus den Tropen. Die häufigste Art, das Große Fensterblatt (*M. deliciosa*), ist eine verbreitete Zimmerpflanze und braucht eine Mindesttemperatur von 15 °C. Selbst wenn ihr Ausbreitungsdrang durch die Topfkultur naturgemäß begrenzt wird, können *Monstera* trotzdem in kurzer Zeit eine stattliche Größe erreichen. Befestigen Sie die Haupttriebe an kräftigen Stützen, damit sie aufrecht wachsen können. Panaschierte Formen sind weniger wüchsig.

Im Frühjahr nimmt man Triebe mit alten, beschädigten und unschönen Blättern heraus. Hohe Triebe werden gekürzt, um die Pflanze zu begrenzen. Wenn genug Platz ist, kann man kräftige Triebe horizontal an einer Wand oder sogar an Zimmerdecken ziehen. Das Fensterblatt bildet lange Luftwurzeln; in die Topferde gesteckt, bilden sie Feinwurzeln und machen die Pflanze standfester.

AUF EINEN BLICK

WUCHS Wüchsige Kletterpflanzen.

WINTERHÄRTE Verträgt keinen Frost und muss im Haus gezogen werden.

HÖHE UND BREITE 4 m x 1,2 m. Die Pflanzen können wesentlich größere Dimensionen erreichen, durch Schnitt aber auch kleiner gehalten werden.

SCHNITT

■ Mit einem Schnitt begrenzt man den Ausbreitungsdrang der Pflanze und verringert zudem die Zahl der Triebe.

■ Kürzen Sie Triebe, um einen buschigeren Wuchs zu erreichen.

Große, ledrige, glänzende Blätter, die tiefe Buchten entwickeln

Triebe kürzen, um die Größe zu begrenzen und die Verzweigung zu fördern

Luftwurzeln aus den Trieben

SCHNITT

Morus *Maulbeerbaum*

SOMMERGRÜNE BÄUME

■ **Schnitt: zwischen Spätherbst und Frühwinter**

Morus alba
'Pendula'

Die meisten Maulbeerbaum-Arten wachsen zu stattlichen Bäumen heran, die ausgezeichnete Solitäre abgeben. Ältere Exemplare entwickeln oft einen knorrigen Wuchs und dicke, ausladende Äste, die mitunter sogar eine Stütze brauchen. Geschnitten wird so wenig wie möglich. Falls die Krone ausgelichtet werden muss, schneidet man am besten zwischen Spätherbst und Frühwinter, damit die Bäume nicht »bluten«.

Die hängende Form *M. alba* 'Pendula' bleibt klein und ist daher für Hausgärten ideal. Für einen Hochstamm mit hängender Krone wählt man einen kräftigen Leittrieb und bindet ihn an eine Stütze, die so hoch ist, wie man den späteren Stamm haben möchte. Erreicht der Trieb deren Spitze, lässt man ihn übergeneigt wachsen; Seitentriebe bilden dann die Krone. Man erweitert sie, indem man Triebe auf nach außen zeigende Knospen zurückschneidet.

 AUF EINEN BLICK

WUCHS Meist hohe, ausladende Bäume mit schweren Ästen. Hängende Formen wachsen kuppelförmig.

WINTERHÄRTE Meist völlig winterhart.

HÖHE UND BREITE 6 m x 5 m oder mehr. Hängende Formen können 2–5 m hoch erzogen werden.

SCHNITT

■ Schneiden Sie nur zu Beginn der Ruhephase nach dem Laubfall.

■ Beschränken Sie den Schnitt auf ein Minimum und ziehen Sie bei Bedarf Fachleute hinzu.

■ Hängende Formen werden so geschnitten, dass sie einen schönen Wuchs bewahren.

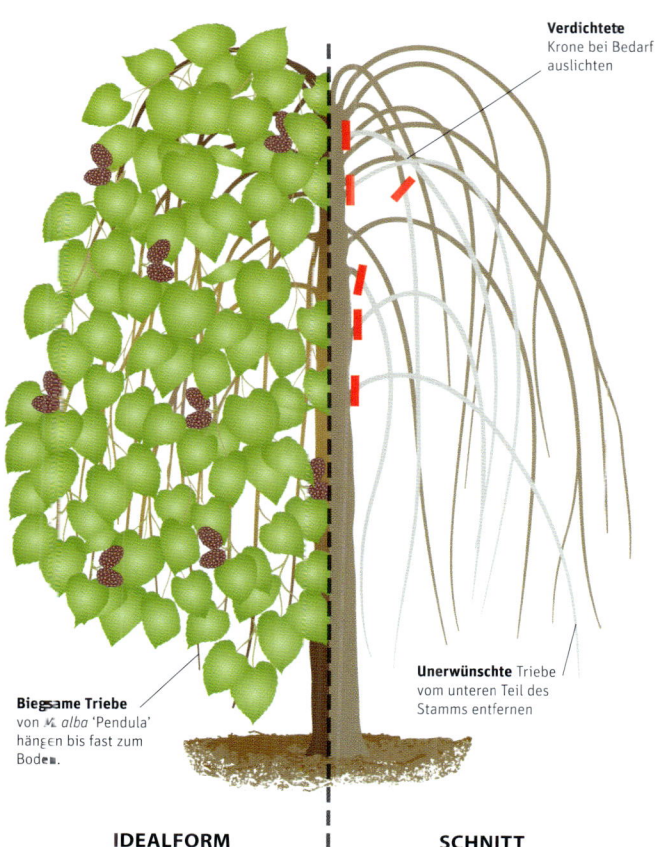

Verdichtete Krone bei Bedarf auslichten

Unerwünschte Triebe vom unteren Teil des Stamms entfernen

Biegsame Triebe von *M. alba* 'Pendula' hängen bis fast zum Boden.

IDEALFORM

SCHNITT

Myrtus *Myrte*
IMMERGRÜNE STRÄUCHER
■ **Schnitt: im Frühjahr und Sommer**

Myrtus communis

Myrten zeigen ihre hübschen, duftenden, weißen Blüten je nach Art im Sommer oder Herbst. Weil sie nur bis etwa –10 °C vertragen, sind sie in unseren Breiten nicht winterhart und werden im Kübel gezogen.

Ein Schnitt muss mit Bedacht erfolgen, denn die Sträucher tragen ihre Blüten an alten und neuen Trieben. Wenn im Frühjahr die Frostgefahr vorüber ist, stutzt man sie leicht zurück, um die generelle Form der Pflanze zu verbessern. Zudem werden sehr dünne Triebe herausgenommen, da sie kaum blühen. Nach der ersten Blühphase nimmt man welken Flor heraus, um Platz für neue Blütentriebe zu schaffen. Zu radikal darf der Schnitt im Spätsommer aber nicht ausfallen. Auch aus der Reihe tanzende Zweige werden nur leicht gestutzt. Ungünstig stehenden Wuchs nimmt man im Frühjahr heraus; verblühte Triebe kürzt man ein. Frühe Blüher brauchen kaum Schnitt.

AUF EINEN BLICK

WUCHS Filigrane immergrüne Sträucher, meist mit glänzendem Laub.

WINTERHÄRTE Nicht winterhart; im Topf ziehen und im Frühjahr an einen warmen Standort nach draußen stellen.

HÖHE UND BREITE 2 m x 2 m; manche Formen wachsen kompakter.

SCHNITT
■ Schneiden Sie abgestorbenen Wuchs im Frühjahr zurück.

■ Nach der Blüte sollte mit Vorsicht geschnitten werden, um nicht die nächste Blüte zu beeinträchtigen.

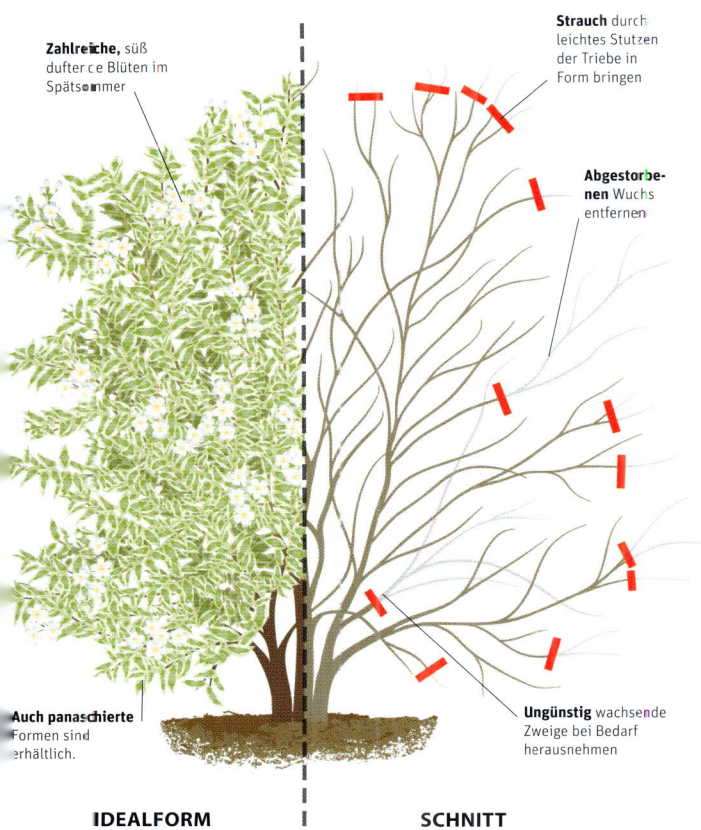

Zahlreiche, süß duftende Blüten im Spätsommer

Strauch durch leichtes Stutzen der Triebe in Form bringen

Abgestorbenen Wuchs entfernen

Auch panaschierte Formen sind erhältlich.

Ungünstig wachsende Zweige bei Bedarf herausnehmen

IDEALFORM

SCHNITT

Nandina *Himmelsbambus*

IMMERGRÜNE STRÄUCHER

■ **Schnitt: im Sommer gleich nach der Blüte**

Nandina domestica

Trotz des deutschen Namens ist *N. domestica* – die einzige Art der Gattung – kein Bambus. Der elegante immergrüne bis halbimmergrüne Strauch trägt im Sommer weiße Blüten und in warmen Gegenden anschließend rote Beeren. Im Frühjahr und im Herbst und Winter färbt sich das Laub oftmals rötlich. Die Pflanze kann in wintermilden Gegenden durchaus im Freiland wachsen, in rauen Lagen zieht man sie aber im Kübel.

Geschnitten wird so wenig wie möglich. Bei Bedarf nimmt man nach der Blüte abgestorbenes Holz und schwache Triebe heraus oder kürzt ungünstig stehende Zweige, die die Form beeinträchtigen, etwas zurück, wenngleich man damit einige Beeren opfert. Vernachlässigte Exemplare werden verjüngt, indem man im Frühjahr alle Äste radikal bis zum Boden zurückschneidet.

AUF EINEN BLICK

WUCHS Strauch mit übergeneigten Trieben, der reichlich aus der Basis neu austreibt.

WINTERHÄRTE Verträgt bis etwa −15 °C. In rauen Lagen schützen oder im Kübel ziehen.

HÖHE UND BREITE 2 m x 1,5 m; manche Formen bleiben kleiner.

SCHNITT

■ Schneiden Sie abgestorbenen Wuchs nach der Blüte heraus.

■ Müssen vernachlässigte Exemplare verjüngt werden, schneidet man sie im Frühjahr bis zum Boden zurück.

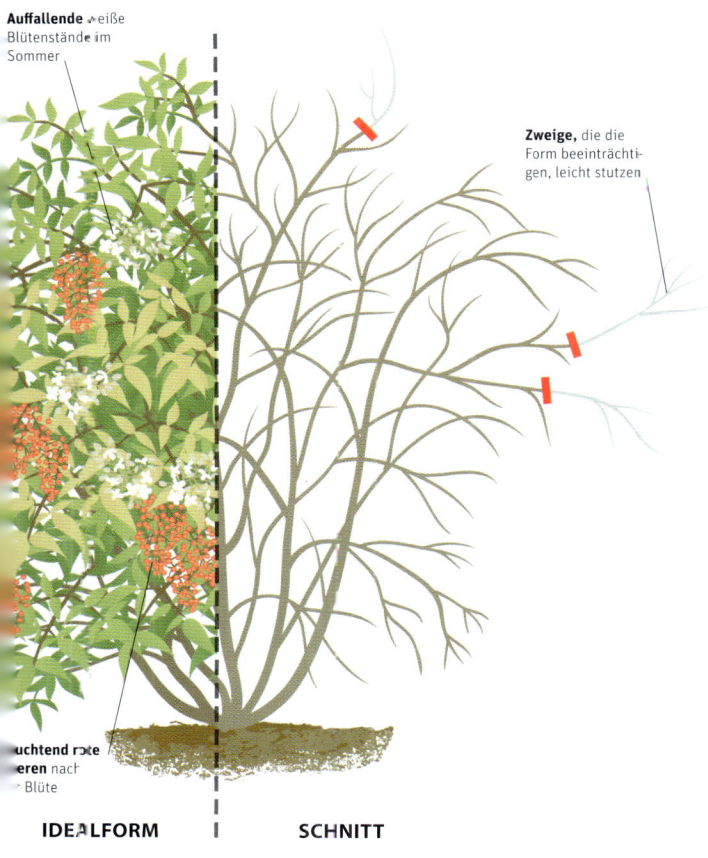

Auffallende weiße Blütenstände im Sommer

Zweige, die die Form beeinträchtigen, leicht stutzen

Leuchtend rote Beeren nach der Blüte

IDEALFORM

SCHNITT

Nerium *Oleander*

IMMERGRÜNE BÄUME ODER STRÄUCHER

■ **Schnitt: im Frühjahr und während des Wachstums**

Nerium oleander

In warmen Klimazonen wächst *N. oleander* meist als Baum, doch hierzulande kultiviert man das nicht-winterharte Gehölz als Blütenstrauch im Kübel. Es gibt zahlreiche Sorten mit weißem, rosafarbenem, violettem, orangefarbenem oder rotem Flor, die den ganzen Sommer blühen. Selbst panaschierte Formen sind erhältlich. Die Pflanzen wachsen aufrecht; zieht man sie als Baum, entwickeln sie eine schöne längliche oder runde Krone.

Geschnitten werden sollte so wenig wie möglich. Als Kübelpflanzen kultiviert man Oleander meist strauchig, kneifen Sie daher die Triebspitzen von Jungpflanzen aus, um einen buschigen Wuchs zu fördern. Verblühte Triebe werden bis zur Hälfte zurückgeschnitten, ansonsten reicht es, die ausgewogene Form des Buschs zu bewahren. Alle Pflanzenteile sind giftig, weshalb man beim Bearbeiten des Strauchs Handschuhe tragen sollte.

AUF EINEN BLICK

WUCHS Die immergrünen Bäume oder Sträucher wachsen aufrecht.

WINTERHÄRTE Oleander verträgt nur geringen Frost (bis etwa −5 °C).

HÖHE UND BREITE 6 m x 3 m als Baum. Kübelpflanzen können mit einem Schnitt wesentlich kleiner gehalten werden.

SCHNITT

■ Schneiden Sie verblühte Triebe um die Hälfte zurück, damit der Strauch nicht zu groß wird.

■ Kürzen Sie zudem Triebe ein, um einen buschigen Wuchs zu fördern.

Längliche bis runde Krone

Verblühte Triebe um die Hälfte kürzen, damit der Strauch kompakt bleibt

Leuchtend gefärbte endständige Blüten im Sommer

Triebe kürzen, um einen buschigen Wuchs zu fördern

IDEALFORM

SCHNITT

Nothofagus *Scheinbuche, Südbuche*

SOMMER- ODER IMMERGRÜNE BÄUME ODER STRÄUCHER

◼ **Schnitt: vom Herbst bis in die zweite Frühjahrshälfte**

Nothofagus pumilio

Ältere Scheinbuchen reifen zu elegantem ein- oder mehrstämmigen Solitären heran. Ein ungewöhnlicher Anblick sind die fischgrätenartig angeordneten, kahlen Zweige von *N. antarctica* im Winter.

Weil die Gehölze sehr schnell wachsen, sind sie in ihrer Jugend anfällig für Windschäden, vielstämmige sind oft stabiler als einstämmige. Um Scheinbuchen einstämmig zu ziehen, entfernt man alle Konkurrenztriebe am Leittrieb, da dieser sonst geschwächt wird. Die immergrüne Art *N. dombeyi* bildet meist zwei Leittriebe, von denen man den schwächeren entfernt. *N. antarctica* und *N. pumilio* wachsen oft mehrstämmig und stehen daher stabiler. Ältere Bäume schneidet man möglichst nicht. Immergrüne Formen können im späten Frühjahr nach dem ersten Austrieb geschnitten werden, sommergrüne während der Ruhephase zwischen Herbst und Frühjahrsmitte.

AUF EINEN BLICK

WUCHS Überwiegend straff aufrechte, wüchsige Bäume, die im Alter mitunter eine ausladendere Krone entwickeln.

WINTERHÄRTE Sommergrüne Arten brauchen in Mitteleuropa wintermilde Regionen, immergrüne sind nicht winterhart. Schutz vor kräftigem Wind ist ratsam.

HÖHE UND BREITE Je nach Art 15 m x 10 m, in Einzelfällen auch mehr.

SCHNITT
◼ Entfernen Sie Konkurrenztriebe, wenn Sie den Baum einstämmig ziehen wollen.

◼ Nehmen Sie ggf. verletzten Wuchs heraus.

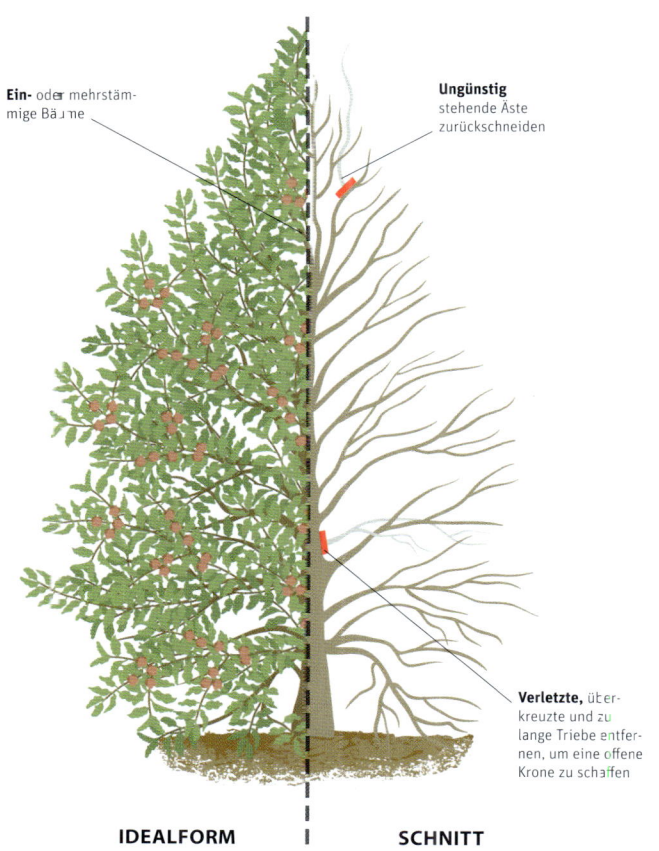

Ein- oder mehrstäm-
mige Bäume

Ungünstig
stehende Äste
zurückschneiden

Verletzte, über-
kreuzte und zu
lange Triebe entfer-
nen, um eine offene
Krone zu schaffen

IDEALFORM

SCHNITT

Nyssa *Tupelobaum*

SOMMERGRÜNE BÄUME

■ **Schnitt: im Herbst und Winter**

Nyssa sylvatica

Ein großartiger Anblick sind ältere Tupelobäume im Herbst, wenn ihr Laub vor dem Abfallen ein besonderes Farbspektakel in Rot, Orange oder Gelb bietet. Die Gehölze entwickeln mit der Zeit eine kegelförmige Krone aus etagenförmig angeordneten Ästen. Sie sind völlig winterhart und brauchen saure bis neutrale Böden. Man pflanzt sie am besten mit genügend Abstand zu anderen Bäumen und Sträuchern. Bricht der Stamm ab, wachsen sie mehrstämmig.

Geschnitten wird zwischen Herbst und Winter, wenn sich die Pflanzen in der Vegetationsruhe befinden; schneiden Sie aber so wenig wie möglich. Damit Tupelobäume aufrecht wachsen, stützt man den Hauptstamm und entfernt Konkurrenztriebe. Bei beschädigter Spitze lässt man die Pflanze mehrstämmig wachsen. An Seitenästen werden senkrecht nach oben wachsende Zweige entfernt.

AUF EINEN BLICK

WUCHS Ein- oder mehrstämmige Bäume mit kegelförmiger bis rundlicher Krone.

WINTERHÄRTE Völlig winterhart, gedeiht aber in langen, heißen Sommern am besten.

HÖHE UND BREITE Etwa 10 m x 8 m.

SCHNITT
■ Schneiden Sie während der Vegetationsruhe.

■ Entfernen Sie straff aufrechte Triebe, die den Gesamteindruck stören.

■ Dünnen Sie verdichteten Wuchs in der Krone älterer Bäume aus.

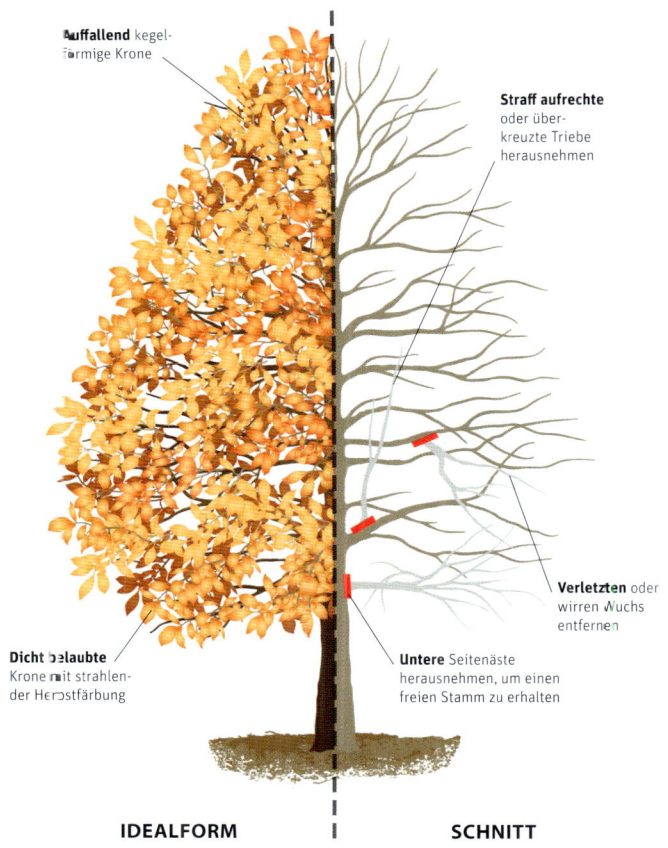

Auffallend kegel-
förmige Krone

Straff aufrechte
oder über-
kreuzte Triebe
herausnehmen

Dicht belaubte
Krone mit strahlen-
der Herbstfärbung

Verletzten oder
wirren Wuchs
entfernen

Untere Seitenäste
herausnehmen, um einen
freien Stamm zu erhalten

IDEALFORM

SCHNITT

Olearia *Gänseblümchenstrauch*

IMMERGRÜNE STRÄUCHER

■ **Schnitt: im Frühjahr oder Sommer**

*Olearia
macrodonta*

Olearia haben viel zu bieten: hübsche Blütenkörbchen, die im Frühjahr und Sommer dicht an dicht stehen, und immergrünes Laub, das den Rest des Jahres eine schöne Kulisse für andere Pflanzen bildet. Leider sind sie nicht winterhart und können nur in den mildesten Regionen draußen gezogen werden. Gut eignen sie sich für Gärten an der Küste, da ihnen salzige Winde nichts ausmachen.

Weil Gänseblümchensträucher überwiegend kompakt bleiben, ist ein Schnitt selten nötig. Im Frühjahr blühende Formen schneidet man bei Bedarf gleich nach der Blüte, im Sommer blühende beim Austrieb. Entfernen Sie erfrorenen, abgestorbenen und verletzten Wuchs. Störende Triebe werden bis auf kräftige, nach außen gerichtete Knospen zurückgeschnitten. Ein starker Rückschnitt, etwa als Verjüngungsmaßnahme, ist durchaus möglich.

AUF EINEN BLICK

WUCHS Überwiegend kompakte, oft kuppelförmige immergrüne Sträucher.

WINTERHÄRTE Nicht winterhart; die Sträucher vertragen kaum Temperaturen unterhalb −10 °C.

HÖHE UND BREITE 2 m x 2 m.

SCHNITT

■ Schneiden Sie früh blühende Formen gleich nach der Blüte und spät blühende im zeitigen Frühjahr.

■ Einen Verjüngungsschnitt führt man im Frühjahr durch. Hecken werden im Sommer gestutzt.

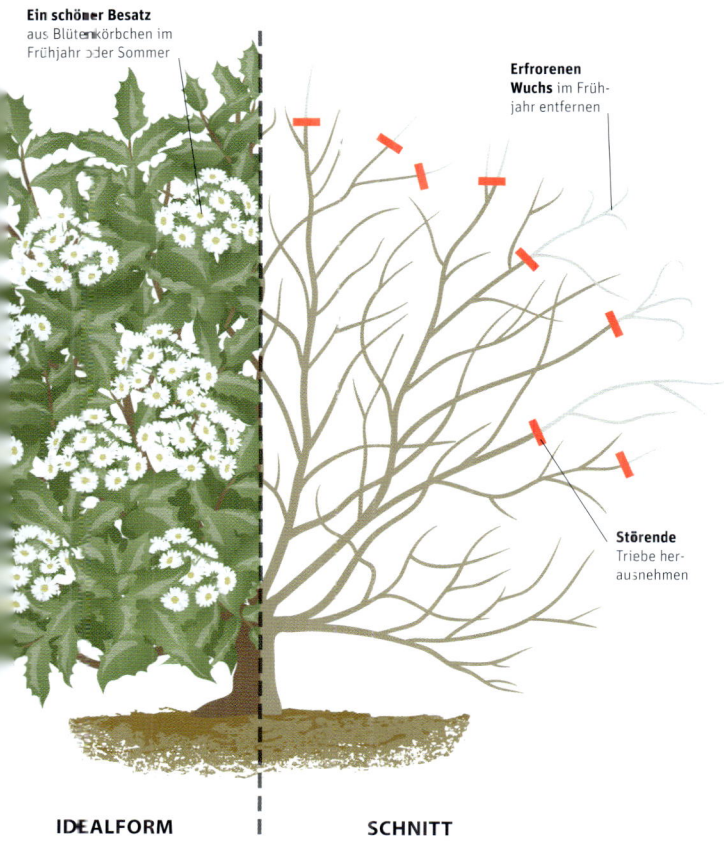

Ein schöner Besatz
aus Blütenkörbchen im
Frühjahr oder Sommer

Erfrorenen
Wuchs im Früh-
jahr entfernen

Störende
Triebe her-
ausnehmen

IDEALFORM

SCHNITT

Osmanthus *Duftblüte*

IMMERGRÜNE STRÄUCHER

■ **Schnitt: gleich nach der Blüte oder im Frühjahr**

Osmanthus delavayi

Je nach Art bereichern diese lieblichen immergrünen Sträucher Gärten zu verschiedenen Zeiten mit ihren süß duftenden, meist weißen Blüten. Manche machen zudem mit dekorativem, ledrigem, stechpalmenähnlichem Laub auf sich aufmerksam. Einige Formen kommen in milden Regionen sogar als Heckenpflanzen zum Einsatz.

Früh blühende Arten werden nach der Blüte, spät blühende im Frühjahr geschnitten. Will man das generelle Aussehen verbessern, stutzt man den Strauch leicht zurück und kürzt vor allem überlange Triebe bis zum Ansatz im Inneren zurück. Bei panaschierten Formen entfernt man rein grüne Triebe regelmäßig. Hecken können ein- bis zweimal im Sommer geschnitten werden, allerdings muss man dann mit weniger Blüten rechnen. Ein Schnitt nach dem Sommer ist nicht anzuraten.

AUF EINEN BLICK

WUCHS Langsam wachsende, schmal aufrechte bis kuppelförmige oder ausladende immergrüne Sträucher.

WINTERHÄRTE Duftblüten vertragen je nach Art −5 bis −15 °C.

HÖHE UND BREITE 3 m x 3 m, bei regelmäßigem Schnitt auch weniger.

SCHNITT
■ Die Pflanzen reagieren gut auf einen regelmäßigen Schnitt.

■ Ein Verjüngungsschnitt im zeitigen Frühjahr ist meist erfolgreich. Zurückgeschnitten wird je nach Bedarf, ggf. auch bis in kahles Holz.

Weiße Blüten zieren die Triebe im Frühjahr oder Sommer.

Im Sommer bei Bedarf leicht stutzen

Überlange Triebe bis ins Innere des Strauchs zurückschneiden

Zur Verjüngung älteren Wuchs bis fast zum Ansatz zurücknehmen

IDEALFORM

SCHNITT

Paeonia *Pfingstrose: Strauchpäonien*

SOMMERGRÜNE STRÄUCHER

■ **Schnitt: überwiegend im Spätwinter vor dem Austrieb**

*Paeonia
suffruticosa
'Reine Elizabeth'*

Strauchpäonien sind ausgezeichnete Solitäre für geschützte Standorte. *P. delavayi* und *P. lutea* dienen meist als Blattschmuckpflanzen, denn ihre Blüten bleiben klein und erscheinen nur kurz. *P. suffruticosa* und ihre Sorten hingegen tragen so viele üppige weiße, rosafarbene, rote, gelbe oder orangefarbene Blüten, dass sich die Äste unter ihrem Gewicht biegen.

Jungpflanzen werden lediglich von abgestorbenem Wuchs befreit. Bei älteren Exemplaren schneidet man abgestorbene Triebe im Spätwinter bis auf kräftige Knospen zurück und nimmt altes Holz nach der Blüte ganz heraus. Pfingstrosen, die sich nicht genug verzweigen, versucht man mit einem Rückschnitt bis etwa 15 cm über dem Boden umzustimmen. Viele Hybriden bilden Ausläufer – diese werden ganz entfernt.

AUF EINEN BLICK

WUCHS Langlebige, offene, rundliche bis ausladende Sträucher mit normalerweise von Natur aus elegantem Habitus.

WINTERHÄRTE Meist völlig winterhart, aber neuer Wuchs kann empfindlich sein.

HÖHE UND BREITE Bis 2 m x 1,5 m, je nach Sorte.

SCHNITT

■ *P. suffruticosa* wird jung geschnitten, um eine schöne Form zu entwickeln.

■ Nehmen Sie erfrorenen Wuchs heraus.

■ Ein radikaler Verjüngungsschnitt ist nicht immer erfolgreich. Entfernen Sie nur sehr alte, blühschwache Triebe.

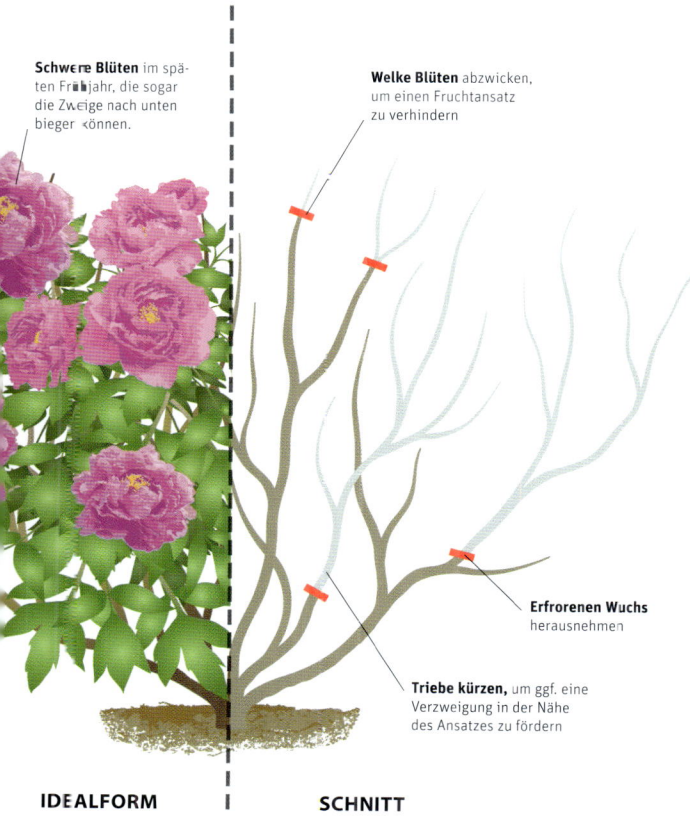

Schwere Blüten im späten Frühjahr, die sogar die Zweige nach unten biegen können.

Welke Blüten abzwicken, um einen Fruchtansatz zu verhindern

Erfrorenen Wuchs herausnehmen

Triebe kürzen, um ggf. eine Verzweigung in der Nähe des Ansatzes zu fördern

IDEALFORM

SCHNITT

Parthenocissus *Jungfernrebe*

SOMMERGRÜNE KLETTERPFLANZEN

■ **Schnitt: im Winter, solange die Triebe kahl sind**

Parthenocissus henryana

Die sommergrünen Kletterpflanzen halten sich mit Haftscheiben, die sich an den Enden von Sprossranken befinden, an ihrer Stütze fest. Sie werden vor allem wegen ihrer leuchtenden Herbstfärbung kultiviert. Obwohl man sie meist zur Begrünung von Mauern einsetzt, wirken sie auch ausgesprochen dekorativ, wenn sie an alten sommergrünen Bäumen hochklettern.

Beim Pflanzen führt man die Triebe fächerförmig an ihre Stütze heran. Sobald sie sich selbst festhalten, ist keine weitere Erziehung mehr notwendig, doch hält man sie von Fenster- und Türrahmen sowie Regenrinnen fern. Am leichtesten fällt das Schneiden im Winter, solange die Pflanze unbelaubt ist. Im Sommer kann man zudem einzelne Zweige kürzen. Alter Wuchs wird auf 1 m über dem Boden zurückgenommen.

 AUF EINEN BLICK

WUCHS Wüchsige sommergrüne Kletterpflanzen mit Haftscheiben.

WINTERHÄRTE Völlig winterhart.

HÖHE UND BREITE Die Pflanzen erreichen Dimensionen von etwa 10 m x 10 m.

SCHNITT

■ Regelmäßiger Schnitt ist nicht nötig, doch kann man die Pflanzen im Winter stutzen.

■ Kürzen Sie aus der Reihe tanzende Triebe im Sommer.

■ Die Pflanzen reagieren gut auf einen Verjüngungsschnitt.

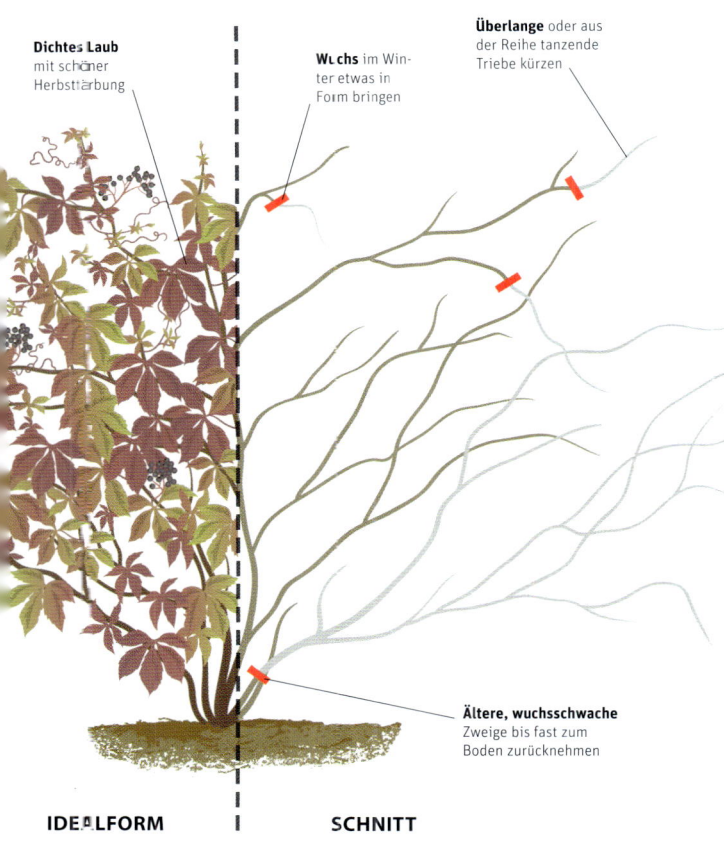

Dichtes Laub
mit schöner
Herbstfärbung

Wuchs im Winter etwas in Form bringen

Überlange oder aus der Reihe tanzende Triebe kürzen

Ältere, wuchsschwache
Zweige bis fast zum
Boden zurücknehmen

IDEALFORM

SCHNITT

Passiflora *Passionsblume*

MEIST IMMERGRÜNE KLETTERPFLANZEN

■ Schnitt: im Frühjahr mitten im Wachstum

Passiflora caerulea 'Constance Elliot'

Die meisten Passionsblumen sind wüchsige, vorwiegend immergrüne Kletterpflanzen mit Sprossranken und prächtigen Blüten, die im Sommer über einen langen Zeitraum erscheinen; manche Arten liefern essbare Früchte. Weil sie in freier Natur an dünntriebigen Pflanzen emporwachsen, können Passionsblumen sogar an Drähten erzogen werden.

In den ersten Jahren nach dem Pflanzen erzieht man die Triebe zu einem Grundgerüst. Ein Rückschnitt regt den Neuaustrieb aus der Basis an. Später dünnt man wüchsige Triebe aus oder kürzt sie, um die Pflanze kompakt zu halten. An älteren Exemplaren nimmt man im Frühjahr Seitentriebe und zu wüchsige, aus der Reihe tanzende Triebe zurück. Verblühter Wuchs kann im Sommer gekürzt werden. Ältere Pflanzen sollte man nicht zu radikal schneiden, weil sie sonst viel Wuchs bilden, der nicht blüht.

■ AUF EINEN BLICK

WUCHS Wüchsige, meist kletternde Pflanzen.

WINTERHÄRTE Die meisten sind nicht winterhart, einige Arten aber können in milden Regionen im Freiland gezogen werden.

HÖHE UND BREITE 3 m x 3 m, in milden Klimazonen auch mehr.

SCHNITT

■ Kürzen Sie Seitentriebe im Frühjahr auf ein älteres Grundgerüst zurück.

■ Verdichtete bzw. vernachlässigte Exemplare werden am besten ersetzt, da sie einen radikalen Rückschnitt nicht gut vertragen.

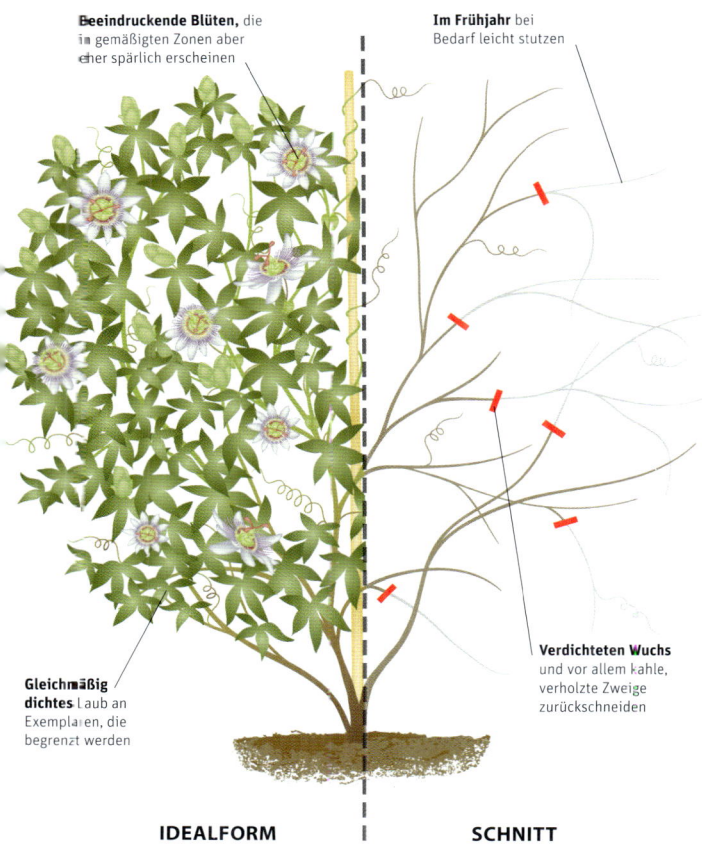

Beeindruckende Blüten, die in gemäßigten Zonen aber eher spärlich erscheinen

Im Frühjahr bei Bedarf leicht stutzen

Gleichmäßig dichtes Laub an Exemplaren, die begrenzt werden

Verdichteten Wuchs und vor allem kahle, verholzte Zweige zurückschneiden

IDEALFORM

SCHNITT

Paulownia *Blauglockenbaum*

SOMMERGRÜNE BÄUME

■ **Schnitt: im zeitigen Frühjahr**

Paulownia tomentosa

Blauglockenbäume sind wohlgeformte Gehölze mit großen, herzförmigen Blättern und hohen Blütenständen aus violetten, fingerhutähnlichen Blüten, die im späten Frühjahr erscheinen. Die Knospen bilden sich bereits im Herbst und überwintern an den Trieben. In rauen Lagen erfrieren sie allerdings oft.

In Regionen mit langen, heißen Sommern reifen Blauglockenbäume zu großen Bäumen heran, in gemäßigten Breiten bleiben sie eher strauchig. Weil sie bei uns im Winter ihre Blüten meist verlieren, werden sie oftmals radikal geschnitten. Man kürzt dazu den gesamten vorjährigen Wuchs im zeitigen Frühjahr bis zum Boden oder zum Stamm zurück. Anschließend bilden sich viele dünne Triebe mit Blättern, die wesentlich größer sind als an baumartigen Exemplaren. Damit kann das Gewächs in gemischten Rabatten als Blattschmuckpflanze dienen.

AUF EINEN BLICK

WUCHS Aufrechte Bäume , die schon jung eine schön geformte Krone tragen.

WINTERHÄRTE In milden Regionen winterhart, doch leiden junge Exemplare und Blüten unter strengen Frösten.

HÖHE UND BREITE 8 m x 5 m, in gemäßigten Breiten meist kleiner.

SCHNITT

■ Schneiden Sie so wenig wie möglich.

■ Entfernen Sie erfrorenen Wuchs.

■ Im Frühjahr kann die Paulownia radikal zurückgeschnitten werden, um sie als Blattschmuckpflanze zu verwenden.

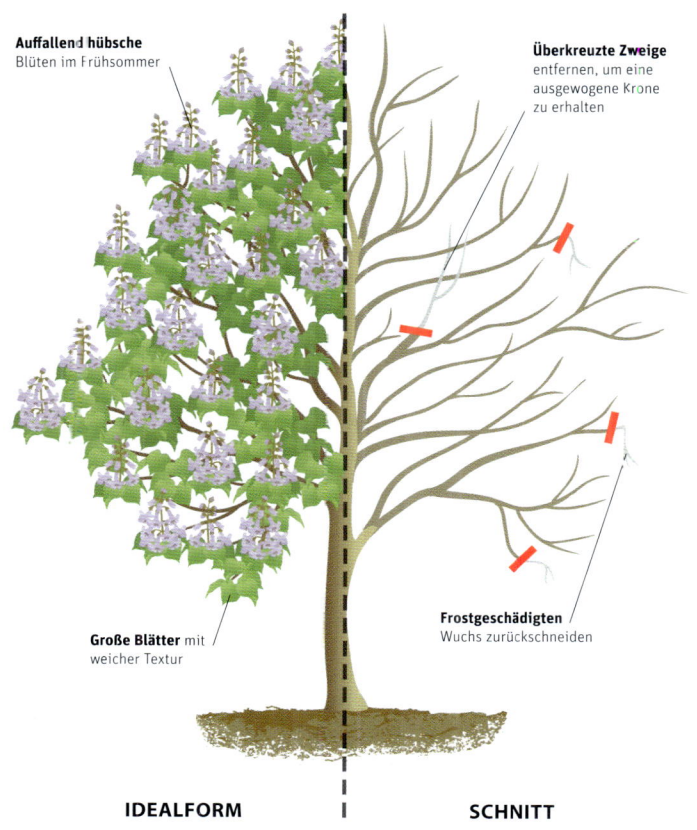

Auffallend hübsche
Blüten im Frühsommer

Überkreuzte Zweige
entfernen, um eine
ausgewogene Krone
zu erhalten

Große Blätter mit
weicher Textur

Frostgeschädigten
Wuchs zurückschneiden

IDEALFORM

SCHNITT

Perovskia *Blauraute*

SOMMERGRÜNE STRÄUCHER

■ **Schnitt: im zeitigen Frühjahr mit dem Austrieb**

Perovskia atriplicifolia

Mit ihren blauvioletten Blüten bringen Perowskien vom Spätsommer bis in den Herbst hinein Farbe in den Garten. Zu ihrer Attraktivität tragen auch die graugrünen Blätter bei, deren Kampferduft am besten zur Geltung kommt, wenn man die Pflanzen am vorderen Rand einer Rabatte platziert – wenn man sie im Vorbeigehen streift, geben sie ihren aromatischen Duft frei.

Die schönsten und kräftigsten Blätter und Blüten setzt der Strauch an, wenn man den gesamten vorjährigen Wuchs im zeitigen Frühjahr auf ein niedriges Gerüst zurückschneidet. Im ersten Frühjahr nach dem Pflanzen werden alle Triebe bis 10 cm über dem Boden gekürzt. Danach schneidet man vorjährigen Wuchs jährlich auf ein kräftiges Knospenpaar über dem Ansatz zurück – je höher man die Schere ansetzt, desto höher wird die Pflanze. Altes, blühschwaches Holz wird bis zum Boden entfernt.

AUF EINEN BLICK

WUCHS Aufrechte, mitunter sparrige Sträucher oder Halbsträucher.

WINTERHÄRTE Meist völlig winterhart; *P. atriplicifolia* verträgt nur bis etwa −15 °C.

HÖHE UND BREITE Bis 1,2 m hoch und 1,2 m breit.

SCHNITT

■ Schneiden Sie den ganzen Strauch jährlich zurück.

■ Bevorzugt man eine höhere Pflanze, schneidet man einige Triebe weniger stark.

■ Bei einem Verjüngungsschnitt wird bis in das verholzte Gerüst zurückgeschnitten.

Spätsommerschmuck
aus violetten Blüten

Kräftige, auf-
rechte Triebe

Alle Triebe
jährlich auf ein
niedriges Gerüst
zurückschneiden

Sehr altes Holz bis zum
Boden entfernen

IDEALFORM

SCHNITT

Philadelphus *Pfeifenstrauch*

SOMMERGRÜNE STRÄUCHER

■ **Schnitt: im Frühsommer gleich nach der Blüte**

Philadelphus 'Virginal'

Der schwere Duft dieser Sträucher kündigt den Sommer an. Sie sind die spätesten Sträucher, die noch am vorjährigen Wuchs blühen, weshalb der Schnitt gleich nach dem Verblühen erfolgen sollte, damit die Pflanzen Zeit haben, bis zum nächsten Jahr neue Triebe zu bilden.

Junggehölze schneidet man, um sie zu buschigem Wuchs anzuregen. An älteren Exemplaren hingegen schneidet man verblühte Triebe bis auf darunterliegende kräftige Verzweigungen zurück. Sehr wüchsige Triebe werden nur leicht, schwächere umso stärker gestutzt. Unten verkahltes Holz entfernt man ganz.

P. coronarius 'Aureus' wird mitunter nur wegen der frischen gelben Blätter gezogen, die sich im Sommer aber grün färben. Um auch später noch einen Neuaustrieb in Gelb zu bekommen, stutzt man die Pflanze im April noch einmal, muss dann aber auf die Blüte verzichten.

AUF EINEN BLICK

WUCHS Überwiegend aufrechte, trichterförmige oder rundliche Sträucher.

WINTERHÄRTE In der Regel winterhart. Einige Arten können in rauen Lagen leiden.

HÖHE UND BREITE 3 m x 2,2 m, bei regelmäßigem Schnitt auch weniger. Manche Formen wachsen von Natur aus kompakt.

SCHNITT

■ Schneiden Sie verblühte Triebe zurück.

■ Nehmen Sie überkreuzten, abgestorbenen, verletzten oder kranken Wuchs heraus.

■ Ein Verjüngungsschnitt im Spätwinter oder zeitigen Frühjahr ist in der Regel erfolgreich.

Duftende, weiße, ungefüllte oder locker gefüllte Blüten

Verblühte Triebe kürzen

Wüchsige, gesunde Triebe nicht schneiden

Verdichteten, dünnen und blühschwachen Wuchs herausnehmen

Ältere, sehr stark verholzte Äste bis zum Boden zurückschneiden

IDEALFORM

SCHNITT

Phlomis *Brandkraut*

IMMERGRÜNE STRÄUCHER ODER STAUDEN

■ **Schnitt: bei Bedarf im Frühjahr und Sommer**

Phlomis fruticosa

Die immergrünen Sträucher unter den *Phlomis*-Arten tragen graugrünes Laub und im Sommer in Scheinquirlen angeordnete Blüten. Ein regelmäßiger Schnitt ist nicht notwendig, doch können vernachlässigte Exemplare von unten her verkahlen. Damit sie dicht belaubt bleiben, nimmt man im Frühjahr schwache, abgebrochene oder sehr alte Zweige bis über eine Knospe heraus. Bei Bedarf bringt man die Pflanzen im Sommer in Form, was aber auf Kosten von späten Blüten geht. Alte, vernachlässigte Exemplare können durch Rückschnitt auf ein niedriges Astgerüst verjüngt werden, doch erholen sie sich von einer solchen Radikalbehandlung manchmal nicht mehr. Zu den verlässlichsten Arten gehört das Strauchige Brandkraut (*P. fruticosa*) mit schwefelgelbem Flor. *P. italica* trägt lilafarbene Blüten und ist zarter. Beide sind allerdings bestenfalls in mildesten Lagen winterhart.

AUF EINEN BLICK

WUCHS Strauchige Brandkraut-Arten sind dichte, hübsche Pflanzen, deren Triebe aber mit der Zeit von unten her verkahlen können.

WINTERHÄRTE Nicht winterhart: *P. italica* und *P. fruticosa* erfrieren unter etwa −10 °C und werden daher im Kübel gezogen.

HÖHE UND BREITE Etwa 1 m x 1 m.

SCHNITT

■ Schneiden Sie ältere Zweige im Frühjahr zurück, um sie zum Neuaustrieb anzuregen.

■ Kürzen Sie Triebe im Sommer bei Bedarf, um die Silhouette zu verbessern.

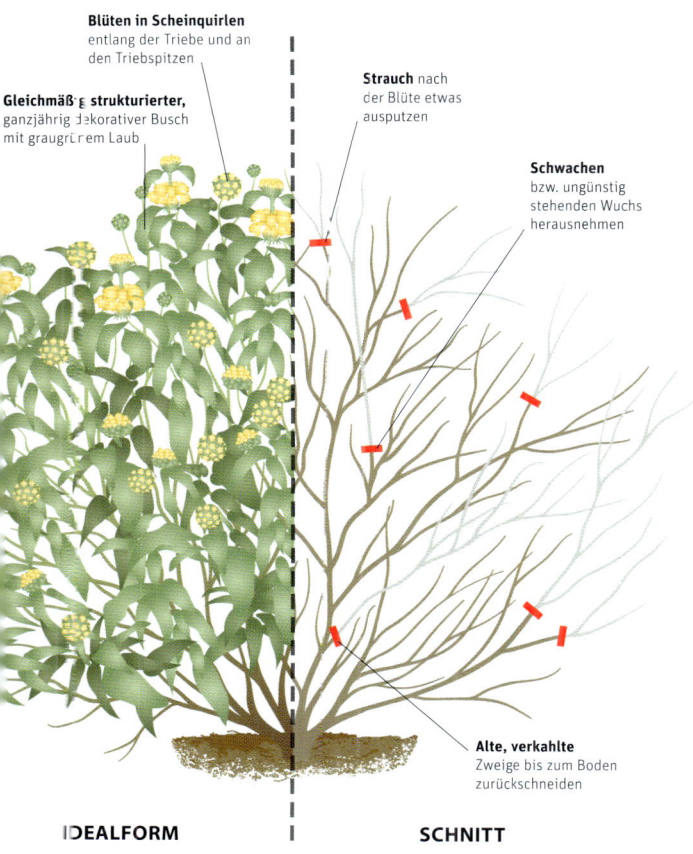

Blüten in Scheinquirlen
entlang der Triebe und an
den Triebspitzen

Gleichmäßig strukturierter,
ganzjährig dekorativer Busch
mit graugrünem Laub

Strauch nach
der Blüte etwas
ausputzen

Schwachen
bzw. ungünstig
stehenden Wuchs
herausnehmen

Alte, verkahlte
Zweige bis zum Boden
zurückschneiden

IDEALFORM

SCHNITT

Photinia *Glanzmispel*

SOMMERGRÜNE ODER IMMERGRÜNE STRÄUCHER

■ **Schnitt: Winter (sommergrün) oder Frühjahr (immergrün)**

Photinia x fraseri 'Red Robin'

Glanzmispeln stehen wegen ihrer auffallenden Laubfärbung hoch im Kurs. Unter den immergrünen Formen gibt es einige rotlaubige, während sommergrüne eher eine schöne Herbstfärbung aufweisen. Aus den im Frühjahr und Sommer erscheinenden weißen Blütenständen reifen mitunter rötliche Beeren heran. Immergrüne Glanzmispeln kommen, mildes Klima vorausgesetzt, gern als Heckenpflanzen zum Einsatz, etwa *P.* 'Pink Marble' mit weiß und rosafarben panaschiertem Laub.

Immergrüne Arten befreit man von beschädigten, überlangen und überkreuzten Trieben. Damit die Sträucher viele dekorative junge Blätter bilden, kürzt man alle Triebe um bis zu 15 cm auf eine nach außen zeigende Knospe zurück. Hecken werden zur Frühjahrsmitte und im Sommer, sommergrüne Formen im Winter geschnitten. Auch ein Verjüngungsschnitt ist möglich.

AUF EINEN BLICK

WUCHS Aufrechte bis rundliche sommergrüne oder immergrüne Sträucher.

WINTERHÄRTE Sommergrüne Formen sind in der Regel winterhart, immergrüne nur in sehr milden Regionen freilandtauglich.

HÖHE UND BREITE 3 m x 2 m, je nach Schnitt auch mehr.

SCHNITT

■ Immergrüne Formen tragen das schönste Laub, wenn man ihre Triebe im Frühjahr stutzt.

■ Schneiden Sie sommergrüne Formen im Winter.

■ Sommer- wie immergrüne Arten vertragen einen radikalen Verjüngungsschnitt.

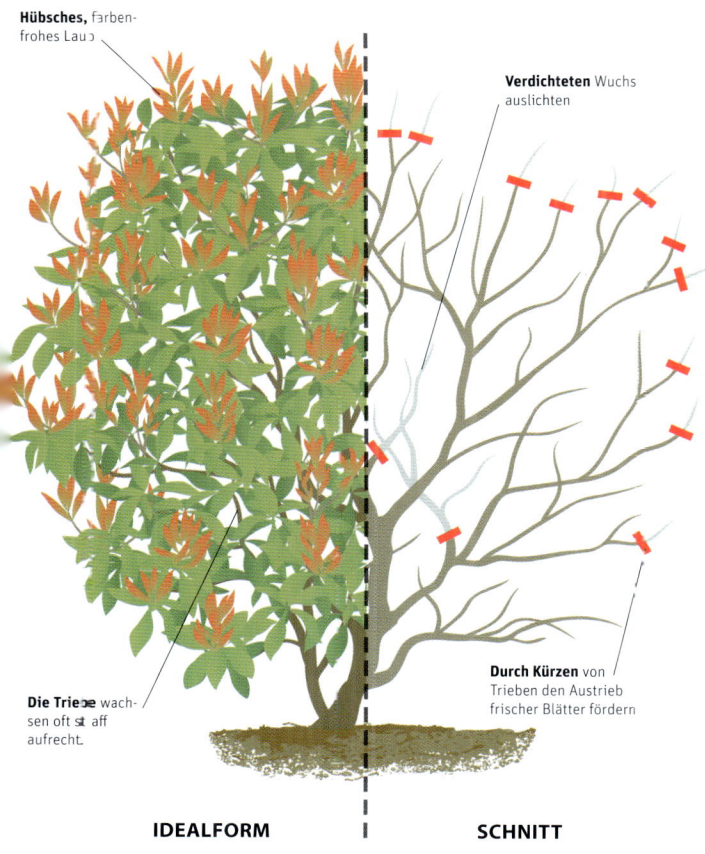

Hübsches, farben-
frohes Laub

Verdichteten Wuchs
auslichten

Die Triebe wach-
sen oft straff
aufrecht.

Durch Kürzen von
Trieben den Austrieb
frischer Blätter fördern

IDEALFORM

SCHNITT

Phygelius *Kapfuchsie*

IMMERGRÜNE STRÄUCHER ODER HALBSTRÄUCHER

■ **Schnitt: im Frühjahr nach dem letzten Frost**

*Phygelius
x rectus
'Salmon Leap'*

Trompetenförmige, leuchtend korallenrote, orangefarbene oder cremegelbe Blüten sind die Spezialität dieser Sträucher. Sie erscheinen im Sommer und Herbst über einen langen Zeitraum hinweg. In milden Regionen weist man Kapfuchsien sonnige, geschützte Standorte an warmen Mauern zu, in rauen Lagen zieht man sie im Kübel.

Wer die Freilandkultur wagt, kommt um einen jährlichen Verjüngungsschnitt meist nicht herum, denn im Winter erfriert der Großteil des oberirdischen Wuchses. Kürzen Sie den vorjährigen Wuchs im Frühjahr bis auf kräftige Triebe knapp über dem Ansatz zurück. Größere Pflanzen kann man an einer Wand erziehen; dort werden Seitentriebe im Frühjahr gestutzt, ältere Haupttriebe herausgenommen und Ersatztriebe gezogen. Wo der oberirdische Wuchs nicht leidet, reicht es, die Büsche im Frühjahr in Form zu bringen und auszudünnen.

AUF EINEN BLICK

WUCHS Übergeneigte Sträucher oder Halbsträucher, die bereitwillig von unten austreiben.

WINTERHÄRTE Nicht winterhart, die Sträucher frieren sogar in milden Regionen zurück, treiben aber aus der Basis oft neu aus.

HÖHE UND BREITE 1,2 m x 1,2 m oder auch mehr, wenn sie nicht zurückfrieren.

SCHNITT
■ Alle Triebe werden im Frühjahr zurückgeschnitten.

■ Kürzen Sie die Seitentriebe von Wandsträuchern.

■ Entfernen Sie unerwünschte Wurzelsprosse.

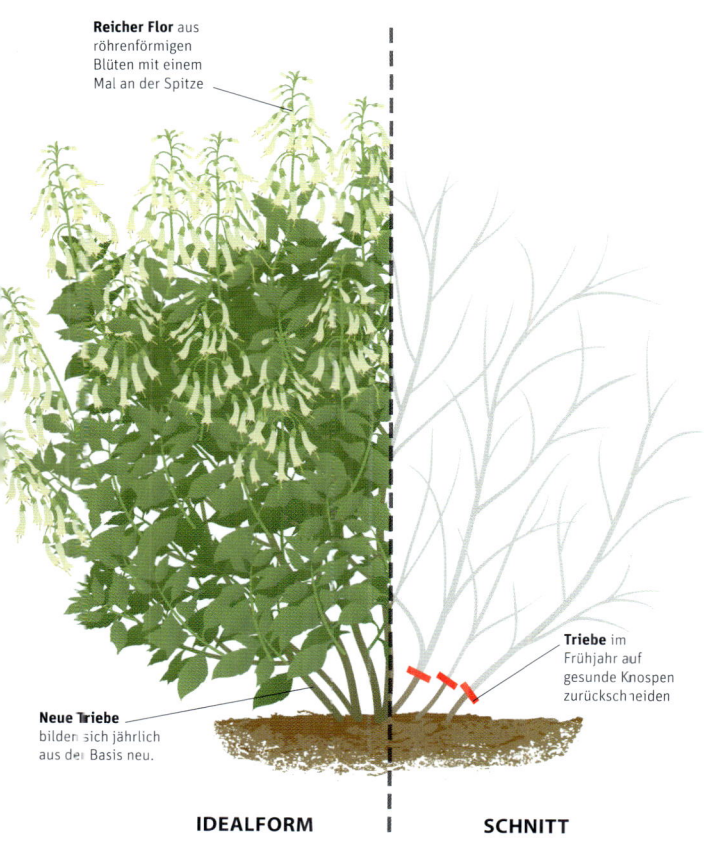

Reicher Flor aus röhrenförmigen Blüten mit einem Mal an der Spitze

Neue Triebe bilden sich jährlich aus der Basis neu.

Triebe im Frühjahr auf gesunde Knospen zurückschneiden

IDEALFORM

SCHNITT

Pieris *Lavendelheide*

IMMERGRÜNE STRÄUCHER

■ **Schnitt: in der zweiten Frühjahrshälfte nach der Blüte**

Pieris japonica
'Blush'

Die immergrünen Sträucher sind mit den Rhododendren verwandt und brauchen wie sie saure Böden. Im Frühjahr ist der Neuaustrieb oft rosafarben oder rot. Zudem zieren hübsche Rispen oder Trauben aus weißen, glockenförmigen Blüten den Strauch. Lavendelheiden müssen vor kräftigem Wind geschützt werden, der den frischen Blättern zusetzen kann. Ein Standort im lichten Schatten ist ideal.

Schneiden Sie so wenig wie möglich. Beim Abzwicken welker Blütenstände im späten Frühjahr kann man auch gleich dünnen, verkahlten Wuchs und erfrorenes Holz herausnehmen. Man verbessert die Form zu großer Exemplare durch Rückschnitt überlanger Triebe auf kräftige Seitentriebe weiter unten. Vernachlässigte Sträucher vertragen einen Verjüngungsschnitt, bei dem der gesamte Wuchs bis auf ein niedriges Gerüst zurückgeschnitten wird, blühen dann aber im kommenden Jahr nicht.

AUF EINEN BLICK

WUCHS Rundliche bis aufrechte oder ausladende, sehr schön geformte Sträucher, die mit der Zeit offener und baumartiger werden.

WINTERHÄRTE Winterhart, doch kann weicher neuer Wuchs erfrieren.

HÖHE UND BREITE 3 m x 2 m; Zwergformen sind wesentlich kompakter.

SCHNITT

■ Schneiden Sie so wenig wie möglich.

■ Entfernen Sie welke Blüten in der zweiten Frühjahrshälfte.

■ Vernachlässigte und zu dicht oder zu groß gewordene Exemplare vertragen einen radikalen Verjüngungsschnitt.

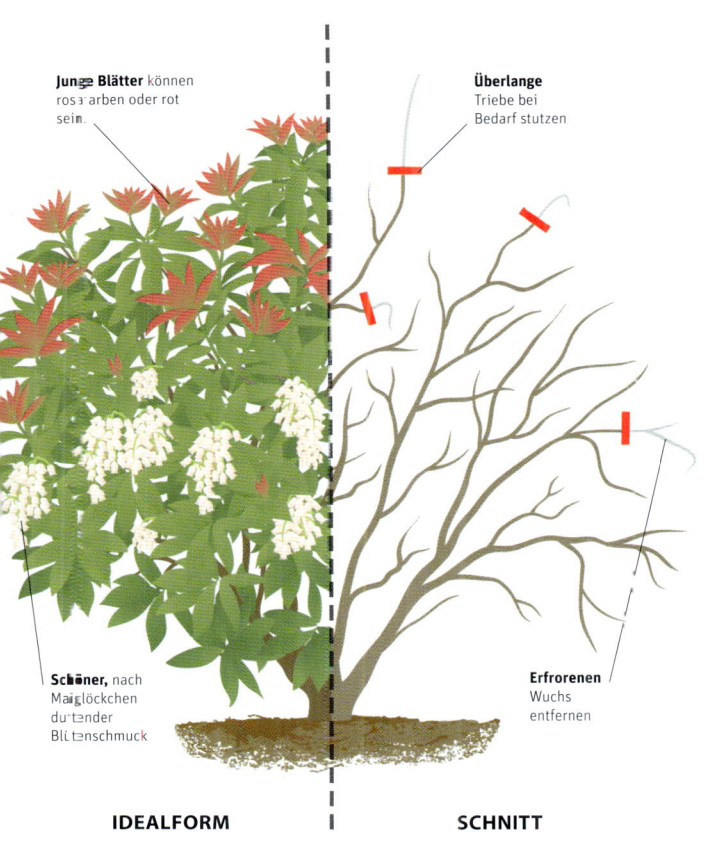

Junge Blätter können rosafarben oder rot sein.

Überlange Triebe bei Bedarf stutzen

Schöner, nach Maiglöckchen duftender Blütenschmuck

Erfrorenen Wuchs entfernen

IDEALFORM

SCHNITT

Pinus *Kiefer*

IMMERGRÜNE BAUM- ODER STRAUCHFÖRMIGE KONIFEREN

■ **Schnitt: im späten Frühjahr oder im Sommer und Herbst**

Pinus nigra

Zur Gattung der Kiefern gehören hohe Bäume ebenso wie niedrige, rundliche und breitwüchsige Sträucher. Viele eignen sich vorzüglich als Solitäre für große Gärten, während andere windverträglich sind und einen ausgezeichneten Schutzwall bilden. Die Schirm-Kiefer (*P. pinea*) bildet mitunter aus der Basis mehrere astlose Stämme mit dichter, abgeflachter Krone. Zwergkiefern bleiben kompakt und dicht; sie sind die erste Wahl für Steingärten, doch bleiben sie nicht immer zwergig, sondern können langsam zu stattlichen Gehölzen heranreifen.

Ein starker Schnitt ist selten notwendig – meist reicht das Herausnehmen ungünstig stehender und überlanger Zweige. Um die Pflanzen nicht zu groß werden zu lassen, kürzt man den gesamten neuen Wuchs im späten Frühjahr um die Hälfte zurück. Im Spätsommer und Frühherbst kann man sie noch einmal leicht in Form bringen.

AUF EINEN BLICK

WUCHS Je nach Art äußerst variabel.

WINTERHÄRTE Meistens völlig winterhart; Jungbäume sind empfindlicher als ältere.

HÖHE UND BREITE Sehr unterschiedlich. Große Bäume werden 30 m x 10 m, viele Arten und Sorten wachsen aber zwergig oder niederliegend.

SCHNITT

■ Schneiden Sie so wenig wie möglich.

■ Schneiden Sie Zweige zurück, die die Silhouette beeinträchtigen.

■ Kürzen Sie neue Triebe, um die Größe der Gehölze zu begrenzen. Häufiger Schnitt führt zu dichterem, buschigerem Wuchs.

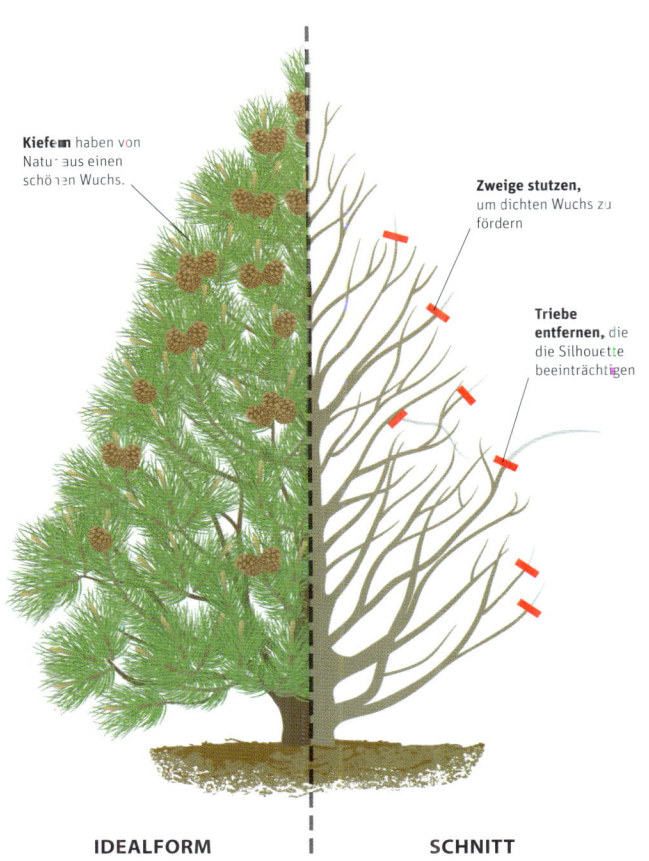

Kiefern haben von Natur aus einen schönen Wuchs.

Zweige stutzen, um dichten Wuchs zu fördern

Triebe entfernen, die die Silhouette beeinträchtigen

IDEALFORM

SCHNITT

Pittosporum *Klebsame*
IMMERGRÜNE STRÄUCHER ODER BÄUME
■ **Schnitt: in der zweiten Frühjahrshälfte**

Pittosporum tenuifolium

Man schätzt an den immergrünen Sträuchern vor allem ihr interessantes Laub: es sind oft ledrige, gewelltrandige Blätter mit je nach Form grüner, gelber oder violettroter Färbung. Im späten Frühjahr und Frühsommer entfalten sich kleine, mitunter duftende Blüten – auf sie folgen im Herbst farbenfrohe Beeren. Die meisten Arten wachsen kompakt und regelmäßig. Leider sind sie nicht winterhart und vertragen nur geringe Minustemperaturen, weshalb sie in Kübeln kultiviert werden müssen.

Um ihre gleichmäßige Form zu bewahren, kürzt man in der zweiten Frühjahrshälfte alle übermütigen Triebe ein. Außerdem werden die Pflanzen durch ein leichtes Stutzen nach dem Einpflanzen buschig gehalten. Ein Schnitt ist auch im Frühjahr und Sommer möglich, doch geht das auf Kosten von Blüten und Früchten. Rein grüne Triebe an panaschierten Pflanzen werden herausgenommen.

AUF EINEN BLICK

WUCHS Überwiegend aufrechte, regelmäßig geformte immergrüne Sträucher.

WINTERHÄRTE Nicht winterhart und nur für die Topfkultur geeignet.

HÖHE UND BREITE 4 m x 3 m. Manche Arten bleiben kleiner.

SCHNITT
■ Geschnitten wird in der zweiten Frühjahrshälfte.

■ Entfernen Sie zu lange und verletzte Triebe.

■ Ein Verjüngungsschnitt ist in der Frühjahrsmitte möglich. Die Pflanzen erholen sich normalerweise gut davon.

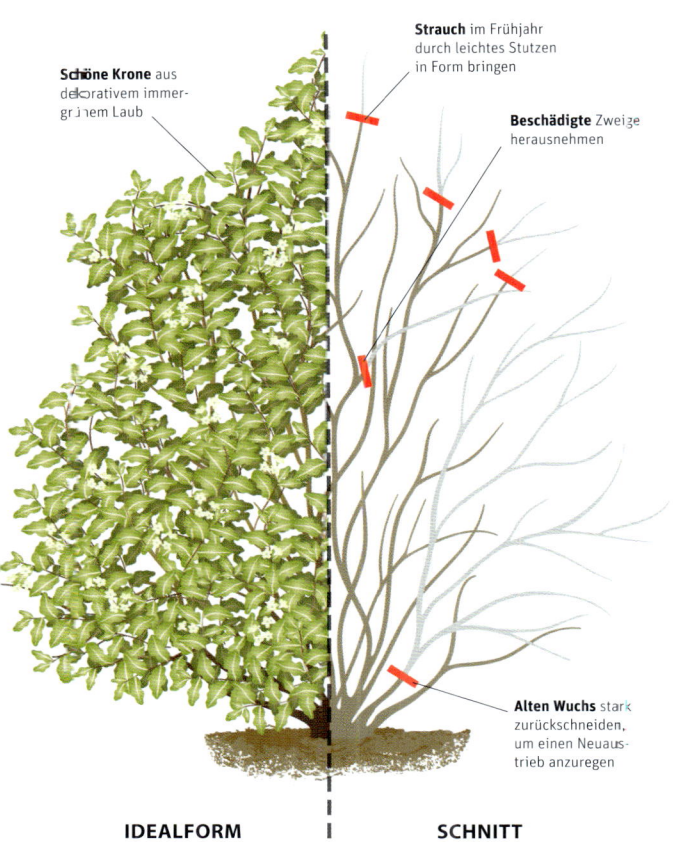

Schöne Krone aus dekorativem immergrünem Laub

Strauch im Frühjahr durch leichtes Stutzen in Form bringen

Beschädigte Zweige herausnehmen

Alten Wuchs stark zurückschneiden, um einen Neuaustrieb anzuregen

IDEALFORM   **SCHNITT**

Platanus *Platane*

SOMMERGRÜNE BÄUME

■ **Schnitt: in der zweiten Frühjahrshälfte oder im Winter**

Platanus x *hispanica*

Platanen tragen eine dekorative Borke und sind häufig als Straßenbäume in Städten zu finden, da sie unempfindlich gegen schadstoffbelastete Luft sind. Aus Sicherheitsgründen und um sie zu begrenzen, werden sie regelmäßig geschnitten. Meist werden Platanen mit einem 2–3 m hohen unbeasteten Stamm gezogen. An der Gewöhnlichen Platane (*P.* x *hispanica*) hält man den Stamm oft nur bis 1,2 m Höhe frei, sodass die untersten Äste bis zum Boden hängen. Ein charakteristisches Bild südlicher Länder sind die kopfbaumartig geschnittenen Platanen an vielen Promenaden. Die Morgenländische Platane (*P. orientalis*) bildet oft paarige oder in Bündeln stehende Seitenäste. Sie wird geschnitten, um eine ausgewogene Krone zu erhalten. Größere Bäume sollten von Fachleuten geschnitten werden. Weil die Blätter Härchen tragen, die Reizungen hervorrufen, wird Winterschnitt empfohlen.

AUF EINEN BLICK

WUCHS Stattliche, aufrechte, sommergrüne Bäume mit schweren Ästen.

WINTERHÄRTE Meist völlig winterhart.

HÖHE UND BREITE 25 m x 18 m, bei entsprechendem Schnitt auch weniger. Panaschierte Formen sind nicht so wüchsig.

SCHNITT

■ Beschränken Sie das Schneiden auf ein Minimum.

■ Ein Schnitt erfolgt in der zweiten Frühjahrshälfte oder im laublosen Zustand im Winter.

■ Überlassen Sie umfangreichere Schnittarbeiten einer Fachfirma.

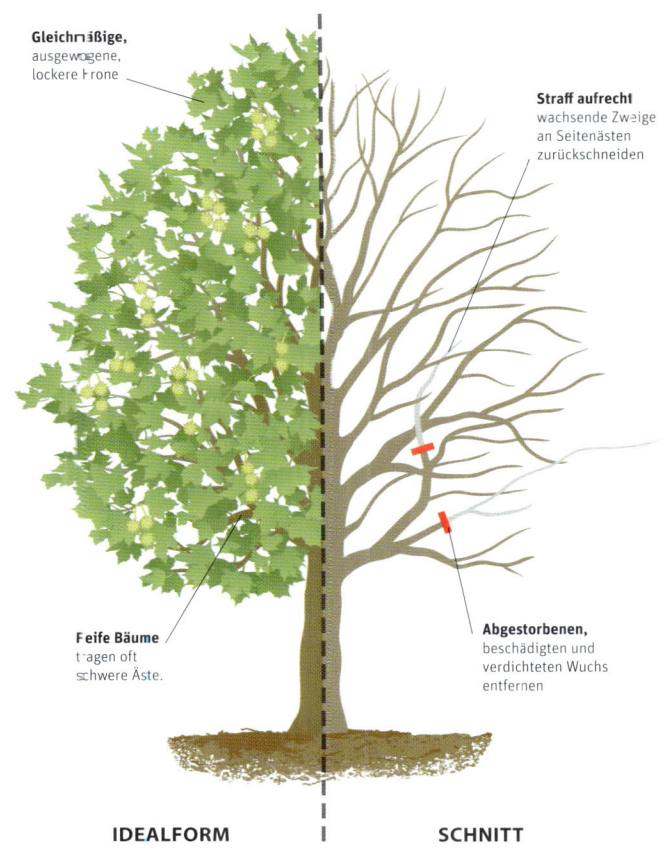

Gleichmäßige,
ausgewogene,
lockere Krone

Straff aufrecht
wachsende Zweige
an Seitenästen
zurückschneiden

Reife Bäume
tragen oft
schwere Äste.

Abgestorbenen,
beschädigten und
verdichteten Wuchs
entfernen

IDEALFORM   **SCHNITT**

Plumeria *Frangipani*

SOMMERGRÜNE ODER SELTEN IMMERGRÜNE BÄUME

■ Schnitt: vom Herbst bis zum Winter

Plumeria rubra

Frangipani oder Wachsblumen sind Tropengehölze und öffnen ihre duftenden Blüten vorwiegend im Sommer und Herbst. In freier Natur reifen sie zu großen Sträuchern oder Bäumen heran, in unseren Breiten nutzt man sie als Kübelpflanzen – meist in großen Wintergärten.

Man zieht sie am besten als Bäume mit kurzem, höchstens 1 m hohem Stamm. Die Kronenäste verzweigen sich von selbst. Mit einem jährlichen Schnitt im zeitigen Frühjahr, bei dem der vorjährige Wuchs um die Hälfte bis zwei Drittel zurückgenommen wird, hält man die Pflanzen überschaubar. An den Schnittstellen entwickeln sich viele neue Triebe. Damit die Krone nicht zu dicht wird, schneidet man manche Äste bis zum Stamm zurück und entfernt überkreuzte Triebe. Der in der Wachstumsperiode austretende Saft kann Hautreizungen verursachen.

AUF EINEN BLICK

WUCHS Kleine Bäume oder Sträucher mit dichter Krone.

WINTERHÄRTE Frostempfindlich; die Gehölze müssen frostfrei überwintern.

HÖHE UND BREITE 6 m x 6 m. Durch Schnitt kann man sie kleiner halten.

SCHNITT

■ Weicher Wuchs neigt nach dem Schnitt zum Faulen, weshalb man nur festeres Material schneiden sollte.

■ Schneiden Sie die Pflanzen während der Ruhephase.

■ Ein Verjüngungsschnitt ist möglich.

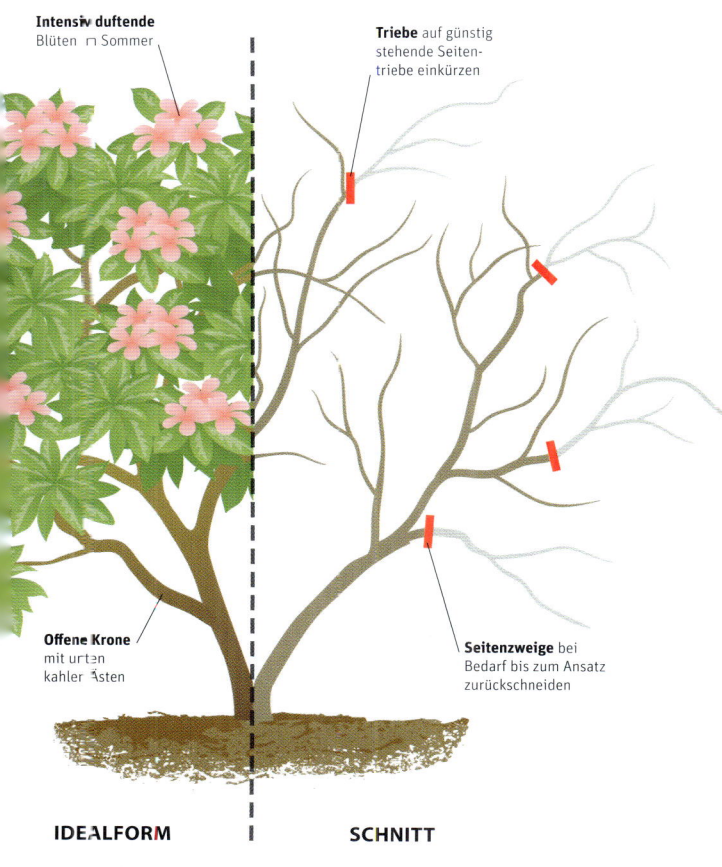

Intensiv duftende
Blüten ⌐ Sommer

Triebe auf günstig
stehende Seiten-
triebe einkürzen

Offene Krone
mit urt∍n
kahler ꓶsten

Seitenzweige bei
Bedarf bis zum Ansatz
zurückschneiden

IDEALFORM

SCHNITT

Populus *Pappel*

SOMMERGRÜNE BÄUME

◾ **Schnitt: je nach Bedarf im Sommer oder Herbst**

Populus x jackii 'Aurora'

Die wüchsigen sommergrünen Bäume sind äußerst nützlich. So wird die straff aufrechte Echte Schwarz-Pappel (*P. nigra* var. *italica*) oft als Schutzgürtel gepflanzt. Andere Arten kommen als Straßenbäume zum Einsatz, zum Teil in entwipfelter Form, damit sie nicht zu groß werden. Meistens lässt man ihnen in der Jugend einen Leittrieb und entfernt untere Seiten- bzw. Konkurrenztriebe. An aufrechten Formen wie *P. alba* 'Pyramidalis' und der Echten Schwarz-Pappel bleiben die unteren Äste stehen, Wurzelsprosse werden aber gleich entfernt.

P. x *jackii* 'Aurora' trägt rosa- und cremefarben panaschiertes Laub, welches am schönsten wird, wenn man die Triebe jährlich auf etwa 3 m Stammhöhe zurückschneidet. Frische Blätter tragen oft noch nicht die typische Zeichnung, entfernen Sie rein grüne Triebe daher erst, wenn sie bis zum Hochsommer noch nicht panaschiert sind.

 AUF EINEN BLICK

WUCHS Wüchsige, oft straff aufrechte sommergrüne Bäume.

WINTERHÄRTE Völlig winterhart.

HÖHE UND BREITE Je nach Art 10–13 m hoch und 6–10 m breit. Aufrechte Formen sind wesentlich schmaler, entwipfelte kleiner.

SCHNITT

◾ Ältere Exemplare brauchen kaum geschnitten zu werden. Eventuelle Schnittarbeiten erledigt man im Sommer und Herbst. Beauftragen Sie am besten eine Fachfirma.

◾ Ein jährlicher radikaler Rückschnitt erfolgt im Spätwinter oder zeitigen Frühjahr.

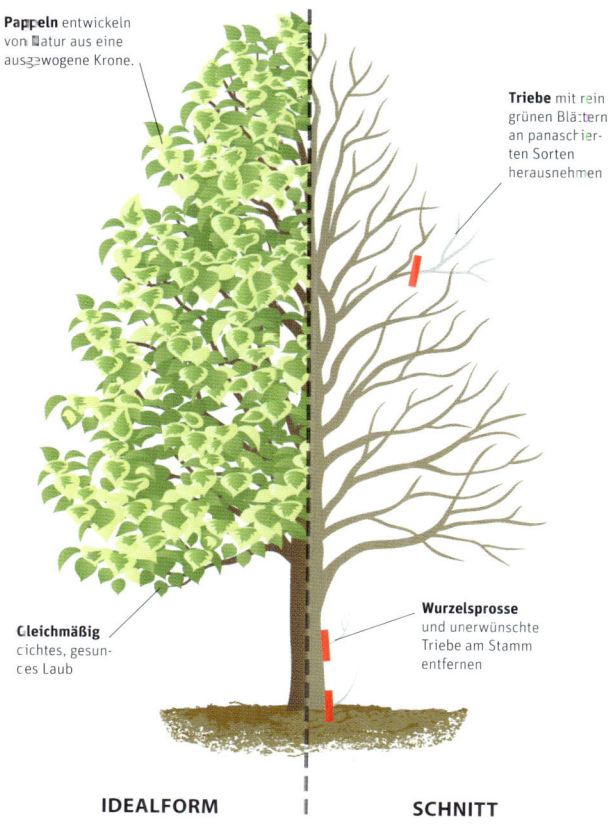

Pappeln entwickeln von Natur aus eine ausgewogene Krone.

Triebe mit rein grünen Blättern an panaschierten Sorten herausnehmen

Gleichmäßig dichtes, gesundes Laub

Wurzelsprosse und unerwünschte Triebe am Stamm entfernen

IDEALFORM

SCHNITT

Potentilla *Fingerkraut*

SOMMERGRÜNE STRÄUCHER

■ **Schnitt: im zeitigen Frühjahr und im Herbst**

Strauchige Fingerkräuter sind Langstreckenblüher mit einem Flor vom späten Frühjahr bis zur Herbstmitte. Sie eignen sich hervorragend als Bodendecker für vollsonnige Standorte, können aber auch als niedrige, buschige Hecke eingesetzt werden. Die hübschen, oft becherförmigen Blüten sind je nach Sorte weiß, rosafarben, rot, gelb oder orangefarben. Fingerkräuter wachsen meist dicht und geschlossen, doch ältere Exemplare werden mitunter dünntriebig oder bekommen kahle Stellen.

Potentilla fruticosa 'Goldfinger'

Ein regelmäßiger Schnitt ist nicht nötig, man lässt die Pflanzen möglichst ungehindert wachsen, sonst leidet die Blüte. Wirken die Sträucher etwas unordentlich, entfernt man überlange, schwache und alte, verholzte Triebe im Frühjahr. Im Herbst wird bei Bedarf ausgeputzt.

 AUF EINEN BLICK

WUCHS Niedrige, kuppelförmige bis ausladende Sträucher, oft mit dünnen Trieben.

WINTERHÄRTE Völlig winterhart.

HÖHE UND BREITE Die Sträucher werden etwa 50–90 cm hoch und 1,2 m breit.

SCHNITT

■ Schneiden Sie bei Bedarf im Frühjahr und noch einmal im Herbst, um welken Flor zu entfernen und die Sträucher auszuputzen.

■ Ein Verjüngungsschnitt in der ersten Frühjahrshälfte ist möglich, aber etwas riskant.

Im Frühjahr ist mitunter die ganze Pflanze vor Blüten übersät.

Abgeblühte Triebe entfernen

Überlange Seitentriebe im zeitigen Frühjahr einkürzen

Alten, verholzten Wuchs bis zum Ansatz entfernen

IDEALFORM

SCHNITT

Prunus *Zierkirsche*

(1) SOMMERGRÜNE BÄUME ODER STRÄUCHER

■ **Schnitt: im Hochsommer bei trockenem, ruhigem Wetter**

Prunus
'Shirofugen'

Neben den als Obstgehölzen kultivierten Arten, wie z. B. Pfirsichen, Aprikosen, Pflaumen und Kirschen (siehe S. 442–451) gehört zur Gattung noch eine riesige Gruppe aus vorwiegend im Frühjahr blühenden Ziergehölzen. *P. serrula* wird vor allem wegen der glänzenden, braunen Borke geschätzt, die im Winter den Garten belebt. Die meist elegant geformten Gewächse sollten so wenig wie möglich geschnitten werden – und nur bei ruhigem Wetter im Sommer, wenn Schnittwunden rasch heilen und die Gefahr einer Pilzinfektion geringer ist.

Die Kirschpflaume (*P. cerasifera*) eignet sich vorzüglich als Blütenhecke. Um einen verzweigten Wuchs nah am Ansatz zu fördern, kürzt man den Haupttrieb im ersten Sommer nach dem Pflanzen. Später reicht ein Schnitt nach der Blüte. Die Drüsen-Kirsche (*P. glandulosa*) reagiert gut auf einen harten jährlichen Rückschnitt nach der Blüte.

AUF EINEN BLICK

WUCHS Oft große Bäume mit ausladender, rundlicher Krone. Manche wachsen aufrecht, andere strauchig.

WINTERHÄRTE Meist winterhart, doch können frühe Blüten durch Frost geschädigt werden.

HÖHE UND BREITE Bis 10 m x 6 m.

SCHNITT

■ Schneiden Sie so wenig wie möglich.

■ Schneiden Sie Hecken nach der Blüte.

■ Bei *P. glandulosa* werden verblühte Triebe zurückgeschnitten.

■ Ein Verjüngungsschnitt ist selten erfolgreich.

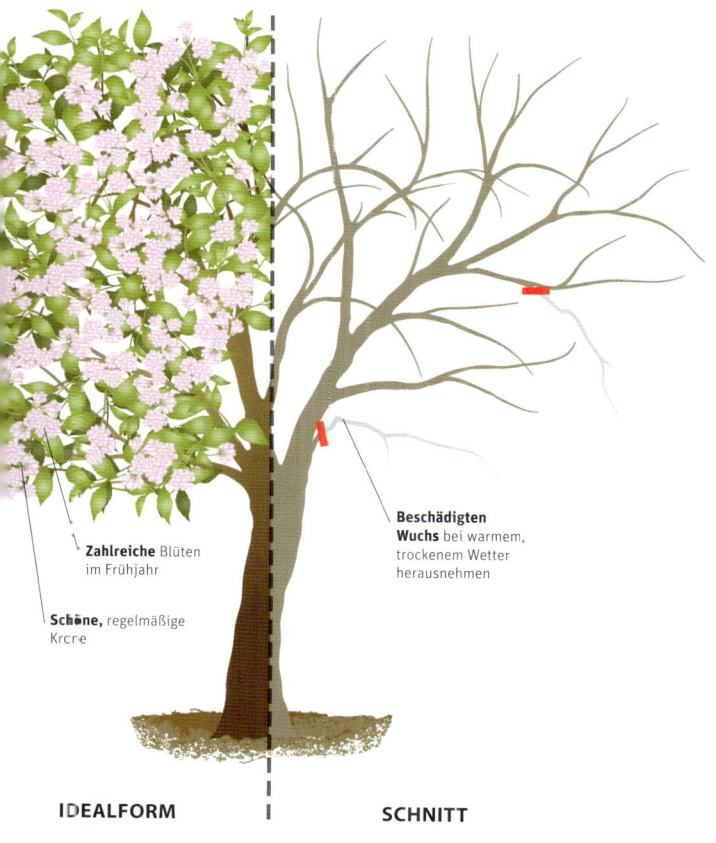

Zahlreiche Blüten
im Frühjahr

Schöne, regelmäßige
Krc-e

**Beschädigten
Wuchs** bei warmem,
trockenem Wetter
herausnehmen

IDEALFORM

SCHNITT

Prunus *Lorbeerkirsche*
(2) IMMERGRÜNE BÄUME ODER STRÄUCHER
■ Schnitt: im späten Frühjahr und Sommer

Prunus laurocerasus 'Otto Luyken'

Mit ihren glänzenden, ledrigen Blättern sind immergrüne *Prunus*-Arten eine Bereicherung für Strauchrabatten, und man kann sie zudem für dichte Hecken verwenden. Sie vertragen einen Schnitt besser als die sommergrünen Arten (siehe S. 334–335).

Sowohl der Kirschlorbeer (*P. laurocerasus*) als auch die Portugiesische Lorbeerkirsche (*P. lusitanica*) kommen als Solitäre mit minimalem Schnitt aus und reifen mit der Zeit zu baumartigen Gehölzen heran. Man begrenzt sie, indem man überlange Triebe im späten Frühjahr oder Frühsommer kürzt. Panaschierte Formen werden von rein grünen Trieben befreit, verdichtete Sträucher auf ein niedriges Gerüst zurückgeschnitten. Hecken schneidet man an milden, trockenen Tagen.

AUF EINEN BLICK

WUCHS Immergrüne, mit der Zeit baumartige Gehölze.

WINTERHÄRTE *P. laurocerasus* verträgt bis −18°C und friert nur bei den schlimmsten Frösten zurück, *P. lusitanica* braucht milde Lagen.

HÖHE UND BREITE 5 m x 5 m, bei regelmäßigem Schnitt und Zwergformen auch kleiner.

SCHNITT
■ Setzen Sie die Schere an einem trockenen, ruhigen Tag während der Vegetationsperiode an, um die Infektionsgefahr geringer zu halten.

■ Ein Verjüngungsschnitt im späten Frühjahr oder Sommer wird meist gut vertragen.

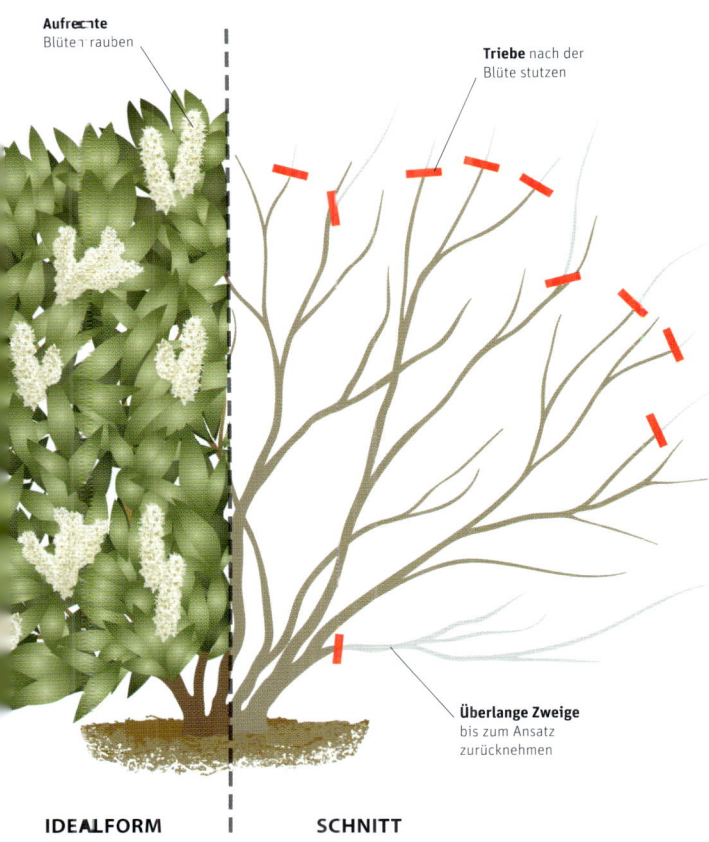

Aufrechte
Blütentrauben

Triebe nach der
Blüte stutzen

Überlange Zweige
bis zum Ansatz
zurücknehmen

IDEALFORM   SCHNITT

Pyracantha *Feuerdorn*
IMMERGRÜNE STRÄUCHER
■ **Schnitt: im Frühjahr und noch einmal im Sommer**

Pyracantha
'Mohave'

Feuerdorne sind zähe, vielseitige immergrüne Pflanzen und im Jahreslauf gleich zweimal interessant: einmal im Frühsommer, wenn ihre cremeweißen Blüten erscheinen, und einmal im Herbst, wenn die roten, orangefarbenen oder gelben Beeren reifen. Man nutzt sie in Strauchrabatten, als Hecke oder als an einer Wand gezogener Strauch.

Frei stehende Sträucher kommen mit minimalem Schnitt aus; man nimmt beschädigtes und ungünstig wachsendes Holz zur Frühjahrsmitte heraus. Hecken werden im Frühjahr und Sommer geschnitten, doch muss man in diesem Fall mit weniger Blüten und Beeren rechnen. Um Feuerdorn an einer Wand zu erziehen, bindet man die Haupttriebe an und kürzt ungünstig wachsende Zweige im Frühjahr. Älterer Wuchs kann bei Bedarf ganz herausgenommen und durch kräftige neue Triebe ersetzt werden.

AUF EINEN BLICK

WUCHS Dichte, dornige, straff aufrechte bis ausladende Sträucher.

WINTERHÄRTE Meist winterhart, manche Formen wachsen aber nur in milden Regionen.

HÖHE UND BREITE Etwa 3 m x 3 m, durch regelmäßigen Schnitt kann man sie aber kleiner halten.

SCHNITT
■ Solitäre brauchen kaum Schnitt.

■ Hecken stutzt man drei- bis viermal im Jahr.

■ An einer Wand gezogene Sträucher schneiden Sie bei Bedarf im Frühjahr und Sommer.

■ Tragen Sie dicke Handschuhe als Schutz.

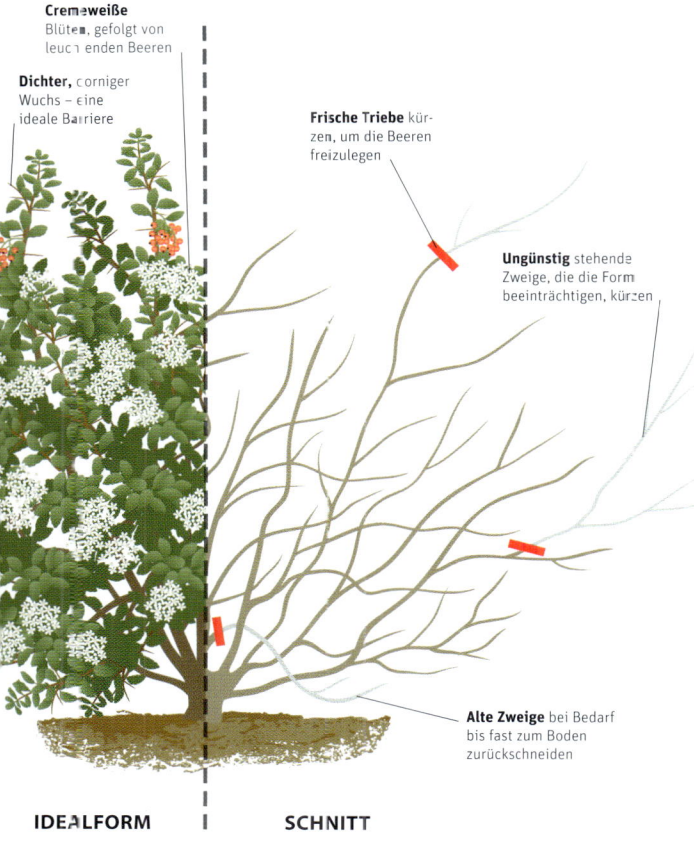

Cremeweiße Blüten, gefolgt von leuchtenden Beeren

Dichter, dorniger Wuchs – eine ideale Barriere

Frische Triebe kürzen, um die Beeren freizulegen

Ungünstig stehende Zweige, die die Form beeinträchtigen, kürzen

Alte Zweige bei Bedarf bis fast zum Boden zurückschneiden

IDEALFORM

SCHNITT

Pyrus *Zierbirne*
(1) AUFRECHTE SOMMERGRÜNE BÄUME
■ **Schnitt: im Winter und zeitigen Frühjahr**

Pyrus calleryana
'Chanticleer'

Eigentlich werden die Bäume dieser Gattung wegen ihrer essbaren Birnen kultiviert, einige Formen mit kleinen, ungenießbaren Früchten aber schätzt man besonders wegen ihres Zierwerts: Im Frühjahr erscheinen Unmengen hübscher, schalenförmiger, weißer Blüten und im Herbst entsteht bisweilen eine schöne Laubfärbung.

Eine ernsthafte Alternative zu Zierkirschen (*Prunus*) und Zieräpfeln (*Malus*) ist *P. calleryana*, die Chinesische Birne. Manche ihrer Sorten, wie 'Capital' oder 'Chanticleer', sind sogar für kleine Gärten geeignet. Man schneidet sie während der Vegetationsruhe im Winter und zeitigen Frühjahr. Junge Bäume werden von Seitenästen befreit, die die Silhouette der Krone beeinträchtigen. Ältere Gehölze brauchen dagegen kaum noch Schnitt – es reicht beschädigtes, überkreuztes oder wuchsschwaches Material zu entfernen.

AUF EINEN BLICK

WUCHS Je nach Art und Sorte schmal kegelförmige bis rundliche Bäume.

WINTERHÄRTE Völlig winterhart, doch sind die Blüten durch Spätfröste gefährdet.

HÖHE UND BREITE 8 m x 5 m, gelegentlich auch mehr.

SCHNITT
■ Schneiden Sie so wenig wie möglich und nur während der Vegetationsruhe.

■ Ungünstig stehende Äste an Jungbäumen werden im Winter oder im zeitigen Frühjahr herausgenommen.

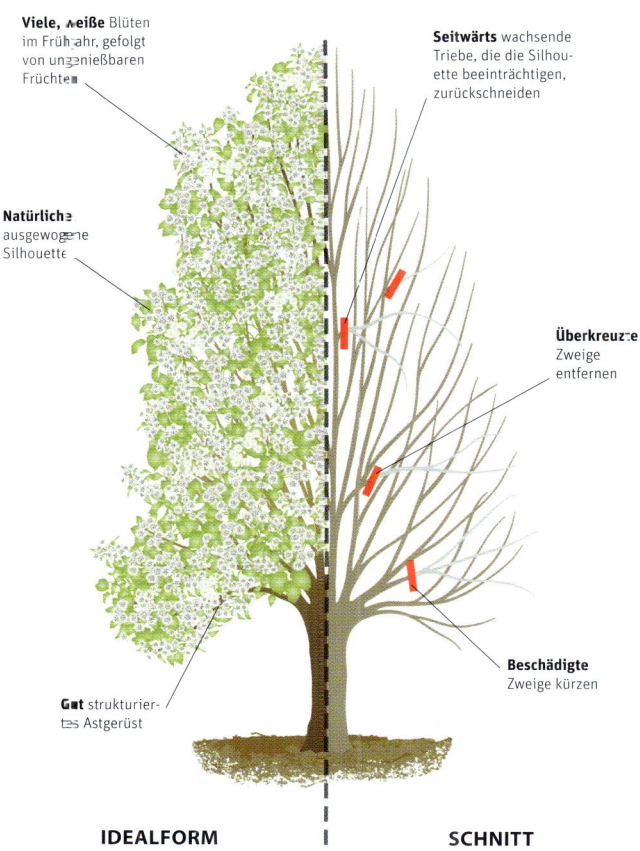

Viele, weiße Blüten im Frühjahr, gefolgt von ungenießbaren Früchten

Natürliche ausgewogene Silhouette

Gut strukturiertes Astgerüst

Seitwärts wachsende Triebe, die die Silhouette beeinträchtigen, zurückschneiden

Überkreuzte Zweige entfernen

Beschädigte Zweige kürzen

IDEALFORM

SCHNITT

Pyrus *Zierbirne*
(2) HÄNGENDE SOMMERGRÜNE BÄUME
■ **Schnitt: zwischen Spätherbst und zeitigem Frühjahr**

Pyrus salicifolia 'Pendula'

Ebenfalls zu den Zierbirnen (siehe auch S. 340–341) gehört *P. salicifolia* 'Pendula', eine hängende Form der Weiden-Birne. Ihre silbergrauen Blätter stehen an vorhangartig fallenden Zweigen, die im Jahreslauf lang dekorativ sind. Dank ihres kompakten Wuchses bieten sie sich zudem als Solitäre für Rasenflächen an. Ihr Stamm ist meist nicht höher als 3 m. Allerdings wird ihre Krone oft zu dicht. Daher nimmt man im Winter, wenn alle Zweige kahl sind, nach oben wachsende Triebe im oberen Kronenbereich heraus, die den schirmförmigen Gesamteindruck stören. Was bereits den Boden berührt, wird bis auf eine nach außen zeigende Knospe eingekürzt. Verdichteten Wuchs dünnt man nach Bedarf aus. Die Krone lässt sich etwas verbreitern, indem man Triebe auf eine Knospe im höchsten Abschnitt der Äste zurückschneidet. Neuer Wuchs kann im Spätsommer ausgedünnt werden.

◗ AUF EINEN BLICK

WUCHS Kleine bis mittelgroße, sommergrüne Bäume mit breiter, schirmförmiger Krone aus hängenden Zweigen.

WINTERHÄRTE Völlig winterhart.

HÖHE UND BREITE Bis 5 m x 4 m, je nach Schnitt und Erziehung auch kleiner.

SCHNITT
■ Dünnen Sie verdichteten Wuchs aus.

■ Kürzen Sie Zweige, die bis zum Boden hängen.

■ Entfernen Sie alle Triebe, die die Silhouette beeinträchtigen.

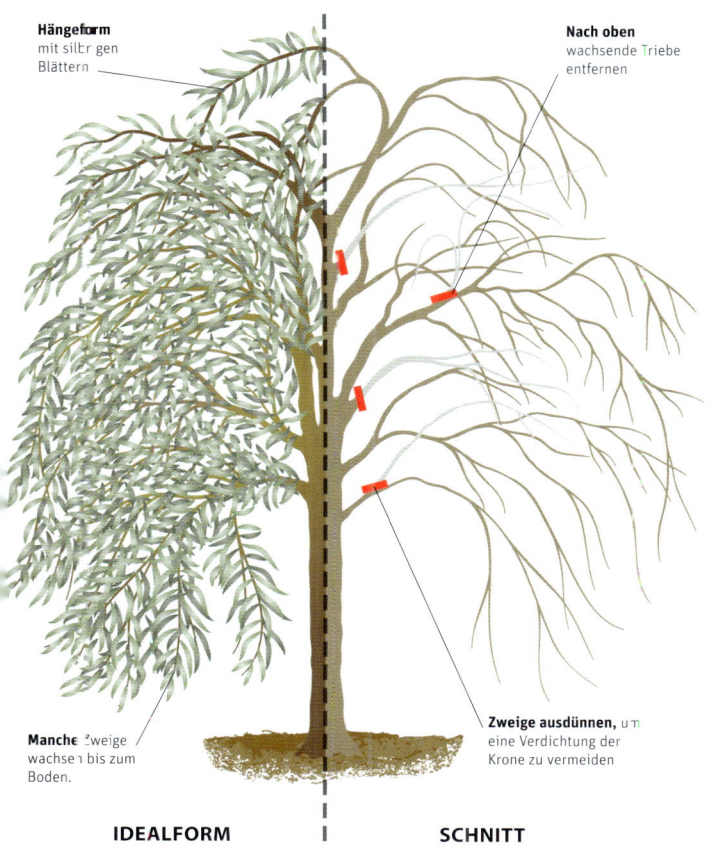

Hängeform
mit silbrigen
Blättern

Nach oben
wachsende Triebe
entfernen

Manche Zweige
wachsen bis zum
Boden.

Zweige ausdünnen, um
eine Verdichtung der
Krone zu vermeiden

IDEALFORM

SCHNITT

Quercus *Eiche*

SOMMERGRÜNE ODER IMMERGRÜNE BÄUME

■ **Schnitt: zwischen Herbst und Frühjahr**

Quercus robur

Eichen sind großartige Baumpersönlichkeiten, die ein hohes Alter erreichen können und zumeist eine mächtige, ausladende Krone entwickeln. Sommergrüne Arten machen zudem oft durch eine strahlende Herbstfärbung auf sich aufmerksam.

Ein regelmäßiger Schnitt ist nicht nötig. Erforderliche Arbeiten sollten während der Vegetationsruhe durchgeführt werden. An Jungbäumen entfernt man untere Seitenäste, wenn ein unbeasteter Stamm gewünscht wird, ältere Exemplare befreit man von abgestorbenem Holz. Mitunter werden große Eichen von Wind und Schnee in Mitleidenschaft gezogen, überlassen Sie Korrekturen aber Fachleuten; nach einem Schnitt erholen sich die Bäume meist problemlos wieder. Immergrüne Eichenarten eignen sich auch für Hecken, diese können im Frühjahr und Sommer mehrmals geschnitten werden.

AUF EINEN BLICK

WUCHS Meist große, ausladende, in der Regel aufrechte Bäume.

WINTERHÄRTE Zum Teil völlig winterhart, zum Teil nur für milde Regionen geeignet; immergrüne Arten sind oft zu empfindlich.

HÖHE UND BREITE Rund 10 m x 6 m, doch können alte Bäume erheblich größer werden.

SCHNITT
■ Schneiden Sie so wenig wie möglich.

■ Wenn ein Schnitt doch notwendig sein sollte, führen Sie ihn während der Vegetationsruhe zwischen Herbst und Frühjahr durch.

■ Hecken werden zwischen Frühjahr und Hochsommer zweimal geschnitten.

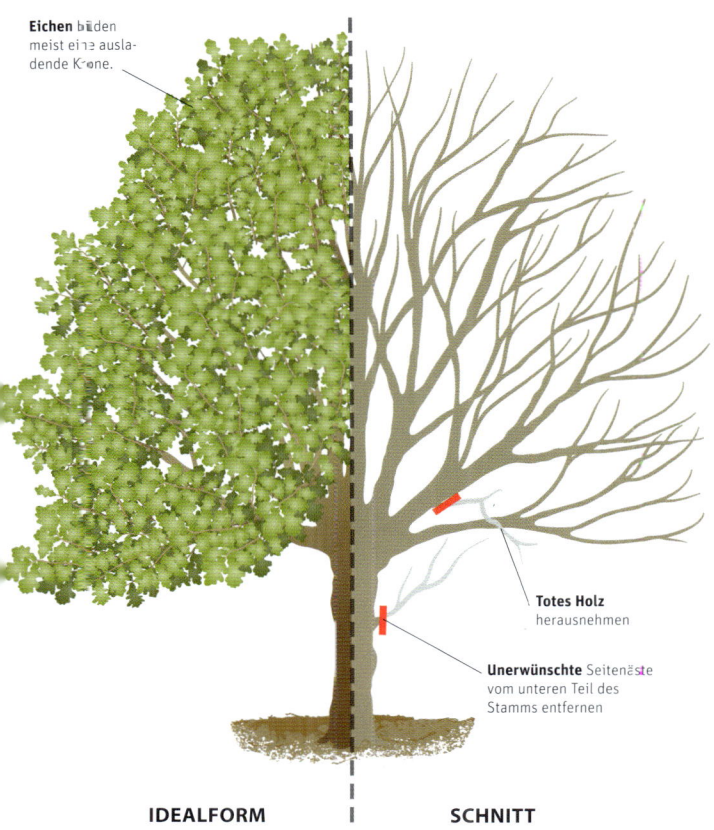

Eichen bilden meist eine ausladende Krone.

Totes Holz herausnehmen

Unerwünschte Seitenäste vom unteren Teil des Stamms entfernen

IDEALFORM

SCHNITT

Rhododendron

(1) SOMMERGRÜNE STRÄUCHER

■ **Schnitt: bei Bedarf gleich nach der Blüte**

Rhododendron luteum

Die meisten Rhododendren sind immergrün (siehe S. 348–349), aber es gibt auch sehr schöne sommergrüne Arten. Sie tragen vom späten Frühjahr bis zum Frühsommer trichterförmige, mitunter duftende Blüten in Weiß, Rosa, Rot, Gelb, Orange und Violett. Nach der Blüte fallen sie noch einmal mit schönen Herbstfarben auf.

Sommergrüne Rhododendren wachsen als offene, elegante Sträucher, die in der Regel kaum geschnitten werden müssen, lediglich junge Pflanzen regt man mit einem Schnitt zu buschigem Wuchs an. Bei älteren Exemplaren zwickt man welken Flor ab, nimmt bei dieser Gelegenheit gleich verdichteten Wuchs heraus und kürzt blühschwache Triebe auf eine kräftige Knospe zurück. Ein Verkleinerungsschnitt wird nicht empfohlen. Verkahlende Sträucher lassen sich im Frühjahr verjüngen, indem man alle Triebe auf 30 cm über dem Boden zurücknimmt.

AUF EINEN BLICK

WUCHS Offene, aufrechte bis ausladende, kuppelförmige Sträucher, die mit der Zeit baumartig werden.

WINTERHÄRTE Meist völlig winterhart, doch einige Arten sind eher für milde Lagen oder geschützte Standorte geeignet.

HÖHE UND BREITE Je nach Art 3 m x 3 m.

SCHNITT

■ Entfernen Sie welken Flor nach der Blüte.

■ Schneiden Sie verkahlte ältere Zweige bis zum Ansatz zurück.

■ Verjüngen Sie dünntriebig und unschön gewordene Exemplare im Frühjahr.

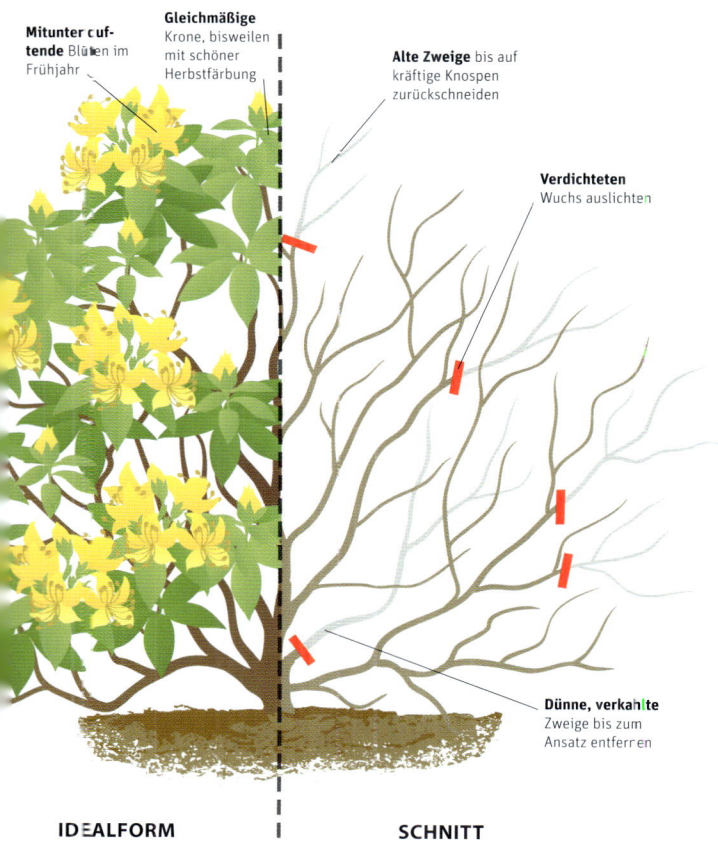

Mitunter duftende Blüten im Frühjahr

Gleichmäßige Krone, bisweilen mit schöner Herbstfärbung

Alte Zweige bis auf kräftige Knospen zurückschneiden

Verdichteten Wuchs auslichten

Dünne, verkahlte Zweige bis zum Ansatz entfernen

IDEALFORM

SCHNITT

Rhododendron

(2) IMMERGRÜNE STRÄUCHER

■ **Schnitt: im Frühjahr nach der Blüte**

*Rhododendron
'Polar Bear'*

Der Formenreichtum immergrüner Rhododendren ist enorm: Er reicht von kompakten, dichten Zwergformen, die sich bestens für Steingärten eignen, bis hin zu stattlichen baumartigen Exemplaren mit ausladender Krone. Das Farbspektrum ihrer Blütenstände reicht von Weiß über Orange bis hin zu Violett.

Rhododendren müssen nicht regelmäßig geschnitten werden – es reicht, Triebe zu entfernen, die den Gesamteindruck stören. Das erledigt man am besten im Frühjahr zusammen mit dem Ausputzen welker Blüten. Große Exemplare werden manchmal asymmetrisch oder durch Wind und Schneelasten beschädigt. Die abgestorbenen oder verletzten Zweige nimmt man in der Frühjahrsmitte heraus, wenn nötig mit der Astsäge. Pflanzen Sie große Formen nicht in den Schatten – sie werden dort nur langbeinig.

 AUF EINEN BLICK

WUCHS Immergrüne Rhododendren sind ausgesprochen variabel in ihrem Wuchs.

WINTERHÄRTE Zum Teil völlig winterhart, zum Teil nur für milde Regionen geeignet oder überhaupt nicht freilandtauglich.

HÖHE UND BREITE Bis 3 m x 3 m; Zwergformen bleiben wesentlich kleiner.

SCHNITT
■ Alte Exemplare können radikal zurückgeschnitten werden, nehmen aber danach meist keine allzu schöne Form mehr an.

■ Schneiden Sie bei größeren Sorten kahle, überlange und abgeblühte Zweige zurück.

■ Sommergrüne Formen siehe S. 346–347.

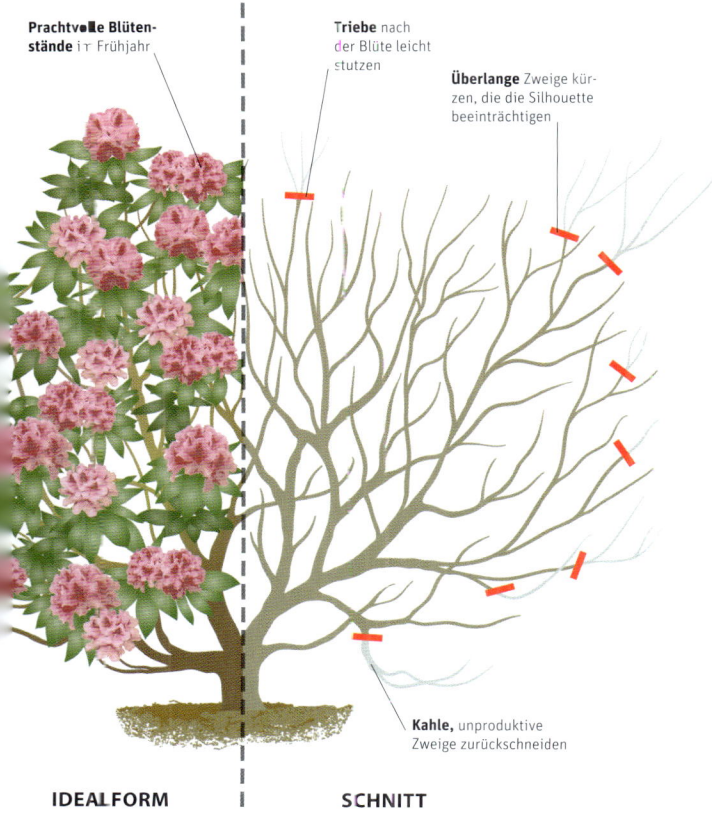

Prachtvolle Blüten-stände im Frühjahr

Triebe nach der Blüte leicht stutzen

Überlange Zweige kürzen, die die Silhouette beeinträchtigen

Kahle, unproduktive Zweige zurückschneiden

IDEALFORM

SCHNITT

Rhus *Essigbaum, Sumach*

SOMMERGRÜNE ODER IMMERGRÜNE STRÄUCHER ODER BÄUME

■ **Schnitt: zwischen Frühjahr und Spätsommer**

Rhus typhina

Bei uns kultivierte Essigbäume sind sommergrün und fallen durch samtige, geweihartige Äste und große Blätter mit orangefarbener oder roter Herbstfärbung auf. Sie breiten sich zum Teil sehr stark über Wurzelsprosse aus. In der Regel verlieren Essigbäume früh ihren Leittrieb und entwickeln eine niedrige, flache, ausladende Krone.

Der Schnitt wird auf ein Mindestmaß beschränkt. Wurzelsprosse werden sofort entfernt – sie tauchen zum Teil in einiger Entfernung von der Pflanze auf. Für eine besonders dekorative Wirkung des Laubs schneidet man alle Triebe im zeitigen Frühjahr bis zum Boden zurück. Tragen Sie dabei immer Handschuhe, denn der Pflanzensaft kann allergische Hautreaktionen hervorrufen. Alle anderen Schnittmaßnahmen, wie das Entfernen ungünstig stehender Triebe, werden im Spätsommer durchgeführt, wenn der Baum nicht mehr so stark »blutet«.

AUF EINEN BLICK

WUCHS Ausladende, offene, oft invasive sommergrüne Bäume oder Sträucher.

WINTERHÄRTE Die als Zierpflanzen kultivierten Arten sind völlig winterhart.

HÖHE UND BREITE 5 m x 6 m, Bäume gelegentlich auch höher.

SCHNITT
■ Entfernen Sie alle Wurzelsprosse.

■ Schneiden Sie Blattschmuckpflanzen jedes Frühjahr auf ein niedriges Gerüst zurück.

■ Ein Verjüngungsschnitt ist möglich, regt das Gehölz aber zum Austrieb vieler dünner Triebe an, die ggf. ausgedünnt werden müssen.

Blüten in aufrechten Blütenständen

Gefiedertes Laub, das sich im Herbst rot färbt

Ungünstig stehende Triebe einkürzen

Äste bei Blattschmuckpflanzen bis zum Ansatz zurückschneiden

Geweihartige, locker stehende Äste

Wurzelsprosse immer entfernen

IDEALFORM

SCHNITT

Ribes *Zier-Johannisbeere, Blut-Johannisbeere*

SOMMERGRÜNE STRÄUCHER

■ **Schnitt: im Frühjahr nach der Blüte**

Ribes sanguineum 'Pulborough Scarlet'

Zu den ersten Blütensträuchern im Frühjahr gehören die Zier-Johannisbeeren, deren hängende, meist rote Blütentrauben zusammen mit dem Austrieb der weichen, grünen Blätter erscheinen. Sie eignen sich vorzüglich für eine naturalistische, blühende Hecke.

Geschnitten werden die sommergrünen Sträucher gleich nach der Blüte. Junge, gesunde Triebe können in Ruhe gelassen oder bestenfalls leicht gestutzt werden, ältere hingegen kürzt man bis auf eine nach außen zeigende Knospe weiter unten zurück. Entfernen Sie sehr alte Zweige – vor allem, wenn sie bereits von unten her verkahlen. Im Winter ist diese Arbeit einfacher zu erledigen, weil im unbelaubten Zustand verdickter Wuchs besser zu erkennen ist. Allerdings gehen bei einem Schnitt unweigerlich die weiter oben ansetzenden Blüten am Trieb verloren.

AUF EINEN BLICK

WUCHS Aufrechte bis übergeneigte Sträucher, die struppig werden, wenn man sie vernachlässigt.

WINTERHÄRTE Überwiegend winterhart.

HÖHE UND BREITE Etwa 2 m x 1,2 m.

SCHNITT

■ Ziel des Schnitts ist eine Verjüngung der Pflanze, indem man ältere, nicht mehr allzu blühfreudige Zweige herausnimmt und so Platz für neuen Wuchs schafft.

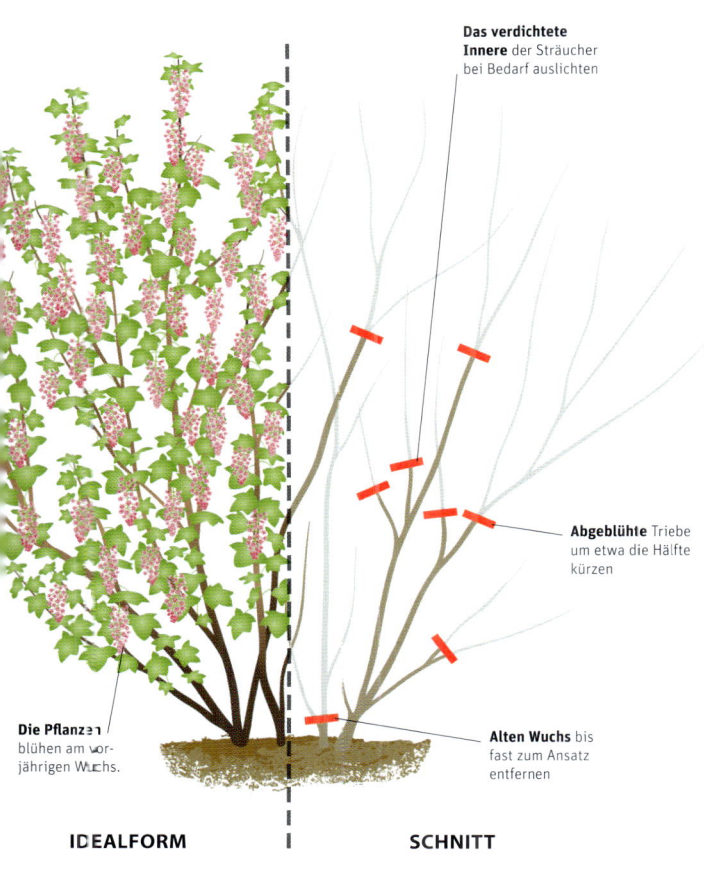

Das verdichtete Innere der Sträucher bei Bedarf auslichten

Abgeblühte Triebe um etwa die Hälfte kürzen

Alten Wuchs bis fast zum Ansatz entfernen

Die Pflanzen blühen am vorjährigen Wuchs.

IDEALFORM

SCHNITT

Robinia *Robinie*
SOMMERGRÜNE BÄUME ODER STRÄUCHER
■ **Schnitt: im Spätsommer oder Frühherbst**

*Robinia
pseudoacacia
'Frisia'*

Man schätzt diese eleganten, offenen Bäume und Sträucher wegen ihres gefiederten Laubs und der hängenden, oft duftenden Blütenstände, die häufig aufgrund ihres Nektarangebots auch bei Bienen sehr beliebt sind.

Ein Schnitt ist nicht unbedingt erforderlich, nur abgebrochene oder überkreuzte Zweige müssen eingekürzt werden – am besten im Spätsommer oder Frühherbst, weil die Pflanze dann weniger stark »blutet«. Manche Arten bilden Wurzelsprosse, die man sofort entfernt. In unseren Breiten sind die Äste oft etwas brüchig und daher anfällig für Sturmschäden. Schwer beschädigte Exemplare ersetzt man besser. Arten wie *R. pseudoacacia* lassen sich zu Kopfbäumen schneiden (siehe S. 29), deren dichte Krone besser gegen Wind gefeit ist, aber nicht blüht. Die strauchig wachsende Borstige Robinie (*R. hispida*) kann auch an Wänden erzogen werden.

AUF EINEN BLICK

WUCHS Aufrechte bis ausladende Bäume oder Sträucher, die oft Wurzelsprosse bilden.

WINTERHÄRTE Überwiegend völlig winterhart, doch ist Schutz vor kräftigem Wind ratsam.

HÖHE UND BREITE 10 m x 5 m, unter günstigen Bedingungen auch mehr.

SCHNITT
■ Kürzen Sie nur beschädigten Wuchs ein.

■ Entfernen Sie alle Wurzelsprosse sofort.

■ Kürzen Sie bei an der Wand gezogenen Sträuchern die Seitentriebe im Spätsommer.

■ Hohe Bäume überlässt man Fachleuten.

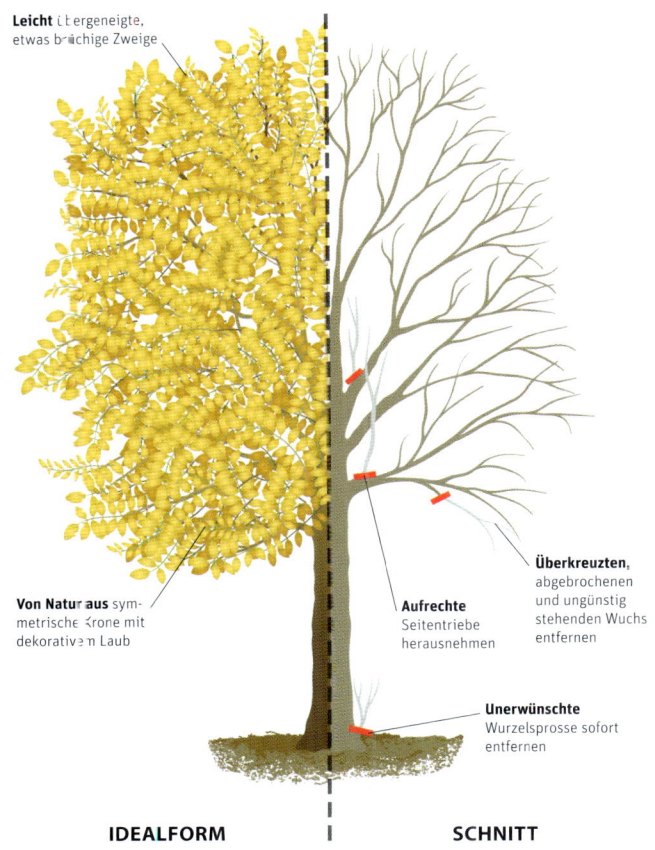

Leicht übergeneigte,
etwas brüchige Zweige

Von Natur aus symmetrische Krone mit
dekorativem Laub

Überkreuzten,
abgebrochenen
und ungünstig
stehenden Wuchs
entfernen

Aufrechte
Seitentriebe
herausnehmen

Unerwünschte
Wurzelsprosse sofort
entfernen

IDEALFORM

SCHNITT

Rosa *Rose*

(1) MODERNE STRAUCHROSEN UND ALTE ROSEN

■ **Schnitt: im zeitigen Frühjahr und nach der Blüte**

Rosa JACQUE-LINE DU PRE ('Harwanna')

Diese Rosen können zu großen Exemplaren heranwachsen. Alte Rosen sind einmalblühend, moderne Strauchrosen blühen dagegen meist öfter. Im Gegensatz zu Buschrosen müssen beide Kategorien nicht unbedingt jährlich geschnitten werden. Im ersten Frühjahr nach dem Pflanzen schneidet man nur schwachen und ungünstig stehenden Wuchs zurück. Ältere Exemplare frischt man mitunter durch Entfernen sehr alter Zweige im März auf. Einmalblühende Formen werden nach dem Verblühen ausgelichtet; gegebenenfalls kürzt man außerdem Triebe ein, um eine ausgewogene Form zu erreichen. An remontierenden Sorten zwickt man welken Flor ab, nicht aber an *R. rugosa* und *R. moyesii*, weil deren Hagebutten im Herbst einen schönen Schmuck abgeben.

 AUF EINEN BLICK

WUCHS Überwiegend aufrechte bis übergeneigte, mitunter kompakte sommergrüne Sträucher.

WINTERHÄRTE Meistens winterhart.

HÖHE UND BREITE Etwa 1,5 m x 1,5 m; manche Formen sind höher, andere ausladender.

SCHNITT

■ Nehmen Sie alte, unproduktive, wuchsschwache Zweige bis zum Ansatz heraus.

■ Kürzen Sie alle Triebe, die die Form beeinträchtigen.

■ Zwicken Sie welken Flor ab, falls Sie keine Hagebutten als Herbstschmuck behalten wollen.

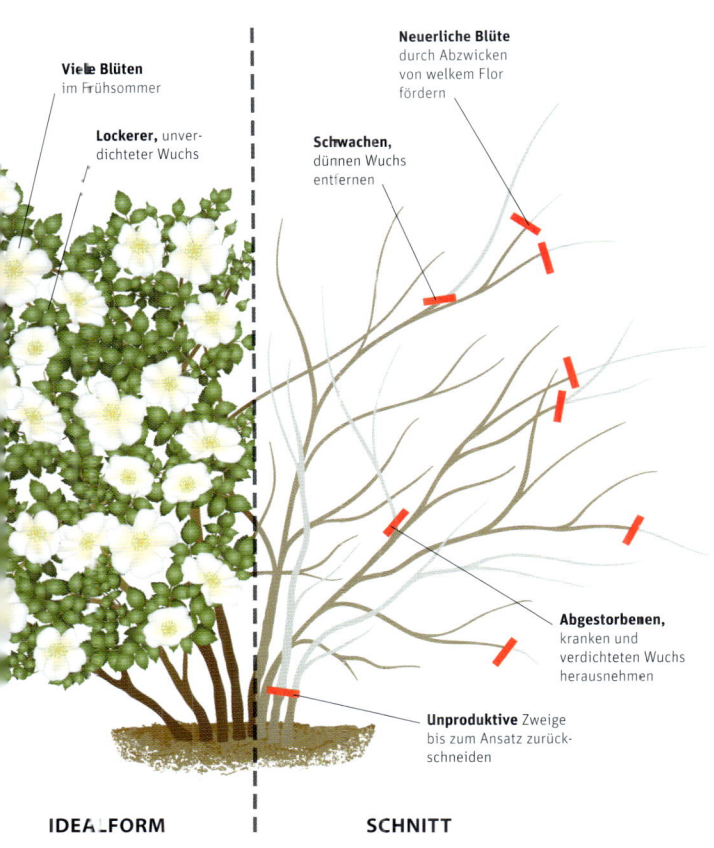

Viele Blüten
im Frühsommer

Lockerer, unver-
dichteter Wuchs

Neuerliche Blüte
durch Abzwicken
von welkem Flor
fördern

Schwachen,
dünnen Wuchs
entfernen

Abgestorbenen,
kranken und
verdichteten Wuchs
herausnehmen

Unproduktive Zweige
bis zum Ansatz zurück-
schneiden

IDEALFORM

SCHNITT

Rosa *Rose*

(2) FLORIBUNDA-ROSEN UND TEEHYBRIDEN

■ **Schnitt: im zeitigen Frühjahr mit dem Austrieb**

Rosa ICEBERG
('Korbin')

Diese zur Klasse der Buschrosen gehörenden Rosen sind eine Bereicherung für sommerliche Blumengärten. Ihre Bandbreite reicht von kleineren, kompakten bis hin zu großen, ausladenden Sträuchern. Sie blühen entweder zweimal, wobei die zweite Blüte bis in den Herbst andauert, oder in Schüben über einen langen Zeitraum.

Ein jährlicher Schnitt im März ist unerlässlich. Dicke, alte Zweige werden bis zum Ansatz zurückgenommen, dünne, überkreuzte und erfrorene ebenfalls entfernt. Die Übrigen schneidet man auf eine nach außen zeigende Knospe zurück – und zwar auf 20–30 cm Höhe bei den Floribunda-Rosen und auf etwa 15 cm bei den Teehybriden. Welker Flor wird im Sommer leicht eingekürzt, um die Pflanze zu neuerlicher Blüte anzuregen. In windigen Gegenden stabilisiert ein starker Rückschnitt die Pflanzen.

AUF EINEN BLICK

WUCHS Meist aufrechte sommergrüne Sträucher; Teehybriden sind großblumig, Floribunda-Rosen sind vielblütig.

WINTERHÄRTE Meist winterhart, obwohl einige Sorten anfällig für Spätfröste sind.

HÖHE UND BREITE Bis 1,5 m x 1 m; manche Sorten bleiben kompakter.

SCHNITT
■ Ältere und schwache Zweige werden herausgenommen, alle anderen auf ein niedriges Gerüst eingekürzt.

■ Ein Verjüngungsschnitt ist im Allgemeinen erfolgreich, doch fällt die Blüte im folgenden Jahr meist verhaltener aus.

Welken Flor abzwicken, um die Pflanze zum Ansatz weiterer Blüten anzuregen

Triebe auf nach außen zeigende Knospen zurücknehmen

Die Sträucher blühen im Sommer meist zweimal

Dünne, schwache, blühunwillige Zweige entfernen

Überalterte Zweige bis zum Ansatz zurückschneiden

Zur Mitte wachsende Zweige herausnehmen

IDEALFORM

SCHNITT

Rosa *Rose*

(3) BODENDECKER-, MINIATUR- UND PATIO-ROSEN

◼ **Schnitt: im zeitigen Frühjahr, bei Bedarf auch im Sommer**

Die Zwerge des Rosenreichs hat man in diesen Gruppen dichter, robuster und meist wenig krankheitsanfälliger Formen zusammengefasst. Sie können in Kübeln, als Bodendecker oder als niedrige Hecke gezogen werden. Ein jährlicher Schnitt ist zwar ratsam, aber nicht so wichtig wie bei anderen Gruppen. Im zeitigen Frühjahr kürzt man die Triebe um ein Drittel bis zur Hälfte ein – bevorzugt man größere Pflanzen, reicht auch ein Viertel.

Patio-Rosen bilden mitunter sehr wüchsige Zweige, die man bis zum Ansatzpunkt zurückschneidet. Lange, übergeneigte Triebe von Bodendecker-Rosen lassen sich am Boden festklammern, damit die Pflanzen sich besser ausbreiten. Die meisten reagieren auf ein Zurückstutzen im Sommer mit einer weiteren Blüte. Manche Bodendecker tragen schöne Hagebutten und sollten dann im Sommer nicht geschnitten werden.

Meist kleine, aber
zahlreiche Blüten

Rosa 'Northamptonshire'

Reichlicher Neuaustrieb
von unten her

IDEALFORM

AUF EINEN BLICK

WUCHS Mitunter dünntriebige, kompakte bis dichte sommergrüne Sträucher mit reicher Blüte.

WINTERHÄRTE Überwiegend winterhart.

HÖHE UND BREITE 1 m x 1,2 m; manche bleiben kleiner.

SCHNITT

■ Ein jährlicher Schnitt begrenzt die Größe.

■ Nehmen Sie zu wüchsige Zweige heraus.

■ Entfernen Sie nur einige welke Blüten, wenn Sie im Herbst Hagebutten haben möchten.

■ Ein Verjüngungsschnitt ist meist erfolgreich.

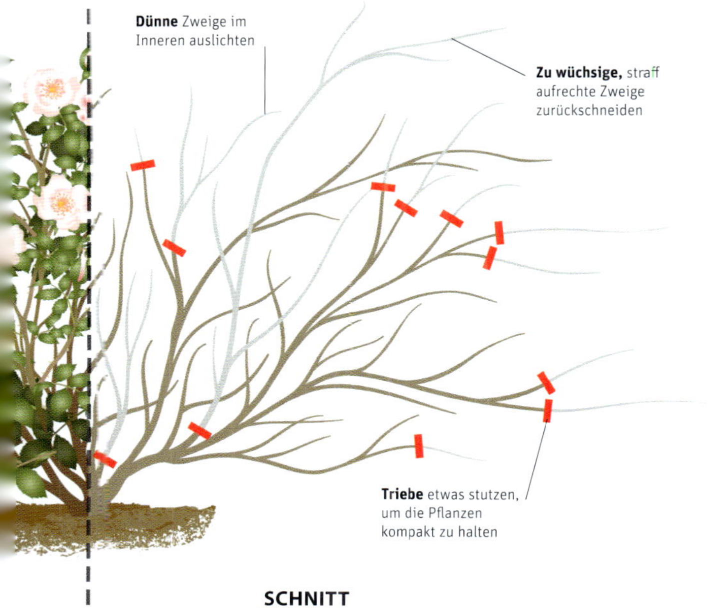

Dünne Zweige im Inneren auslichten

Zu wüchsige, straff aufrechte Zweige zurückschneiden

Triebe etwas stutzen, um die Pflanzen kompakt zu halten

SCHNITT

Rosa *Rose*

(4) KLETTERROSEN

■ **Schnitt: im zeitigen Frühjahr mit dem Neuaustrieb**

Rosa 'Maigold'

Zu den Kletterrosen gehören Miniaturformen mit kleinen Blüten ebenso wie wesentlich größere Sorten. Die meisten blühen mehrmals – entweder zweimal oder in kontinuierlichen Schüben vom Sommer bis zum Frühherbst. Ein Abzwicken welker Blüten verlängert den Flor.

Die Triebe von Kletterrosen an Mauern ordnet man zu einem Gerüst, von dem aus Seitentriebe möglichst waagerecht wachsen. Zieht man die Sträucher hingegen an einer Pergola oder Gittersäule, führt man sie spiralig nach oben. Im Frühjahr werden Seitentriebe aus dem Grundgerüst auf nach außen zeigende Knospen zurückgeschnitten und blühschwache Haupttriebe im Gerüst bis zum Ansatz herausgenommen, aber durch kräftige neue Triebe ersetzt. Ein Verjüngungsschnitt ist möglich, bei den mit Buschrosen eng verwandten Formen wie *R.* 'Climbing Iceberg' verteilt man ihn aber auf mehrere Jahre.

AUF EINEN BLICK

WUCHS In der Regel äußerst wüchsige Kletterpflanzen mit straff aufrechten bis übergeneigten oder sehr biegsamen Trieben.

WINTERHÄRTE Meist winterhart, manchen tut aber der Schutz einer warmen Mauer gut.

HÖHE UND BREITE 4 m x 4 m; Zwergformen auch wesentlich weniger.

SCHNITT
■ Frischen Sie die Sträucher jährlich durch einen Schnitt auf.

■ Entfernen Sie alten, unproduktiven Wuchs.

■ Zwicken Sie welken Flor ab.

■ Ein Verjüngungsschnitt ist möglich.

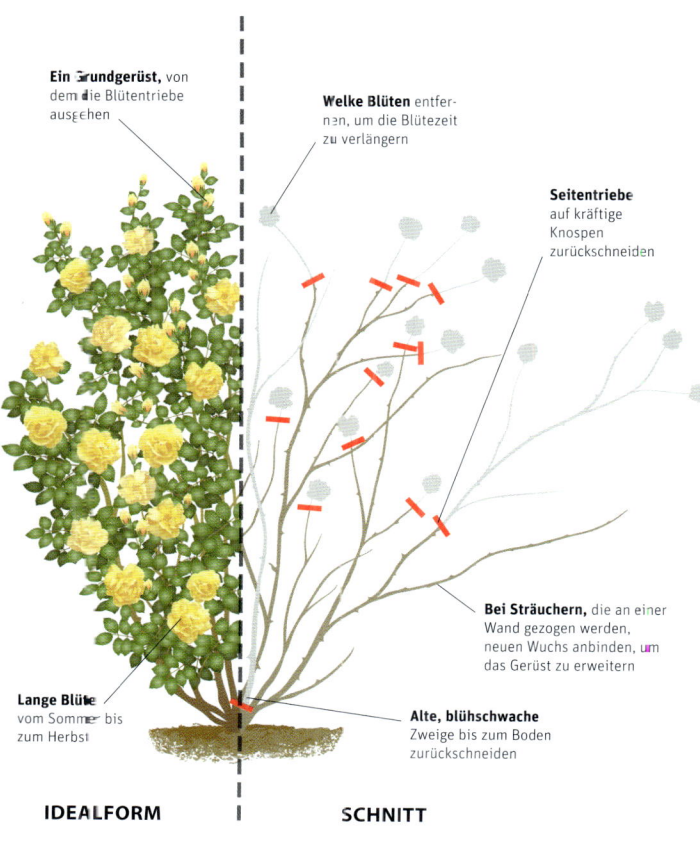

Ein Grundgerüst, von dem die Blütentriebe ausgehen

Welke Blüten entfernen, um die Blütezeit zu verlängern

Seitentriebe auf kräftige Knospen zurückschneiden

Bei Sträuchern, die an einer Wand gezogen werden, neuen Wuchs anbinden, um das Gerüst zu erweitern

Lange Blüte vom Sommer bis zum Herbst

Alte, blühschwache Zweige bis zum Boden zurückschneiden

IDEALFORM

SCHNITT

Rosa *Rose*

(5) RAMBLER-ROSEN

■ **Schnitt: im Hochsommer gleich nach der Blüte**

Rosa
'Wedding Day'

Rambler-Rosen sind ausgesprochen wüchsige Sträucher, die ihren Flor meist in einer einzigen, spektakulären Blütenshow im Frühsommer präsentieren. Die jung sehr biegsamen Triebe lassen sich gut horizontal führen, wodurch sich ein Wuchs ergibt, der breiter als hoch ist. Ist eher ein aufrechter Wuchs gefragt, etwa an Pergolen oder Säulen, führt man sie spiralig nach oben.

Ordnen Sie die Triebe so, dass ein gutes Grundgerüst entsteht. Die Blüten erscheinen an Seitentrieben. Nach der Blüte kürzt man verblühte Seitentriebe ein und schneidet ältere, blühschwache Haupttriebe bis zum Ansatz zurück. Auch an Bäumen gezogen, sind Rambler-Rosen sehr attraktiv. Man windet die Triebe um den Stamm, bis sie die Krone erreicht haben, und lässt sie dann einfach weiterwachsen.

■ **AUF EINEN BLICK**

WUCHS Sehr wüchsige, aus der Basis bereitwillig austreibende Pflanzen.

WINTERHÄRTE Meist winterhart.

HÖHE UND BREITE Je nach Sorte etwa 6 m x 5 m.

SCHNITT

■ Schneiden Sie die Pflanzen im Sommer direkt nach der Blüte.

■ Ein Verjüngungsschnitt alter Pflanzen im Spätwinter oder zeitigen Frühjahr ist in der Regel erfolgreich, geht aber auf Kosten der Blüte im kommenden Jahr.

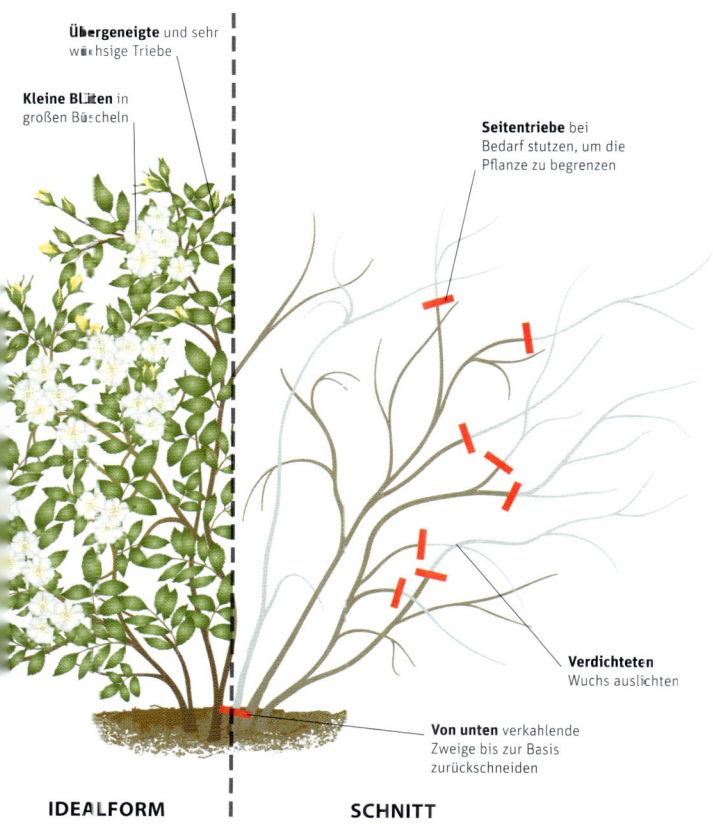

Übergeneigte und sehr wüchsige Triebe

Kleine Blüten in großen Büscheln

Seitentriebe bei Bedarf stutzen, um die Pflanze zu begrenzen

Verdichteten Wuchs auslichten

Von unten verkahlende Zweige bis zur Basis zurückschneiden

IDEALFORM

SCHNITT

Rosa *Rose*

(6) STAMMROSEN

■ **Schnitt: im Frühjahr vor dem Austrieb und im Herbst**

Rosa 'The Fairy'

Stammrosen erhält man durch Veredlung einer Sorte auf den hohen Trieb einer anderen wüchsigen Sorte. Danach schneidet man im Frühjahr schwachen Wuchs radikal zurück, während wüchsige Triebe nur leicht gekürzt werden, selbst wenn dadurch zunächst eine asymmetrische Krone entsteht. Überkreuzte Triebe werden ebenfalls entfernt. Die übrigen Triebe sollten gleichmäßig verteilt sein – Ziel ist eine rundliche, ausgewogene Krone. Durch Abzwicken welker Blüten fördert man neuen Flor. Im Herbst wird dann der gesamte Wuchs leicht gestutzt.

Für Stammrosen mit hängender Krone verwendet man Bodendecker und Rambler. Regelmäßig geschnitten wird erst etwa zwei Jahre nach dem Pflanzen, wenn die Krone gut entwickelt ist. Dünnen Sie verdichteten Wuchs aus und schneiden Sie ältere Zweige auf eine nach außen zeigende Knospe über der Veredlungsstelle zurück.

AUF EINEN BLICK

WUCHS Filigrane Pflanzen mit rundlicher oder hängender Krone.

WINTERHÄRTE Winterhart, aber sehr anfällig für Windschäden.

HÖHE UND BREITE 1,5 m x 1,2 m, je nach Höhe des Stamms und der Veredlungssorte.

SCHNITT
■ Schaffen Sie ein ausgewogenes Gerüst.

■ Ein Verjüngungsschnitt ist möglich, ein gutes Ergebnis aber nicht garantiert.

■ Entfernen Sie Austriebe, die am Stamm unter der Veredlungsstelle erscheinen.

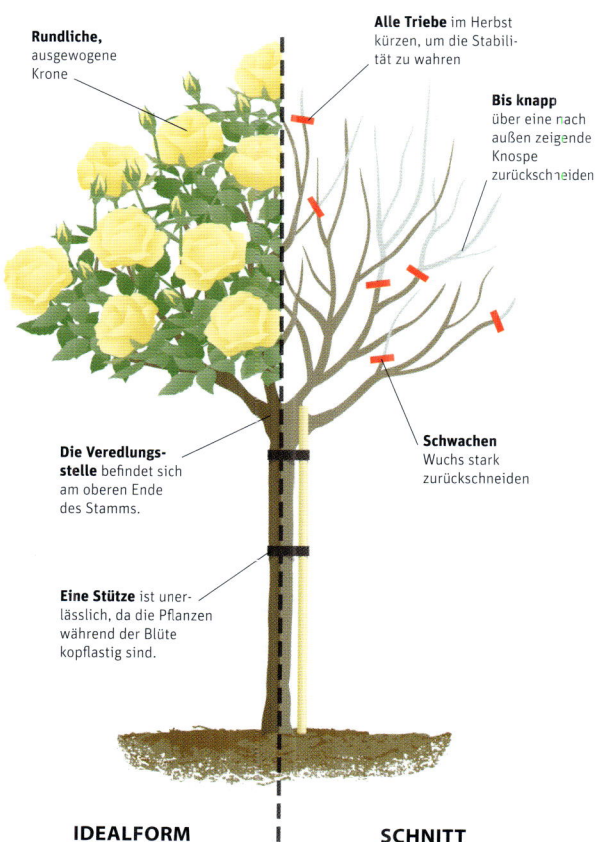

Rundliche, ausgewogene Krone

Alle Triebe im Herbst kürzen, um die Stabilität zu wahren

Bis knapp über eine nach außen zeigende Knospe zurückschneiden

Die Veredlungsstelle befindet sich am oberen Ende des Stamms.

Schwachen Wuchs stark zurückschneiden

Eine Stütze ist unerlässlich, da die Pflanzen während der Blüte kopflastig sind.

IDEALFORM

SCHNITT

Rosmarinus *Rosmarin*

IMMERGRÜNE STRÄUCHER

■ **Schnitt: im Frühjahr und Sommer nach Bedarf**

Rosmarinus officinalis

Das beliebte Gartenkraut ist mit seinen blauen, violetten oder weißen Blüten eine hervorragende Bienenweide. Es blüht vom späten Frühjahr bis in den Frühsommer und oft noch ein zweites Mal im Spätsommer und Herbst. Manche Sorten wachsen niederliegend, andere aufrecht; in sehr milden Regionen gibt es sogar Hecken aus Rosmarin.

Im Frühjahr wird erfrorener Wuchs bis auf gesundes Holz zurückgeschnitten. Die Triebe vernachlässigter Exemplare können um mindestens die Hälfte gekürzt werden, doch fällt dann die erste Blüte aus. Im Sommer nach dem ersten Flor kürzt man dünne, lange Triebe und bringt die ganze Pflanze in Form. Wer Rosmarin als naturnahe Blütenhecke einsetzt, stutzt ihn einmal jährlich im Sommer nach dem Verblühen. Soll er dichter und formbetonter sein, muss er im Sommer noch einmal geschnitten werden, blüht dann aber nicht mehr.

AUF EINEN BLICK

WUCHS Meist aufrechte, mitunter ausladende immergrüne Sträucher.

WINTERHÄRTE Nicht winterhart, kann jedoch in milden Regionen mit Winterschutz draußen überleben.

HÖHE UND BREITE Bis 2 m x 1,2 m, bei regelmäßigem Schnitt auch weniger.

SCHNITT
■ Schneiden Sie erfrorene Triebe heraus.

■ Stutzen Sie den Strauch nach der Blüte.

■ Unten verkahlte Pflanzen vertragen einen Verjüngungsschnitt oftmals nicht gut.

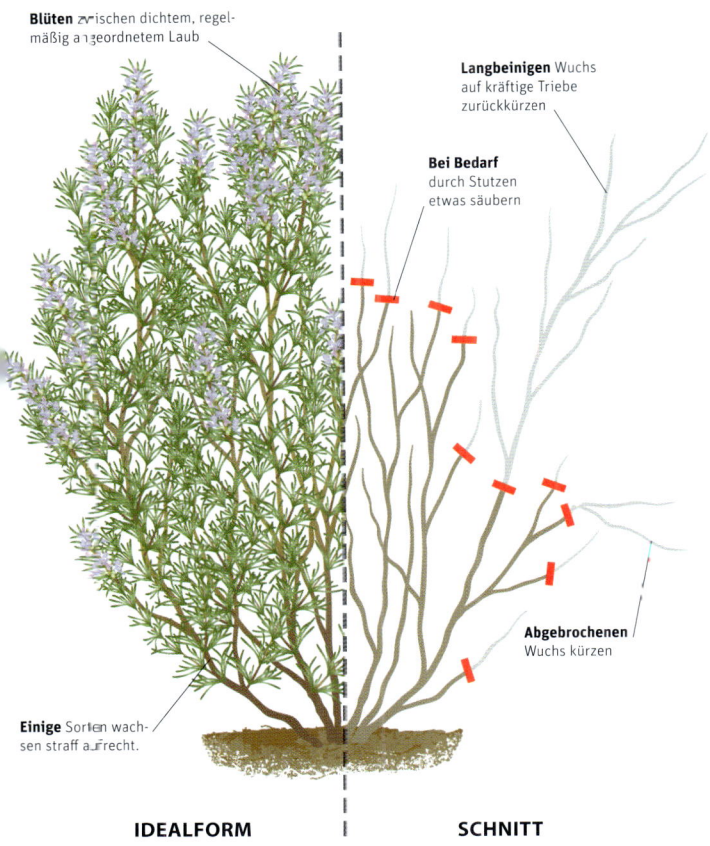

Blüten zwischen dichtem, regelmäßig angeordnetem Laub

Langbeinigen Wuchs
auf kräftige Triebe
zurückkürzen

Bei Bedarf
durch Stutzen
etwas säubern

Abgebrochenen
Wuchs kürzen

Einige Sorten wach-
sen straff aufrecht.

IDEALFORM

SCHNITT

Rubus *Zierbrombeeren*

SOMMERGRÜNE STRÄUCHER

■ **Schnitt: im Spätwinter oder zeitigen Frühjahr**

Rubus cockburnianus

Zierbrombeeren werden mitunter wegen ihrer im Sommer erscheinenden Blüten kultiviert; es gibt jedoch Arten, wie *R. biflorus*, *R. cockburnianus* und *R. thibetanus*, bei denen die Ruten das eigentlich interessante Element sind. Diese Sträucher bilden übergeneigte, weiß bereifte Triebe, welche in den eher grauen Wintermonaten ein unübersehbares Schmuckelement im Garten bieten. Man kann sie gut mit Schneeglöckchen und früh blühenden Christrosen kombinieren. Leider breiten sie sich, wie alle Brombeeren, gelegentlich hemmungslos aus.

Schneiden Sie alle Ruten jährlich im zeitigen Frühjahr bis zum Boden oder auf ein niedriges Gerüst zurück – am besten mit Astscheren. Diese Maßnahme fördert nicht nur den Austrieb von frischem Wuchs, sondern verhindert auch die Ausbreitung der Sträucher. Tragen Sie aber Schutzhandschuhe – die Stacheln sind tückisch.

■ **AUF EINEN BLICK**

WUCHS Übergeneigte Sträucher, die sich stark ausbreiten; Triebspitzen wurzeln ein, sobald sie den Boden berühren.

WINTERHÄRTE Meist winterhart.

HÖHE UND BREITE 1,2 m x 1,2 m bei jährlichem Schnitt.

SCHNITT

■ Kürzen Sie alle Triebe radikal bis fast zum Boden, damit viele neue Ruten entstehen, die im Winter am dekorativsten sind.

■ Mit einem Schnitt verhindert man außerdem eine unerwünschte Ausbreitung der Sträucher.

Frische Triebe tragen Blätter, blühen aber noch nicht.

Ruten bis fast zum Boden einkürzen

Ältere, dickere Ruten bis zum Boden zurückschneiden

IDEALFORM

SCHNITT

Salix *Weide*

(1) SOMMERGRÜNE BÄUME MIT HÄNGENDEM WUCHS

■ Schnitt: im Winter bei noch kahlen Zweigen

Salix caprea
'Kilmarnock'

Hängende Weiden bereichern Gärten als elegante Solitäre. Ein Klassiker ist die Trauer-Weide (*S.* x *sepulcralis*), die an Gewässerufern gut zur Geltung kommt, wo ihre Zweige bis ins Wasser hängen. Die Sal-Weiden-Sorte *S. caprea* 'Kilmarnock' eignet sich bestens für Kleingärten.

Lassen Sie Trauer-Weiden ungestört wachsen. Bei älteren Exemplaren können einzelne Triebe aus der Krone entfernt werden, um sie auszulichten. Sal-Weiden profitieren von einem jährlichen Schnitt, den man im Winter durchführt. Nehmen Sie ältere und aufrecht wachsende Triebe heraus. Was sich überkreuzt und aneinanderreibt, wird gekürzt. Damit der hängende Wuchs erhalten bleibt, schneidet man auf eine nach unten zeigende Knospe zurück. Um eine Krone zu erweitern, kürzt man Zweige auf nach oben gerichtete Knospen am Rand ein – sie wachsen anfangs nach oben, neigen sich aber später herab.

AUF EINEN BLICK

WUCHS Oft elegante, mitunter große und asymmetrische Bäume mit hängenden, biegsamen Zweigen.

WINTERHÄRTE Völlig winterhart.

HÖHE UND BREITE Bis 15 m x 15 m; *S. caprea* 'Kilmarnock' bleibt wesentlich kleiner.

SCHNITT
- ■ Nehmen Sie ältere Zweige im Winter heraus.
- ■ Kürzen Sie überkreuzte, scheuernde Äste.
- ■ Große Exemplare sollten von Fachleuten geschnitten werden.
- ■ Aufrechte Weiden siehe S. 374–375.

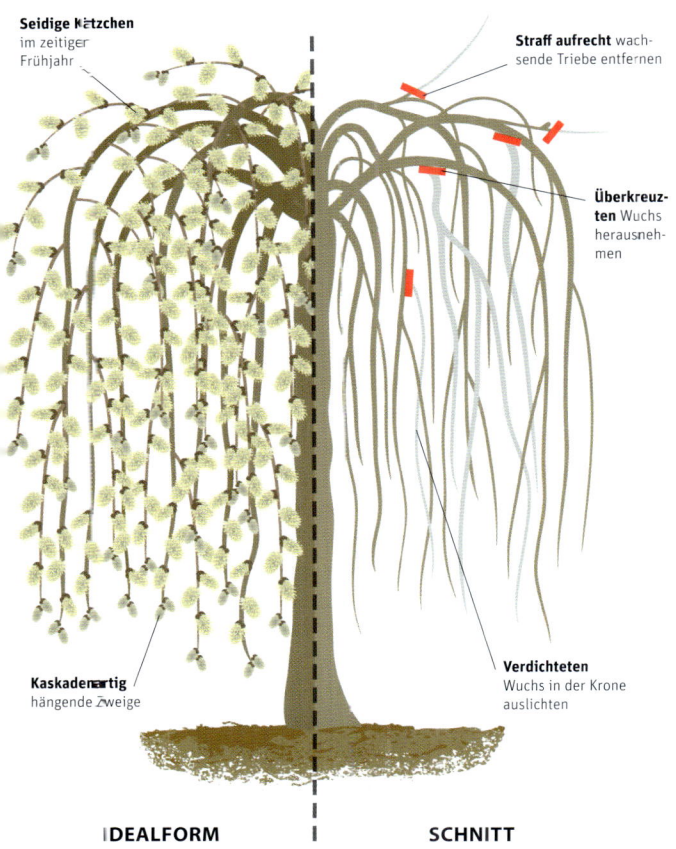

Seidige Kätzchen im zeitiger Frühjahr

Straff aufrecht wachsende Triebe entfernen

Überkreuzten Wuchs herausnehmen

Kaskadenartig hängende Zweige

Verdichteten Wuchs in der Krone auslichten

IDEALFORM

SCHNITT

Salix *Weide*

(2) SOMMERGRÜNE BÄUME ODER STRÄUCHER MIT AUFRECHTEM WUCHS

■ **Schnitt: im zeitigen Frühjahr mit dem Austrieb**

Salix alba
var. vitellina
'Britzensis'

Weiden sind sehr vielgestaltige Gehölze (Trauerformen siehe S. 372–373). Baumförmige eignen sich zum Stabilisieren von feuchten Böden, sie werden aber auch oft als Kopfbaum gezogen oder auf den Stock gesetzt. In Gärten sollen sie farbenfrohe Ruten austreiben, die Leben ins winterliche Grau bringen. Die meisten strauchigen Formen kultiviert man wegen ihrer Triebe und der im zeitigen Frühjahr erscheinenden Kätzchen; kriechend wachsende geben vorzügliche Bodendecker ab.

Formen mit farbenfrohen Trieben wie *S. daphnoides* und viele Sorten von *S. alba* sollten im Frühjahr auf ein niedriges Gerüst zurückgeschnitten werden. Wer auf Kätzchenschmuck Wert legt, nimmt nur einige Triebe zurück und lässt den Rest blühen. Die Korkenzieher-Weide (*S. babylonica* var. *pekinensis* 'Tortuosa') ist ein Strauch, bei dem alle geraden Triebe entfernt werden.

AUF EINEN BLICK

WUCHS Meist aufrechte, mitunter kriechende Bäume oder Sträucher.

WINTERHÄRTE Völlig winterhart.

HÖHE UND BREITE 8 m x 6 m, je nach Form. Viele bleiben kleiner, aber alle größeren können durch regelmäßigen Schnitt in der gewünschten Größe gehalten werden.

SCHNITT
■ Um farbenfrohe Wintertriebe zu bekommen, schneidet man den gesamten Wuchs jährlich stark zurück. Sollen die Pflanzen hingegen Kätzchen tragen, lässt man sie überwiegend ungeschnitten.

■ Verjüngungsschnitte sind meist erfolgreich.

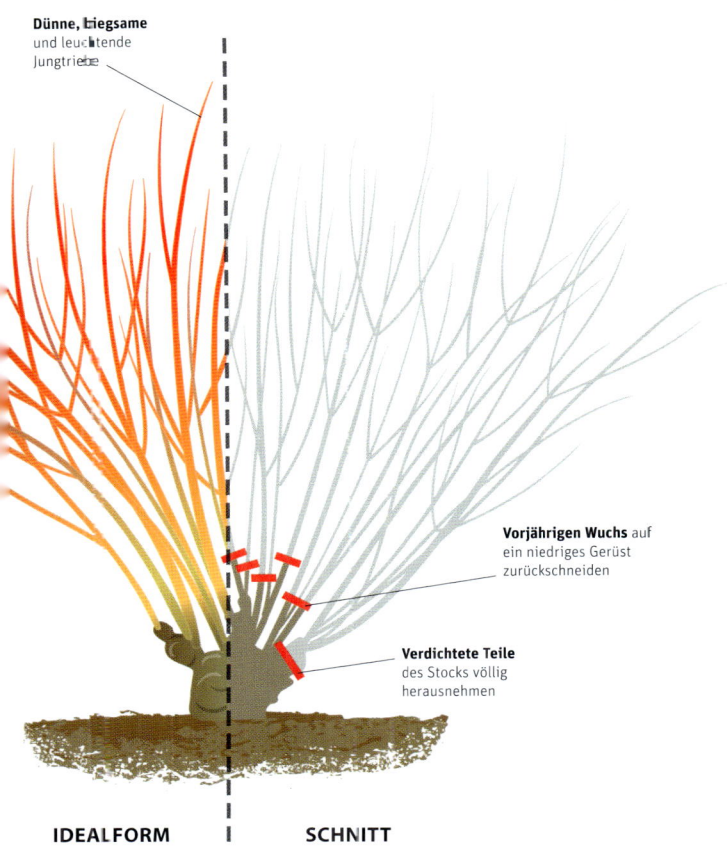

Dünne, biegsame und leuchtende Jungtriebe

Vorjährigen Wuchs auf ein niedriges Gerüst zurückschneiden

Verdichtete Teile des Stocks völlig herausnehmen

IDEALFORM

SCHNITT

Salvia *Salbei*

IMMERGRÜNE ODER SOMMERGRÜNE STRÄUCHER ODER STAUDEN

■ **Schnitt: im Frühjahr, bei Bedarf auch im Sommer**

Salvia officinalis

Als strauchiger Vertreter unter den *Salvia*-Arten gehört Garten-Salbei (*S. officinalis*), wie Lavendel und Rosmarin, in einen Kräutergarten oder eine Anlage im mediterranen Stil. Seine zartvioletten Blüten sind zweitrangig, denn die verschiedenen Sorten werden vor allem wegen des Laubs gezogen, das graugrün (*S. officinalis*), gelb ('Aurea'), rosaviolett ('Purpurascens') oder cremeweiß und rosa panaschiert ('Tricolor') sein kann. Darüber hinaus kommen Salbeiblätter auch oft in der Küche zum Einsatz.

Um die Pflanzen buschig und schön zu halten, werden alle Triebe jährlich im Frühjahr gestutzt, abgestorbener Wuchs wird bei dieser Gelegenheit gleich ganz entfernt. Zweige älterer Exemplare können von unten her verkahlen und zur Seite fallen. Man schneidet sie im Frühjahr stark zurück, um sie zum Neuaustrieb anzuregen – oder ersetzt die Pflanzen ganz.

AUF EINEN BLICK

WUCHS Buschige immergrüne Sträucher (Stauden werden hier nicht beschrieben).

WINTERHÄRTE Zum Teil winterhart, zum Teil nur für milde Lagen geeignet. Manche Formen sind sogar frostempfindlich.

HÖHE UND BREITE Je nach Form etwa 80 cm x 90 cm.

SCHNITT

■ Kürzen Sie neuen Wuchs, damit die Pflanzen buschig bleiben.

■ Ernten Sie die Blätter bei Bedarf ab.

■ Schneiden Sie alte, verholzte Zweige bis zur Basis zurück.

Dichter, kompakter Wuchs und feste, aromatische Blätter

Durch Stutzen schönen Wuchs erhalten und Blüten entfernen

Ältere, von unten verkahlende Zweige zurückschneiden

IDEALFORM

SCHNITT

Sambucus *Holunder*

SOMMERGRÜNE STRÄUCHER ODER KLEINE BÄUME, ABER AUCH STAUDEN

■ **Schnitt: im Spätwinter oder zeitigen Frühjahr**

Sambucus nigra
'Guincho Purple'

In manchen Gärten ist Holunder ein lästiges Unkraut, doch Kulturformen sind wertvolle Zierpflanzen mit oft auffallendem Laub, das die cremeweißen Blütenstände im späten Frühjahr elegant untermalt. Holunder verzweigt sich normalerweise am Ansatz, verholzt mit der Zeit aber von unten stark und wird dann unansehnlich. Einen Schnitt verträgt er aber sehr gut. So kann man im Spätwinter und zeitigen Frühjahr verdickte, ältere Äste bis zum Boden entfernen; die restlichen werden etwa um die Hälfte eingekürzt.

Sehr wüchsige Triebe stutzt man nur leicht, denn ein radikaler Schnitt würde sie zu noch stärkerem Austrieb anregen. Formen mit farbigem oder filigranem Laub wie *S. nigra* 'Guincho Purple' oder *S. laciniata* können jedes Jahr im Spätwinter radikal geschnitten werden, man muss dann aber auf die Blüte verzichten.

AUF EINEN BLICK

WUCHS Meist offene, lockere Sträucher, die im unteren Bereich unproduktiv werden.

WINTERHÄRTE Völlig winterhart, Formen mit filigranem Laub profitieren jedoch von windgeschützten Standorten.

HÖHE UND BREITE Etwa 3 m x 3 m.

SCHNITT

■ Nehmen Sie jedes Jahr einige der ältesten Äste ganz heraus und kürzen Sie den Rest.

■ Ein radikaler Rückschnitt regt die Pflanzen zum Austrieb von dekorativem Laub an.

■ Das Abzwicken welker Blüten verhindert eine Selbstaussaat.

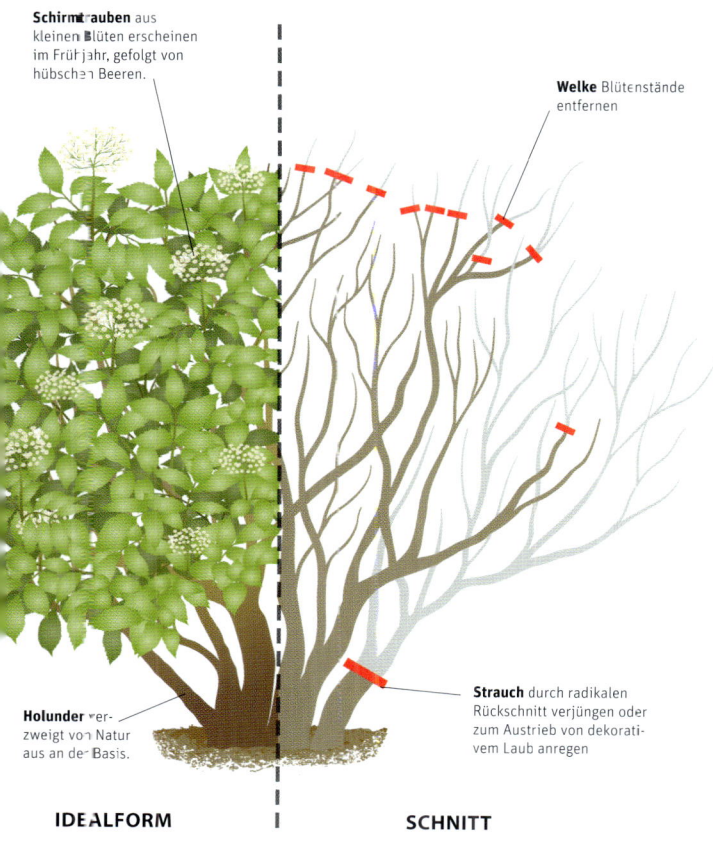

Schirmtrauben aus kleinen Blüten erscheinen im Frühjahr, gefolgt von hübschen Beeren.

Welke Blütenstände entfernen

Strauch durch radikalen Rückschnitt verjüngen oder zum Austrieb von dekorativem Laub anregen

Holunder verzweigt von Natur aus an der Basis.

IDEALFORM

SCHNITT

Santolina *Heiligenkraut*

IMMERGRÜNE STRÄUCHER

■ **Schnitt: im Frühjahr und nach der Blüte**

Santolina chamae-cyparissus
'Lemon Queen'

Das Heiligenkraut ist eine graulaubige Pflanze, die sich mit hübschen, je nach Sorte weißen oder gelben Blütenkörbchen schmückt. Es bildet regelmäßig geformte, niedrige Büsche und eignet sich gut zum Säumen sonniger Rabatten oder als Zwerghecke.

Kürzen Sie im ersten Frühjahr alle Triebe, um die Pflanze zu einem buschigen Wuchs anzuregen. Danach werden die letztjährigen Triebe jährlich im Frühjahr um bis zu drei Viertel gekürzt. Ein zweites Mal stutzt man den Strauch leicht nach der Blüte, um welken Flor zu entfernen und ihn in Form zu bringen. Ältere Exemplare fallen manchmal auseinander, sodass der kahle untere Teil der Zweige sichtbar wird – ein Rückschnitt in altes Holz regt die Pflanzen zum Neuaustrieb aus der Basis an.

AUF EINEN BLICK

WUCHS Niedrige, ausladende, buschige immergrüne Sträucher.

WINTERHÄRTE *S. chamaecyparissus* ist nur in milden Regionen winterhart, andere Arten sind noch empfindlicher.

HÖHE UND BREITE Etwa 50 cm x 90 cm; manche Formen bleiben kompakter.

SCHNITT

■ Mit einem Schnitt fördert man den buschigen Wuchs.

■ Entfernen Sie welken Flor im Sommer.

■ Schneiden Sie ältere, unproduktive Zweige zurück. Stark verkahlte Exemplare werden besser ersetzt.

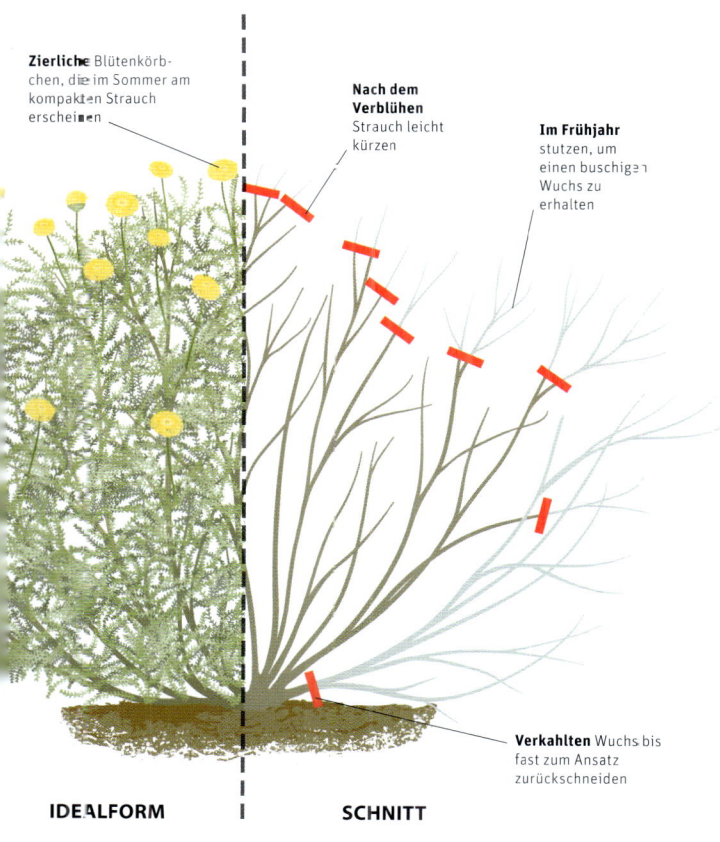

Zierliche Blütenkörb-
chen, die im Sommer am
kompakten Strauch
erscheinen

**Nach dem
Verblühen**
Strauch leicht
kürzen

Im Frühjahr
stutzen, um
einen buschigen
Wuchs zu
erhalten

Verkahlten Wuchs bis
fast zum Ansatz
zurückschneiden

IDEALFORM

SCHNITT

Sarcococca *Fleischbeere*

IMMERGRÜNE STRÄUCHER

■ **Schnitt: im Frühjahr nach der Blüte**

Diese niedrigen immergrünen Gehölze gehören zu den wenigen Sträuchern, die im Schatten unter sommergrünen Bäumen gedeihen können. Ihre intensiv duftenden, kleinen, weißen Blüten stehen mitten im Winter an den Trieben, werden aber von den Blättern weitgehend verdeckt. Im Herbst reifen glänzende, schwarze oder rote Beeren heran.

Fleischbeeren wachsen langsam und müssen kaum geschnitten werden. Falls nötig, kürzt man aus der Reihe tanzende Triebe im Frühjahr gleich nach der Blüte, auch wenn man damit einige Beeren opfert. Manche Formen kann man als zwanglose, naturalistische Hecke einsetzen, andere, etwa *S. hookeriana*, treiben Ausläufer, bilden Dickichte und eignen sich somit gut als Bodendecker. Entfernen Sie unerwünschte Wurzelsprosse an der Basis von bodendeckenden Formen, damit die Pflanzen sich nicht zu sehr ausbreiten.

Sarcococca humilis

Dichtes Laubwerk aus spitz zulaufenden, glänzenden immergrünen Blättern

Intensiv duftende Blüten im Winter

IDEALFORM

AUF EINEN BLICK

WUCHS Überwiegend niedrige immergrüne Sträucher, die mitunter Ausläufer bilden.

WINTERHÄRTE Manche Arten eignen sich nur für milde Regionen, andere sind noch empfindlicher und nicht winterhart.

HÖHE UND BREITE Je nach Art 1 m x 1,2 m.

SCHNITT

■ Schneiden Sie so wenig wie möglich.

■ Entfernen Sie Ausläufer bei Bedarf.

■ Ein radikaler Schnitt ist selten nötig.

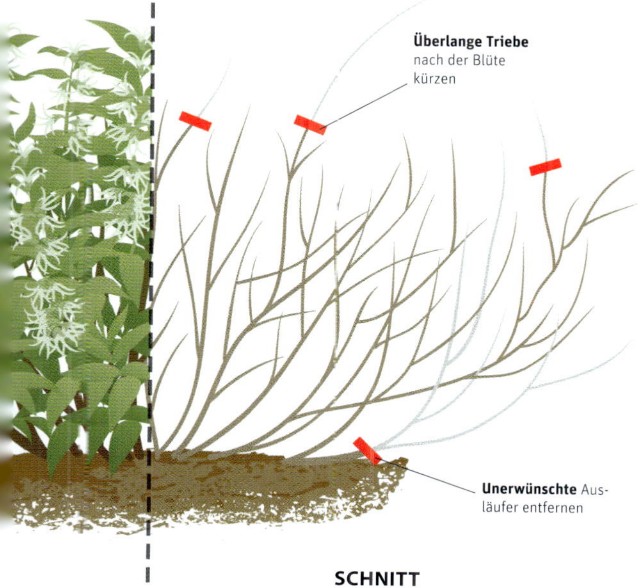

Überlange Triebe nach der Blüte kürzen

Unerwünschte Ausläufer entfernen

SCHNITT

Skimmia *Skimmie*

IMMERGRÜNE STRÄUCHER

■ **Schnitt: im Frühjahr gleich nach der Blüte**

Skimmia japonica

Was den roten Beerenschmuck im Winter angeht, können Skimmien sogar mit Stechpalmen konkurrieren. Zusätzlich tragen sie im Frühjahr weiße, duftende, kegelige Blütenstände. Beeren tragen nur weibliche Sträucher. Meist braucht man eine männliche Pflanze in der Nähe, die für die Bestäubung sorgt, doch gibt es auch einhäusige Formen. Die meisten wachsen kompakt und sehen auch ohne Schnitt schön aus. Die männliche Sorte *S. japonica* 'Rubella' wächst schwach und ist nur spärlich belaubt, was man leider mit einem Schnitt nicht ändern kann. Beeren fehlen ihr, dafür sind ihre rosafarbenen Knospen im Winter umso dekorativer. Skimmien vertragen kalkigen Boden, entwickeln ihr bestes Laub aber in saurer bis neutraler Erde. Ein Schnitt ist selten nötig – ggf. kürzt man überlange Triebe im Frühjahr oder nimmt erfrorenes Holz heraus.

AUF EINEN BLICK

WUCHS Meist kompakte immergrüne Sträucher.

WINTERHÄRTE In milden Regionen winterhart, in rauen Lagen ist Schutz ratsam.

HÖHE UND BREITE Je nach Form 1–2 m in beide Richtungen.

SCHNITT

■ Kürzen Sie Triebe nach der Blüte im Frühjahr.

■ Verjüngungsschnitte sind nicht immer erfolgreich.

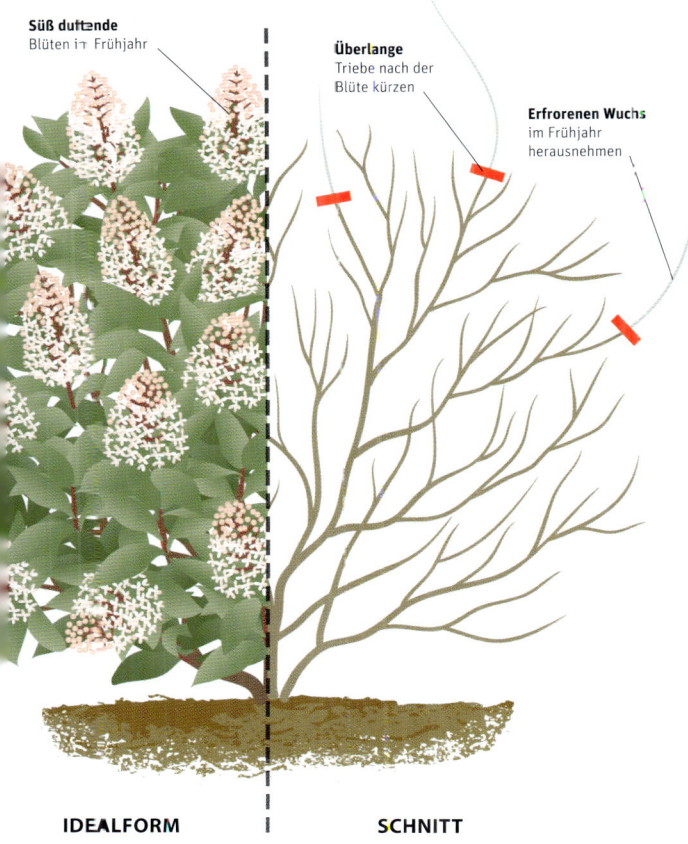

Süß duftende
Blüten im Frühjahr

Überlange
Triebe nach der
Blüte kürzen

Erfrorenen Wuchs
im Frühjahr
herausnehmen

IDEALFORM

SCHNITT

Solanum *Nachtschatten*

IMMERGRÜNE KLETTERPFLANZEN

■ **Schnitt: Frühjahr und Sommer**

Solanum laxum 'Album'

Zur Gattung *Solanum* gehören zwar auch sommergrüne Arten und Bäume sowie Kräuter, hier geht es aber nur um die strauchigen immergrünen Kletterpflanzen. Sie werden wegen der mangelnden Winterhärte im Topf kultiviert und vertragen keinen starken Rückschnitt, doch können aus der Reihe tanzende und zu lange Triebe im Frühjahr und Sommer gekürzt werden. Muss die Pflanze ausgedünnt werden, entfernt man ältere, dicke Zweige und behält die jüngeren. Die biegsamen Triebe eignen sich für die horizontale Erziehung. Tragen Sie beim Schneiden immer Handschuhe, denn der Saft kann die Haut reizen.

Die Sorte *S. laxum* 'Album' trägt reichlich rein weiße, duftende Blüten im Sommer und Herbst, während *S. crispum* hellblaue, aber ebenfalls duftende Blüten hat. Beide eignen sich in südlichen Ländern für die Erziehung an Wänden.

Spreizklimmer mit dicht belaubten Trieben

IDEALFORM

AUF EINEN BLICK

WUCHS Immergrüne Spreizklimmer, deren Triebe an eine Stütze gebunden werden müssen.

WINTERHÄRTE In der Regel nicht winterhart; Kultur im Topf und/oder Wintergarten.

HÖHE UND BREITE 2 m x 3 m; in warmen Klimazonen auch größer.

SCHNITT

■ Lichten Sie verdichteten Wuchs im Inneren der Pflanze aus.

■ Schneiden Sie nur leicht zurück, da die Pflanzen keinen starken Rückschnitt vertragen.

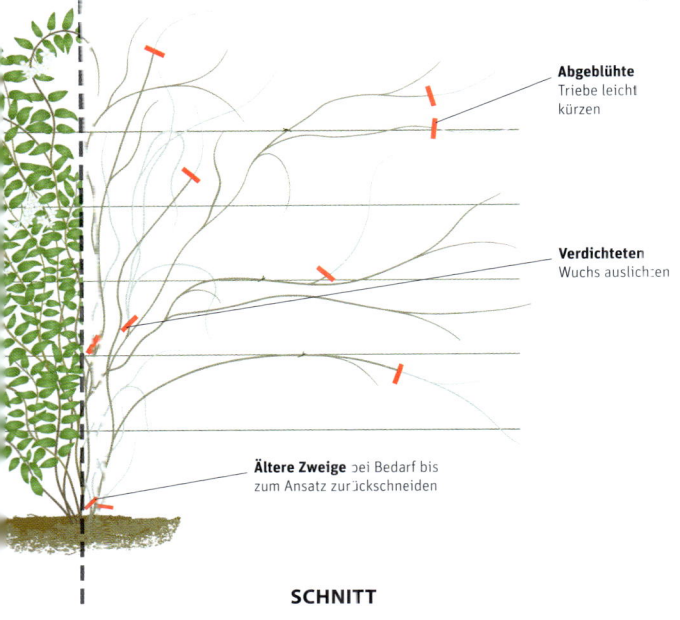

Abgeblühte Triebe leicht kürzen

Verdichteten Wuchs auslichten

Ältere Zweige bei Bedarf bis zum Ansatz zurückschneiden

SCHNITT

Sophora *Schnurbaum*

SOMMERGRÜNE ODER IMMERGRÜNE BÄUME ODER STRÄUCHER

■ **Schnitt: im Hochsommer bei warmem, trockenem Wetter**

Sophora japonica

Die Gehölze dieser Gattung verdienen wegen ihres dekorativen Laubs und der im Frühjahr und Sommer erscheinenden Blüten einen Platz in unseren Gärten und Parks. Zuverlässig blühen sie aber nur in Regionen mit langen, heißen Sommern. Die Bäume wachsen ein- oder mehrstämmig. Eine beliebte Sorte ist *S. japonica* 'Pendula' mit ausladenden, knorrigen, verdrehten, allerdings für Windschäden anfälligen Zweigen. Sie blüht zwar selten, wird aber wegen ihres Wuchses geschätzt. Die Sträucher der Gattung eignen sich für die Erziehung an Wänden.

Schnurbäume wachsen meist langsam und brauchen kaum Schnitt. Weil Schnittwunden »bluten«, setzt man die Säge oder Schere nur im Hochsommer an trockenen, warmen Tagen an. Bei der Erziehung an Wänden bindet man günstig platzierte Triebe an die Stütze und nimmt alle heraus, die zur Wand oder von der Wand weg wachsen.

AUF EINEN BLICK

WUCHS Rundliche bis ausladende, sommer- oder immergrüne Bäume oder Sträucher.

WINTERHÄRTE Von Art zu Art unterschiedlich; *S. japonica* ist völlig winterhart.

HÖHE UND BREITE Bäume erreichen etwa 6 m x 5 m; strauchige Formen bleiben kleiner.

SCHNITT

■ Schneiden Sie so wenig wie möglich. Große Exemplare überlässt man besser Fachleuten.

■ Schneiden Sie im Sommer an warmen Tagen.

■ Ein radikaler Verjüngungsschnitt ist wahrscheinlich nur in warmem Klima erfolgreich.

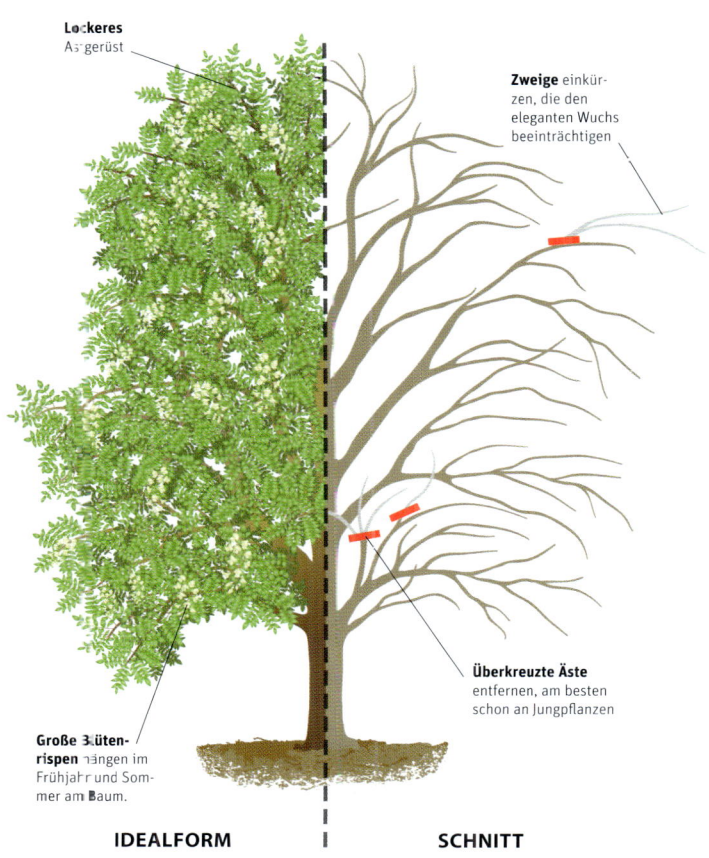

Lockeres
Astgerüst

Zweige einkürzen, die den eleganten Wuchs beeinträchtigen

Überkreuzte Äste
entfernen, am besten schon an Jungpflanzen

Große Blüten-rispen hängen im Frühjahr und Sommer am Baum.

IDEALFORM | **SCHNITT**

Sorbus *Eberesche*

SOMMERGRÜNE BÄUME ODER STRÄUCHER

■ **Schnitt: von Herbst bis Winter in der Vegetationsruhe**

Für kleinere Gärten sind Ebereschen sehr zu empfehlen, denn die Gehölze mit überwiegend aufrechter Krone trumpfen im Jahreslauf gleich zweimal auf: einmal mit ihren weißen Blüten, die sie im Frühjahr entfalten, und ein weiteres Mal gegen Ende der Saison, wenn sie zeitgleich mit ihrem gelben oder roten Laub weiße, rosafarbene oder rote Beeren ansetzen, die im Winter eine ausgezeichnete Nahrungsquelle für Vögel sind. Manche Arten bevorzugen saure bis neutrale Böden.

Sorbus aria
'Lutescens'

Die meisten Ebereschen bilden auch ohne Schnitt eine schöne Form. Nehmen Sie während der Vegetationsruhe oder an trockenen Sommertagen beschädigten Wuchs heraus. Sehr aufrechte Sorten wie *S. aucuparia* 'Sheerwater Seedling' brauchen so früh wie möglich ein ausgewogenes Astgerüst. Schneiden Sie alle zu dicht stehenden Seitenäste zurück, damit sich der Rest gleichmäßig verteilt.

 AUF EINEN BLICK

WUCHS Überwiegend aufrechte bis rundliche sommergrüne Bäume oder Sträucher.

WINTERHÄRTE Die meisten Arten und Sorten sind winterhart.

HÖHE UND BREITE Bis 10 m x 8 m; strauchige Formen bleiben kleiner.

SCHNITT

■ Schneiden Sie so wenig wie möglich.

■ Strauchige Formen wie *S. vilmorinii* reagieren meist gut auf einen Verjüngungsschnitt.

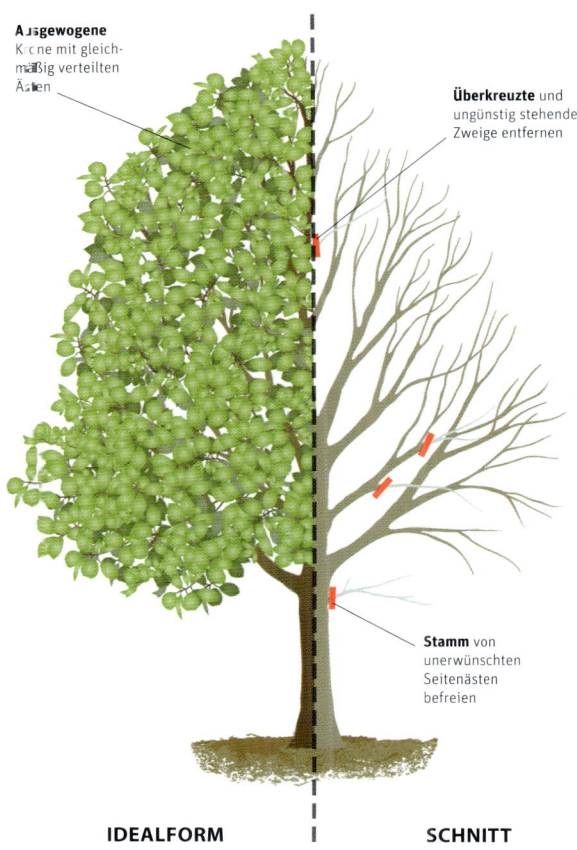

Ausgewogene Krone mit gleichmäßig verteilten Ästen

Überkreuzte und ungünstig stehende Zweige entfernen

Stamm von unerwünschten Seitenästen befreien

IDEALFORM

SCHNITT

Spiraea *Spierstrauch*

SOMMERGRÜNE STRÄUCHER

■ **Schnitt: im zeitigen Frühjahr nach der Blüte**

Spiraea japonica
'Anthony
Waterer'

Spiersträucher blühen im Frühjahr am vorjährigen oder im Sommer am diesjährigen Wuchs. Die unschätzbaren Rabattenpflanzen schmücken den Garten mit weißen, rosafarbenen, gelben oder violetten Blüten und manche fallen zudem durch panaschiertes Laub auf. Alle profitieren von einem regelmäßigen Schnitt.

Schneiden Sie im Frühjahr blühende Formen nach der Blüte. Dazu werden ältere, schwache Zweige am Ansatz gekappt und dünne Triebe entfernt. Den Rest kürzt man auf kräftige Knospen zurück. Bei Sommerblühern schneiden Sie im zeitigen Frühjahr schwache, ältere und sehr dicke Triebe bis zum Boden und die übrigen bis auf 2–3 Knospen über der Basis zurück. Gesunde Triebe größerer Exemplare kann man ungeschnitten lassen. Zwergformen von *S. japonica* werden nur leicht gestutzt.

■ **AUF EINEN BLICK**

WUCHS Meist rundliche, bisweilen übergeneigte oder dünntriebige sommergrüne Sträucher.

WINTERHÄRTE Überwiegend winterhart; frischer Wuchs kann mitunter erfrieren.

HÖHE UND BREITE Je nach Art etwa 1,5 m x 1,5 m.

SCHNITT
■ Frühjahrsblüher werden gleich nach der Blüte, Sommerblüher im zeitigen Frühjahr geschnitten.

■ Ein Verjüngungsschnitt ist meist erfolgreich, doch erholen sich manche Pflanzen nur langsam.

Auffällige rosafarbene Blütenstände im Frühjahr oder Sommer

Triebe der sommerblühenden Formen auf ein niedriges Gerüst zurückschneiden

Alten, blühschwachen Wuchs stark zurückschneiden

IDEALFORM   **SCHNITT**

Stachyurus *Perlschweif*

SOMMERGRÜNE ODER IMMERGRÜNE STRÄUCHER ODER KLEINE BÄUME

■ **Schnitt: im Frühjahr gleich nach der Blüte**

Stachyurus praecox

Die sommergrünen Ziersträucher unter den *Stachyurus*-Arten schätzt man wegen ihrer grüngelben Blüten, die im zeitigen Frühjahr in kleinen Trauben von noch kahlen Zweigen hängen. Die Pflanzen gedeihen im lichten Schatten und sind daher besonders gut für Gehölzgärten geeignet. In raueren Lagen kann man sie auch an warmen Mauern erziehen, doch benötigen sie Schutz vor Spätfrösten und neutrale bis saure Böden. Panaschierte Sorten sind nicht so wüchsig wie die rein grünen.

Frei stehende Exemplare brauchen fast keinen Schnitt – es reicht, beschädigte und überkreuzte Triebe herauszunehmen. Bei älteren Sträuchern schneidet man blühschwachen Wuchs bis zum Boden zurück. An einer Wand gezogene Sträucher befreit man von ungünstig wachsenden Trieben, ältere Zweige werden bei Bedarf entfernt und durch jüngere ersetzt.

AUF EINEN BLICK

WUCHS *S. praecox* und *S. chinensis* sind ausladende sommergrüne Sträucher mit aufrechten bis übergeneigten Trieben.

WINTERHÄRTE In milden Regionen winterhart, in rauen Lagen ist Schutz notwendig.

HÖHE UND BREITE Etwa 3 m x 3 m.

SCHNITT

■ Schneiden Sie so wenig wie möglich.

■ Ein Verjüngungsschnitt ist in der Regel erfolgreich.

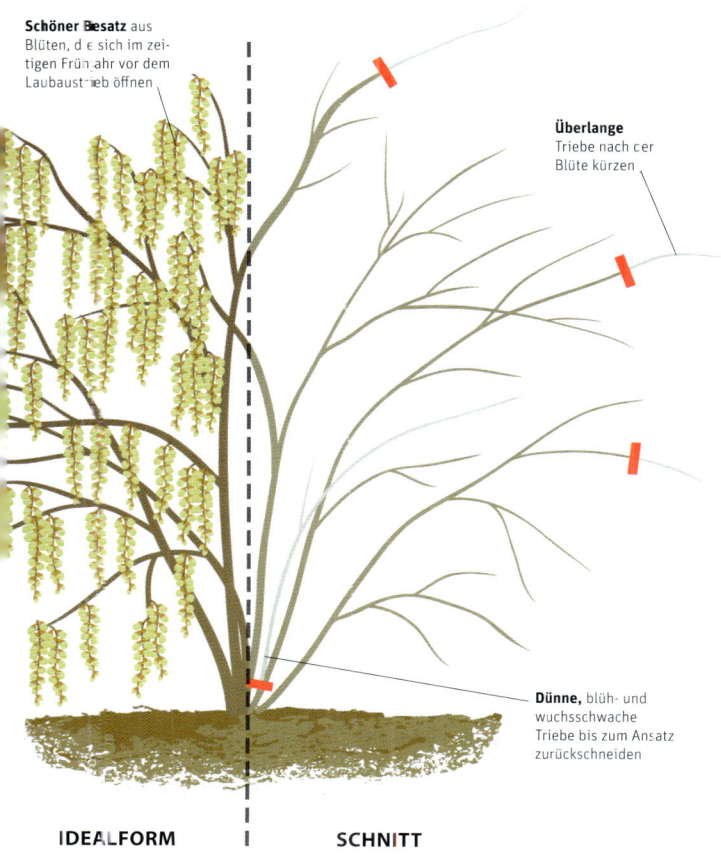

Schöner Besatz aus Blüten, die sich im zeitigen Frühjahr vor dem Laubaustrieb öffnen

Überlange Triebe nach der Blüte kürzen

Dünne, blüh- und wuchsschwache Triebe bis zum Ansatz zurückschneiden

IDEALFORM

SCHNITT

Styrax *Storaxbaum*

SOMMERGRÜNE ODER IMMERGRÜNE BÄUME ODER STRÄUCHER

■ **Schnitt: zwischen Herbst und Frühjahr**

Styrax japonicus

Die filigranen Bäume und Sträucher tragen im Sommer Blütenstände aus duftenden, glockenförmigen, weißen oder rosafarbenen Blüten; sommergrüne Arten präsentieren zudem oft eine schöne Herbstfärbung. Die Gehölze haben sich als bezaubernde Solitäre bewährt, müssen aber vor kalten Winterwinden geschützt stehen und brauchen neutrale bis saure Böden. Sie wachsen nur langsam ein, sodass sie oft erst nach ein paar Jahren blühen.

Der Wuchs ist von Art zu Art verschieden: *S. americanus* entwickelt eine ausladende und offene Krone, *S. japonicus* ein eher fächerförmiges Gerüst; andere Arten wachsen aufrechter. Den Schnitt beschränkt man bei allen Arten auf ein Minimum. Das unvermeidliche Herausnehmen beschädigter und ungünstig stehender Triebe wird in der Vegetationsruhe durchgeführt, doch hält man sich auch hiermit sehr zurück, denn frischer Wuchs erfriert leicht.

AUF EINEN BLICK

WUCHS Rundliche, aufrechte oder ausladende sommergrüne oder immergrüne Bäume oder Sträucher.

WINTERHÄRTE Manche Arten sind winterhart, andere für unser Klima ungeeignet.

HÖHE UND BREITE Je nach Art 8 m x 6 m.

SCHNITT

 Vermeiden Sie einen Schnitt nach Möglichkeit.

■ Ein Verjüngungsschnitt ist nicht empfehlenswert.

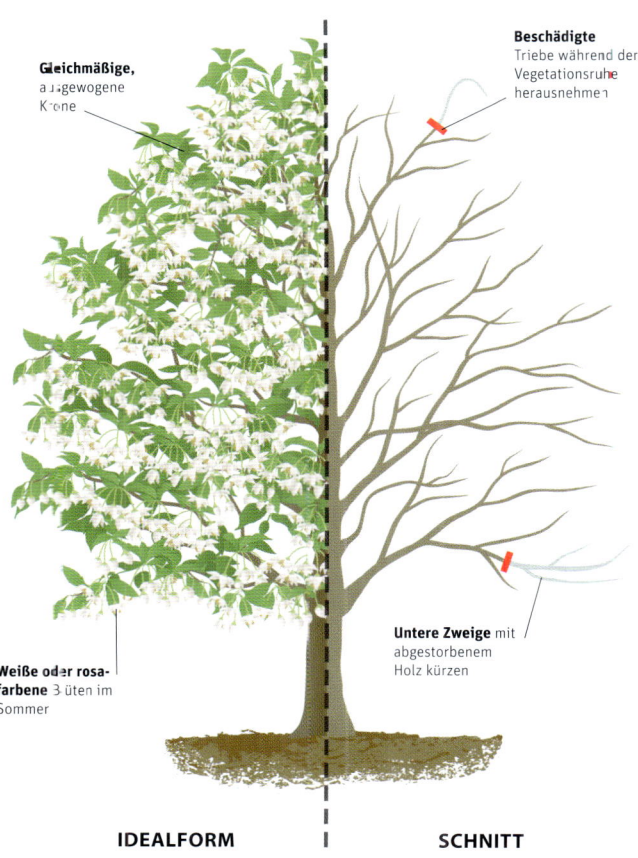

Gleichmäßige, ausgewogene Krone

Beschädigte Triebe während der Vegetationsruhe herausnehmen

Weiße oder rosafarbene Blüten im Sommer

Untere Zweige mit abgestorbenem Holz kürzen

IDEALFORM

SCHNITT

Syringa *Flieder*

SOMMERGRÜNE STRÄUCHER ODER KLEINE BÄUME

■ **Schnitt: gleich nach der Blüte**

Syringa vulgaris
'Madame
Lemoine'

Im späten Frühjahr weht der intensive Duft des Flieders durch die Gärten. Die sommergrünen, buschig wachsenden Sträucher reifen mit der Zeit zu großen, baumartigen Gehölzen heran. Sie neigen allerdings dazu, mehrere dicke Stämme zu bilden, die von unten her verkahlen.

Die Pflanzen blühen am vorjährigen Wuchs – ein Schnitt muss daher immer nach der Blüte erfolgen. Vorsicht beim Abzwicken von welkem Flor: Flieder blüht so spät, dass beim Ausputzen schon die Blütentriebe für das nächste Jahr heranwachsen. Muss ein Exemplar stärker geschnitten werden, fällt die Blüte im nächsten Jahr aus. Ein Verjüngungsschnitt wird am besten über mehrere Jahre verteilt, man kann aber vernachlässigte Pflanzen auch komplett auf ein niedriges Gerüst reduzieren. Die Pflanzen erholen sich zwar gut vom Schnitt, blühen aber mindestens drei Jahre lang nicht.

AUF EINEN BLICK

WUCHS Offene, buschige Sträucher oder kleine Bäume. Ältere Exemplare verkahlen von unten her.

WINTERHÄRTE Völlig winterhart.

HÖHE UND BREITE Flieder wird etwa 3 m hoch und nicht ganz so breit.

SCHNITT

■ Schneiden Sie die Sträucher nach der Blüte vorsichtig und nehmen Sie verdichteten und beschädigten Wuchs heraus.

■ Beim Abzwicken welker Blüten sollte man die Blütentriebe für das nächste Jahr nicht verletzen.

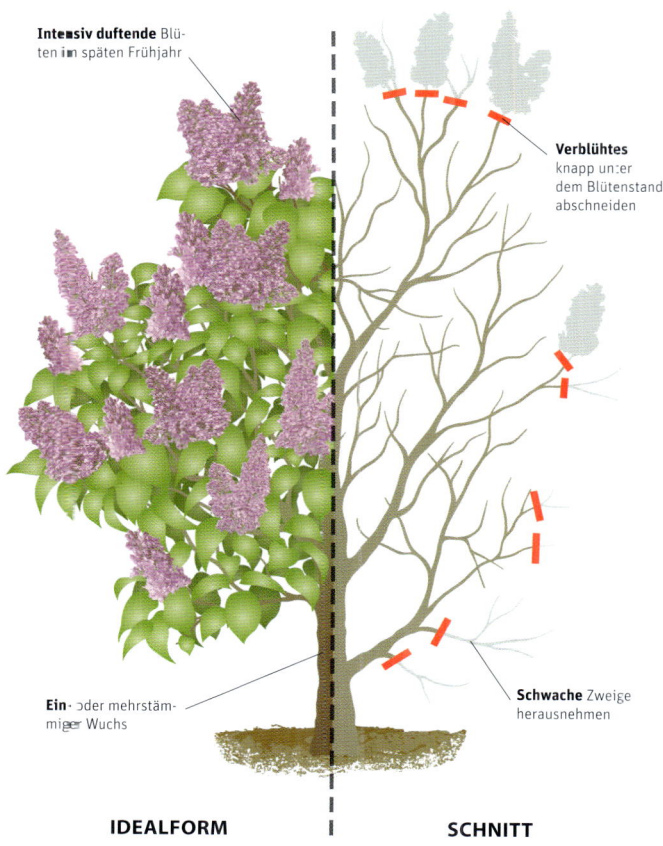

Intensiv duftende Blüten im späten Frühjahr

Verblühtes knapp unter dem Blütenstand abschneiden

Ein- oder mehrstämmiger Wuchs

Schwache Zweige herausnehmen

IDEALFORM

SCHNITT

Tamarix *Tamariske*

SOMMERGRÜNE STRÄUCHER ODER BÄUME

■ **Schnitt: im Frühjahr nach der Blüte**

Tamarix ramosissima

Tamarisken werden oft für Küstengärten empfohlen. Die offenen, überwiegend sommergrünen Sträucher oder Bäume tragen Trauben oder Rispen aus rosafarbenen Blüten, die sich je nach Art in der zweiten Frühjahrshälfte oder vom Spätsommer bis zum Herbst öffnen. Einen regelmäßigen Schnitt vertragen sie gut, manche lassen sich sogar als naturnahe Hecke einsetzen.

Damit Jungpflanzen buschig werden, kürzt man ihren gesamten Wuchs nach dem Pflanzen – und im darauffolgenden Frühjahr gleich noch einmal. Später werden früh blühende Formen unmittelbar nach der Blüte geschnitten. Verblühte Triebe nimmt man bis auf kräftige Knospen, älteren Wuchs sogar bis zum Ansatz zurück. Spät blühende Sträucher werden im zeitigen Frühjahr gänzlich auf ein niedriges Gerüst zurückgeschnitten.

AUF EINEN BLICK

WUCHS Meist aufrechte bis ausladende sommergrüne Sträucher oder Bäume, mit dünnen, mitunter übergeneigten Trieben.

WINTERHÄRTE Meist völlig winterhart und sehr windverträglich.

HÖHE UND BREITE 3–5 m in beide Richtungen.

SCHNITT

■ Der Schnitt hängt von der Blütezeit ab.

■ Jungpflanzen werden geschnitten, um einen buschigen Wuchs zu fördern. Ohne Schnitt werden sie mit der Zeit baumartig.

■ Ein Verjüngungsschnitt ist möglich, doch blühen die Pflanzen danach einige Jahre nicht.

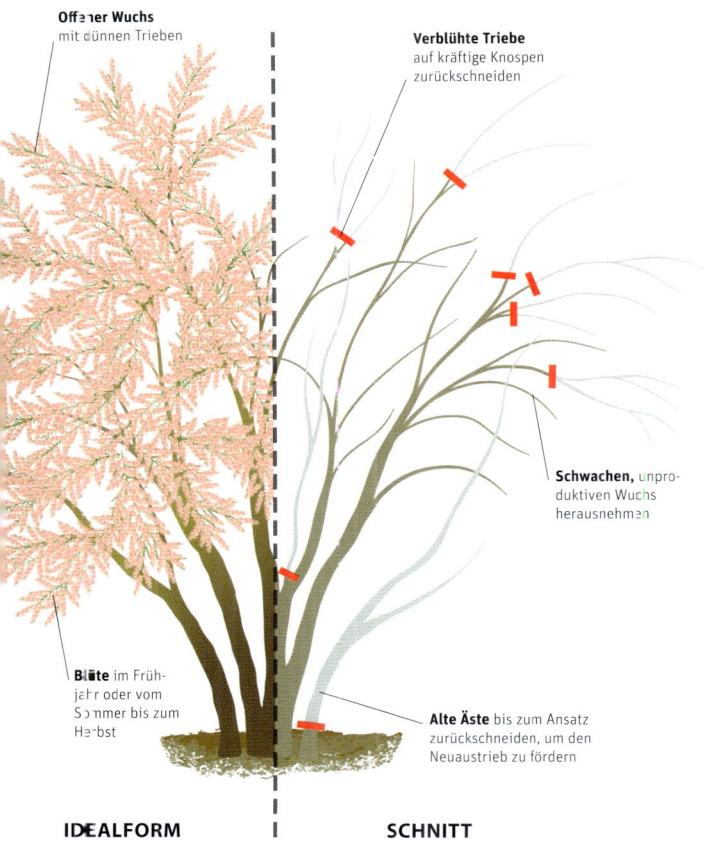

Offener Wuchs
mit dünnen Trieben

Verblühte Triebe
auf kräftige Knospen
zurückschneiden

Schwachen, unpro-
duktiven Wuchs
herausnehmen

Blüte im Früh-
jahr oder vom
Sommer bis zum
Herbst

Alte Äste bis zum Ansatz
zurückschneiden, um den
Neuaustrieb zu fördern

IDEALFORM

SCHNITT

Taxus *Eibe*

IMMERGRÜNE BÄUME ODER STRÄUCHER

■ **Schnitt: im Frühjahr und Sommer zur Begrenzung**

Taxus baccata
'Fastigiata'

Eiben sind klassische Hecken- und Formschnittgehölze. Um sie zu formen und auf den ihnen zugewiesenen Platz zu beschränken, schneidet man sie im Lauf des Jahres mindestens zweimal – einmal in der Frühjahrsmitte und einmal im Spätsommer. Falls sie wirklich eine makellose Form haben sollen, setzt man die Schere im selben Zeitraum sogar viermal an. Hohe Hecken sollten an der Basis etwas breiter sein, sonst wirft das obere Ende zu viel Schatten und lässt die Basis verkahlen.

Ungeschnittene Exemplare haben jung eine federähnliche Silhouette und entwickeln sich im Alter zu Bäumen mit einem einzigen Stamm und stattlicher Krone. Die Säulen-Eibe (*T. baccata* 'Fastigiata') hat eine edle schmale Form, die man noch betonen kann, indem man Drähte um sie wickelt. Eiben gehören zu den wenigen Nadelgehölzen, die einen regelmäßigen Schnitt vertragen.

 AUF EINEN BLICK

WUCHS Sträucher oder Bäume mit kegelförmiger bis ausgebreiteter, ausladender Krone.

WINTERHÄRTE Völlig winterhart.

HÖHE UND BREITE Ohne Schnitt 10 m oder auch mehr, bei regelmäßigem Schnitt etwa 3 m.

SCHNITT

■ Um die Pflanzen zu begrenzen, schneidet man sie mindestens zweimal während der Vegetationsperiode.

■ Eiben reagieren gut auf einen radikalen Rückschnitt, selbst wenn in altes, kahles Holz geschnitten wird.

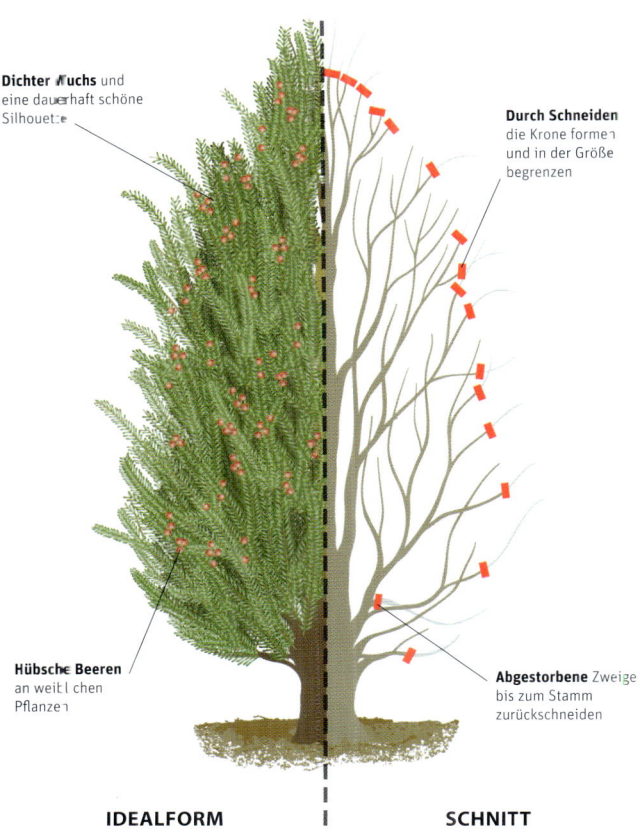

Dichter Wuchs und
eine dauerhaft schöne
Silhouette

Durch Schneiden
die Krone formen
und in der Größe
begrenzen

Hübsche Beeren
an weiblichen
Pflanzen

Abgestorbene Zweige
bis zum Stamm
zurückschneiden

IDEALFORM   **SCHNITT**

Tilia *Linde*

SOMMERGRÜNE BÄUME

■ Schnitt: Hochsommer; Kopfbaumschnitt: Spätwinter

Tilia x europaea

Linden findet man oft in der Mitte von Dörfern oder an der Zufahrt zu herrschaftlichen Anwesen. Die langlebigen Bäume sind ausgezeichnete Schattenspender. Ihre Blüten im Frühsommer sehen zwar unscheinbar aus, verströmen aber einen betörenden Duft. Will man Linden nicht zu groß werden lassen oder dekorativ in Szene setzen, kann man sie zu Flechthecken formen oder im Spätwinter als Kopfbäume schneiden. Manche Sorten treiben rote oder gelbe Zweige aus, die im Winter ins Auge fallen, etwa *T. cordata* 'Winter Orange' oder *T. platyphyllos* 'Rubra'.

Die Bäume wachsen von Natur aus sehr schön und brauchen kaum Schnitt. Korrekturen werden im Hochsommer durchgeführt, denn im Frühjahr geschnittene Exemplare »bluten«. Linden treiben gern Wurzelsprosse an der Basis aus, die, wie unerwünschte Seitenäste am Stamm, mit der Gartenschere entfernt werden.

■ AUF EINEN BLICK

WUCHS Elegante, mit der Zeit stattliche, aber langsam wachsende Bäume mit aufrechter bis rundlicher Krone.

WINTERHÄRTE Völlig winterhart.

HÖHE UND BREITE 20 m x 15 m, je nach Form oder Schnitt auch weniger.

SCHNITT

■ Beschränken Sie sich auf das Nötigste und schneiden Sie nur an trockenen Sommertagen mit der Gartenschere.

■ Entfernen Sie Wurzelsprosse.

■ Große Exemplare sollten nur von Fachleuten geschnitten werden.

Schön geformte
Bäume mit rund-
licher Krone

Für einen kahlen
Stamm untere Äste
entfernen

Wurzelsprosse an
der Basis entfernen

IDEALFORM

SCHNITT

Trachelospermum *Sternjasmin*

IMMERGRÜNE KLETTERPFLANZEN

■ **Schnitt: im Frühjahr während des Wachstums**

Trachelospermum jasminoides

Nur wenige Gartenpflanzen duften intensiver als der Sternjasmin. Leider sind die immergrünen Kletterpflanzen nicht winterhart und müssen im Topf gezogen werden, große Exemplare hält man im Wintergarten. Die kleinen, weißen Blüten erscheinen vom Sommer bis zum Frühherbst. Sobald die Temperatur fällt, nehmen die Blätter einen Rotton an. Weil die Triebe windend wachsen, bietet man ihnen ein Drahtsystem oder Ruten als Stütze.

Führen Sie junge Pflanzen an ihre Stütze und breiten Sie sie fächerförmig aus. Sie wachsen von Natur aus dicht und brauchen keinen regelmäßigen Schnitt. Wenn Triebe sich umeinander winden und ein zu dichtes Gewirr entwickeln, schneidet man die älteren im Frühjahr zurück. Was ungünstig nach außen steht, ist in der Regel biegsam genug, um eingeflochten zu werden und Lücken zu füllen.

AUF EINEN BLICK

WUCHS Verholzende immergrüne Kletterpflanzen mit windenden Trieben.

WINTERHÄRTE Sternjasmin erfriert ab etwa –10 °C und wird daher im Topf gezogen, am besten im Wintergarten.

HÖHE UND BREITE Bis etwa 5 m x 3 m.

SCHNITT

■ Regelmäßiger Schnitt ist nicht nötig.

■ Dünnen Sie den Wuchs bei Bedarf aus.

■ Um Pflanzen zu verjüngen, kürzt man im ersten Jahr nur einen Teil der Triebe und den Rest im Jahr darauf; sie erholen sich gut.

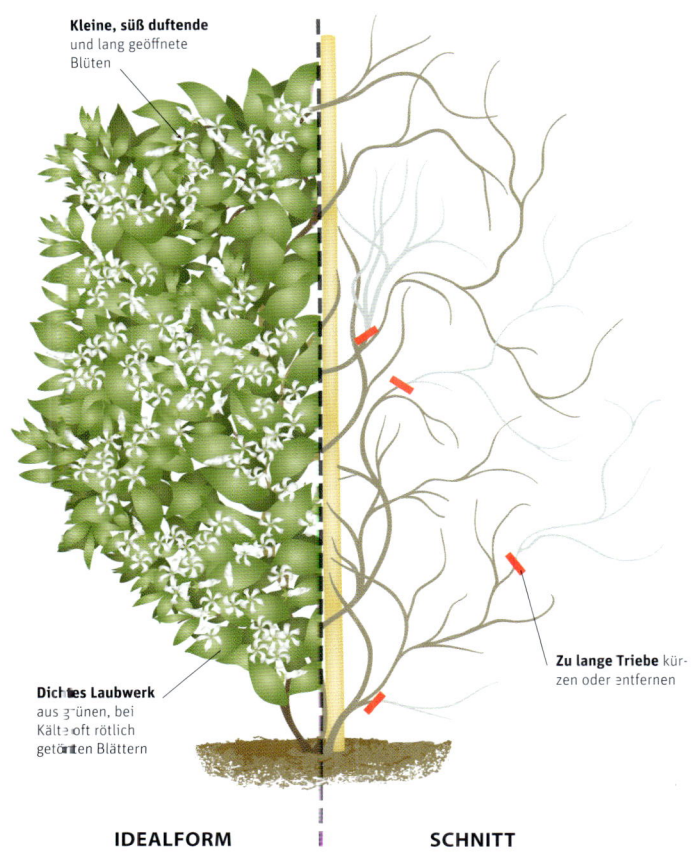

Kleine, süß duftende
und lang geöffnete
Blüten

Dichtes Laubwerk
aus grünen, bei
Kälte oft rötlich
getönten Blättern

Zu lange Triebe kür-
zen oder entfernen

IDEALFORM

SCHNITT

Ulex *Stechginster*

IMMERGRÜNE STRÄUCHER

■ **Schnitt: im Frühjahr, Hecken im Sommer**

Ulex europaeus

Die zähen, winterharten und windverträglichen Sträucher eignen sich gerade in Küstenregionen hervorragend als Hecke, doch sind sie auch als Rabattenpflanze beliebt. Mit ihren grünen, dornigen Trieben und dem dichten Wuchs wirken sie wie normale Immergrüne, in Wirklichkeit wachsen sie jedoch fast blattlos. Die nach Honig duftenden Blüten öffnen sich vorwiegend im Frühjahr, können aber auch zu anderen Jahreszeiten erscheinen.

Stechginster wird durch einen Schnitt sauber und dekorativ gehalten. Kürzen Sie alle Triebe gleich nach dem Pflanzen, um einen buschigen Wuchs zu fördern. Danach werden die Sträucher im späten Frühjahr nach der Blüte gestutzt, was zudem eine unerwünschte Aussaat verhindert. Wer eine dichte Hecke haben möchte, stutzt sie im Sommer noch einmal, muss dann aber auf Blüten verzichten, die später noch folgen würden.

AUF EINEN BLICK

WUCHS Zähe, immergrüne Sträucher mit dornigen Trieben.

WINTERHÄRTE Völlig winterhart; verträgt auch exponierte Standorte.

HÖHE UND BREITE Etwa 1,2–2,2 m in beide Richtungen, bei regelmäßigem Schnitt entsprechend weniger.

SCHNITT

■ Schneiden Sie die Pflanzen bei Bedarf im Frühjahr und Sommer.

■ Überalterte Exemplare werden verjüngt, indem man sie bis auf 15 cm über dem Boden zurückschneidet.

Die leuchtend gelben Blüten können zu jeder Jahreszeit erscheinen.

Gesamte Pflanze nach der Blüte stutzen, um sie in Form zu bringen

Alten, unproduktiven Wuchs bis fast zum Boden zurückschneiden

IDEALFORM

SCHNITT

Ulmus *Ulme*

SOMMERGRÜNE BÄUME ODER STRÄUCHER

■ **Schnitt: im Herbst oder Winter**

Ulmus glabra
'Camperdownii'

Vor den verheerenden Schäden, die das Ulmensterben im 20. Jahrhundert verursachte, waren Ulmen häufige Straßen- und Parkbäume. Zum Glück gibt es inzwischen mehrere moderne Sorten mit guter Widerstandsfähigkeit, wenn auch nicht Immunität gegen die Krankheit. Die meisten Ulmen wachsen zu langlebigen, stattlichen Gehölzen heran, einige aber sind strauchig oder säulenförmig und damit auch für kleine Gärten geeignet. Einen hängenden Wuchs hat *U. glabra* 'Camperdownii'.

Frei stehende Bäume brauchen kaum Schnitt, etwaige Arbeiten führt man im Herbst und Winter durch. Säulenförmige Sorten werden gestutzt, um ihren schlanken Wuchs zu erhalten, Hecken werden zweimal im Jahr geschnitten, damit sie dicht bleiben. Bei *U. glabra* 'Camperdownii' dünnt man im Winter verdichteten Wuchs aus, um eine ausgewogene Krone zu bewahren.

AUF EINEN BLICK

WUCHS Stattliche, sommergrüne Bäume mit rundlicher bis ausladender, gelegentlich säulenförmiger Krone oder auch Sträucher.

WINTERHÄRTE Völlig winterhart.

HÖHE UND BREITE 10 m x 6 m; alte Exemplare sind mitunter größer, manche Formen bleiben wesentlich kleiner.

SCHNITT

■ Schneiden Sie möglichst wenig oder überlassen Sie den Schnitt Fachleuten.

■ Mit einem Schnitt kann man die Silhouette säulenförmiger Sorten wie der Gold-Ulme (*U.* x *hollandica* 'Dampieri Aurea') betonen.

■ Stutzen Sie Hecken im Frühjahr und Sommer.

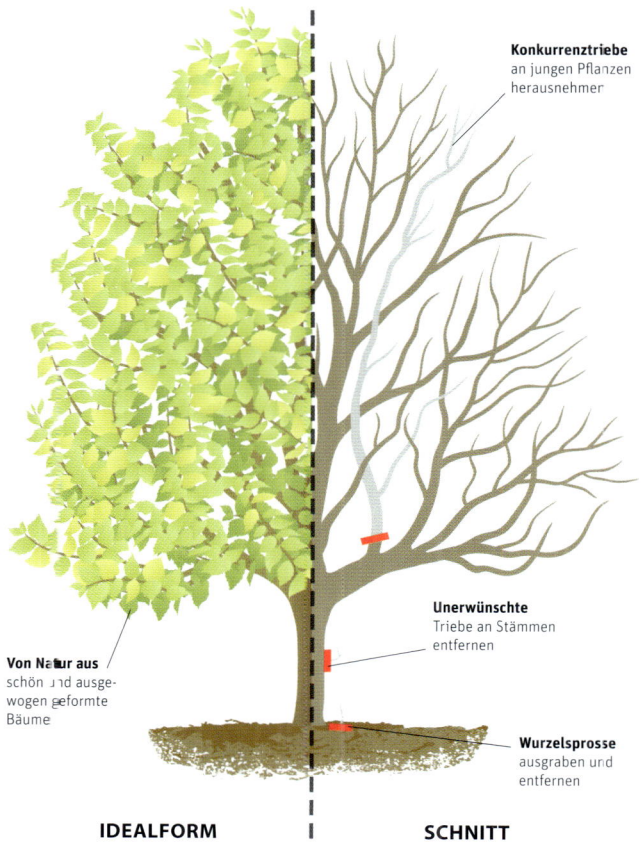

Konkurrenztriebe
an jungen Pflanzen
herausnehmer

Von Natur aus
schön und ausge-
wogen geformte
Bäume

Unerwünschte
Triebe an Stämmen
entfernen

Wurzelsprosse
ausgraben und
entfernen

IDEALFORM   **SCHNITT**

Viburnum *Schneeball*

(1) SOMMERGRÜNE STRÄUCHER

■ Schnitt: im Frühjahr gleich nach der Blüte

Sommergrüne Schneebälle blühen überwiegend im Frühjahr; ihre weißen oder rosafarbenen Blüten verströmen oft einen wunderbaren Duft. *V. opulus* trägt leuchtend rote Beeren im Herbst und ist oft Bestandteil von Naturhecken. *V. x bodnantense* ist eine Hybride, deren duftende Blütenstände in Rosa manchmal bereits im Winter erscheinen. *V. plicatum* hat eine sehr auffallende Form mit etagenförmig angeordneten Ästen.

Lassen Sie Jungpflanzen in den ersten Jahren ganz ohne Schnitt wachsen. Später kann man nach der Blüte altes oder verletztes Holz bei Bedarf herausnehmen. Bei *V. plicatum* nimmt man senkrecht wachsende Triebe, die die Silhouette stören, bis zum Ansatz zurück; die Art kann auch an einer Wand gezogen werden. *V. opulus* wird behutsam geschnitten, damit nicht zu viele der im Herbst erscheinenden Beeren verloren gehen.

*Viburnum x
bodnantense
'Dawn'*

■ AUF EINEN BLICK

WUCHS Aufrechte, rundliche oder ausladende Sträucher, gelegentlich mit etagenförmig angeordneten Ästen.

WINTERHÄRTE Völlig winterhart.

HÖHE UND BREITE Je nach Form
2 m x 2 m in beide Richtungen.

SCHNITT

■ Nur ältere Pflanzen werden geschnitten.

■ Entfernen Sie Triebe, die die Silhouette stören.

■ Die meisten Arten mit Ausnahme von *V. plicatum* reagieren gut auf Verjüngungsschnitte.

■ Immergrüne Schneebälle siehe S. 414–415.

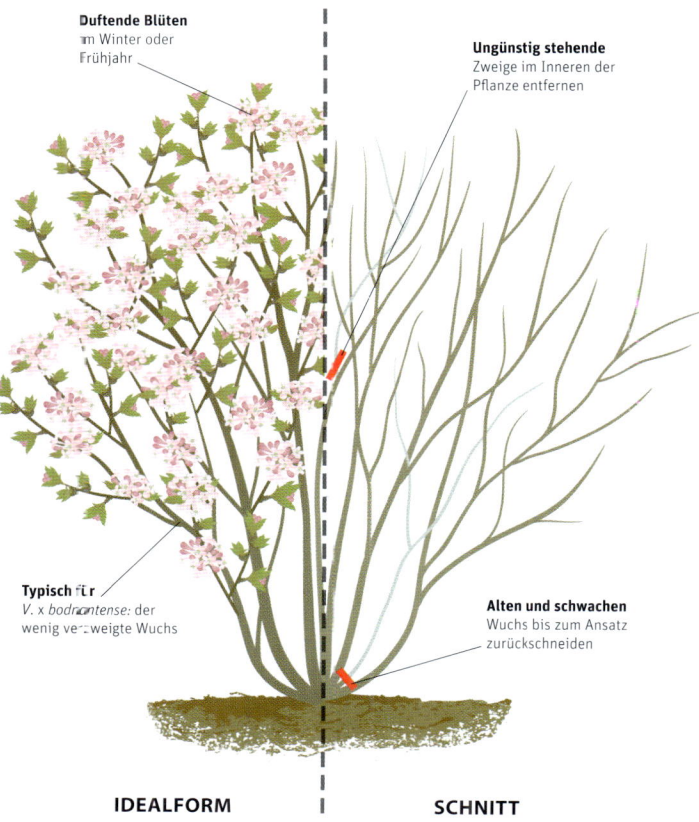

Duftende Blüten
im Winter oder
Frühjahr

Ungünstig stehende
Zweige im Inneren der
Pflanze entfernen

Typisch für
V. x bodnantense: der
wenig verzweigte Wuchs

Alten und schwachen
Wuchs bis zum Ansatz
zurückschneiden

IDEALFORM   **SCHNITT**

Viburnum *Schneeball*

(2) IMMERGRÜNE STRÄUCHER

■ **Schnitt: im Frühjahr nach der Blüte**

Viburnum tinus

Immergrüne Schneebälle sind nützliche Sträucher mit vielfältigen Einsatzmöglichkeiten. *V. x burkwoodii* bietet sich als schöner Solitär mit duftenden, weißen, im Frühjahr erscheinenden Blüten an. *V. tinus* wird in milden Klimaten gern in Hecken eingesetzt. *V. davidii* wächst niedrig und breitwüchsig, was ihn zu einem ausgezeichneten Bodendecker macht. Er trägt reizvolle, tief geaderte Blätter und im Frühjahr kleine Blüten, gefolgt von metallisch blauen Beeren – aber nur, wenn Exemplare beiderlei Geschlechts vorhanden sind.

Die von Natur aus schön geformten Sorten von *V. x burkwoodii* werden bei Bedarf nach der Blüte geschnitten. *V. tinus* bringt man während der Vegetationsperiode in Form oder lässt ihn ungehindert wachsen. *V. davidii* befreit man im Frühjahr von überlangen Trieben.

AUF EINEN BLICK

WUCHS Rundliche bis kuppelförmige oder ausladende und niedrige Sträucher.

WINTERHÄRTE *V. x burkwoodii* ist völlig winterhart, *V. tinus* und *V. davidii* eignen sich nur für milde Lagen und geschützte Standorte.

HÖHE UND BREITE Etwa 3 m x 2 m; manche sind breiter, andere niedriger.

SCHNITT

■ Die meisten Sträucher brauchen kaum Schnitt.

■ Schneiden Sie Hecken zweimal, einmal im Frühjahr und einmal im Sommer.

■ Durch einen Rückschnitt auf ein niedriges Gerüst verjüngt man die Pflanzen.

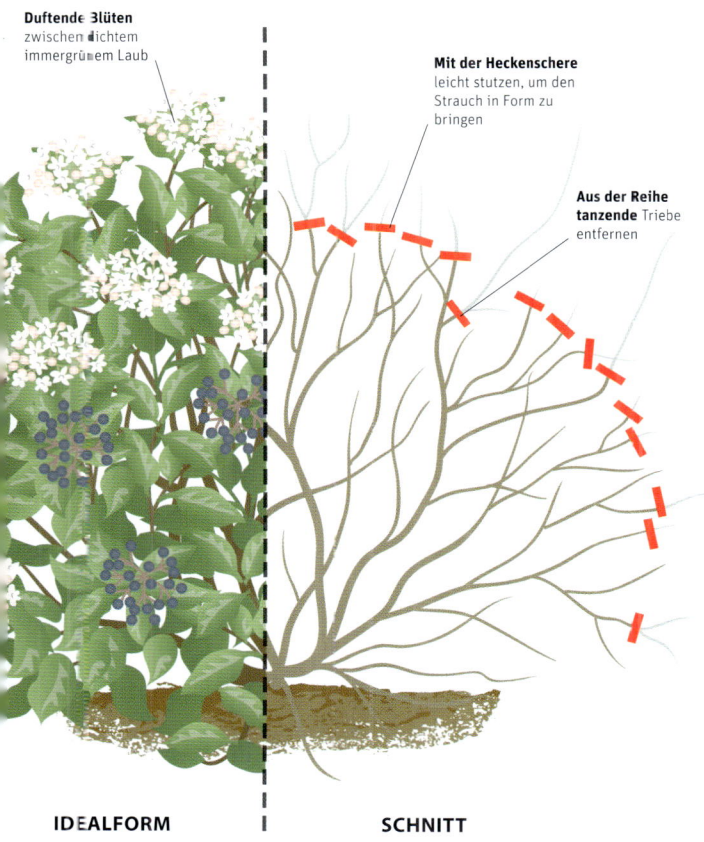

Duftende Blüten
zwischen dichtem
immergrünem Laub

Mit der Heckenschere
leicht stutzen, um den
Strauch in Form zu
bringen

**Aus der Reihe
tanzende** Triebe
entfernen

IDEALFORM

SCHNITT

Vinca *Immergrün*
IMMERGRÜNE STRÄUCHER
■ Schnitt: ab dem Frühjahr

Vinca difformis

Vinca sind vielseitige Pflanzen, die sich in schattigen Winkeln als Bodendecker bewähren, mit ihren kriechenden Trieben aber auch bestens als Bewuchs für die Ränder großer Gefäße geeignet sind. Ihre weißen, blauen oder violetten Blüten zeigen sich allerdings eher spärlich. Es sind groß- oder kleinlaubige Sorten und sogar panaschierte Züchtungen erhältlich. Nicht alle eignen sich für die Freilandkultur.

Ihre Triebe wurzeln bei Bodenberührung ein und bilden rasch dichte Matten. Man kann die Ausbreitung von Jungpflanzen beschleunigen, indem man ihre jungen, biegsamen Triebe am Boden festklammert. Großflächigere Bodendecker lassen sich gut mit der Heckenschere stutzen. Kleinere Exemplare werden bei Bedarf im Frühjahr geschnitten, um sie auszudünnen oder zu begrenzen.

Hübsche Blüten, die im Sommer am dichtesten stehen, sich aber auch zu anderen Zeiten öffnen

Kriechende Triebe begrenzen

IDEALFORM

AUF EINEN BLICK

WUCHS Niedrige immergrüne Sträucher mit weichen, biegsamen, kriechenden und bodendeckenden Trieben.

WINTERHÄRTE Zum Teil völlig winterhart, zum Teil ungeeignet für das Freiland.

HÖHE UND BREITE 50 cm x 50 cm; bei häufigem Schnitt weniger.

SCHNITT

■ Die Pflanzen können fast das ganze Jahr über problemlos gestutzt werden.

■ Dünnen Sie verdichteten Wuchs am besten im Frühjahr aus.

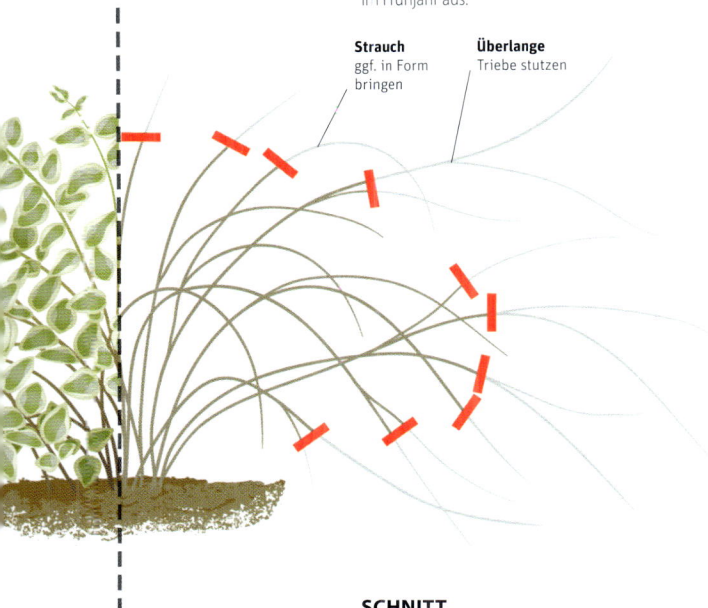

Strauch
ggf. in Form bringen

Überlange
Triebe stutzen

SCHNITT

Vitis *Zierwein-Arten*

SOMMERGRÜNE KLETTERPFLANZEN

■ **Schnitt: in der Wintermitte während der Vegetationsruhe**

Reben sind nicht nur Nutzpflanzen, die Wein- und Tafeltrauben liefern (siehe S. 472), einige Arten mit schöner Herbstfärbung werden auch als Ziergewächse eingesetzt. Oft begrünt man mit ihnen Bögen und Pergolen, an denen sie im Sommer wohltuenden Schatten spenden. Nach dem Einwachsen müssen die Kletterpflanzen jedes Jahr geschnitten werden, damit sie sich nicht zu stark ausbreiten. Sie halten sich mithilfe von Ranken fest und werden daher meist an Drähten gezogen.

Geschnitten werden sollten sie vor allem in der Wintermitte, damit sie nicht »bluten«. Nach dem Pflanzen bildet man zunächst mit den 2–3 kräftigsten Trieben das Grundgerüst, um sie an einer Wand, einem Zaun oder einer Pergola zu erziehen. Durch Auskneifen der Triebspitzen fördert man einen buschigen Wuchs. Nach dem Einwachsen werden Seitentriebe auf 2–3 Knospen zurückgestutzt. Mit der Zeit verdicken sie sich zu Zapfen.

Vitis coignetiae

Große Blätter mit schöner Herbstfärbung

IDEALFORM

AUF EINEN BLICK

WUCHS Sehr wüchsige, rankende sommergrüne Kletterpflanzen.

WINTERHÄRTE Meist völlig winterhart.

HÖHE UND BREITE Etwa 10 m x 6 m, bei
regelmäßigem Schnitt auch weniger.

SCHNITT

■ Ein Schnitt erfolgt während der Vegetationsruhe im Winter, um ein »Bluten« zu vermeiden.

■ Kürzen Sie neuen Wuchs bei Bedarf.

■ Bei einem Verjüngungsschnitt schneidet
man alle Triebe bis fast zum Boden zurück.

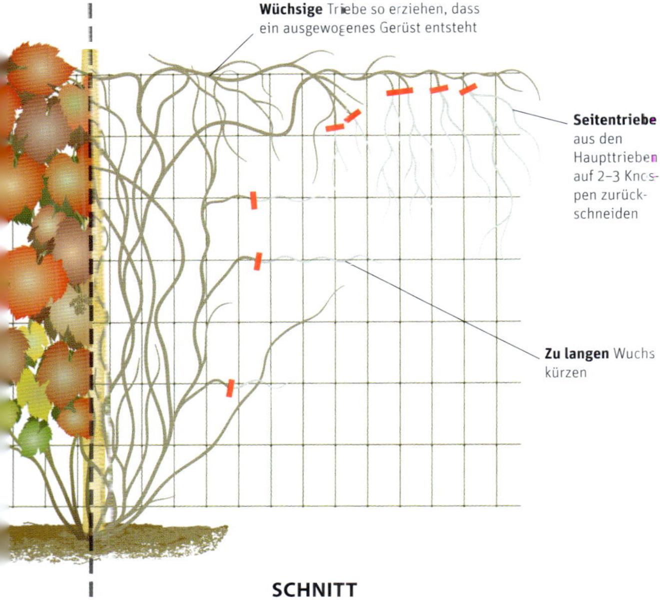

Wüchsige Triebe so erziehen, dass
ein ausgewogenes Gerüst entsteht

Seitentriebe
aus den
Haupttrieben
auf 2–3 Knos-
pen zurück-
schneiden

Zu langen Wuchs
kürzen

SCHNITT

Weigela *Weigelie*

SOMMERGRÜNE STRÄUCHER

■ **Schnitt: im Frühsommer unmittelbar nach der Blüte**

Weigela florida

Die sommergrünen Sträucher wachsen aufrecht bis übergeneigt, können aber unschön werden, wenn sie von anderen Gewächsen beschattet werden. Ihre trompeten-förmigen Blüten öffnen sich im späten Frühjahr und sind meist weiß, rosafarben oder rubinrot; einige Arten, wie etwa *W. middendorffiana*, tragen gelbe Blüten. Manche Formen werden wegen ihres Laubs kulti-viert, das rubinrot oder gelb sein kann oder sogar weiß, cremefarben oder gelb panaschiert.

Geschnitten werden Weigelien nach der Blüte. Kür-zen Sie alle verblühten Triebe um ein Drittel. Überlange oder ungünstig wachsende Zweige werden bis zu ihrem Ansatz, wenn nötig auch bis zur Basis des Strauchs, zurückgeschnitten. Verdichte-ten Wuchs lichtet man aus, wobei man aber junge Triebe verschont. Blattschmuckpflanzen können radikaler geschnitten werden.

AUF EINEN BLICK

WUCHS Aufrechte bis ausladende Sträucher, die sparrig und wirr werden können.

WINTERHÄRTE Meist völlig winterhart.

HÖHE UND BREITE Je nach Art etwa 1,5 m x 1,5 m.

SCHNITT

■ Geschnitten wird in erster Linie, um die Blüte im nächsten Jahr zu optimieren und die Form zu verbessern. Das erreicht man durch Herausnehmen alter Zweige und Kürzen von Blütentrieben.

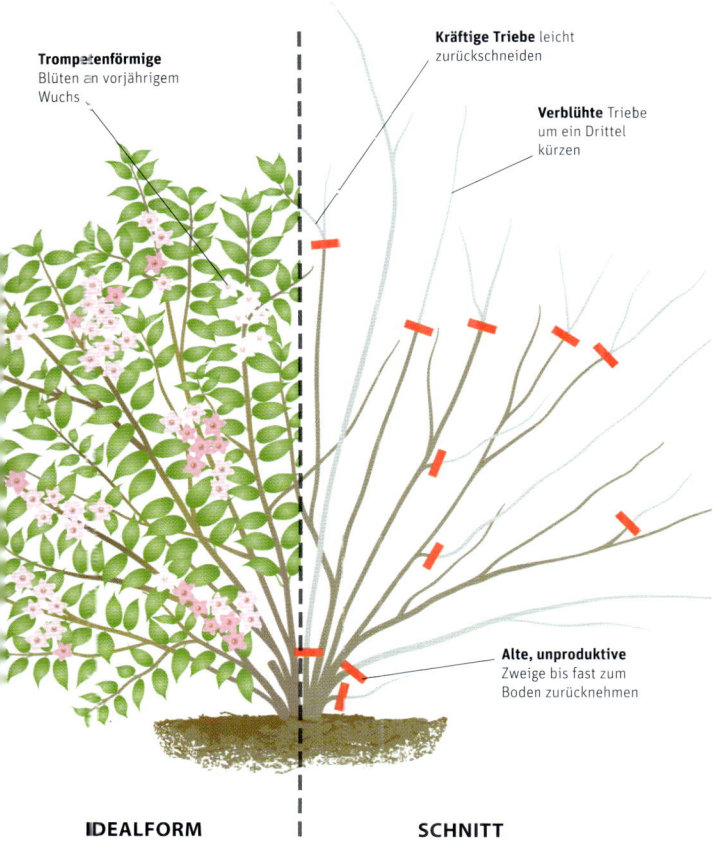

Trompetenförmige Blüten an vorjährigem Wuchs

Kräftige Triebe leicht zurückschneiden

Verblühte Triebe um ein Drittel kürzen

Alte, unproduktive Zweige bis fast zum Boden zurücknehmen

IDEALFORM

SCHNITT

Wisteria *Blauregen, Glyzine*

SOMMERGRÜNE KLETTERPFLANZEN

■ **Schnitt: im Spätsommer und noch einmal im Spätwinter**

Wisteria floribunda

Glyzinen sind langlebige Kletterpflanzen, die im späten Frühjahr mit einem spektakulären Besatz aus hängenden Blütentrauben in Violett oder Weiß auffallen. Sie sind winterhart, blühen aber besser, wenn man sie an einer warmen Wand wachsen lässt. Man kann sie jedoch auch an Bögen, Pergolen und Bäumen ziehen.

Mit einem jährlichen Schnitt lenkt man die Energie dieser sehr wüchsigen Pflanzen von der Bildung neuer Triebe zum Blütenansatz. Dazu entwickelt man ein Gerüst aus kräftigen Zweigen, an deren kurzen Seitentrieben die Blütentrauben hängen. Im Frühjahr und Sommer werden wüchsige Triebe angebunden. Im Spätsommer entfernt man alles, was über den ihm zugewiesenen Platz hinausgewachsen ist. Außerdem kürzt man dünne Seitentriebe auf 5–6 Blätter zurück, damit sie verdicken. Sie werden im Spätwinter erneut eingekürzt, diesmal auf 2–3 Knospen.

AUF EINEN BLICK

WUCHS Ausgesprochen wüchsige, langlebige, windende Kletterpflanzen.

WINTERHÄRTE *Wisteria* sind völlig winterhart, brauchen aber einen warmen Standort, um verlässlich zu blühen.

HÖHE UND BREITE Etwa 10 m x 6 m; Wandsträucher werden evtl. breiter als hoch.

SCHNITT

■ Blauregen blüht am besten, wenn er zweimal jährlich geschnitten wird.

■ Im unteren Bereich werden die Pflanzen mit der Zeit baumartig. Ein Verjüngungsschnitt sollte auf mehrere Jahre verteilt werden.

■ Entfernen Sie schwachen Wuchs am Ansatz.

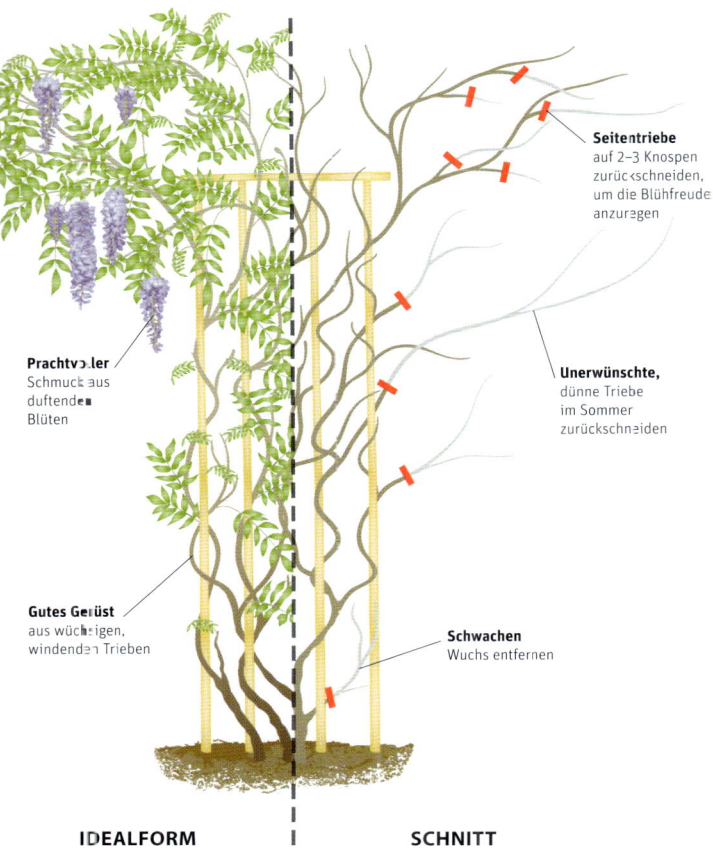

Seitentriebe
auf 2–3 Knospen
zurückschneiden,
um die Blühfreude
anzuregen

Unerwünschte,
dünne Triebe
im Sommer
zurückschneiden

Prachtvoller
Schmuck aus
duftenden
Blüten

Gutes Gerüst
aus wüchsigen,
windenden Trieben

Schwachen
Wuchs entfernen

IDEALFORM | **SCHNITT**

SCHNITT

von Obstgehölzen

Für eine reiche Ernte

Für Obstbäume und -sträucher gelten im Allgemeinen strengere Schnittregeln als für Zierpflanzen, denn sie sollen schließlich reichlich Essbares liefern. Der etwas höhere Aufwand lohnt jedoch die Mühe: Kaum etwas macht mehr Spaß, als sonnenwarme Früchte direkt von der Pflanze zu pflücken.

WARUM EIN SCHNITT WICHTIG IST

Die meisten Obstpflanzen sind Hybriden und wurden speziell gezüchtet, um hohe Erträge großer, wohlschmeckender Früchte zu liefern. Viele werden auf Zwergunterlagen veredelt im Handel angeboten, damit sie zu regelmäßigen, schön geformten Exemplaren heranwachsen. Im Gegensatz zu Zierpflanzen, die oft auch ohne Schnitt ihren Zweck erfüllen, müssen fast alle Obstbäume und Beerensträucher wenigstens einmal im Jahr geschnitten werden.

Ein korrekter Schnitt optimiert nicht nur den Ertrag und sorgt dafür, dass die Früchte in einer Höhe wachsen, in der sie sich bequem ernten lassen, sondern erleichtert auch die Gartenplanung. Denn er begrenzt die Größe der Nutzpflanzen und ermöglicht genaue Voraussagen, wie viel Platz eine reife Pflanze braucht und wie viele Sorten man unterbringt.

Manche Obstgehölze brauchen kaum Schnitt. Mispeln (*Mespilus germanica*), Quitten (*Cydonia oblonga*) und Äpfel (*Malus*) sind eine dekorative Bereicherung von Obsthainen. Maulbeeren (*Morus nigra*), Walnüsse (*Juglans regia*) und Esskastanien (*Castanea sativa*) werden meist auch als Ziergehölze genutzt – ihre Früchte sind ein angenehmer Nebeneffekt.

OBST IM GARTEN

Spalierobst hat einen ganz eigenen Reiz, ergänzt Zierpflanzen und bringt Struktur in Gärten. Mit Äpfeln an einem System aus Pfosten und Drähten kann man verschiedene Bereiche trennen und eine interessante Alternative zu niedrigen Buchshecken kultivieren.

Kleine Obstbüsche eignen sich für Kübel, fruchten dort aber normalerweise nicht so reich wie im Freiland. Feigen sind eine Ausnahme: Die Enge des Topfs regt sie zu vermehrtem Fruchtansatz an.

Heidelbeeren gehören zu den dekorativsten Obstgehölzen überhaupt. Die weißliche Bereifung auf den Beerenschalen zeigt an, dass sie fast erntereif sind.

Formen

Man kann Obstgehölze zu fast allen Formen erziehen, einige Formen wurden aber speziell für verschiedene Einsatzbereiche und Platzverhältnisse entwickelt. Generell schneidet man Obstpflanzen, um ihre Größe zu begrenzen und sie zu einer verlässlichen Ernte von möglichst guter Qualität anzuregen. Wer die Gehölze in Reihen pflanzt, muss bei der Errechnung der Pflanzabstände die Endgröße der Gehölze beachten. Die meisten Obstbäume und -sträucher können fertig erzogen gekauft werden und blühen bzw. fruchten schon im ersten Jahr nach dem Setzen. Führt man den Erziehungsschnitt dagegen selbst durch, muss man damit rechnen, dass die Gehölze erst im dritten Jahr Früchte tragen.

Hoch- und Halbstämme haben ausladende Kronen und unbeastete Stämme. Der Stamm ist bei Hochstämmen etwa 2 m, bei Halbstämmen 1,2 m hoch. Das Ernten von Früchten an den höchsten Zweigen kann schwierig werden.

Pyramiden sind kegelförmige Bäume mit kräftigem Mitteltrieb. Die Form gewährleistet, dass Früchte im unteren Teil ebenfalls Sonne abbekommen. Eine Stütze ist unerlässlich. Birnen und Pflaumen werden oft so erzogen.

Spaliere haben »Arme«, die waagerecht erzogen werden – entweder an einer Wand oder an Drähten zwischen Pfosten. Die dekorativen Gehölze sind sehr ertragreich, brauchen aber sorgfältigen Schnitt. Frei stehende Spaliere können auch als Hecken genutzt werden.

Fächer werden ebenfalls an Drähten erzogen. Diese Form eignet sich vor allem für Obst, das nicht von Haus aus auf schwach wachsender Unterlage steht, etwa Birnen und Aprikosen, aber auch Sorten, die in rauen Lagen für die zusätzliche Wärme an Wänden dankbar sind.

Kordons sind einstämmige, schlanke, gerade Gehölze, die man schräg ziehen kann. Sie eignen sich für viele Apfel- und Birnensorten. Wo Platz Mangelware ist, zieht man Kordons an Drähten an einer Wand oder frei stehend.

Stepover sind eine Variante des Kordons und können als niedriger Saum für Küchengartenbeete eingesetzt werden, sodass der begrenzte Platz optimal genutzt ist. Sie eignen sich für Äpfel auf schwach wachsenden Unterlagen.

Himbeersträucher treiben jedes Jahr frische, aufrechte Ruten aus dem Boden aus. Mit einem jährlichen Schnitt verjüngt man sie: Ältere Ruten werden entfernt und machen Platz für neue. Der Schnittzeitpunkt hängt vom Erntezeitpunkt der Sorte ab.

Brombeersträucher sind sehr wüchsig. Die Erziehung an Drähten verhindert, dass sie zu dicht werden, und erleichtert die Ernte. Zudem werden die übergeneigt wachsenden Ruten dadurch gerade gehalten und daran gehindert, bei Bodenberührung neu einzuwurzeln.

Büsche haben ein strahlenförmiges Astgerüst, auf einem höchstens 90 cm hohen Stamm, was die Ernte enorm erleichtert. Sie werden auf schwach wachsende Unterlagen veredelt und eignen sich besonders für kleine Gärten; kompakte Formen kultiviert man sogar in Kübeln.

Mehrtriebige Büsche finden bei vielen Beerensträuchern, wie beispielsweise Schwarzen Johannisbeeren, Verwendung, die meistens regelmäßig aus der Basis neu austreiben. Manche werden an einem kurzen (etwa 10 cm) hohen Stamm gezogen.

Grundlegende Techniken

Sofern man Obstbäume und -sträucher nicht fertig erzogen kauft, brauchen sie einen Erziehungsschnitt. Sie fruchten zwar dann in den ersten ein, zwei Jahren nicht, dafür ist der Ertrag aber in den Nachfolgejahren viel höher als ohne diese Maßnahme.

VORBEREITUNG

Obstgehölze können mit Ballen oder wurzelnackt während ihrer Ruhephase gekauft werden. Bäume sind entweder als Heister (siehe S. 24) oder mit verzweigter Krone erhältlich. Stutzen Sie die Wurzeln vor dem Einpflanzen leicht und kürzen Sie abgebrochene Triebe am oberirdischen Wuchs.

Himbeerruten werden in Reihen in gut vorbereitete, unkrautfreie Erde gesetzt und gewässert. Wenn im Frühjahr neuer Wuchs austreibt, werden die alten Ruten bis zum Boden zurückgeschnitten (unten, von links nach rechts).

ERZIEHUNGSSCHNITT

Fast alle Obstgehölze müssen anfangs geschnitten werden, damit sie ein ausgewogenes, verzweigtes Gerüst aus Leitästen, Seitenästen und Fruchtholz entwickeln. Im Idealfall sind die Zweige so kräftig, dass sie das Obst tragen, ohne bis zum Boden zu hängen, während die Früchte gleichmäßig Licht und Wärme bekommen und die Luft in der Pflanze frei zirkulieren kann, sodass das Risiko einer Pilzinfektion minimiert wird.

Beerensträucher werden nicht geschnitten, bis sie etabliert sind. Will man kleine

Stützen Sie junge Obstbäume und binden Sie sie mit einem Gummiband an, das man lockern kann, wenn der Stamm dicker wird. Für einen Baum mit einem Gerüst aus Seitenästen sollte der Pfosten bis knapp unter die Krone reichen.

Pflanzen, reduziert man die Zahl der Triebe im ersten Winter und kürzt die übrigen.

Viele Obstbäume sind als Heister mit einem aufrechten Leittrieb und einigen Seitentrieben im Handel. Um sie als Hoch- oder Halbstamm zu erziehen, lässt man den Leittrieb ungeschnitten, bis er etwas mehr als die gewünschte Höhe hat, und kürzt ihn dann. Drei Jahre nach dem Pflanzen beginnt man die Seitenäste am unteren Stamm zu entfernen.

Bei Pyramiden stutzt man den Leittrieb im ersten Winter nach dem Pflanzen auf

50–75 cm zurück. Man entwickelt erst die unteren Seitenäste, indem man sie auf eine nach außen zeigende Knospe an der Unterseite zurückschneidet. Im weiteren Verlauf des Wachstums bindet man einen Ersatzleittrieb an den Pfosten (siehe S. 24).

Für einen Busch reduziert man den Leittrieb auf etwa 1 m Höhe, um ihn zur Bildung von Seitentrieben anzuregen. Im Winter wählt man die kräftigsten für das Hauptgerüst aus, der Rest wird entfernt.

FRUCHTHOLZ FÖRDERN

Viele Obstgehölze fruchten besser, wenn junge, steil oder schräg nach oben wachsende Zweige bzw. Langtriebe heruntergebunden werden, sodass sie fast waagerecht stehen. Dadurch werden sie zur Bildung von Blütenknospen angeregt.

Bei Birnenspalieren kürzt man regelmäßig im Sommer junge, noch weiche Langtriebe (»Holztriebe«, die keine Blütenknospen bilden), wenn sie etwa 20 cm lang sind, auf 3–4 Blätter ein. Nach einem Austrieb dieser Triebe wird nochmals zurückgeschnitten, diesmal auf 2–3 Blätter des Neutriebs. So entsteht daraus Fruchtholz.

Oft lohnt es sich, Früchte auszudünnen; das mindert zwar den Ertrag, liefert aber größere Früchte besserer Qualität. Dazu entfernt man im Frühsommer mindestens zwei Exemplare aus jedem Bündel. Viele Apfel- und Birnbäume werfen im Sommer von selbst einen Teil der Früchte ab.

LAUFENDE PFLEGE

Halten Sie Ausschau nach abgestorbenem, krankem oder verletztem Wuchs und nehmen Sie ihn sogleich heraus, indem sie im Winter auf gesunde Knospen oder auch in älteres Holz zurückschneiden. An veredelten Pflanzen können sich Wildtriebe an der Basis bilden, die ebenfalls entfernt werden. Im Winter oder zeitigen Frühjahr nimmt man alte Zweige, die im Vorjahr nicht gut gefruchtet haben, ggf. bis zum Ansatz heraus. Damit opfert man zwar einen Teil des Ertrags im nächsten Jahr, doch neuer Wuchs schließt die Lücke bald.

Alten Beerenbüschen und Reben mit schwachem Ertrag verhilft man mit einem Verjüngungsschnitt oft zu einem zweiten Frühling. Schneiden Sie dazu im Spätwinter oder zeitigen Frühjahr sämtliche Triebe bis auf 10 cm über dem Boden oder – bei Büschen mit kurzem Stamm – über dem Stamm zurück. Anschließend wird wie bei Jungpflanzen ein Erziehungsschnitt durchgeführt. Nach ein paar Jahren sollte die Pflanze wieder blühen und fruchten.

Bäume lassen sich schon schwerer verjüngen. Dicke Äste kann man ganz herausnehmen oder kürzen, doch führt das oft zum Austrieb vieler Wassertriebe, die man so bald wie möglich entfernen muss. Alte, schwach blühende und fruchtende Bäume werden am besten ersetzt.

Trägt ein Baum viele Kurztriebe, liefert er einen hohen Ertrag auf relativ geringem Raum. Noch bessere Früchte erntet man, wenn man sie in unreifem Zustand ausdünnt.

Schneiden Sie ältere unproduktive Zweige bei Beerensträuchern im Winter bis zum Ansatz zurück. Die jüngeren Ersatztriebe blühen und fruchten besser.

Drahterziehung

Ziel der Erziehung an Drähten ist ein Gerüst aus waagerechten oder schrägen Seitenästen, die produktiver sind als senkrechte. Gleichzeitig werden die Pflanzen auf diese Weise gestützt und auf eine Höhe von 2 m beschränkt, was die Ernte wesentlich erleichtert. Nützlich ist die Drahterziehung auch bei beengten Platzverhältnissen. An einer warmen Wand erzogene Obstgehölze wachsen zudem auch etwas geschützter.

BÄUME UND STRÄUCHER

Spannen Sie die Drähte vor dem Pflanzen. Verwenden Sie dazu verzinkte Drähte, die das Gewicht der Triebe problemlos tragen. An einer Wand spannt man die Drähte an Ösen, die in die Mauer geschraubt oder gehämmert werden. Sie müssen den Draht in etwa 15 cm Abstand zur Wand halten,

Binden Sie junge, biegsame Triebe in der Wachstumsperiode an die Drähte. So schafft man ein lockeres, ausgewogenes Gerüst gut durchlüfteter Zweige.

das reicht, um eine gute Luftzirkulation zwischen den Trieben zu gewährleisten und das Risiko eines Pilzbefalls zu verringern. Die Drähte werden in 30 cm Abstand zueinander gespannt.

Bei frei stehenden Pflanzen spannt man die Drähte zwischen kräftige Pfosten, die in 2 m Abstand in den Boden geschlagen werden. Die Drähte zieht man durch Löcher in den Pfosten oder fixiert sie an deren Außenseite. Mit Bast, Sisalschnüren oder gummiertem Draht werden die Triebe an den gespannten Drähten befestigt.

SPALIERE, FÄCHER, KORDONS

Die Triebe von Spalieren und Fächern bindet man nach und nach an die Drähte. Kordons muss man schon beim Pflanzen in den gewünschten Winkel bringen.

Für Spaliere braucht man einen Heister. Im ersten Winter nach dem Pflanzen schneidet man ihn auf eine kräftige Knospe knapp über dem untersten Draht zurück. Aus den

neuen Trieben, die im Frühjahr erscheinen, wählt man den kräftigsten als Mitteltrieb und bindet ihn an einen Stab, der senkrecht an die Drähte gebunden wird. Zwei kräftige Seitentriebe werden an Stäben geführt, die man diagonal anbindet. Im Winter biegt man diese Triebe in die Waagerechte und bindet sie an den untersten Draht. Nun wird der Mitteltrieb knapp über dem zweiten Draht abgeschnitten. Die weiteren Etagen werden auf die gleiche Weise erzogen.

Für einen Fächer braucht man eine junge Pflanze mit Mitteltrieb und mehreren kräftigen Seitentrieben. Beim Pflanzen entfernt man alle Seitentriebe bis auf zwei,

Die Etagen dieses Spalierapfels entstanden über einen Zeitraum von vier Jahren. Ist er einmal etabliert, liefert er hohe Erträge.

die an diagonal an den Drähten befestigte Stäbe geführt werden. Der Mitteltrieb wird ebenfalls entfernt. Sobald kräftige Triebe aus den beiden Armen wachsen, bindet man sie gleichmäßig verteilt an die Drähte.

Einen Kordon erzieht man aus einem jungen Baum mit biegsamem Leittrieb und Seitentrieben entlang seiner gesamten Länge. Binden Sie einen Stab an den Leittrieb und befestigen Sie ihn schräg an den Drähten. Längere Seitentriebe werden gekürzt, damit sie bald Fruchtholz bilden.

LAUFENDE PFLEGE

Damit erzogene Obstgehölze gesund und ertragreich bleiben, müssen sie gut gepflegt werden. Sobald bei Spalieren die oberste Etage fertig ist, schneidet man neuen Wuchs am Mitteltrieb und allen Hauptseitentrieben im späten Frühjahr oder Sommer auf eine Knospe zurück. Das gilt auch für überlangen Wuchs an den Hauptarmen von Fächern. Wenn der Leittrieb eines Kordons den obersten Draht erreicht hat, schneidet man ihn auf einen schwachen Trieb knapp unter dem Draht zurück, um überschüssigen Wuchs zu vermeiden.

An allen erzogenen Gehölzen stutzt man neuen Wuchs im Sommer zurück, damit sie ihre Form bewahren und die reifenden Früchte genug Sonne abbekommen. Überlange, nicht für die Erziehung geeignete Triebe werden ebenfalls zurückgeschnitten. An Wänden nimmt man ferner ungünstig wachsende Triebe heraus. Nach der Ernte werden Fruchttriebe auf 1–2 Blätter über dem Ansatz gekürzt. An Fächern bindet man günstig stehende neue Triebe an – sie sollen im nächsten Jahr blühen und fruchten.

Nehmen Sie die Struktur Ihrer Pflanzen am besten im Winter in Augenschein. Spaliere und Fächer befreit man von alten Kurztrieben, Fächer zusätzlich von verdichtetem Wuchs. Zudem nimmt man altes Holz heraus, das nicht mehr gut fruchtet. Als Ersatz werden im kommenden Jahr wüchsige Triebe angebunden.

Schneiden Sie nach außen wachsende und andere ungünstig stehende Triebe auf zwei Blätter über dem Ansatz zurück.

Dünnen Sie unreife Äpfelchen aus, damit sie sich nicht gegenseitig behindern und nur große, gesunde Früchte reifen.

ERZIEHUNG VON BEERENOBST

Manche Beerensträucher eignen sich für die Erziehung als Fächer, die meisten aber werden in Reihen als frei stehende Sträucher kultiviert. Wüchsige, niederliegende Himbeeren und Brombeeren allerdings erzieht man oft an Stützen aus Pfosten und Drähten, damit die Ruten nicht umfallen und damit eine Durchlüftung garantiert ist.

Treiben Sie dazu alle 1–2 m kräftige Stützen in die Erde und spannen Sie in 10–15 cm Abstand Drähte dazwischen. Die Ruten von Herbsthimbeeren, die ihre Früchte an neuem Wuchs ansetzen, werden einfach als lockerer Fächer an die Drähte gebunden.

Im Sommer fruchtende Himbeeren und Brombeeren setzen dagegen an vorjährigem Wuchs Beeren an. Die neuen Ruten von Sommerhimbeeren werden locker angebunden, damit sie nicht die älteren, fruchtenden Ruten behindern. Brombeeren sind in der Regel wüchsiger; je nachdem, wie flexibel sie sind, biegt man sie im ersten Jahr nach dem Pflanzen entweder über oder flicht sie in die Drähte.

Im Jahr darauf lässt man die neuen Ruten aufrecht wachsen und bindet sie in lockeren Bündeln an die Drähte. Die alten Ruten werden nach dem Fruchten zurückgeschnitten während man die gebündelten jungen Ruten löst, gleichmäßig verteilt und als Ersatz anbindet. Sie fruchten im darauffolgenden Jahr.

Himbeeren und Brombeeren werden oft an gespannte Drähten kultiviert. Sobald neue Ruten den obersten Draht erreichen, biegt man sie nach unten und bindet sie an, damit sie im Winter nicht vom Wind beschädigt werden.

Äpfel
Malus domestica
■ **Schnitt: überwiegend im Winter, ggf. auch im Sommer**

Äpfel werden meist auf schwach wachsende Unterlagen veredelt. Manche tragen ihre Früchte am Ende vorjähriger Langtriebe, die meisten aber fruchten an Kurztrieben, also den Seitentrieben mindestens zweijähriger Zweige. Beide Formen werden hauptsächlich im Winter geschnitten. Frei stehende Bäume befreit man von beschädigtem und verdichtetem Wuchs. An Formen, die an den Spitzen von längeren Trieben fruchten, entfernt man einige ältere Zweige, damit sich Ersatz bildet. Bei Formen, die an Kurztrieben fruchten, kürzt man lange, waagerechte Zweige ein, damit sie als spätere Fruchtäste stabiler sind. Entfernen Sie nach innen und steil nach oben wachsende Triebe sowie altes herabhängendes Fruchtholz. An Kordons werden neue Triebe im Sommer gekürzt, verdichtete Kurztriebe im Winter ausgedünnt und neuer Wuchs am Hauptstamm im Frühjahr auf eine schwache Knospe zurückgenommen.

AUF EINEN BLICK

BLÜTEZEIT Frühjahr.

ERNTE Je nach Sorte im Sommer oder Herbst.

WINTERHÄRTE Völlig winterhart.

HÖHE UND BREITE Je nach Unterlage und Erziehung 4 m x 4 m.

ERZIEHUNGSSCHNITT Äpfel können als Halbstämme, Büsche, Kordons oder Spaliere erzogen werden.

LAUFENDE PFLEGE Schneiden Sie überwiegend im Winter, wüchsige Sorten zudem im Sommer. Ein starker Rückschnitt alter Äste führt zur Bildung von Wassertrieben.

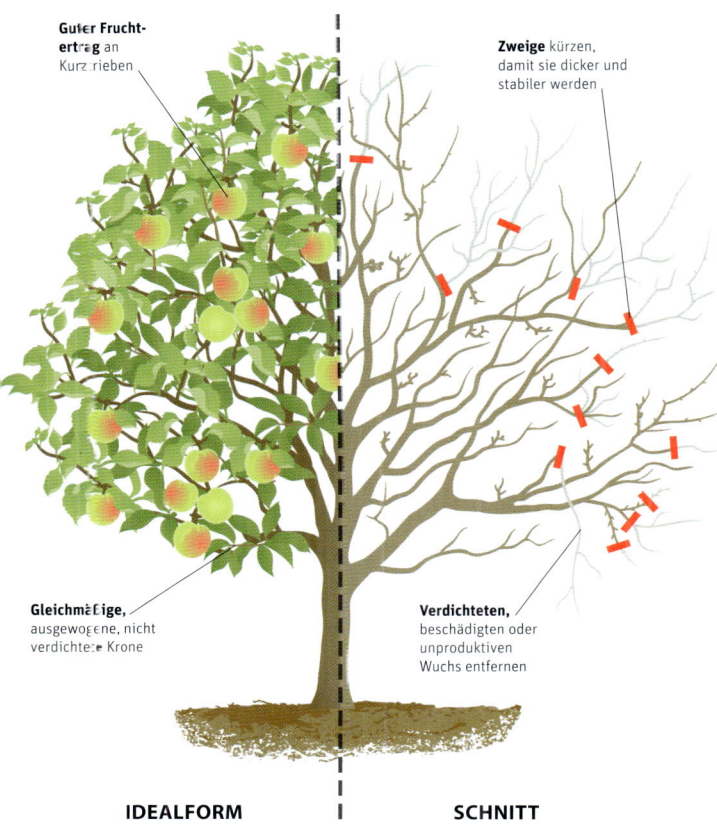

Guter Frucht-ertrag an Kurztrieben

Zweige kürzen, damit sie dicker und stabiler werden

Gleichmäßige, ausgewogene, nicht verdichtete Krone

Verdichteten, beschädigten oder unproduktiven Wuchs entfernen

IDEALFORM

SCHNITT

Birnen

Pyrus communis

■ **Schnitt: im Winter und Sommer**

Birnen werden meist auf schwach wachsende Unterlagen veredelt und als kleine Bäume, Büsche, Fächer oder Kordons gezogen. Sie fruchten in langen, heißen Sommern am besten; in rauen Lagen ist eine Erziehung an Wänden ideal. Die meisten Formen fruchten an Kurztrieben, die an mindestens zweijährigen Seitentrieben stehen. Schneiden Sie ältere Birnbäume zweimal im Jahr. Im Winter wird überkreuztes, verdichtetes und aufrechtes Holz herausgenommen, um die Wuchsform zu erhalten. Ältere Äste kann man bis zum Stamm zurückschneiden – aus schlafenden Knospen bilden sich Ersatztriebe. Dünnen Sie verdichtete Kurztriebe aus. Im Sommer kürzt man neuen Wuchs an Leitästen ein. Außerdem werden fruchtende Kurztriebe gekürzt, sodass sie noch drei Blätter über dem Fruchtbündel behalten. Schneiden Sie neue, nicht fruchtende Seitentriebe auf ein Blatt über der Blattrosette am Ansatz zurück.

AUF EINEN BLICK

BLÜTEZEIT Frühjahr.

ERNTE Im Spätsommer und Herbst, solange die Früchte noch hart sind.

WINTERHÄRTE Völlig winterhart.

HÖHE UND BREITE Je nach Unterlage und Erziehung 4 m x 4 m.

ERZIEHUNGSSCHNITT Frei stehende Pflanzen werden als Pyramide, Busch oder Hochstamm erzogen. An Drähten sieht man häufig Kordon- oder Spaliererziehung.

LAUFENDE PFLEGE Schneiden Sie überwiegend im Winter. Zu dicht stehende Früchte werden im Sommer ausgedünnt.

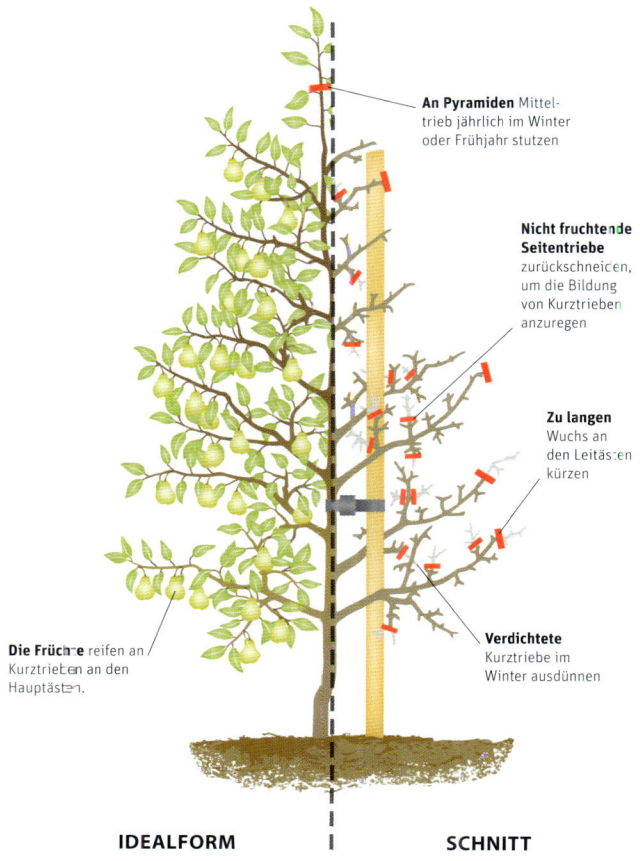

An Pyramiden Mittel-
trieb jährlich im Winter
oder Frühjahr stutzen

**Nicht fruchtende
Seitentriebe**
zurückschneiden,
um die Bildung
von Kurztrieben
anzuregen

Zu langen
Wuchs an
den Leitästen
kürzen

Verdichtete
Kurztriebe im
Winter ausdünnen

Die Früchte reifen an
Kurztrieben an den
Hauptästen.

IDEALFORM

SCHNITT

Pflaumen

Prunus domestica

■ **Schnitt: bei warmem Wetter im Frühjahr oder Sommer**

Pflaumen sind sommergrüne Bäume oder Sträucher, die in der Regel als frei stehende Büsche oder kleine Bäume kultiviert werden. Sie fruchten an mindestens zweijährigen Zweigen, die sich unter dem Gewicht oft biegen. Beste Ergebnisse erzielt man, wenn man die Früchte im Frühsommer ausdünnt.

Geschnitten werden sie an warmen, trockenen Tagen im Frühjahr und Sommer, um das Risiko einer Infektion zu verringern. Hat das Gehölz erst einmal seine endgültige Form, schneidet man nur noch verdichteten Wuchs in der Krone heraus, selbst wenn er fruchtet. Lichten Sie unreife Früchte aus, die sich bei Reife berühren werden oder keine Sonne bekommen. An alten Exemplaren müssen die unteren Äste oft gestützt werden, damit sie unter dem Gewicht der Früchte nicht zum Boden hängen oder brechen und große Wunden hinterlassen.

AUF EINEN BLICK

BLÜTEZEIT Frühjahr.

ERNTE In der zweiten Sommerhälfte nach dem Ausreifen der Früchte.

WINTERHÄRTE Völlig winterhart.

HÖHE UND BREITE 4 m x 4 m; bei Drahterziehung auch weniger.

ERZIEHUNGSSCHNITT Ziehen Sie frei stehende Exemplare als Baum oder Busch, an Drähten erzogene als Fächer.

LAUFENDE PFLEGE Zweige und Früchte werden bei Bedarf im Sommer ausgedünnt. An Fächern entfernt man ältere Zweige und bindet frischen Wuchs als Ersatz an.

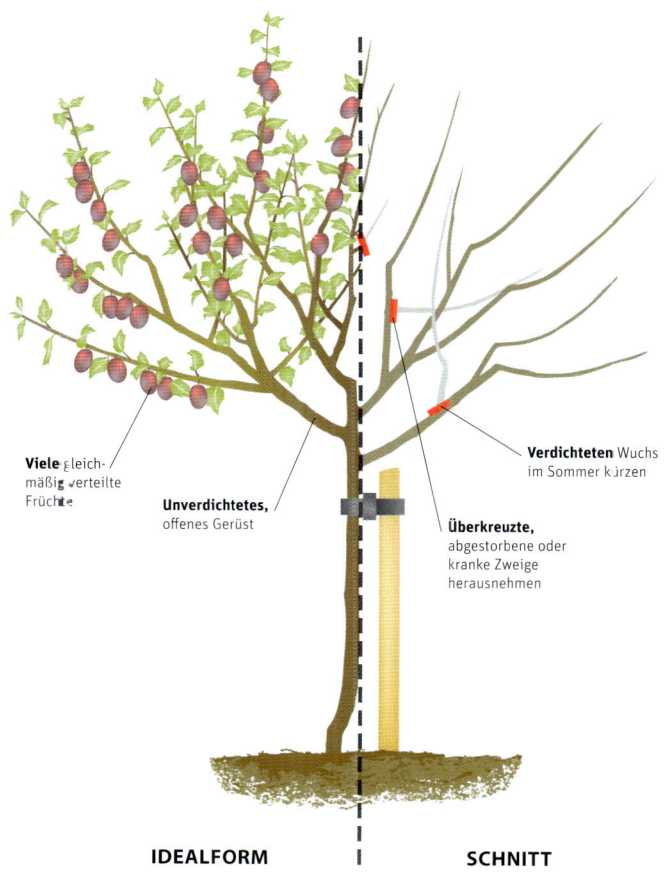

Viele gleich-
mäßig verteilte
Früchte

Unverdichtetes,
offenes Gerüst

Verdichteten Wuchs
im Sommer kürzen

Überkreuzte,
abgestorbene oder
kranke Zweige
herausnehmen

IDEALFORM

SCHNITT

Süßkirschen
Prunus avium
■ **Schnitt: bei mildem, trockenem Wetter im Frühjahr oder Sommer**

Kirschbäume können zu stattlichen Bäumen heranwachsen, in Kleingärten aber lassen sie sich auf schwach wachsende Unterlagen veredeln und als Halbstamm, Busch, Pyramide oder Fächer erziehen. Ist nur Platz für ein einziges Exemplar, wählt man eine selbstbestäubende Sorte.

In den ersten beiden Jahren werden frei stehende Bäume so geschnitten, dass eine Krone mit offener Mitte und ausgewogenem Gerüst entsteht. Kirschen fruchten an mindestens zweijährigem Holz, weshalb man danach nur noch minimal schneiden sollte. Ältere Bäume kann man von schwach fruchtenden Zweigen befreien, um die Krone etwas zu öffnen. Fächer werden oft fertig erzogen im Handel angeboten, müssen aber regelmäßig geschnitten werden. Entfernen Sie alten, unproduktiven Wuchs und binden Sie wüchsige Ersatztriebe an. Seitentriebe werden auf 5–6 Blätter, nach der Ernte auf drei Blätter zurückgeschnitten.

Gleichmäßig verteilte Äste

IDEALFORM

AUF EINEN BLICK

BLÜTEZEIT Frühjahr.

ERNTE Im Sommer bei Vollreife.

WINTERHÄRTE Völlig winterhart.

HÖHE UND BREITE 4 m x 4 m, auf schwach wachsenden Unterlagen oder bei Drahterziehung auch weniger.

ERZIEHUNGSSCHNITT Schneiden Sie frei stehende Exemplare so, dass ein mindestens 75 cm hoher Stamm entsteht.

LAUFENDE PFLEGE Nicht fruchtenden neuen Wuchs im Sommer kürzen. An Fächern verdichteten Wuchs ausdünnen und neue Triebe kürzen, um das Gerüst zu erhalten.

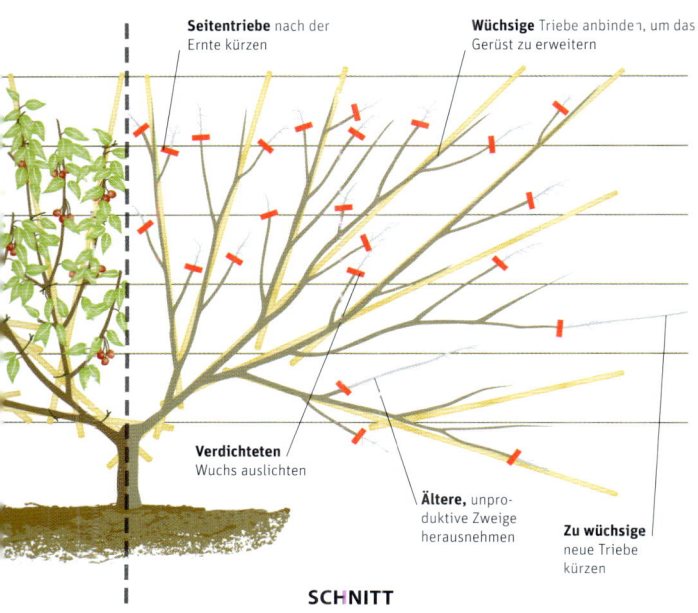

Seitentriebe nach der Ernte kürzen

Wüchsige Triebe anbinden, um das Gerüst zu erweitern

Verdichteten Wuchs auslichten

Ältere, unproduktive Zweige herausnehmen

Zu wüchsige neue Triebe kürzen

SCHNITT

Sauerkirschen
Prunus cerasus

■ **Schnitt: bei trockener Witterung im Frühjahr oder Sommer**

Frisch genossen schmecken Sauerkirschen sehr säuerlich, doch eingemacht sind sie hervorragend. Sie fruchten im Gegensatz zu Süßkirschen nur an einjährigem Holz und werden entsprechend geschnitten. Sämtliche Arbeiten führt man bei trockenem Wetter im Frühjahr und Sommer durch, da die Wunden in dieser Zeit schneller heilen.

In den ersten Jahren schafft man einen Baum mit offener Mitte und ausgewogenem Gerüst. Später nimmt man unproduktive Zweige bis auf geeignete Seitenäste zurück und entfernt verdichteten Wuchs. Nach der Ernte werden überlange Zweige gekürzt und die restlichen nach Bedarf ausgedünnt, wobei man aber zurückhaltend vorgeht. Fächer werden im Frühjahr von ungünstig stehendem Wuchs und älteren Zweigen befreit, die im Vorjahr nicht gut gewachsen sind. Nach der Ernte entfernt man ältere Zweige, sofern frischer Wuchs als Ersatz vorhanden ist.

AUF EINEN BLICK

BLÜTEZEIT Frühjahr.

ERNTE Im Sommer bei Vollreife.

WINTERHÄRTE Völlig winterhart.

HÖHE UND BREITE Bis 4 m x 4 m, auf schwach wachsenden Unterlagen auch weniger. Fächer bleiben kleiner.

ERZIEHUNGSSCHNITT Schneiden Sie einen Halbstamm oder Busch so, dass ein 75 cm hoher unbeasteter Stamm entsteht, oder erziehen Sie einen Fächer mit kurzem Stamm.

LAUFENDE PFLEGE Dünnen Sie im Sommer etwas aus und entfernen Sie unproduktive und ungünstig stehende Zweige.

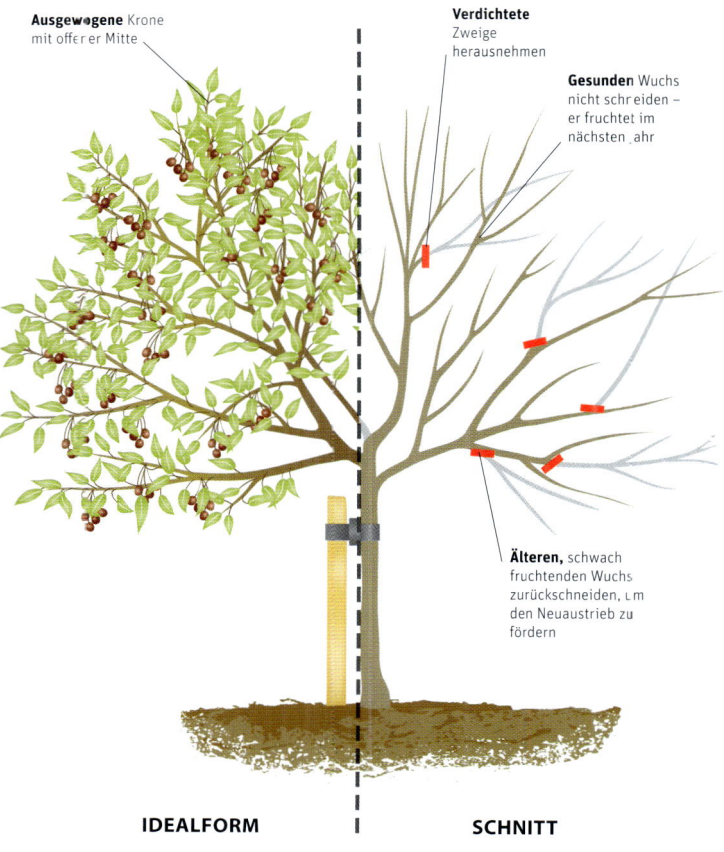

Ausgewogene Krone
mit offener Mitte

Verdichtete
Zweige
herausnehmen

Gesunden Wuchs
nicht schneiden –
er fruchtet im
nächsten Jahr

Älteren, schwach
fruchtenden Wuchs
zurückschneiden, um
den Neuaustrieb zu
fördern

IDEALFORM

SCHNITT

Pfirsiche und Nektarinen
Prunus persica

■ **Schnitt: im Sommer bei trockener Witterung**

Pfirsiche und Nektarinen sind eng verwandt und werden deshalb auf die gleiche Weise geschnitten und erzogen. Je nach Sorte haben Pfirsiche weißes oder gelbes Fleisch – von der typisch samtigen Haut aber sind sie alle umhüllt. Manche Pfirsichbäume wachsen zwergig und eignen sich für Kleingärten und Gefäße. Nektarinen ähneln Pfirsichen, sind aber etwas kleiner und glattschalig. Sie reifen nur in langen, warmen Sommern voll aus. In kühleren Lagen erzieht man sie an einer Wand.

Lichten Sie die Krone aus, damit sie eine offene Mitte bekommt – vorzugsweise an trockenen Tagen im Sommer. An Spalierpflanzen kürzt man neuen Wuchs, der den Früchten die Sonne nimmt; nach der Ernte schneidet man auch Fruchttriebe zurück und bindet Ersatztriebe an. Entfernen und verbrennen Sie Laub, das von der Kräuselkrankheit befallen ist, sobald es im zeitigen Frühjahr auftaucht.

■ **AUF EINEN BLICK**

BLÜTEZEIT Erste Frühjahrshälfte.

ERNTE In der zweiten Sommerhälfte.

WINTERHÄRTE Völlig winterhart, aber die Blüten sind in rauen Lagen frostgefährdet.

HÖHE UND BREITE 6 m x 5 m, bei Drahterziehung auch weniger.

ERZIEHUNGSSCHNITT Erziehen Sie frei stehende Gehölze mit offener Krone und bis zu zehn Leitästen. Erziehung als Fächer oder Spalier ist möglich.

LAUFENDE PFLEGE Dünnen Sie dichten Wuchs und Früchte etwas aus. An Fächern werden Fruchttriebe gekürzt und ersetzt.

Früchte bei Bedarf ausdünnen

In der Mitte offene Krone mit bis zu zehn Leitästen

Dünnen, unproduktiven Wuchs entfernen

Verdichteten Wuchs auslichten

IDEALFORM

SCHNITT

Aprikosen
Prunus armeniaca
■ **Schnitt: im Frühjahr**

Aprikosen sind sommergrüne Bäume mit schöner Blüte und ovalen, orangegelben Früchten, die einen köstlichen Geschmack haben, aber nur in langen, heißen Sommern voll ausreifen. In kühleren Regionen zieht man die Gehölze am besten an Wänden, doch brauchen die Blüten auch dort oft Schutz vor Spätfrösten. Im Handel sind auch Zwergformen für Kübel erhältlich.

Geschnitten und erzogen werden junge Bäume am besten im Frühjahr. Für einen Busch oder Baum behält man 3–4 Leitäste und schafft über einem unbeasteten, mindestens 75 cm hohen Stamm eine Krone mit offener Mitte. In milden Gegenden, wo Aprikosen reichlich fruchten, werden die Früchte ausgedünnt.

Möglich ist auch eine Erziehung als Fächer an horizontalen Drähten. Ältere Fächer befreit man von laubreichem Wuchs, der den Früchten im Sommer die Sonne nimmt. Nach der Ernte schneidet man Fruchttriebe zurück und bindet geeigneten Ersatz an.

Ausgewogener Fruchtbesatz, der an der Pflanze ausreifen darf

Fächer mit gleichmäßigem Astgerüst an horizontalen Drähten

IDEALFORM

AUF EINEN BLICK

BLÜTEZEIT Spätwinter bis Frühjahr.

ERNTE m Spätsommer bei Vollreife.

WINTERHÄRTE Völlig winterhart, aber die Blüten sind anfällig für Spätfröste.

HÖHE UND BREITE 6 m x 6 m; Zwerg-formen ⊃eiben kleiner.

ERZIEHUNGSSCHNITT Erziehen Sie frei stehende Bäume mit 3–4 Leitästen, auch Fächer an gespannten Drähten sind möglich.

LAUFENDE PFLEGE Entfernen Sie unpro-duktiven Wuchs und dünnen Sie Zweige aus, damit reifende Früchte Sonne bekommen. Fächer: Fruchttriebe kürzen und Ersatz anbinden.

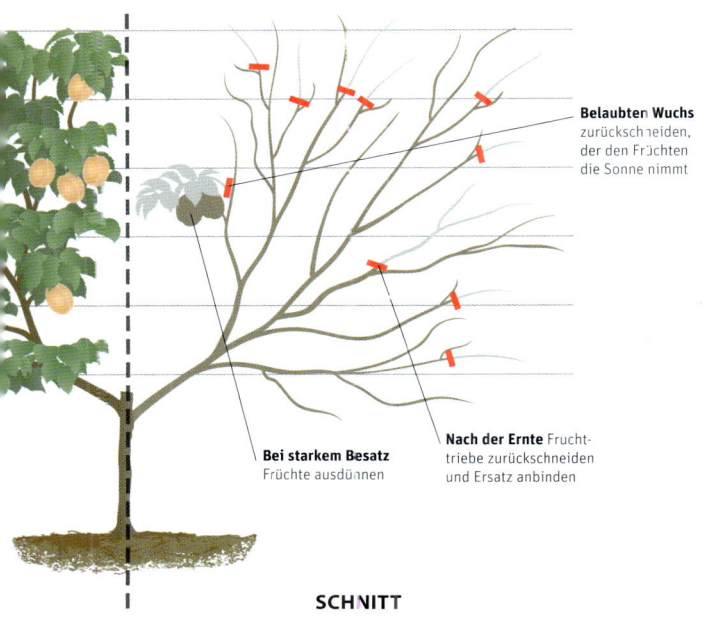

Belaubten Wuchs zurückschneiden, der den Früchten die Sonne nimmt

Bei starkem Besatz Früchte ausdünnen

Nach der Ernte Frucht-triebe zurückschneiden und Ersatz anbinden

SCHNITT

Feigen
Ficus carica

■ **Schnitt: im Spätwinter und Sommer**

Feigen fruchten am besten, wenn man sie in Kübel oder gemauerte »Feigengruben« setzt, denn wird es den Wurzeln eng, lenkt die Pflanze die Energie in die Fruchtproduktion. Bei den Früchten handelt es sich in Wirklichkeit um Blütenstände, die mit vielen winzigen weiblichen Blüten gefüllt sind. Winterhart sind Feigen nur in mildem Klima. Im Mittelmeerraum tragen sie jedes Jahr zwei- oder dreimal Früchte, in unseren Breiten aber reift nur eine Ernte voll aus. Die Früchte entwickeln sich zum Ende der Saison, überwintern und reifen im nächsten Jahr. Im Sommer entfernt man neu entstehende Früchte, denn sie haben keine Zeit mehr auszureifen. Gleichzeitig schneidet man laubreichen Wuchs zurück, der den reifenden Früchten die Sonne nimmt. Geschnitten wird im Spätwinter, da im Sommer die Wunden »bluten«. Entfernen Sie an Wandexemplaren ältere Äste und binden Sie Ersatz an.

AUF EINEN BLICK

BLÜTEZEIT Mehrmals während der Vegetationsperiode.

ERNTE Je nach Klima im späten Frühjahr oder im Spätsommer und Herbst.

WINTERHÄRTE Die Pflanzen erfrieren unter −15 °C und eignen sich daher nur für milde Regionen. Neue Züchtungen sind robuster.

HÖHE UND BREITE 3 m x 4 m, im Kübel oder an Drähten kleiner.

ERZIEHUNGSSCHNITT Schneiden Sie die Gehölze so, dass eine offene Mitte entsteht. An Drähten bindet man wüchsige Triebe an.

LAUFENDE PFLEGE Nehmen Sie ältere, unproduktive Zweige heraus.

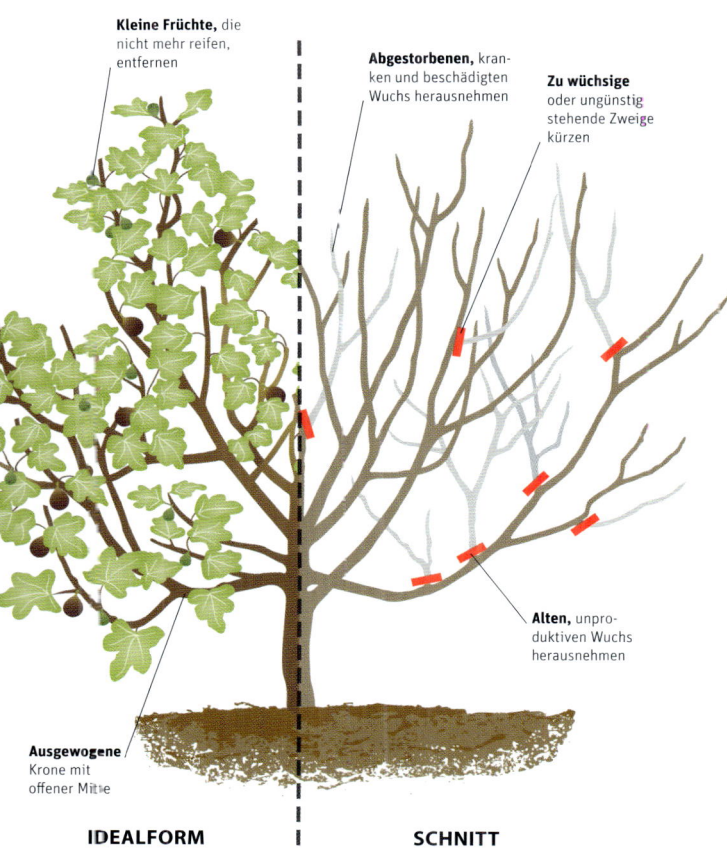

Kleine Früchte, die nicht mehr reifen, entfernen

Abgestorbenen, kranken und beschädigten Wuchs herausnehmen

Zu wüchsige oder ungünstig stehende Zweige kürzen

Alten, unproduktiven Wuchs herausnehmen

Ausgewogene Krone mit offener Mitte

IDEALFORM

SCHNITT

Zitrusfrüchte
Arten und Hybriden

■ **Schnitt: im Spätwinter und zeitigen Frühjahr**

Zu den Zitrusfrüchten werden Zitronen, Limetten, Orangen, Bitterorangen, Grapefruits und andere Hybriden gezählt. Es sind je nach Züchtung unterschiedlich große immergrüne Bäume, die im Jahreslauf mehrmals blühen. Auch die Früchte können zu jeder Zeit reifen, brauchen dazu aber bis zu neun Monate, sodass sie oft gleichzeitig mit der nächsten Blüte erscheinen. Die Pflanzen fruchten nur in warmen Klimazonen verlässlich.

Bäume müssen kaum geschnitten werden, doch kann man die Triebe von Jungpflanzen im Spätwinter und zeitigen Frühjahr kürzen, um einen buschigen Wuchs zu fördern. Entfernen Sie außerdem die unteren Äste an Formen mit schweren Früchten, denn zur Fruchtzeit hängen die Äste bis zum Boden und dort faulen die Früchte dann. Zwergformen von Clementinen, Mandarinen, Satsumas und Tangerinen müssen kaum geschnitten werden.

AUF EINEN BLICK

BLÜTEZEIT Vorwiegend im Frühjahr und Sommer, aber auch zu anderen Jahreszeiten.

ERNTE Je nach Klima und Form ganzjährig.

WINTERHÄRTE Nicht winterhart; möglich ist nur Kultur im Gewächshaus oder als Zimmer- bzw. Wintergartenpflanze.

HÖHE UND BREITE 5 m x 5 m; in Töpfen kleiner. Von manchen gibt es Zwergsorten.

ERZIEHUNGSSCHNITT Schneiden Sie so, dass ein 30 cm hoher Stamm mit buschiger Krone entsteht.

LAUFENDE PFLEGE Begrenzen Sie den Ausdehnungsdrang, falls nötig.

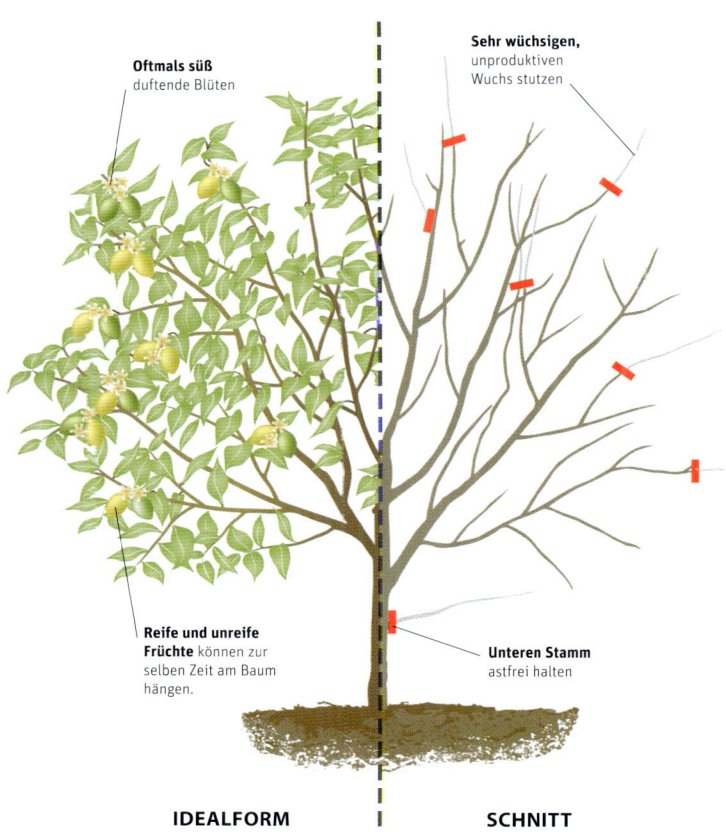

Oftmals süß
duftende Blüten

Sehr wüchsigen,
unproduktiven
Wuchs stutzen

**Reife und unreife
Früchte** können zur
selben Zeit am Baum
hängen.

Unteren Stamm
astfrei halten

IDEALFORM

SCHNITT

Oliven
Olea europea
■ **Schnitt: im Herbst und Winter nach der Ernte**

Olivenbäume sind langsam wachsende, außergewöhnlich langlebige Gehölze. Alte Exemplare entwickeln dicke, knorrige Stämme mit rundlicher bis ausladender Krone. Sie fruchten nur in warmen Klimazonen mit langen, heißen, trockenen Sommern verlässlich, brauchen aber im Winter auch eine Kälteperiode. In unseren Breiten werden sie eher wegen der derben, graugrünen, unterseits silbrigen Blätter und des knorrigen Stamms als Ziergehölze in Kübeln gezogen. Sie blühen zwar, tragen aber keine essbaren Früchte.

Man kann Oliven mehrstämmig oder als Hochstamm ziehen. Hochstämme werden im Sommer etwas gestutzt, um die Silhouette der Krone zu verbessern. Mehrstämmige Exemplare erhält man, wenn man den Leittrieb von Jungpflanzen einkürzt. Nach dem Einwachsen schneidet man Zweige nur noch leicht nach der Ernte im Spätherbst und Winter zurück, um einen kompakten Wuchs zu erreichen.

AUF EINEN BLICK

BLÜTEZEIT Zeitiges Frühjahr.

ERNTE Spätherbst bis Winter. Die Früchte lassen sich in Öl oder Salzlake einlegen.

WINTERHÄRTE Ältere Bäume vertragen durchaus einige Minustemperaturen.

HÖHE UND BREITE 10 m x 10 m, geschnitten weniger.

ERZIEHUNGSSCHNITT Man kann die Bäume ein- oder mehrstämmig ziehen.

LAUFENDE PFLEGE Nach der Ernte wird der Wuchs etwas eingekürzt.

Durch Kürzen des Leittriebs an Jungpflanzen erreicht man eine verzweigte Krone.

Triebe nach der Ernte leicht kürzen, um einen buschigen Wuchs zu fördern

Schöne Silhouette mit einer Krone aus graugrünen, dekorativen Blättern

Hochstämme im Sommer in Form bringen

IDEALFORM

SCHNITT

Sommerhimbeeren
Rubus idaeus
■ **Schnitt: im Spätsommer nach der Ernte**

Sommerhimbeeren blühen und fruchten an Ruten vom Vorjahr, weshalb sie erst im zweiten Jahr nach dem Pflanzen Beeren tragen. Sie gedeihen am besten an geschützten Standorten, ein jährlicher Schnitt sichert den Ertrag.

Im Sommer fruchtende Formen bilden höhere Ruten als Herbsthimbeeren und müssen gestützt werden. Man kann sie an Drähten ziehen, die in einem Abstand von 10 cm zwischen Pfosten gespannt sind. Die Pflanzen werden in Abständen von 50 cm gesetzt. Wenn neue Ruten austreiben, befestigt man sie locker an den Drähten. Wachsen sie über den obersten Draht hinaus, biegt man sie zur Seite und bindet sie an, damit sie nicht vom Wind beschädigt werden. Nach der ersten Ernte schneidet man alle älteren Ruten, die Beeren getragen haben, bis zum Boden zurück. Die restlichen Ruten bindet man in lockeren Abständen an die Drähte.

AUF EINEN BLICK

BLÜTEZEIT Frühjahr.

ERNTE Im Hochsommer.

WINTERHÄRTE Völlig winterhart.

HÖHE UND BREITE Etwa 1,5 m x 1 m.

ERZIEHUNGSSCHNITT Kürzen Sie alle Ruten nach dem Pflanzen.

LAUFENDE PFLEGE Schneiden Sie alle abgeernteten Ruten bis zum Boden zurück.

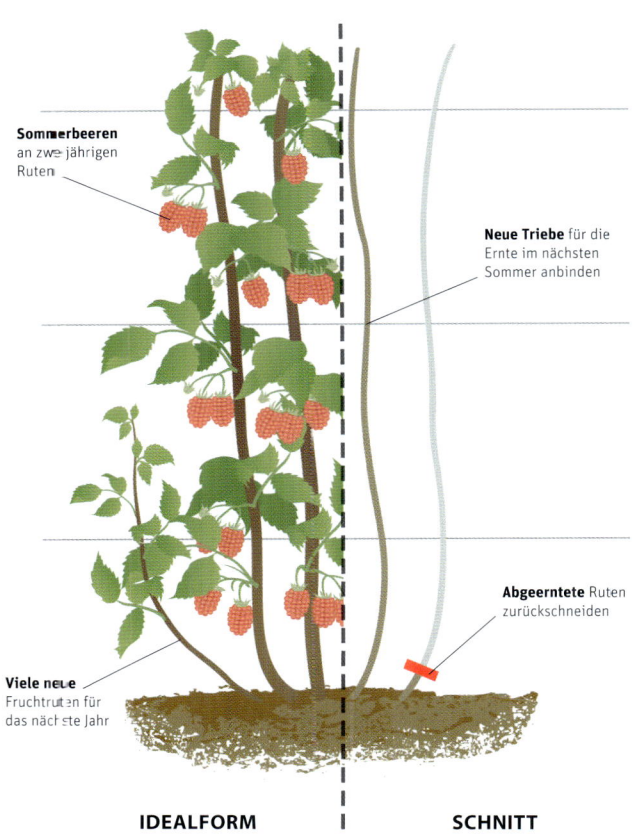

Sommerbeeren an zweijährigen Ruten

Neue Triebe für die Ernte im nächsten Sommer anbinden

Abgeerntete Ruten zurückschneiden

Viele neue Fruchtruten für das nächste Jahr

IDEALFORM

SCHNITT

Herbsthimbeeren
Rubus idaeus
■ **Schnitt: im Frühjahr**

Herbsthimbeeren fruchten am diesjährigen Holz – bisweilen sogar schon im ersten Pflanzjahr. Sie können in sehr geschützten Gärten ohne Stütze wachsen, in der Regel aber sind sie an horizontal gespannten Drähten besser aufgehoben. Sie fruchten länger als Sommerhimbeeren (siehe S. 458–459) – mitunter sogar bis zum ersten Frost.

Am Ende des ersten Winters nach dem Pflanzen schneidet man alle Triebe bis zum Boden zurück. Im zeitigen Frühjahr treiben neue Ruten aus. Falls sie sehr weich sind, bevor sie den untersten Draht erreichen, bindet man sie locker mit einer Schnur an, damit sie aufrecht bleiben. Mit zunehmendem Längenwachstum fixiert man sie sukzessive an den Drähten. In den folgenden Jahren kann man sie im Winter stehen lassen, im Frühjahr werden sie aber bis zum Boden zurückgeschnitten. Ausgegrabene Ausläufer können als neue Pflanzen verwendet werden.

AUF EINEN BLICK

BLÜTEZEIT Frühjahr.

ERNTE Im Herbst.

WINTERHÄRTE Völlig winterhart.

HÖHE UND BREITE Etwa 1,5 m x 1 m.

ERZIEHUNGSSCHNITT Schneiden Sie alle Triebe im ersten Winter nach dem Pflanzen bis zum Boden zurück.

LAUFENDE PFLEGE Schneiden Sie den gesamten Wuchs jährlich im Frühjahr bis zum Boden zurück.

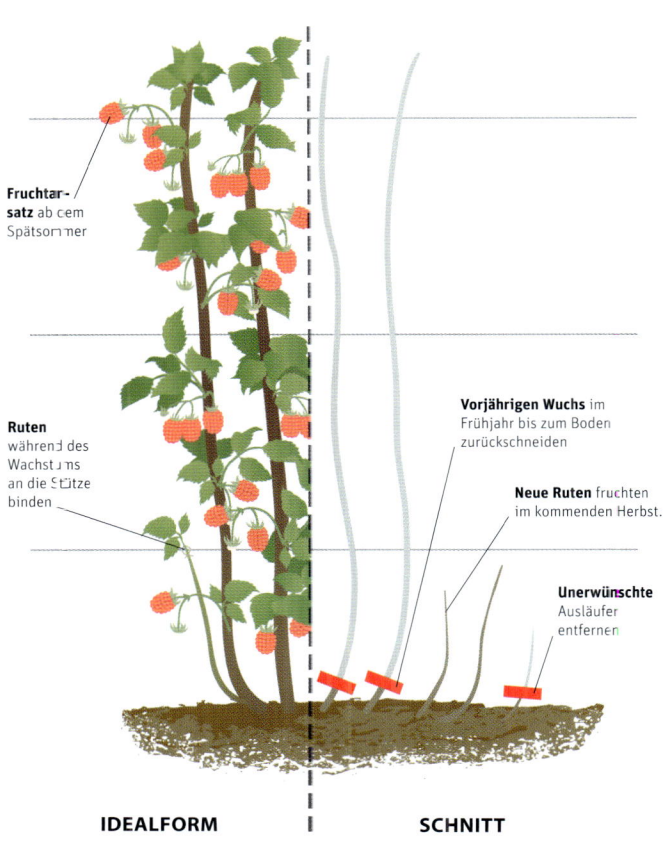

Fruchtansatz ab dem Spätsommer

Ruten während des Wachstums an die Stütze binden

Vorjährigen Wuchs im Frühjahr bis zum Boden zurückschneiden

Neue Ruten fruchten im kommenden Herbst.

Unerwünschte Ausläufer entfernen

IDEALFORM   **SCHNITT**

Brombeeren und Hybridbeeren
Rubus fruticosus; *Rubus*-Hybriden
■ **Schnitt: im Spätsommer und Herbst nach der Ernte**

Brombeeren sind saftige Früchte, die man in Europa oft wild in Wäldern und Hecken antrifft. Inzwischen wurden viele Hybriden mit größeren Früchten gezüchtet – meist handelt es sich um Brombeer-Himbeer-Kreuzungen. Sie verlängern die Beerensaison bis in den Herbst hinein und kommen auch mit kühlen, feuchten Klimaten mit hohen sommerlichen Niederschlägen gut zurecht.

Die Pflanzen werden am besten an gespannten Drähten gezogen. Kürzen Sie die Ruten nach dem Einpflanzen. Sie fruchten erst im zweiten Jahr. Wenn sie länger werden, flicht man sie in die Drähte und zieht sie möglichst waagerecht. Im nächsten Jahr lässt man neue Ruten aufrecht wachsen und bindet sie locker an die oberen Drähte. Nach der Ernte schneidet man ältere, horizontal gezogene Ruten bis zum Ansatz zurück, bindet die neuen los und flicht sie anstelle der alten an die Drähte.

AUF EINEN BLICK

BLÜTEZEIT Spätes Frühjahr.

ERNTE Im Spätsommer und Herbst.

WINTERHÄRTE Völlig winterhart.

HÖHE UND BREITE Etwa 1,5 m x 1,5 m.

ERZIEHUNGSSCHNITT Kürzen Sie alle Ruten nach dem Pflanzen.

LAUFENDE PFLEGE Schneiden Sie abgeerntete Ruten bis zum Boden zurück.

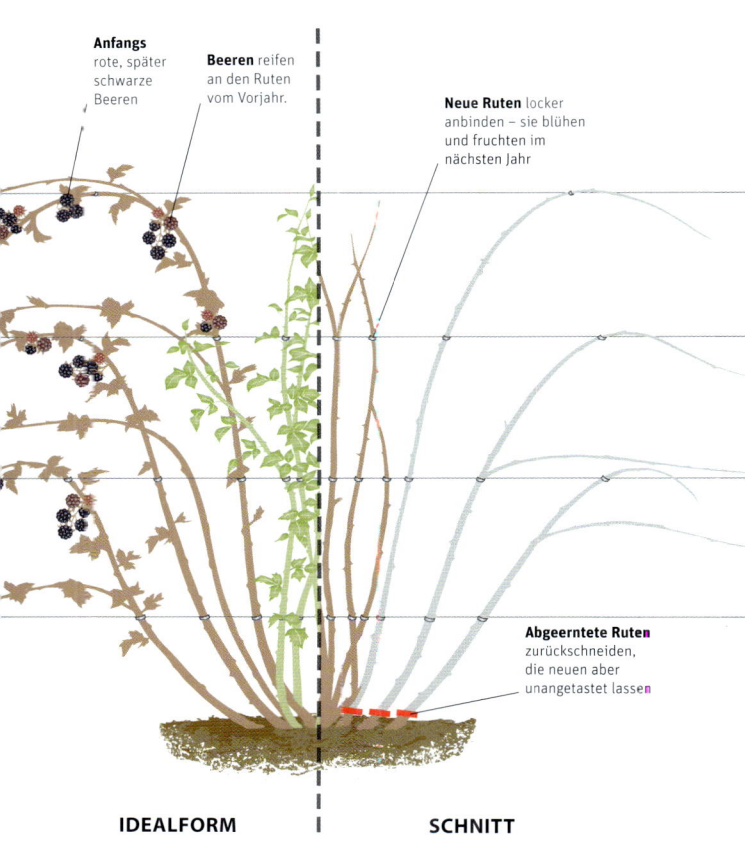

Anfangs rote, später schwarze Beeren

Beeren reifen an den Ruten vom Vorjahr.

Neue Ruten locker anbinden – sie blühen und fruchten im nächsten Jahr

Abgeerntete Ruten zurückschneiden, die neuen aber unangetastet lassen

IDEALFORM

SCHNITT

Schwarze Johannisbeeren
Ribes nigrum
■ **Schnitt: in der zweiten Winterhälfte**

Schwarze Johannisbeeren sind eine gute Vitamin-C-Quelle. Die runden, schwarzen Früchte haben einen säuerlichen Geschmack und reifen an sommergrünen Sträuchern mit dünnen Zweigen, die von einem jährlichen Schnitt profitieren. Die Pflanzen bevorzugen nährstoffreiche Böden, sind aber zäh und kommen mit allerlei Bedingungen zurecht.

Pflanzen Sie die Gehölze etwas tiefer als im ursprünglichen Topf, um sie zu mehrstämmigem Wuchs anzuregen. Danach werden alle Triebe bis 10 cm über dem Boden zurückgeschnitten. Sie fruchten im ersten Jahr nicht. Im darauffolgenden Winter entfernt man dünnen, unproduktiven Wuchs und lichtet die Mitte des Buschs aus – was nicht geschnitten wird, blüht und fruchtet im kommenden Jahr. Ab dann wird in der zweiten Winterhälfte immer ein Drittel der fruchtenden Triebe herausgenommen.

AUF EINEN BLICK

BLÜTEZEIT Frühjahrsmitte.

ERNTE Im Sommer.

WINTERHÄRTE Völlig winterhart.

HÖHE UND BREITE Etwa 1,2 m x 1,5 m.

ERZIEHUNGSSCHNITT
Schneiden Sie alle Triebe nach dem Pflanzen auf ein niedriges Gerüst zurück und lichten Sie die Mitte des Buschs aus.

LAUFENDE PFLEGE Jährlich werden einige der ältesten Zweige entfernt.

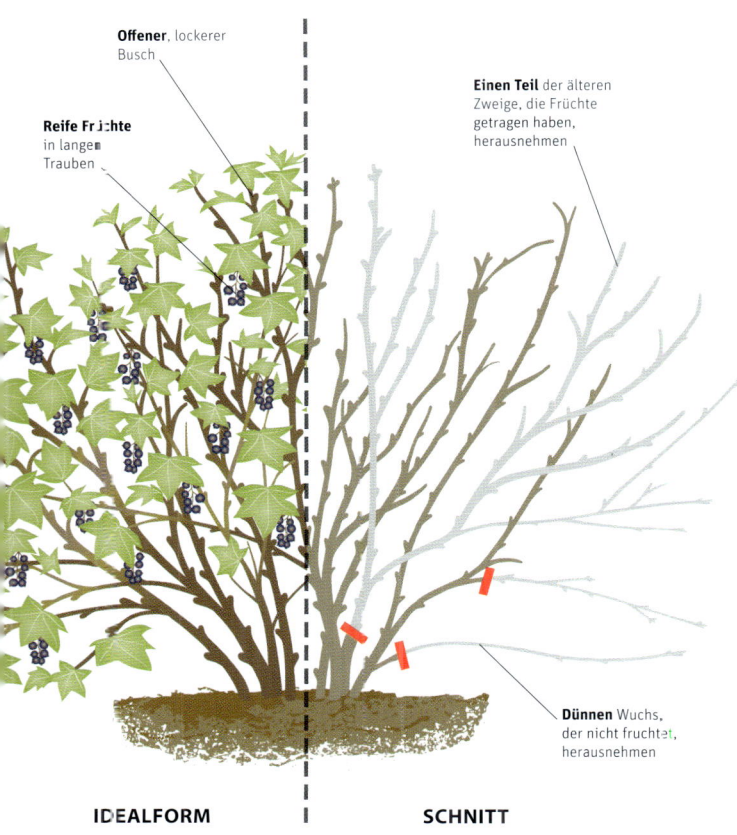

Offener, lockerer Busch

Reife Früchte in langen Trauben

Einen Teil der älteren Zweige, die Früchte getragen haben, herausnehmen

Dünnen Wuchs, der nicht fruchtet, herausnehmen

IDEALFORM

SCHNITT

Rote und Weiße Johannisbeeren
Ribes rubrum

■ **Schnitt: bei etablierten Pflanzen immer im Winter**

Weiße und Rote Johannisbeeren fruchten vor allem am zwei- und dreijährigen Holz. Beide sind sommergrüne Sträucher, die in Regionen mit kühlen Sommern gute Ernte bringen. Ein sorgsamer Schnitt erhöht den Ertrag.

Jungpflanzen sollten 3–4 kräftige Zweige an einem kurzen Stamm tragen. Im ersten Winter nach dem Pflanzen kürzt man sie um die Hälfte. Im Frühjahr und Sommer lässt man alles ungehindert wachsen; Blüten und Früchte gibt es noch keine. Im darauffolgenden Winter reduziert man die Zahl der neu gewachsenen Zweige auf 8–10, Ziel ist ein ausgewogener Busch mit offener Mitte. Die verbliebenen Zweige bilden das Hauptgerüst – ihre Seitentriebe tragen die Früchte. Jeden Winter werden von nun an alle Triebe am Hauptgerüst auf eine Knospe über dem Ansatz zurückgeschnitten. Ältere Äste, die nicht mehr gut fruchten, werden entfernt.

AUF EINEN BLICK

BLÜTEZEIT Frühjahr.

ERNTE Im Hochsommer.

WINTERHÄRTE Völlig winterhart.

HÖHE UND BREITE Ungefähr 2 m x 2 m.

ERZIEHUNGSSCHNITT Kürzen Sie kräftige Zweige nach dem Pflanzen um die Hälfte und schneiden Sie schwache ganz zurück.

LAUFENDE PFLEGE Schneiden Sie Seitentriebe, die im Vorjahr gefruchtet haben, auf eine Knospe zurück. Entfernen Sie ältere, unproduktive Äste aus dem Hauptgerüst.

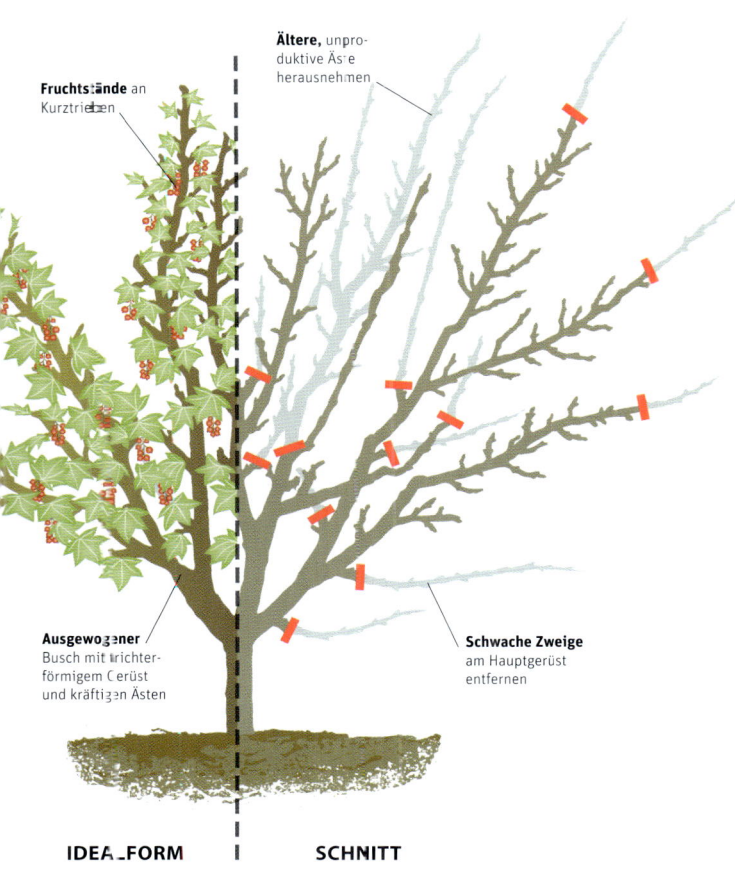

Ältere, unpro-
duktive Äste
herausnehmen

Fruchtstände an
Kurztrieben

Ausgewogener
Busch mit trichter-
förmigem Gerüst
und kräftigen Ästen

Schwache Zweige
am Hauptgerüst
entfernen

IDEALFORM | **SCHNITT**

Stachelbeeren
Ribes uva-crispa
■ **Schnitt: im Spätwinter**

Stachelbeerbüsche tragen durchscheinende, ovale, je nach Sorte häufig grüne, aber auch rote oder gelbe Beeren, die meistens zu sauer sind, um frisch verzehrt zu werden. Besonders gut fruchten die oft sehr dornigen Pflanzen in Gegenden mit kühlen Sommern.

Neu gesetzte Pflanzen werden im Spätwinter auf einen Strauch mit etwa 10 cm hohem Stamm zurückgeschnitten, wobei man 2–3 Zweige behält. Von den Trieben, die sich in der kommenden Saison daran bilden, behält man 8–10, aus denen man ein ausgewogenes Gerüst mit offener Mitte formt – sie tragen im nächsten Jahr die Früchte. An etablierten Pflanzen entfernt man jeden Winter ältere Zweige komplett. Wer auf größere Beeren Wert legt, dünnt die Früchte im späten Frühjahr oder Frühsommer um die Hälfte aus. Das verhindert auch eine Ausbreitung des Stachelbeermehltaus.

AUF EINEN BLICK

BLÜTEZEIT Frühjahr.

ERNTE Im Sommer.

WINTERHÄRTE Völlig winterhart.

HÖHE UND BREITE Etwa 1,8 m x 1,8 m.

ERZIEHUNGSSCHNITT Kürzen Sie die Triebe frisch gesetzter Büsche.

LAUFENDE PFLEGE Entfernen Sie im Winter ältere Zweige. Um ein System aus Kurztrieben zu entwickeln, kürzt man alle Seitentriebe, die gefruchtet haben, auf eine Knospe über dem Ansatz zurück.

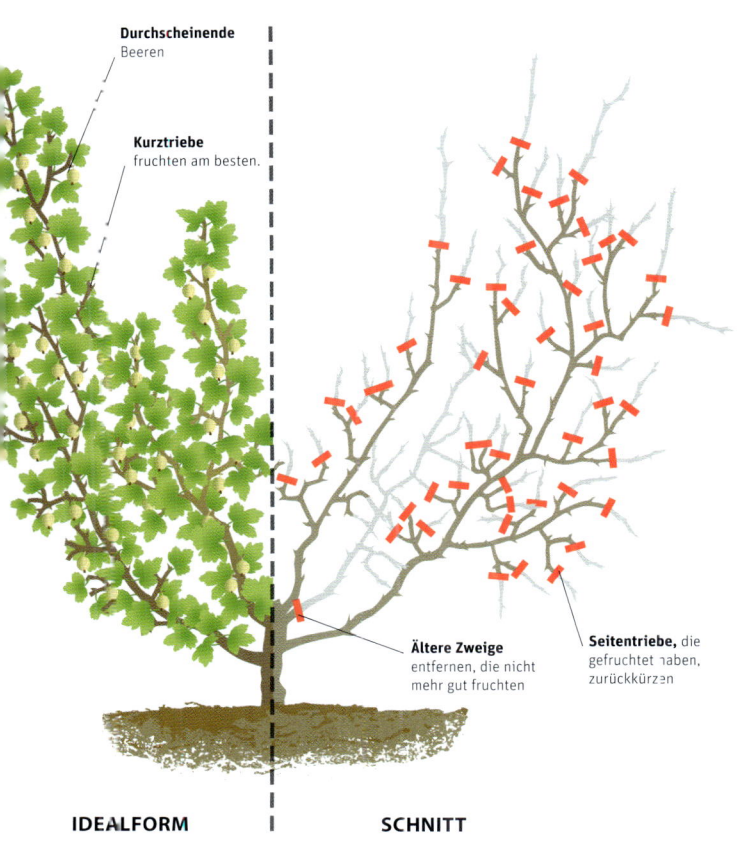

Durchscheinende
Beeren

Kurztriebe
fruchten am besten.

Ältere Zweige
entfernen, die nicht
mehr gut fruchten

Seitentriebe, die
gefruchtet haben,
zurückkürzen

IDEALFORM

SCHNITT

Heidelbeeren
Vaccinium corymbosum

■ **Schnitt: im Spätwinter oder zeitigen Frühjahr**

Heidelbeeren werden nicht nur wegen ihrer köstlichen Beeren geschätzt, die sehr vitaminreich sind, sondern auch wegen ihrer dekorativen Erscheinung mit glockenförmigen, weißen Blüten im Frühjahr und leuchtend roter Laubfärbung im Herbst. Sie brauchen saure Böden, lassen sich aber sehr gut als Kübelpflanzen in Moorbeet- oder Rhododendronerde mit etwas Kiesanteil kultivieren.

Heidelbeeren blühen am vorjährigen Holz. Man lässt daher alle kräftigen Triebe, die im Frühjahr und Sommer erscheinen, ungehindert wachsen, damit sie im nächsten Jahr die Früchte tragen. Im Spätwinter oder zeitigen Frühjahr kürzt man Triebe, die gefruchtet haben, auf eine kräftige, nach außen zeigende Knospe zurück, um sie zum Neuaustrieb anzuregen. Älterer und unproduktiver Wuchs wird bis zum Ansatz zurückgeschnitten und die Mitte der Büsche von zu dicht stehenden Zweigen befreit.

AUF EINEN BLICK

BLÜTEZEIT Frühjahrsmitte.

ERNTE Je nach Sorte vom Hochsommer bis zum Herbst.

WINTERHÄRTE Völlig winterhart.

HÖHE UND BREITE Etwa 1,5 m x 1,5 m.

ERZIEHUNGSSCHNITT Im ersten Winter nach dem Pflanzen werden lange und dünne Triebe und solche, die eine offene Mitte verhindern, entfernt.

LAUFENDE PFLEGE Dünnen Sie jährlich im Winter verdichteten Wuchs aus und entfernen Sie einige ältere Triebe komplett.

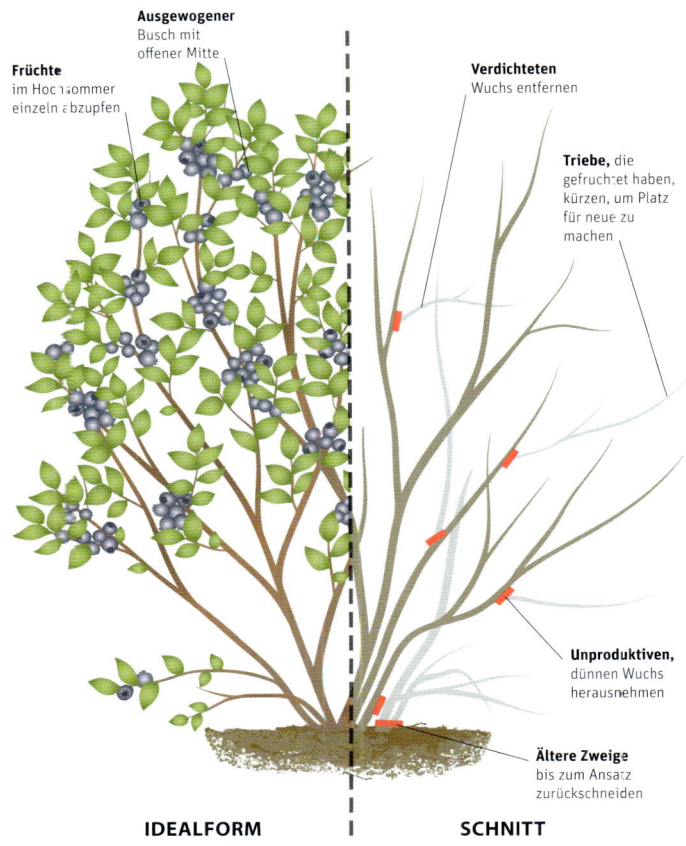

Ausgewogener
Busch mit
offener Mitte

Früchte
im Hochsommer
einzeln abzupfen

Verdichteten
Wuchs entfernen

Triebe, die
gefruchtet haben,
kürzen, um Platz
für neue zu
machen

Unproduktiven,
dünnen Wuchs
herausnehmen

Ältere Zweige
bis zum Ansatz
zurückschneiden

IDEALFORM

SCHNITT

Trauben
Vitis vinifera

■ **(1) Erziehungsschnitt eines Kordons (Winter und Frühjahr)**

Weinreben sind langlebige, sommergrüne, rankende Kletterpflanzen, die jährlich stark austreiben. Durch sorgfältigen Schnitt und Erziehung lenkt man ihre Energie in die Fruchtbildung. Die Pflanzen sind winterhart, die Trauben reifen aber nur in langen, warmen Sommern voll aus.

Eine der einfachsten Erziehungsmethoden ist die Kultur als Kordon an einem System horizontal gespannter Drähte. Dazu entwickelt man einen aufrechten Stamm mit kurzen Seitentrieben, den »Zapfen«, aus denen die fruchttragenden Triebe wachsen. Ein rigoroser Schnitt in den ersten Jahren regt die Gehölze zur Bildung von dickem, kräftigem Wuchs an. Da Schnittwunden »bluten«, setzt man die Schere hauptsächlich mitten im Winter während der Vegetationsruhe an.

Beim Pflanzen kürzt man den Haupttrieb auf 15 cm zurück. Aus ihm lässt man einen kräftigen Trieb wachsen, den man an einen senkrecht an den Drähten befestigten Stab bindet. Kürzen Sie Seitentriebe auf fünf Blätter und alle Triebe, die sich aus diesen Seitentrieben bilden, auf ein Blatt zurück. In den ersten beiden Wintern kürzt man den Haupttrieb um zwei Drittel und die restlichen Seitentriebe auf eine Knospe zurück. Im Sommer wird der neue Leittrieb angebunden, und die Seitentriebe auf fünf Blätter eingekürzt. Auch eventuelle Blütenknospen entfernt man.

Etablierte Pflanzen entwickeln aus den Zapfen Bündel neuer Triebe; nur zwei lässt man stehen. Den kräftigeren bindet man an den Draht, den anderen stutzt man auf zwei Blätter zurück – er dient als Reserve.

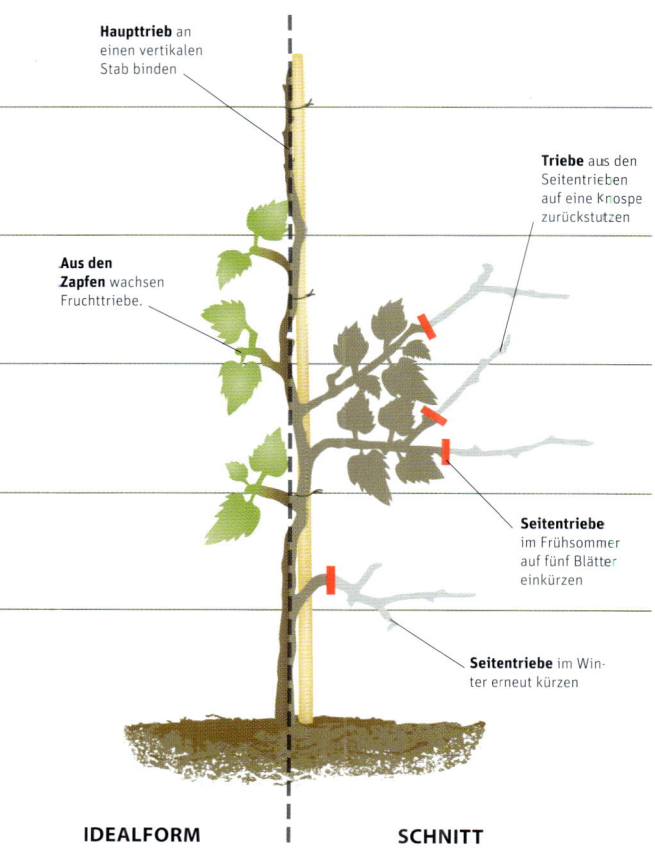

Haupttrieb an einen vertikalen Stab binden

Triebe aus den Seitentrieben auf eine Knospe zurückstutzen

Aus den Zapfen wachsen Fruchttriebe.

Seitentriebe im Frühsommer auf fünf Blätter einkürzen

Seitentriebe im Winter erneut kürzen

IDEALFORM

SCHNITT

Trauben

■ (2) Schnitt eines älteren Kordons (Sommer und Winter)

Im Sommer wird der Mitteltrieb sukzessive angebunden. Auch die Seitentriebe führt man an den Drähten weiter. Kürzen Sie nicht-blühende Seitentriebe auf fünf Blätter und solche mit Blüten auf zwei Blätter vor dem äußersten Blütenstand zurück. Bei Tafeltrauben reduziert man die Zahl der Blütenstände auf einen pro Seitentrieb und bei Weintrauben auf einen Blütenstand alle 30 cm.

Sobald Tafeltrauben reifen, dünnt man jede Traube um ein Drittel aus, indem man die kleinsten Beeren herausnimmt. Das regt die Pflanze zur Bildung größerer Beeren an. Bei Weintrauben ist das nicht nötig. Zwicken Sie hier nur Laubtriebe ab, die Schatten auf die Trauben werfen.

Jeden Winter wird der Mitteltrieb nach Bedarf zurückgeschnitten; kürzen Sie ihn bis auf eine kräftige Knospe knapp unterhalb des obersten horizontalen Drahts zurück. Seitentriebe werden auf eine Knospe zurückgestutzt, verdichtete Triebe nach Bedarf ausgelichtet.

AUF EINEN BLICK

BLÜTEZEIT Spätes Frühjahr bis Sommer.

ERNTE Im Herbst.

WINTERHÄRTE Winterhart, doch brauchen die Trauben milde Regionen, um auszureifen.

HÖHE UND BREITE Als Kordon bis zu 2 m x 2 m.

ERZIEHUNGSSCHNITT Entfernen Sie den größten Teil des Wuchses nach dem Pflanzen und entwickeln Sie einen kräftigen Mitteltrieb mit gleichmäßig verteilten Seitentrieben.

LAUFENDE PFLEGE Stutzen Sie Seitentriebe jährlich. Die Trauben werden ausgedünnt, der Mitteltrieb im Winter gekürzt.

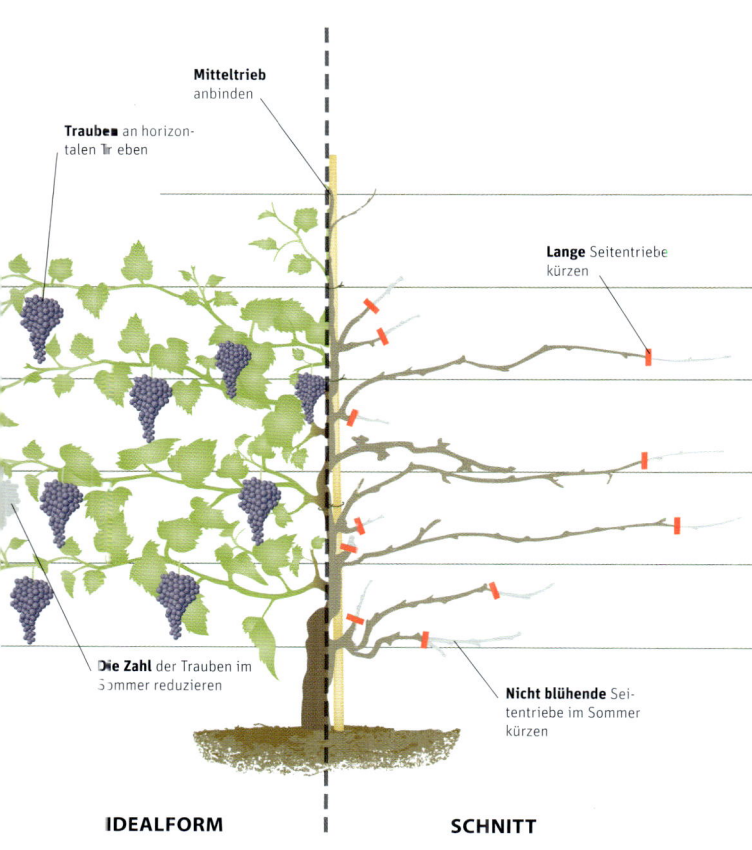

Mitteltrieb anbinden

Trauben an horizontalen Trieben

Lange Seitentriebe kürzen

Die Zahl der Trauben im Sommer reduzieren

Nicht blühende Seitentriebe im Sommer kürzen

IDEALFORM

SCHNITT

Register

Bildnachweis und Dank

Dank des Autors

Dieses Buch wäre nicht möglich gewesen ohne die unablässige, aufmerksame Betreuung des Redaktions- und Designteams von Dorling Kindersley. Rebecca Tennant widmete sich mit besonderer Aufmerksamkeit der Detailgenauigkeit der Illustrationen (die von Debbie Maizels, Martine Collings und allen anderen im Peter Bull Art Studio wunderschön gezeichnet wurden) und schuf für das Buch ein sehr ansprechendes Layout. Becky Shackleton war eine unschätzbare Hilfe bei der Straffung des Texts und der Entschlüsselung meiner Handschrift. Simon Maughan von der RHS machte mehrere sehr hilfreiche Vorschläge sowohl in der Planungsphase als auch im späteren Verlauf des Projekts. Helen Fewster und Jo Doran schließlich, die das gesamte Projekt leiteten, blieben stets höflich und waren durch nichts aus der Fassung zu bringen; sie sorgten dafür, dass alles zu jeder Zeit reibungslos verlief. Die Zusammenarbeit mit sämtlichen Beteiligten war ein Vergnügen.

Dank des Herausgebers

Dorling Kindersley dankt Suefa Lee für ihre redaktionelle Hilfe, Vicky Read, Alison Shackleton und Aastha Tiwari für ihre Betreuung beim Design und Anurag Trivedi für die Unterstützung im DTP-Bereich.

Der Verlag dankt folgenden Personen und Institutionen für ihre freundliche Genehmigung zur Verwendung der Fotografien:

(Abkürzungen: o = oben, u = unten, m = Mitte, l = links, r = rechts, g = ganz oben)

10 Dorling Kindersley: Alan Buckingham (ur). **34 GAP Photos:** Visions. **62 GAP Photos:** Geoff Kidd (gl). **76 GAP Photos:** Howard Rice (gl). **126 Dorling Kindersley:** The Chesea Physic Garden, London (gr). **156 Getty Images:** DEA / S.Montanari (gl). **208 GAP Photos:** Jan Smith (gl). **212 GAP Photos:** Howard Rice (gl). **246 Getty Images:** Ron Evans (gl). **308 Getty Images:** Visuals Unlimited, Inc. / Consumer Institute / NSIL (gl). **326 Dorling Kindersley:** Tony Russell (gl). **344 Getty Images:** DEA / Dani-Jeske (gl). **424 Getty Images:** Joff Lee. **431 Dorling Kindersley:** Alan Buckingham (ul, um, ur). **432 Dorling Kindersley:** Alan Buckingham (gl). **433 Dorling Kindersley:** Alan Buckingham (ul). **435 Dorling Kindersley:** Alan Buckingham (g). **437 Dorling Kindersley:** Alan Buckingham (gr, ur). **440 Dorling Kindersley:** Alan Buckingham (gl). **442 Dorling Kindersley:** Alan Buckingham (gl). **444 Dorling Kindersley:** Alan Buckingham (gr). **446 Dorling Kindersley:** Alan Buckingham (gl). **450 Dorling Kindersley:** Alan Buckingham (gr). **452 Dorling Kindersley:** Alan Buckingham (gl). **460 Dorling Kindersley:** Alan Buckingham (gl). **462 Dorling Kindersley:** Alan Buckingham (gl). **464 Dorling Kindersley:** Alan Buckingham (gr). **466 Dorling Kindersley:** Alan Buckingham (gl). **468 Dorling Kindersley:** Alan Buckingham (gl). **470 Dorling Kindersley:** Alan Buckingham (gl).

Cover: Vorn: Getty Images: Foodcollection RF (MI)

Alle anderen Abbildungen © Dorling Kindersley
Weitere Informationen unter www.dkimages.com

Andrew Mikolajski machte seinen Abschluss an der Universität von London. Er arbeitete zunächst als Musikkritiker, bevor er ins Verlagswesen einstieg. Inzwischen sind von ihm mehr als 30 Gartenbücher erschienen. Andrew Mikolajski lehrt Gartengestaltung und gibt Kurse für das RHS-Zertifikat am Warwickshire College, referiert vor Gartenbauvereinen und -gesellschaften in ganz Großbritannien, hält Kurse auf dem Lamport Hall und Farncombe Estate und wirkt gelegentlich an Rundfunkprogrammen von BBC Radio Northampton und Radio Leicester mit.